コリャーク言語民族誌
LINGUISTIC ETHNOGRAPHY OF THE KORYAK

呉人 惠
Megumi KUREBITO

北海道大学出版会

ハンノキで染めたトナカイ毛皮服を着た V. E. アヤトギーニンさん（2004. 3，クレスティキ・トナカイ遊牧基地にて）

口　絵　i

トナカイを探しに出かける J. A. ヤヴィエク父子（2001. 10）

去勢作業（2003. 8）

V. E. イティキエーヴァさんと V. I. アイヴァランさんによる皮剥ぎ作業(2001. 10)

除毛したトナカイ毛皮を革紐用に切る S. E. ヘッチャイ・V. E. イティキエーヴァさん夫妻(2003. 8)

口絵 iii

脛皮の皮下組織を削る作業中の V. E. イティキエーヴァさん（2003. 8）

射止めたライチョウの羽をむしる（2001. 10）

隣人の誕生日にブービンを打ち鳴らしながら歌う V. E. イティキエーヴァさん(2003.8)

伝統的なビーズ刺繡を見せる V. E. イティキエーヴァさん(2004.7)

晩秋のトナカイ遊牧地の幼い兄弟(2001.10)

夏営地の子供たち (2005.8)

クレスティキに徒歩で帰る V. I. イカヴァヴさん（中央）を見送って (2003.8)。J. A. ヤヴィエク氏撮影

目　次

口　絵　i
凡　例　xi

序　章　1

1. 対象とねらい　1
2. 先行研究　6
3. 契　機　7
4. 枠組みと方法論　14
5. 構　成　17

第1章　言語的概観　21

1. 系　統　21
2. 方言分類　24
    分類基準／セヴェロ・エヴェンスク地区のコリャーク語の方言的位置づけ
3. 言語保持状況　30
    チュクチ・カムチャツカ語族／クレスティキ周辺地域のコリャーク語
4. 構造的特徴　36
    音韻的特徴／文法的特徴

第 2 章　地域的概観　57

1. 自然環境　58
2. クレスティキ・トナカイ遊牧基地　60
3. 第 5 ブリガード　66
4. 第 13 ブリガード　68

第 3 章　時空間の範疇化　73

1. 時間的環境の範疇化　73
   夜を区切りとする 1 日の分節／現在を基点として相対化された日・年の分節／多様な生業を反映した季節の範疇化
2. 空間的環境の範疇化　81
   丘陵・山／川／川名による地名／地形の水平的範疇化／方位表現
3. 自然現象　91
   自然現象を表す語彙／自然現象の生起と消失を表す形式／寒暖表現／「暑さ」を表す特殊表現

第 4 章　生業活動の範疇化　101

1. トナカイ遊牧　104
   トナカイ遊牧民コリヤークの構成／遊牧地／宿営地／遊牧地を決める占い／トナカイの分類システム／1 年の遊牧サイクル／トナカイをめぐる儀礼
2. 漁　労　185
   魚の種類／漁　場／漁の方法
3. 狩　猟　194
   狩猟動物の種類／猟　場／狩猟の道具／野生動物の処理
4. 植物利用　197

生活維持／衣／工芸および特殊用途／薬／儀礼・忌避など

第 5 章　衣食住の範疇化　247

1. 衣・住　247
   トナカイ毛皮の特徴と用途／リサイクル・システムにおける毛皮衣類の分類原理／衣類に用いる毛皮の製革方法／トナカイ毛皮衣類の種類／革紐の製法
2. 食　271
   生食する／干す／炙る／ルイベにする／燻製にする／醗酵させる／煮る
3. 住　280
   夏用トナカイ毛皮製ユルト／トナカイ毛皮製テント／布製テント
4. 移動手段　293

第 6 章　誕生と死の範疇化　297

1. 誕生：命名の伝統と変容　297
   コリャークの伝統的命名方法／コリャーク式命名方法の変容と継承／ロシア式命名方法の変遷
2. 葬送儀礼の伝統と変容　309
   「客に行く」ことに喩えられる死／葬儀用の衣類と橇の準備／死者の安置／葬送儀礼の当日

参考文献　329
あとがき　339
コリャーク語語彙索引　345
言語名索引　366
民族名索引　368
地名索引　370
事項索引　373

凡　例

1. 略語・略字表

本書にあげる例のグロスで用いられている略語・略字は，以下のとおりである。

1 = 1人称	2 = 2人称	3 = 3人称	
単 = 単数	双 = 双数	複 = 複数	
絶 = 絶対格	能 = 能格	所 = 場所格	具 = 道具格
向 = 方向格	様態 = 様態格	沿 = 沿格	
主 = 主語	目 = 目的語	結果 = 結果相	
完了 = 完了相	不完了 = 不完了相	不定 = 不定形	希求 = 希求法
指小 = 指小辞	指大 = 指大辞	挿入 = 挿入母音・挿入子音	
有 = 有生	- = 形態素境界	-X = 接尾辞	X- = 接頭辞
X-...-Y = 接周辞	/ / = 音素		

2. 例示の方式

本書では，形態素，語，文の例を次のような方式であげる。

(1) 形態素は，基底形が必要な場合には太字で示し，表層形が必要な場合には普通体で示す。

　　コリャーク語は，シュワや声門閉鎖音の挿入，母音調和などの形態音韻規則により異形態が表層で実現されるが，異形態のすべてをあげる必要のある場合には，スラッシュを用いて表示する。ただし，煩雑さを避けるために，説明に支障がない範囲でひとつの異形態のみをあげることもある。

　　例：基底形　　　表層形
　　　　-juʕ　　→　　-juʕ/-ʔoj-　「（自然現象が）始まる」
　　　　-e₂t　　→　　-et/-at　逆受動

(2) 語形変化をする名詞，形容詞，動詞については，次のように表示する。

すなわち，特に詳細に言及する必要のない場合には，各形態素をハイフンで区切らず，名詞は絶対格単数形(-n~-Ø~-ŋe/-ŋa~ 重複)，形容詞も修飾する名詞に一致する絶対格単数形(n-...-qin/-qen-Ø)，動詞は不定形(-k/-kə)で示す．

　　　例：名詞　　　ləlalŋen「目」　　　　lewət「頭」
　　　　　　　　　　qojaŋa「家畜トナカイ」　liŋliŋ「心臓」
　　　　形容詞　　nəmejəŋqin「大きい」　nomqen「暖かい」
　　　　動詞　　　lejvək「歩く」　　　　vakkə「いる」

ただし，形態素分析にもとづく説明が必要な場合には，次のいずれかの方式によって示す．

①ハイフンで形態素に区切られた語および文例とその意味をあげ，その右に各形態素の意味・機能を括弧内に示す．ただし，子音連続や母音連続を避けるために挿入される -ə- と -ʔ- は，他に同形の形態素がないため，この方式でグロスをあげる場合には，音韻論や文法を概観する第1章を除き，省略する．

　　　例：t-ə-qoja-ɣijke-n-Ø「私は家畜トナカイを(橇牽引用に)捕まえた」
　　　　　(t-...-k 1単主，qoja「家畜トナカイ」，-ɣijke「(橇牽引用に)捕まえる」，-Ø 完了)

また，直前に形態素の意味がすでに示されているなどで明らかな場合には，その部分のグロスを省略することがある．

②1行目に形態素を区切った語および文例を示し，2行目に各形態素の意味・機能のグロスを付す．3行目に全体の意味を示す．この場合には，①の方式のように，各形態素の意味・機能の表示を省略せずに，すべてグロスを付す．

　　　例：t-ə-qoja-ɣijke-k-Ø
　　　　　1単主－挿入－家畜トナカイ－(橇牽引用に)捕まえる－1単主－完了
　　　　　「私は家畜トナカイを(橇牽引用に)捕まえた」

なお，本書であげられている語例のうち，合成語(派生語・複合語)につい

てはできるだけ形態素分析を施すつもりであるが，語構成が不透明なもの，一部，形態素の特定ができないものなども多い。その場合には，語のみをあげ，形態素分析はおこなわない。

3. コリャーク語の索引について

本書巻末には，日本語の索引とは別に，本書にあげられているコリャーク語の語彙索引が付されている。コリャーク語は後述するように，1語の中に多くの形態素を含みうる複統合的な言語であり，通常は文で表されるような内容が，語で表されることがしばしばある。すなわち，単純なものは，たとえば，tənup「山」のような一次語から，複雑なものは təkemetʃəlqəlqojanmatək「私は衣類の材料のためにトナカイを殺した」のような，文に相当するきわめて統合度の高いものまで，「語」と認定される。索引では，形態的に語と認定できるかぎりは，その意味の如何にかかわらず，屈折接辞がついているものを含め，すべての語例をあげるものとする。なお，本文中では語の各形態素がハイフンで区切られたり，表層では現れないゼロ形態素(-Ø)が付加された形であげられたりしていても，索引ではハイフンや-Ø は削除した形式に統一して呈示する。

序章

1. 対象とねらい

　北アジアには，アルタイ諸語やウラル語族など広大な分布域を占める言語グループの狭間や周縁部に，「古アジア諸語」(Paleoasiatic)[1]と呼ばれる一群の言語が分布している。西からケット語(Ket)，ユカギール語(Yukaghir)，チュクチ・カムチャツカ語族(the Chukchi-Kamchatkan family)，エスキモー・アリュート語族(the Eskimo-Aleut family)，ニヴフ語(Nivkh)[2]などである[3]。古アジア諸語に含まれるこれらの言語は系統的にも類型的にも相互に異なるが，この地域に比較的新しい時期に進出し広い分布域を占めるようになったといわれるウラル語族やアルタイ諸語と区別し，古くからこの地域に分布していた生え抜きの言語であるという地理的・歴史的理由によって，ひとまずこのように包括的に呼ばれている(地図 1)。

　この古アジア諸語のうち，シベリア北東端のチュコトカ半島からカムチャ

---

[1] 「古アジア」という名称は，1853–1856 年に東シベリアで学術探検をおこなったロシアの博物学者 L. I. Shrenk によるものであるが，これ以外にも古アジア諸語を話す「古アジア諸民族」は，「古シベリア諸民族 Paleosiberian」，「極北民族 Hyperborean」(F. Müller による)，「シベリアのアメリカノイド」(W. Jochelson による)などとも呼ばれてきた(宮岡 1988:1654–1661)。

[2] Nivkh とは，ニヴフ語で「人」を意味する民族の自称である。別名，ギリヤーク語(Gilyak)とも呼ばれる。

[3] シュレンクは「古アジア諸民族」にアイヌも含めていたが，その後，アイヌはこの範疇から外されるようになって現在にいたっている(宮岡 1988:1654–1661)。

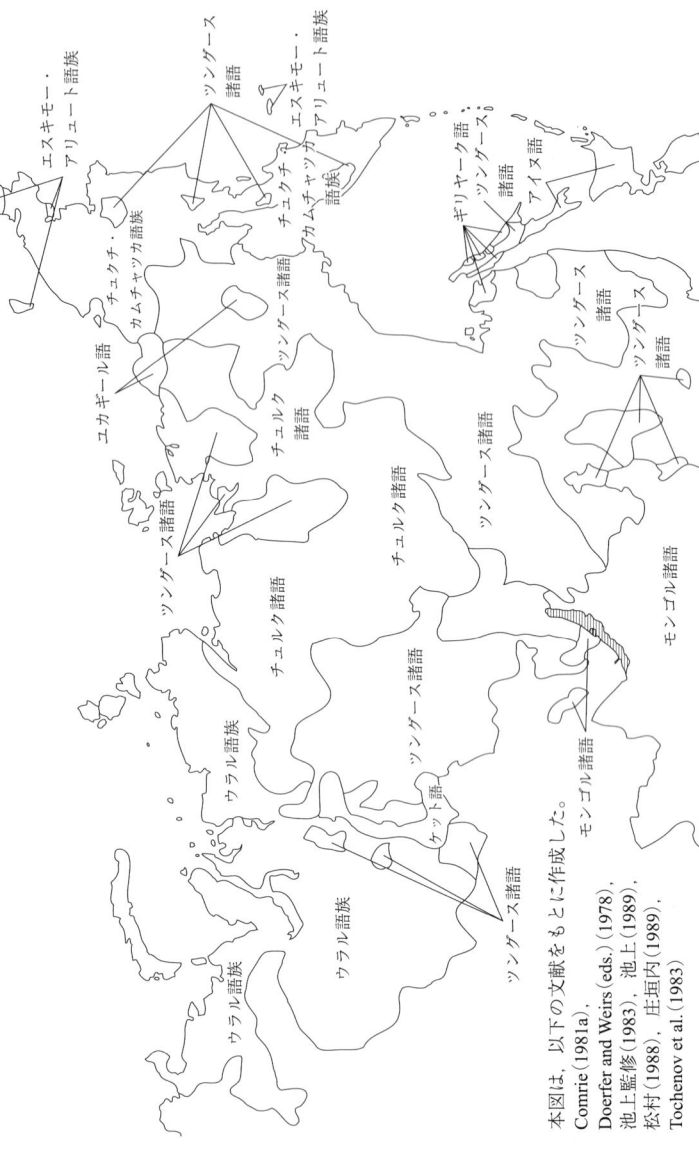

地図1 北アジアの言語（宮岡 1992:63 より。本地図上の「ギリヤーク語」は本書でいう「ニヴフ語」のことである）

本図は、以下の文献をもとに作成した。
Comrie (1981a)．
Doerfer and Weirs (eds.) (1978)．
池上監修 (1983)，池上 (1989)．
松村 (1988)，庄垣内 (1989)．
Tochenov et al. (1983)

ツカ半島にかけて分布するチュクチ・カムチャツカ語族は，北からチュクチ語（Chukchi），ケレク語（Kerek），コリャーク語（Koryak），アリュートル語（Alutor），イテリメン語（Itelmen）からなる。

　このチュクチ・カムチャツカ語族のひとつ，コリャーク語という素材に投影されたコリャークの環境認識のありようを探るのが本書のテーマである。具体的には，数回にわたる筆者のフィールドワークで得られたコリャーク語の民俗語彙（folk taxonomy）を中心とした一次資料をもとに，コリャークの彼らを取り巻く多様な自然環境の範疇化と，これに適応対処するための生業活動に現れた特色を言語的側面から炙り出すことを目的としている。

　このように，言語に光をあてて民族誌を描こうとする本書のねらいの根底には，後に詳述するように，言語は当該民族の，彼らを取り巻く多様な環境に対する認識と適応戦略のありかたをさまざまな形で映し出すものであるという筆者の基本的な言語観がある。人は事物に名前をつけることにより，最も基本的に自らの生活世界を秩序づけているのであり，そのような固有な秩序化のありようにアプローチし，民族誌を記そうとするならば，言語を避けて通ることは不可能だからである。

　コリャークは，ロシア連邦カムチャツカ州北部，かつてのコリャーク自治管区を中心に，その他，マガダン州セヴェロ・エヴェンスク地区などに分布する。1989年の国勢調査によれば，コリャークの全人口は9,242人，うち6,572人はかつてのコリャーク自治管区，820人はセヴェロ・エヴェンスク地区にそれぞれ居住し，残りの1,850人はそれ以外の地域に分散しているといわれている（Krushshanova（ed.）1993:10）。さらに，ロシア北方先住民協会（RAIPO = Russian Association of Indigenous Peoples of the North）のHP（http://www.raipon.org）に示されている2002年現在の北方先住民族の人口統計によれば，コリャークの全人口は，8,743人，うちコリャーク語を母語とするものは27.1%の2,369人である。また，2002年現在のマガダン州の民族構成に関する人口調査によれば，セヴェロ・エヴェンスク地区全人口3,744人のうち，コリャークはその約20%の766人となっている[4]（Natsional'nyj sostav naselenija Magadanskoj oblast' 2005；地図2）。

地図2　コリャークの居住地域(呉人惠 2003a:21 にもとづく)

　コリャークは大きく，海岸地域に定住し海獣猟やサケ・マス漁をはじめとする漁業に従事するコリャーク，ヌムルウン(nəməlʔən)[5]「定住村落に住むもの」と，内陸のツンドラ地帯でトナカイ遊牧に従事するコリャーク，チャヴチュヴァン(cawcəvan)「トナカイ遊牧民」に分かれる。本書の対象となるのは，このうち後者の，特にマガダン州セヴェロ・エヴェンスク地区に居住するトナカイ遊牧民コリャークであり，彼らが話すコリャーク語チャヴチュ

---

[4] 同じ人口調査によれば，セヴェロ・エヴェンスク地区 3,744 人のうち，コリャーク以外の北方少数民族は，エヴェン 754 人，チュクチ 8 人，エスキモー 3 人，ヤクート 1 人である。それ以外は最も多いロシア人 1,806 人をはじめとする，ロシア語でいう materik「大陸」からの移住者である。
[5] 本書では以下，特にことわりのないかぎり，名詞，形容詞の語例は絶対格単数形，動詞の語例は不定形であげるものとする。

ヴァン方言(北部下位方言)である。

　なお，Gurvich(1980:111)によれば，セヴェロ・エヴェンスク地区のトナカイ遊牧民コリャークはさらに人種誌学的に大きく2つのグループ，すなわち，タイガノス・コリャークとヴェルフ・パレニ・コリャークに分かれる。両者はいずれもトナカイ遊牧民に数えられるが，前者は海獣猟にも従事する点で後者とは相違が見られ，これを海岸定住民コリャークがトナカイ遊牧民に移行した結果と見る可能性も指摘されている(Gurvich 1980:113)[6]。相違が見られるのは生業形態だけではない。両者の話すコリャーク語チャヴチュヴァン方言は，第1章第1節でも論じるように，前者が話すタイガノス下位方言と，後者が話す北部下位方言に分けられる(呉人惠 2005a:35-54)。ただし，本書の対象となるのは，後者，ヴェルフ・パレニ・コリャークの一派であり，タイガノス・コリャークは含まれない。

　「コリャーク」という名称の由来は，これまで「家畜トナカイ」を意味するqora'ñiや，ユカギールがコリャークをKere'keあるいはKere'kiと呼んでいたところに求められてきたが(Jochelson 1908:406)，その是非はいまだ明らかにはされていない。Zhukova(1997:39)はまたコリャークをqora-k「家畜トナカイのところに」(qora「家畜トナカイ」，-k所)に由来すると推測している。ただし，この語に現れる/r/は，コリャーク語のすべての方言に見られるわけではない。ちなみに，話者数が最も多いことからコリャーク語正書法の基礎方言となった本書の対象となるチャヴチュヴァン方言には/r/はない。/r/が見られるのは，カムチャツカ半島のパラナ方言，カラガ方言，かつてはコリャーク語の一方言として分類されていたが，現在は独立の言語として認められているアリュートル語のみである(Stebnitskij 1937:291)。

---

[6] 特に，タイガノス・コリャークは，かつて他のコリャークや民族との結婚を禁止し，タイガノス半島から他の地域にほとんど出て行くことがなかったなど，その閉鎖性が顕著である(Gurvich 1980:112)。

2. 先行研究

　コリャーク語を素材とし分析することによって民族誌を編もうとする試みは，管見のかぎり，先行研究の中にはない。

　そもそも，コリャークに関する民族学的記述がなされた単著は少ないが，その中でも詳細かつ全体的な民族誌として傑出しているのは，Jochelson (1908)である。ヨヘルソンは今から100年あまり前，1900年から1901年にかけての冬期，北米の人類学者ボアズ(F. Boas)の組織するジェサップ北太平洋探検隊(Jesup North Pacific Expedition)に参加して，コリャークに関する民族学的フィールドワークをおこなった。調査はオホーツク海に面するペンジナ湾，ギジガ湾に分布する海岸定住民コリャーク，タイガノス半島およびギジガの内陸部に分布するトナカイ遊牧民コリャークを対象におこなわれた。その成果であるJochelson (1908)は，コリャークの精神文化および物質文化両面にわたる広範な民族学的記述と，130編に及ぶフォークロアの収集において，現在でも他の追随を許さない民族誌として高く評価されうるものである。

　しかしながら，言語学的に見ると，必ずしも満足のいく内容になっているとはいえない。フォークロアは英訳が付されているのみで，コリャーク語のオリジナルがあげられていないこと，物質文化に関する収集品にはコリャーク語の名称が網羅的にあげられていないことなどから見て，ヨヘルソンの記述はややもすれば言語的側面が等閑視されているきらいがあることがうかがえる。また，コリャーク語の音韻論的解釈において音素に対する理解が十分でないために，煩雑な表記を招いてしまっている[7]。

　一方，Vdovin (1973)は，コリャークを居住地域や生業形態などによって，カラガ・コリャーク，アリュートル・コリャーク，アプカ・コリャーク，パラナ・コリャーク，ペンジナ湾岸定住民コリャーク，オホーツク海北東岸コ

---

[7] ちなみに，コリャーク語(チャヴチュヴァン方言)の母音音素としては /i, e, a, o, u, ə/ の6つが認められるべきであるが，Jochelson (1908)では，15もの母音が区別されている。このことからも，音素と異音の違いが十分に認識されていなかったことがうかがえる。

リャーク，トナカイ遊牧民コリャークに下位分類し，それぞれの歴史，物質文化の特徴，生業，風習に関する概観をおこなっている。ここでもコリャーク語に関する資料は散見されるが，その記述は網羅的でも体系的でもない。

　もう1つのコリャークに関する著書である Krushshanova(ed.)(1993)は，極東諸民族歴史考古学民族学研究所から刊行された『18-20世紀のソ連邦極東諸民族—歴史・民族学的概説』シリーズのひとつとして編纂されたものである。そこでは，コリャークの民族的起源と他民族との関係が論じられるとともに，コリャークの物質および精神文化，生業などに関する概観がおこなわれている。ただし，ここでもコリャーク語には触れられていない。

　以上のコリャークに関する民族学的単著以外に，ロシア語で書かれた民族学的論文としては，Antropova(1971)，Bauerman(1934)，Beljaeva(1965)，Gorbacheva and Mastjugina(1980)，Gurvich(1957, 1980, 1983, 1989)，Gurvich and Jajletkan(1971)，Gurvich and Kuzakov(1961)，Kosven(1962)，Lebedev(1977)，Lebedev and Simchenko(1983)，Maljukovich(1974)，Orlova(1974)などがあげられるが，ここでもやはり言語人類学的観点からの研究は見られない。

3. 契　機

　筆者は，1994年からこれまで，マガダン州セヴェロ・エヴェンスク地区のエヴェンスク村(Evensk)，チャイブハ村(Chajbuxa)，ヴェルフ・パレニ村(Verx. Paren')，タポロフカ村(Topolovka)，クレスティキ・トナカイ遊牧基地(Krestiki)(以下，略してクレスティキ)，第13トナカイ遊牧ブリガード(以下，略して第13ブリガード)などを中心に，トナカイ遊牧民コリャークによって話されるコリャーク語チャヴチュヴァン方言のフィールドワークを進めてきた。この地域はヨヘルソンがかつて踏査した地域とも重なるが，コリャークが主に居住するカムチャツカ半島とは異なり，ヨヘルソン以来，コリャークの言語や文化に関する学術調査はほとんどおこなわれてこなかった。また筆者のこれまでのフィールドワークは，コリャーク語そのものの記述に焦点をあてた純粋に言語学的なものであったために，Jochelson(1908)のコリャー

クに関する民族学的記述は，筆者の従来の研究とは直接の接点をもたないままであった。

しかし，言語には当該民族の環境に対する認識と生態的適応からなるあらゆる側面が刻印され浸透している。すなわち，言語は当該民族の，彼らを取り巻く多様な環境に対する認識と適応戦略のありかたを映し出す，いわば文化をその根底で支える土台ともいえるものである。したがって，言語研究が民族学と接点をもたずにおこなわれること，言い換えれば，言語研究が当該民族を取り巻く諸環境とそれに対する適応対処のしかたへの理解なくして一人歩きし，また一方で，民族学が諸環境の範疇化をつかさどる言語を看過したまま進められることは，往々にして誤った言語学的分析，民族学的考察をおかす危険性をはらんでいるといわざるをえないであろう。

このような警笛は，ほぼ10年にわたるコリャーク語のフィールドワークの現場で筆者の耳に鳴り続け，トナカイ遊牧というコリャークの生業の現場から遠く離れ，ロシア人やエヴェン，カムチャダールといった他の少数民族が混在する村での自らの研究のありかたに反省を迫るのだった。

ツンドラのトナカイ遊牧地でしか目にすることのできないさまざまな事物につけられた名称の場合，遊牧地から離れた村で収集こそしても名称の背後にある意味・概念を理解できないことはよくあることである。このような語彙レベルで起きる問題は枚挙にいとまがない。しかしそれはひとまずおいて，ここでは言語の背景となる文化への目配りが文法記述にも不可欠であることを示す一例をあげてみたい。

トナカイ遊牧民コリャークはトナカイを飼養する一方，野生トナカイを狩る[8]。家畜トナカイと野生トナカイは近代動物分類学的には同一のカテゴリーに属するものと考えられている（吉田2003:232）。また，日本語では両者は「トナカイ」の二次的派生語として表されていることからもうかがえるように，同一のものの下位分類として認識されているといえる。しかし一方，

---

[8] 野生トナカイ狩猟とトナカイ飼育の歴史的相関関係については，佐々木(2005:339-370)に詳しい。

コリャークは両者を別ものとして捉え差異化していることが言語的側面からうかがえる。

まず，両者は相互に派生関係のない異なる語 qojaŋa「家畜トナカイ」，əlweʔəl「野生トナカイ」[9]で表される。異なる語で表されるということは，異なるものとして認識されているということに他ならない。

両者が差異化されているのは，語彙のレベルにとどまらない。コリャーク語では，「家畜トナカイを殺す」と「野生トナカイを殺す」は，対象を絶命させるという意味では同じ「殺す」という行為でありながら，表現上の差異があることにも注目したい。

まず，「家畜トナカイを殺す」を表すには，2種類の方法が可能である。すなわち，ひとつめの方法は，名詞語幹 qoja「家畜トナカイ」と動詞 nm「殺す」を別々に分析的に表現する方法である。次の例(1a)を見られたい。

(1a) qoja-ŋa　　　　　　t-ə-nm-ə-ɣəʔən-Ø
　　　家畜トナカイ-絶単　1単主-挿入-殺す-挿入-3単目-完了
　　　「私は家畜トナカイを殺した」

2つめの方法は，名詞語幹 qoja を動詞語幹 nm に抱合させる，いわゆる名詞抱合 (Noun Incorporation) による方法である (名詞抱合について，詳細は第1章4.2.1の(2)を参照されたい)。

(1b) t-ə-qoja-nm-at-ə-k-Ø
　　　1単主-挿入-家畜トナカイ-殺す-逆受動[10]-挿入-1単主-完了
　　　「私は家畜トナカイを殺した」

分析的表現と抱合的表現の間には，通常，前者は行為の一回性，特殊性，偶然性を表すのに対し，後者が行為の一般性，習慣性を表すという機能的違

---

[9] 野生トナカイと家畜トナカイの名称の差異化はコリャーク語にかぎったものではない。たとえば，西シベリアのツンドラ・ネネツでも ilebtsj「野生トナカイ」と ty「家畜トナカイ」のように相互に派生関係のない語によって区別されている。このことが，両者に対するネネツの対応や認識のしかた，精神世界における意義や役割の違いとも連動していることについては，吉田 (2003:79-80, 232) も指摘しているところである。

[10] ここでは，絶対格名詞(目的語)が動詞に抱合されることにより，文の名詞項としての目的語が消失するため，他動詞が自動詞化することを示す標識をいう。

いがあるといわれている(Sapir 1911:259)。すなわち，前者は偶然性の高い特殊な状況[11]での1回かぎりのトナカイの処理を意味する場合などに用いられるのに対し，後者は食用肉の確保などのために日常的におこなわれる処理を意味する。

　ちなみに，トナカイ遊牧民コリャークの最も重要な食料はトナカイ肉である。ペレストロイカ以降，トナカイ頭数が激減したことにより食料におけるトナカイ肉への依存度が低下し，代わりに魚や野生動物あるいは小麦粉，砂糖といった外来食材の占める割合が増加している。しかしそれにもかかわらず，コリャークの食文化においてトナカイがもつ重要性は，頻度は少なくなっているとはいえ，四季折々にさまざまな儀礼をともなっておこなわれる処理からもうかがうことができる(トナカイの処理解体について詳しくは第4章1.6.10を参照されたい)。

　一方，「野生トナカイを殺す」ではいささか事情が異なってくる。すなわち，名詞語幹əlwe「野生トナカイ」と自立動詞語幹nmを分析的に表現することは可能であるが，名詞抱合は許容されない。次の(2a)の分析的表現は可能であるが，(2b)の抱合的表現は非文となる。

(2a) əlweʔəl　　　　　　　　t-ə-nm-ə-ɣəʔən-Ø
　　野生トナカイ(絶単)　1単主-挿入-殺す-挿入-3単目-完了

(2b) *t-əlwe-nm-at-ə-k-Ø
　　1単主-野生トナカイ-殺す-逆受動-挿入-1単主-完了
　　「私は野生トナカイを殺した」

---

[11] たとえば，次のように通常とは異なる状況でトナカイの処理がおこなわれる場合には，分析的表現が用いられるという。下線部に注目されたい。
muju a-qoja-ka mət-ko-tva-la-ŋ, mət-ko-ɣətʃal-la-ŋ. vəʔajok ewcəcaŋ t-ə-leʔu-n-Ø ewji-lʔ-ə-n-ə-ʔi-n-Ø qoja-ŋa. t-ə-jkəlelʔet-ə-n-Ø, t-ə-nm-ə-ɣəʔən-Ø qoja-ŋa.「私たちはトナカイをもっていなかった。私たちは飢えていた。その後，私は川の下流で草を食べているトナカイを見つけた。私は追いかけていってトナカイを殺した。」(muju「私たち」絶複，a-...-ka否定，qoja「トナカイ」，mət- 1複主，ko-...-ŋ不完了，tva「ある」，-la複，ɣətʃal「飢える」，vəʔajok「後で」，ewcəcaŋ「下流で」，t- 1単主，-ə-挿入，leʔu「見る」，-n 3単目，-Ø完了，ewji「食べる」，-lʔ分詞，-ə-挿入，-n絶単，-ŋa絶単，jkəlelʔet「追いかける」，-n 3単目，-Ø完了，nm「殺す」，-ɣəʔən -3単目，-Ø完了)

このような表現上の制限は，上述の分析的表現と抱合的表現の機能的違いからもうかがわれる。すなわち，習慣的行為を表す際に用いられる抱合的表現は，野生トナカイを殺すというコリャークにとってみれば偶然性の高い非日常的な行為に用いるには適切ではないために起こるのであろう[12]。

とはいえ，野生トナカイの場合には，代わりに別の表現が可能である。すなわち，名詞語幹 əlw「野生トナカイ」に「食べる，飲む」を意味する語彙的接尾辞(lexical suffix) **-u** を付加して作られた出名動詞(denomitative verb)によって，「野生トナカイを殺す」という意味が表される（語彙的接辞について，詳しくは第 1 章 4.2.1 の(5)を参照されたい）。

(2c) t-əlw-u-k-Ø[13]

　　 1 単主 – 野生トナカイ – 食べる –1 単主 – 完了

　　「私は野生トナカイを殺した」

さらに興味深いのは，魚の場合には上述の野生動物に対する表現とも家畜に対する表現とも異なるふるまいが見られることである。すなわち「魚を殺す」には，分析的表現(3a)，抱合的表現(3b)，語彙的接尾辞 **-u** を用いた表現(3c)のすべての方法が可能である。

(3a) kəcaw-Ø　　　　　　　t-ə-nm-ə-γəʃən-Ø

　　 カワヒメマス – 絶単　　 1 単主 – 挿入 – 殺す – 挿入 –3 単目 – 完了

(3b) t-ə-kcav-ə-nm-at-ə-k-Ø

　　 1 単主 – 挿入 – カワヒメマス – 挿入 – 殺す – 逆受動 – 挿入 –1 単主 – 完了

---

[12] 実際，筆者のここ数年のこの地域でのフィールドワークの間，野生トナカイを狩ったという話は一度も聞かれなかった。ただ，何年も前に狩ったことがあるという思い出話として，人々の話題に上るだけであった。

[13] 一方，「私は野生トナカイ（の肉）を食べた」は，次のように表される。すなわち，本来「～の断片」を意味するが，動物名詞語幹に付加されると「～の肉」の意味になる接尾辞 -tʃul を付加した əlwetʃul「野生トナカイ肉」に語彙的接尾辞 -u が接尾されて，təlwetʃuluk となる。

(3c) t-ə-kcav-o-k-Ø[14]

1単主 – 挿入 – カワヒメマス – 食べる –1 単主 – 完了

「私はカワヒメマスを殺した」

　魚についてこのように 3 種類の表現が可能であるのは，いわば野生ではあるものの，活動が鈍る厳寒期の数ヶ月以外ほぼ年間を通じて捕獲がおこなわれ，殺しが日常化している魚に対するコリャークの認識と適応対処のありかたを反映したものであると考えられる。

　以上見てきた，対象となる動物の違いによる「殺す」の表現上の違いを表にまとめると，以下の表 1 のとおりになる。

　すなわち，家畜化され処理が日常化している家畜トナカイには分析的表現と抱合的表現が可能である。さらに儀礼的な供犠としてのみ処理され食用にはされないものの，やはり家畜化されているイヌに対しても同様に分析的，抱合的表現の両方が可能であることから，この 2 種類の表現は家畜動物に許容されるものであることがわかる。

　これに対し，野生動物には分析的表現と語彙的接辞による出名動詞形成が可能であり，さらにそのいわば中間的な特徴をもつ魚類の場合には，分析的表現，抱合的表現，語彙的接辞のすべての表現が可能なのである。

　ところで，「食べる，飲む」を意味する語彙的接辞 -u がこのように「殺す」の意味で用いられているのは，おそらく「殺し」をタブー視し，直裁的な表現を回避しようとする意図によるものではないかと考えられる。すなわち，

表1　対象の違いによる「殺す」の表現形式の違い(呉人惠 2007c:8)

	抱合的表現	分析的表現	語彙的接辞
家畜	○	○	×
魚	○	○	○
野生動物	×	○	○

---

[14] 「私はカワヒメマスを食べた」の意味では，脚注 13 同様に，名詞語幹 kcav に接尾辞 -tʃuʔ- を付加して təkcavətʃuluk となる。

実際には発生した「殺し」の事実を，「食べた」にすりかえることによって回避しようとする意図が働いていることが想像される。ちなみに，内モンゴル語においても，秋に越冬用にまとめて家畜を処理することを ideš idex「食料を食べる」，夏に処理することを šöl uux「スープを飲む」と，自立動詞ではあるが，やはり直接「殺す」といわずに，「食べる」「飲む」と表現する。このような「殺し」に対する回避的表現は，牧畜を生業とする民族に共通する動物資源観を反映したものと考えられるかもしれない（第4章1.6.10のトナカイ処理についての記述も参照されたい）。

　家畜トナカイに語彙的接尾辞 -u「食べる」が用いられないのは，家畜動物と野生動物では再生サイクルへの人のかかわり方が異なるという事情があるからではないだろうか。家畜は野生動物と異なり，人が去勢や群れの分割や統合を通じてその再生産を管理しやすい。言い換えれば，家畜の種の繁栄は人の管理のよしあしにかかる部分が大きいともいえる。おそらくそのことが，「殺し」の回避の必然性を薄めているともいえよう。第4章1.6.10の(2)で後述するような再生の儀礼はおこなっても，言説の中でもこれを守らなければならないほどには，「殺し」の回避が徹底していないとも解釈できる。

　ところで，野生動物の殺しには，「食べる」を意味する jukkə（他動詞），ewjik（自動詞）[15] という自立動詞ではなく，このように語彙的接尾辞が用いられているということは示唆的である。語幹に頼らなければその意味・機能を表しえない接辞は自立語に比べると借用されにくく，それだけに古くから当該言語固有の形態素として使われていた可能性が高い。したがって，ここには，トナカイの家畜化以前，狩猟採集民時代の野生動物の殺しに対する認識のありようの残滓がうかがえると考えることもできるかもしれない。

　以上，見てきたような言語表現上の語用論的違いは，コリヤークが動物という自然資源にどのように向き合い認識し範疇化してきたのかということに対する理解なくして明らかにしえないことはいうまでもない。また一方では，

---

[15] コリヤーク語では，一部の動詞の自他の区別のためにこのような異根動詞が用いられる。詳細は第1章4.2.1の(4)を参照されたい。

このような言語表現上の違いの発見を契機として，我々はコリャークの動物資源に対する認識・範疇化のありように迫ることができるのだともいえよう。

4. 枠組みと方法論

　ある言語の文法記述には，その背景にある文化的コンテキストに対する知識が不可欠であることを痛感した筆者は，次第にトナカイ遊牧民コリャークの生業の現場で調査をすることの必要性を認識し始めていった。こうして，ヨヘルソンの調査からちょうど100年後にあたる2001年9月から2002年2月初旬までのほぼ5ヶ月間を，筆者はロシア連邦マガダン州セヴェロ・エヴェンスク地区の最北，コリャークが主に居住するクレスティキならびに周辺の，特に第13ブリガードを中心に，トナカイ遊牧を主たる生業としてきたコリャークのフィールドワークに費やすことを決めた。

　ところが実際に生業の現場でフィールドワークを始めてみると，筆者がこれまで続けてきた音韻や文法といった言語学プロパーの調査は思いがけなく大きな軌道修正を迫られることになった。ひとたびトナカイ遊牧地に入ってみると，トナカイ遊牧に漁業，狩猟，植物採集を補完的に組み合わせた複合的な生業を送るコリャークの多彩な生活と，それをめぐる膨大な語彙が，文法記述の背景などというひかえめな枠を突き破って怒涛のごとく押し寄せてきたのだ。そして，コリャークを取り巻いている自然から切り離されて，あたかもそこには家畜トナカイ（以下，トナカイ）の群れなどないかのように，あたかも森もツンドラも川も山もないかのように，音韻や文法といったどちらかといえば閉じられた世界に没入していることが次第にむずかしいことがわかってきた。今まで，もっぱら伝統的生業から遠く離れた村での年金生活者からの聞き取りを中心とした調査をおこなってきた筆者は，ここトナカイ遊牧地では新たな枠組みで自分のフィールドワークを組み立てなおさなければならないと感じた。

　およそフィールドワークに出かけたことのある言語学者ならば，文法調査を進める傍らでランダムに蓄積されていく民俗語彙の扱いに一度ならず苦慮

したことがあるに違いない。たいていは，いつか体系的に整理しようと思いつつも，とりあえずはパソコンのデータベースに放り込んで棚上げしておくというのが常套ではないだろうか？　あるいは勤勉かつ諸々の運に恵まれた言語学者ならば，民俗語彙集をものすかもしれない。しかし，ここからさらに踏み込んでこれら民俗語彙の背後にある民俗分類体系の解明に分け入っていくことは少ない。それはもはや言語学者の仕事ではなく，人類学者，とりわけ認識人類学者の仕事であると，一線を画すのである。言語学はあくまでも言語そのものの仕組みの解明を目的とするものであり，当該言語の背後にある文化の仕組みの解明に向かうものではないといわれれば，そのとおりかもしれない。しかしそれにしても，「宝の持ち腐れ」といわれてもいたしかたのない構えではある。

　ところで，文化人類学の一分野である認識人類学は「名付けるという行為は，知覚の領域に秩序をもたらす，もっとも主要な方法とみなすことができる」(松井 1991:7)とし，内容分析や音素の弁別素性といった構造主義言語学の理論的枠組みを採用することによって，名づけの背後にある動植物などの民俗分類構造，ひいては文化を秩序づけ，組織化する認識体系，いわば「文化の文法」の解明を試みてきた。言語には当該民族の環境に対する認識と生態的適応のありようが刻印されている以上，このアプローチは文化理解の前提となるといっても過言ではない。とはいえ，民俗分類やエスノサイエンスの領域では，言語学はいわば認識人類学にひさしを貸したままの形になっている。しかし，本来，フィールドで言語の記述をなりわいとする我々フィールド言語学者もこれらの領域に無関心でいられるはずはない。文法調査を進める傍らで蓄積されていく民俗語彙に四つに取り組む時間の余裕をひねり出すのは決して容易ではないとしても，民俗語彙が示す多彩なふるまいの奥に潜む当該民族の認識体系を掘り起こしていくのは，やはり言語学者も避けて通るべきではない仕事であるに違いない。

　ツンドラを自分のフィールドワークの場所に選んだ筆者は，少なくともこの苛酷なフィールドに通うことのできるうちは，これらの民俗語彙の収集と民俗分類体系の掘り起こしの仕事に没頭しようと決めた。これに拍車をかけ

たのが，今，ツンドラで起こっている，特にペレストロイカ以降のトナカイ遊牧の急速な崩壊と，これと表裏一体をなすかのように加速度的に進んでいるコリャーク語の衰退だった。もちろんそれ以前からも，毛皮動物やサケ・マスなどの魚の乱獲，金をはじめとする鉱物資源開拓のためのツンドラの自然破壊など，16世紀以来のロシア人のシベリア開発によってツンドラの生態系は徐々に蝕まれてきた。トナカイなき後のコリャークのそもそも生き残りそれ自体が危うい今，この仕事はなによりも優先されなければならないことはいうまでもないであろう。

　上述の5ヶ月にわたる長期のフィールドワークに加え，平成16～18年度には筆者自身が研究代表者となった文部科学省科学研究費補助金，平成16-18年度基盤研究(C)(2)「コリャークにおける自然認識の言語民族学的研究」の研究助成を得ることができ，これにより主に第13ブリガードならびにその周辺地域で現地調査をおこなってきた。これら数回にわたるフィールドワークにもとづき本書では，コリャークが彼らを取り巻く自然，社会，超自然という多様な環境とどのように向き合い，これに適応対処してきたかに関し，とりわけ言語的側面に重点を置き，さまざまな民俗語彙をとおして，コリャークの民俗分類体系へのアプローチを試み，民族誌的記述をおこなう。これは，また，Jochelson(1908)の民族誌的記述を現代的・言語的コンテキストの中で再検討する試みでもある。

　とはいえ，ヨヘルソンの記述はコリャークの物質，精神面に関しきわめて広範囲に及んでおり，そのすべてを数回の調査でカバーすることは困難であった。したがって本書では，この地域のコリャークを取り巻く自然環境とこれに適応対処するための生業活動，さらには衣食住にかかわる活動，ならびに，自然的であると同時に，社会的かつ超自然的な環境でもある人の誕生と死をめぐる伝統的習慣に焦点を絞った言語民族学的記述を試みる。

　本書で筆者はなによりも，トナカイ遊牧民コリャークの四季折々の生活全体が見渡せるような記述方法を採るようにつとめ，まずそのような章立てを考え，そこに記述を埋め込んでいく方法を選んだ。したがって，記述は時に民俗分類体系に迫る認識人類学的手法をとり，また時に民俗語彙を用いなが

らある生業活動を描き出すという手法をとった。決して一貫してひとつの方法論や枠組みに立脚しているわけではない。むしろ，事物につけられた名称の分節のありかたを手がかりにそれぞれの文化の中に潜んでいる秩序化，組織化のひとつの体系，すなわち認識体系を探る認識人類学に通じる志向性をもちつつも，より柔軟な記述の構えをとったといえる。

　なぜならば，民俗語彙といわれる膨大な語彙の集積が，常に民俗分類のよき対象になりえるわけではないからである。時間表現，地形の名称，トナカイの名称など体系全体を構成する要素が比較的ここまでと限定しやすい領域もあれば，限定しにくく，ゆえに体系化が不可能な領域もある。このうち体系化が可能な語彙群だけを取り出して考察するというストイックな方法もあるだろう。しかし，本書でこのような方法が採られていないのは，筆者が対象としているのが，トナカイ遊牧という主生業を失い，コリャーク語を失い，民族的アイデンティティを失いつつあるコリャークだからである。彼らの生活全体にわたる民俗語彙を記録に残しておくことこそ，第一義に考えなければならないことであったからである。

　なお，本書であげられている民俗語彙は多くの場合，語として文とは切り離された形で収集された。しかし一方で，筆者は調査の合間を縫って，これらの語が生きたコンテキストの中で使用されている，生業や儀礼に関する語りの録画・録音にもつとめてきた。その成果は，それらの音声資料をキリル文字表記で起こしロシア語訳を施した Ajatginina and Kurebito, M. (2006) としてまとめられている。

5. 構　成

本書の構成は以下のとおりである。
　文化人類学者が描く民族誌では考えられないことではあろうが，本書ではまず第1章で，コリャーク語という言語そのものの輪郭を描く。すなわち，系統，方言分類，言語保持状況に加え，音韻，形態，統語にかかわるコリャーク語そのものの構造的特徴について略述し，コリャーク語とはどのような言

語なのかを概観する。民俗語彙として集められた語は，それぞれさらに意味をもつ最小単位である形態素に分割されるが，この形態素の性質や他の形態素との結びつきなどが，実はしばしばその語彙の背景にある文化的特徴を解明する契機にもなりえるのである。

　第2章では，筆者の調査の対象となったクレスティキ，ならびに周辺の第5，第13ブリガードの自然環境をはじめとする地理的概観をおこなう。その上で，本書の骨子部分である第3～6章では，時空間，トナカイ遊牧・漁労・狩猟・植物採集などの生業活動，衣食住，人の誕生と死などをめぐる範疇化のありようを，主に民俗語彙の分析を通じて描いていく。このうち，第3章「時空間の範疇化」，第4章の「生業活動の範疇化」，第5章の「衣食住の範疇化」では，いわば自然環境に対する認識と適応対処のありようが考察される。一方，第6章「誕生と死の範疇化」では，生物学的営みであると同時に，ある集団の中に産み落とされ，そこから去って行くという意味では社会的であり，また，霊魂，あの世などの観念と結びついているという意味では超自然的でもある人の誕生と死に対する認識と適応対処のありようが考察される。

　なお，このうち，第4章第4節の植物利用については，筆者が2004年夏に第13ブリガードで収集したデータにもとづき記述したコリャークの植物利用に関する報告に，齋藤玲子氏（北方民族博物館主任学芸員）が主に環北太平洋域の他民族における植物利用に関する民族学的知見を加えた呉人惠・齋藤（2005:63–92）にもとづいている。本書では，筆者がこれにより詳細な言語学的分析などを加え，改訂版として編集しなおしたものを掲載している。また，第6章第2節の葬送儀礼については，L. N. ハホフスカヤ氏と共同でおこなった現地調査にもとづき執筆した呉人惠・ハホフスカヤ（2003:1–14）の成果を取り入れつつ，筆者のその後の調査で得られた伝統的な葬送儀礼に関する情報や知見を盛り込み，書きなおしたものである。この点については，すでに共著者であった齋藤氏，ハホフスカヤ氏からも了解を得ている。

　以上に示した本書の構成は，文化を環境と人間活動が相互に制限しあって織りなすネットワークと捉える生態人類学，文化を当の集団が環境を認識し，

秩序づけ，解釈する固有の分類システムであるとする認識人類学の立場に依拠している(宮岡 1996:3-41)。自然環境，社会環境，超自然環境と人間活動が織りなすネットワークの中で，人はこれらの環境を固有なしかたで認識するとともに，その認識にもとづき適応対処をはかっていく。そのような人の営みにおいて言語は環境を認識し整理する，すなわち，範疇化する働きを果たしていると考えるのである。

第1章　言語的概観

　コリャーク語をとおして，コリャークを取り巻く多様な環境ならびにこれに適応対処するための彼らの諸々の活動に対する認識のありようを記述するという本書の性質上，まずは，コリャーク語とはどのような言語なのか，その輪郭と特徴を理解しておくことが肝要である。したがって，以下ではコリャーク語の系統と同系諸言語との関係，方言分類，言語保持状況，構造上の諸特徴について概観しておきたい。

　なお，このうちコリャーク語の構造上の特徴については，本書で分析の対象となっているコリャーク語の大部分が民俗語彙である関係上，音韻論ならびに形態論的な概観を中心とし，統語論についてはコリャーク語の統語構造の最も基本的なスケッチにとどめる。

1. 系　統

　コリャーク語はロシア極東カムチャツカ半島の北部ならびに大陸側のマガダン州セヴェロ・エヴェンスク地区に分布する。

　コリャーク語がチュクチ語，ケレク語，アリュートル語，イテリメン語とともにチュクチ・カムチャツカ語族に属することはすでに上述のとおりである (地図 3)。この語族に属するこれらの言語のうち，コリャーク語とチュクチ語の同系性は，Krasheninnikov(1755) により初めて指摘されたという (Crownhart-Vaughn 1972)。また，1940 年代まではコリャーク語の，1950～1960 年代まではチュクチ語の一方言とみなされ，その所属が長い間確定し

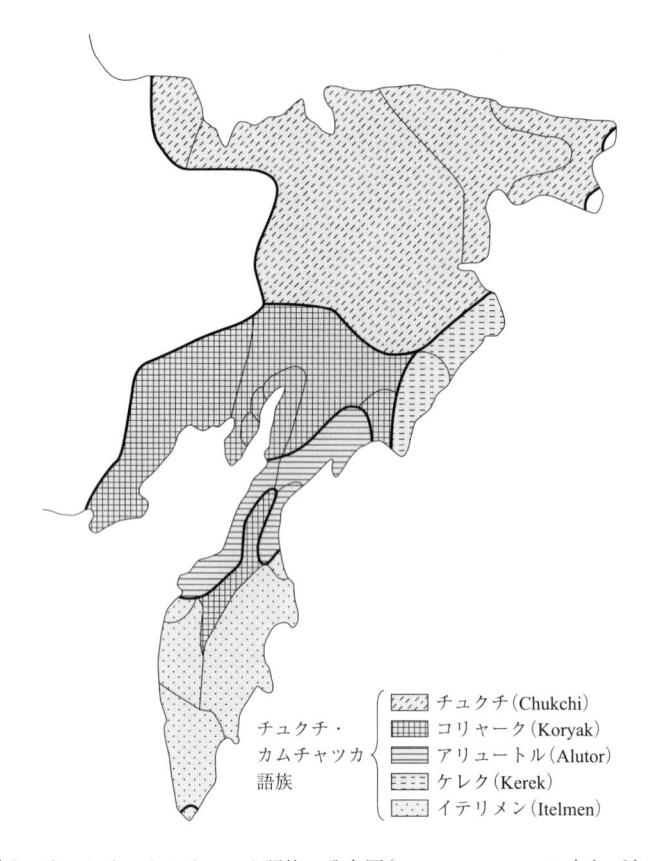

地図3　チュクチ・カムチャツカ語族の分布図(Fortescue 2005:ix にもとづき作成)

凡例:
- チュクチ(Chukchi)
- コリャーク(Koryak)
- アリュートル(Alutor)
- ケレク(Kerek)
- イテリメン(Itelmen)

（チュクチ・カムチャツカ語族）

ていなかったケレク語，1960 年まではコリャーク語の一方言とみなされていたアリュートル語の 2 言語は現在，独立の言語として数えられるようになっている。一方，イテリメン語は 18 世紀末までにはコリャーク語，チュクチ語との同系性が注目されるようになったものの，チュクチ語，ケレク語，アリュートル語，コリャーク語は相互に近い関係にあるのに対して，イテリメン語の系統的位置づけには依然，異論の余地も残されている。小野(http://tooyoo.l.u-tokyo.ac.jp/~chono/)は，イテリメン語のチュクチ・カムチャツカ語族帰属に関する賛否両論を次のように整理している。まず，同系とする根拠

としては，
　1) 動詞の活用が似ている。
　2) 音声や語彙に違いは見られるが，それはイテリメン語が早い時期にチュクチ・コリャーク語のグループから分離し他言語の影響を受けたからだと考えられる。
　3) イテリメン語に，チュクチ・コリャーク語に特徴的な抱合と語幹合成が存在しないのは，イテリメン語がその特徴を「失った」からである。

一方，同系説否定の根拠としては，以下をあげている。
　1) 音節構造の決定的な違い。チュクチ・コリャーク語が母音を挿入して子音連続を防ぐのに対し，イテリメン語は母音連続を防ぐために子音を挿入する。
　2) イテリメン語では名詞・形容詞は人称変化しない。
　3) イテリメン語はチュクチ・コリャーク語のような能格構造をもたない。
　4) テンス・アスペクトマーカーの位置の違い。チュクチ・コリャーク語では語根の前，イテリメン語では語根の後の位置に現れる。
　5) イテリメン語には，チュクチ・コリャーク語に特徴的な抱合と語幹合成がない。
　6) 動詞の人称標識の類似と名詞の格の一致は借用によるものである。
　7) イテリメン語にはかつて3つの「言語」(西部語・東部語・南部語)が存在していた。同系説を立てている研究は現在残っている西部語だけをチュクチ・コリャーク語と比較・対照しているが，この西部語が最もコリャーク語の影響を受けていると考えられるため，両者の類似点は系統が同じであるということの根拠にはならない。

この他，母音調和や接辞などがチュクチ・カムチャツカ語族の他言語と共通していること，チュクチ語との人称代名詞の規則的音韻対応があることなどの類似点が見られる一方で，他の言語には見られない豊富な子音結合などの音声的特徴，文法構造上の特異性を示しているイテリメン語は，時にチュクチ・カムチャツカ語族から外され，チュクチ語，ケレク語，アリュートル語，コリャーク語だけで「チュクチ・コリャーク・グループ」として分類さ

れることもある。

　チュクチ・カムチャツカ語族のうち，最北のチュクチ語は広い分布域と10,000人を超える語族内では最も多い話者人口を有するが，東部方言(海岸定住民チュクチ方言)と西部方言(トナカイ遊牧民チュクチ方言)の2方言にしか分かれていない。なおかつ両方言の差は小さく，音韻，形態，統語，語彙の各レベルにおいて大きな類似点が見られるといわれている(Bogoras 1922:639)。方言分岐は言語が南下するにつれて大きくなる。すなわち，Stebnitskij(1937:289-290)によれば，コリャーク語ではチャヴチュヴァン，パラナ，パレニ，イトカン，カメン，アプカ，アリュートル[16]，カラガの8方言が認められている(コリャーク語の方言分類についての詳細は本章第2節にゆずる；地図4参照)。語族の中では最南に位置するイテリメン語にはさらに著しい方言分岐があるといわれている。北から南へと大きくなるこのような方言分岐のありようから，チュクチ・カムチャツカ語族の故地を南に求める考え方がある(渡辺1992:150)[17]。

2. 方言分類

2.1 分類基準

　Stebnitskij(1937:289-290)は，初めて本格的になされたコリャーク語の方言分類であるが，そこでは，分類の基準として次の2つの音韻的特徴があげられている。

　1) /j/ と /t~r/ の対応(j方言：r方言あるいはt~r方言)
　2) /e/ と /a/ の対応(e方言：a方言)
　まず1)のj方言とr方言あるいはt~r方言の分布は，地理的な南北と対応

---

[16] このうち，アリュートル方言はその後，コリャーク語の一方言ではなく，チュクチ・カムチャツカ語族に属する，コリャーク語と同系の独立の言語として認定され現在にいたっている。ただし，便宜的にここではStebnitskij(1937)にしたがい「アリュートル方言」として扱う。

[17] これは，ある語族の故地はその語族内の言語・方言分岐の最も高いところに求められるとするSapir(1916)の説によっている。

表2 j方言とr(t~r)方言の分類(呉人惠 2005a:37)

北のj方言	南のrあるいはt~r方言
チャヴチュヴァン方言	アリュートル方言
カメン方言	カラガ方言
アプカ方言	パラナ方言
パレニ方言	
イトカン方言	

しているとされている．すなわち，北にはj方言，南にはrあるいはt~r方言が分布している．それぞれの方言に属するのは，表2に示すとおりである．

なお，Stebnitskij(1934:56)によれば，/j/は音声的には「有声中舌摩擦音 Zvonkij Sredne-jazychnyj Spirant」である．ここでいう「中舌」とは，歯茎の「前舌」，軟口蓋あるいは口蓋垂の「後舌」に対して，硬口蓋の調音位置を示すものであると考えられる．以上から，/j/はIPA表記では有声硬口蓋接近音の[j]ではなく，有声硬口蓋摩擦音[ʝ]である．

Stebnitskij(1937:291)では，北のj方言の代表としてチャヴチュヴァン方言，南のrあるいはt~r方言の代表としてアリュートル方言の以下のような語例により，その対応関係が示されている．

以下，チャヴチュヴァン方言は *Cha.*，アリュートル方言は *Al.*，パラナ方言は *Pa.* で示すものとする．

(4) *Cha.*　　*Al.*
　　 jajaŋa　　raraŋa　　「トナカイ毛皮製ユルト」
　　 qepej　　 qapar　　　「クズリ」
　　 jajol　　　tatul　　　　「キツネ」

ただし，アリュートル方言ではすべての/j/が/t~/r/に対応するわけではなく，/j/が対応する場合もある．なお，アリュートル方言では北のj方言とは異なり，/j/は音声的には有声硬口蓋接近音[j]である(Kibrik et al. 2000:182; Nagayama 2003:2)．

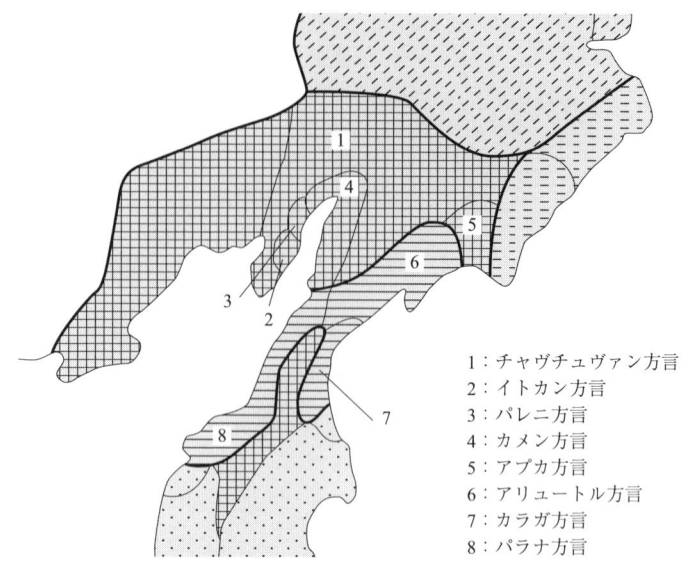

地図4　Stebnitskij(1937)によるコリャーク語の方言分類(Fortescue 2005:ix にもとづき作成)

1：チャヴチュヴァン方言
2：イトカン方言
3：パレニ方言
4：カメン方言
5：アプカ方言
6：アリュートル方言
7：カラガ方言
8：パラナ方言

(5) Cha.　　　Al.
　　jetək　　　jatək　　　「来る」
　　qajuju　　 qajuju　　 「仔トナカイ」
　　ŋejŋej　　 ŋajjə　　　「山」

　この他，例外として，パレニ方言では時にチャヴチュヴァン方言の /j/ に /s/[s]~/c/[t͡ʃ]が対応することも指摘されている(たとえば，チャヴチュヴァン方言の qepej「クズリ」, jajol「キツネ」はパレニ方言では，それぞれ qepes, cacol)。
　一方，2)の e 方言と a 方言の分布は地理的な東西に対応する。すなわち，西に e 方言，東に a 方言，さらにその間に e~a 方言としての中間的な特徴を示すチャヴチュヴァン方言の分布が見られるという。それぞれの方言に属するのは以下の表3のとおりである。
　Stebnitskij(1937:291)は，西の e 方言の代表としてパラナ方言，東の a 方言の代表としてアリュートル方言，中間的な e~a 方言であるチャヴチュヴァン

表3 e方言, e~a方言, a方言の分類(呉人惠 2005a:38)

e方言	e~a方言	a方言
パラナ方言 パレニ方言 イトカン方言	チャヴチュヴァン方言	アリュートル方言 カラガ方言 アプカ方言 カメン方言

方言の次のような例をあげている[18]。

(6) *Pa.*　　*Cha.*　　*Al.*
　　wejem　　wejem　　vajam　　「川」
　　lewut　　 lewut　　 lavut　　 「頭」
　　remkən　 jamkən　 ramkən　「宿営地」
　　elek　　　alak　　　alak　　　「夏に」

　このような /e/ と /a/ の音韻対応は，チュクチ・カムチャツカ語族に見られる独特な母音調和とも無関係ではない。すなわち，Stebnitskij(1937:294-295)はこのような /e/ と /a/ の対応の違いが，方言間における母音調和の厳密度に差異を生じさせたものとしている。具体的には，/e/ が現れるパラナ方言ではチュクチ語同様，母音調和が厳密に守られている。一方，/a/ が対応するアリュートル方言では，/a/ に関しては中性母音化したために母音調和がまったく守られない。ただし，強母音の /o//e/ は e方言同様，弱母音の /i//u/ との共起が許されないという母音調和が保たれている。
　/e//a/ のいずれもが対応するいわば中間的なチャヴチュヴァン方言では母音調和がおこなわれる一方で，規則からの一定の逸脱も認められる。Stebnitskij(1937:295)はこのような対応関係を指摘した上で，これがチュクチ語やコリャーク語パラナ方言のような規則的な母音調和から，中間的な移行段階にあるチャヴチュヴァン方言を経てアリュートル方言へという母音調和の「崩れ」の傾向を示すものであるとしている。

[18) これらの例でアリュートル方言の vajam は Kibrik et al.(2000:422)では wajam，lavut は lawət，チャヴチュヴァン方言の lewut は筆者の調査では lewʊt[leːwət]など，子音の音価にずれがあるが，ここでは母音に注目するにとどめ特に問題視はしない。

しかし，実際には Stebnitskij(1937:295)で説明できる以上の多様な不規則が起こっており，「崩れ」であるか否かの判断には，慎重さが必要とされる（チュクチ・カムチャツカ語族の母音調和について，またコリャーク語の母音調和のさまざまな不規則の具体例についてさらに詳しくは，本章 4.1.2 の(1)ならびに呉人惠(1999a)を参照されたい）。

2.2　セヴェロ・エヴェンスク地区のコリャーク語の方言的位置づけ

マガダン州セヴェロ・エヴェンスク地区で話されているコリャーク語は，上述の Stebnitskij(1937:295)の /j/ と /t~r/ の対応関係，/e/ と /a/ の対応関係という 2 つの音韻的分類基準からすると，チャヴチュヴァン方言に属することは間違いない。また，ここでは詳述する余裕がないが，音韻面のみならず，Stebnitskij(1937:299-302)が指摘している現在時制を表す形式の分布などの文法面からもこのことは裏づけられる。

ただし，この地区内のチャヴチュヴァン方言の中でも，地区最東に位置するタイガノス半島で話されているコリャーク語と，本書の対象となるクレスティキ周辺地域を含むタイガノス半島以北で話されているコリャーク語では音韻的に若干の相違点が見られる。以下では，前者を仮にチャヴチュヴァン方言の「タイガノス下位方言」，後者を「北部下位方言」とする。両下位方言の音韻特徴について Stebnitskij(1937:299-302)の方言分類基準をもとに，Stebnitskij(1937:299-302)があげているチャヴチュヴァン方言と比較すると，次のようなことがいえる。

①タイガノス下位方言，北部下位方言ともに，母音はチャヴチュヴァン方言同様の中間型，すなわち e~a 型を示す。(6)の対応表にタイガノス下位方言(*Taj.*)と北部下位方言(*Nor.*)を加えると次のようになる。

(7)　*Pa.*　　　*Cha.*　　　*Taj.*　　　*Nor.*　　　*Al.*

　　wejem　　wejem　　wejem　　wejem　　vajam　　「川」
　　lewut　　 lewut　　 Jewət　　 lewət　　 lavut　　 「頭」
　　remkən　 jamkən　 jamkən　 jamkən　 ramkən　「宿営地」
　　elek　　　alak　　　alak　　　alak　　　alak　　 「夏に」

②チャヴチュヴァン方言の /j/[j] には，タイガノス下位方言，北部下位方言とも /j/[j] が対応する。次の(8)は，(4)の対応表に両下位方言を加えたものである。

(8) Cha.　　Taj.　　Nor.　　Al.
　　jajaŋa　jajaŋa　jajaŋa　raraŋa　「ユルト」
　　qepej　　qepej　　qepej　　qapar　　「クズリ」
　　jajol　　jajoJ　　jajol　　tatul　　「キツネ」

ただし，タイガノス下位方言では，チャヴチュヴァン方言同様[19]，語のどの位置であるかにかかわらず音声的には[j]であるのに対し，北部下位方言では音節初頭では[j]，音節末では[j]と位置変異音が認められる点が異なる。

(9) Cha.　　　　Taj.　　　　Nor.
　　[jajaːŋa]　　[jajaːŋa]　　[jajaːŋa]　　「トナカイ毛皮製住居」
　　[qɛːpej]　　[qɛːpej]　　[qɛːpej]　　「クズリ」

ところで，チャヴチュヴァン方言とタイガノス下位方言には，音韻上，次のような相違が認められる。

③チャヴチュヴァン方言の /l/ は，タイガノス下位方言では有声硬口蓋接近音の /J/[j] が対応する。語頭，語中，語末の如何にかかわらず /J/[j] が現れる。

(10) Cha.　　　Taj.　　　Nor.
　　ləlalŋən　　JəJaJɲən　　ləlalŋən　　「目」
　　ləʕulqəl　　JəʕuJqəJ　　ləʕulqəl　　「顔」

ただし，チャヴチュヴァン方言の口蓋化した /lʲ/[ʎ] はタイガノス下位方言でも同様に /lʲ/[ʎ] で現れる。

---

[19] Stebnitskij(1937)では /j/ が常に[j]かどうかは明記されていないが，同じくチャヴチュヴァン方言について記述したZhukova(1972:11)では，/j/ は語のどの位置でも中舌摩擦音，すなわち[j]であるとしている。

表4 /j/, /l/, /l'/ の対応表(呉人惠 2007c:25)

	/j/ [j]	/l/ [l]	/l'/ [lʲ]
チャヴチュヴァン方言	/j/ [j]	/l/ [l]	/l'/ [lʲ]
タイガノス下位方言	/j/ [j]	/J/ [j]	/l'/ [lʲ]
北部下位方言	/j/ [j]~[j]	/l/ [l]	/l'/ [lʲ]

(11) Cha.　　Taj.　　Nor.
　　ʕal'amət　ʕal'amət　ʕal'amət　「ハエ」
　　col'col'　col'col'　col'col'　「塩」

以上を整理すると表4のようになる。

　この対応表から読み取れるのは，北部下位方言では /j/ の位置変異音として [j] が現れたために /l/ が /J/[j] に変化しなかったのに対し，タイガノス下位方言では，/j/ の位置変異音[j]が現れず，すべての位置で[j]であったために /l/ に替わる音素として /J/[j]が現れたというひとつの可能性である。ただし，/J/ はそれ自体，口蓋化音であることから，コリャーク語に見られる歯茎音 /t//n//l/ の逆行同化による口蓋化(例：titiŋe「針」— t'it'ipil'「小針」，nutenut「ツンドラ」— n'ut'el'qən「地面」)という形態音韻規則に抵触する。したがって，歯茎音における口蓋化 / 非口蓋化の対立を保存するために /l'/ だけは残されたと考えることができる(歯茎音の逆行同化による口蓋化については，詳しくは本章4.1.2 の(3)ならびに Kurebito, M.(2004b)を参照されたい)。

3. 言語保持状況

3.1 チュクチ・カムチャツカ語族

　北アジアの先住民諸言語は，その大半が話者数の微小な言語であり，コリャーク語が属するチュクチ・カムチャツカ語族もその例外ではない。Krauss(2003:217)からチュクチ・カムチャツカ語族の話者数，総人口，言語保持度を抜粋した表5でも，語族のすべての言語が大なり小なり消滅の危機に晒されていることがうかがえる。なお表5に示されている言語保持度の略

表5　チュクチ・カムチャツカ語族の話者数と言語保持度(Krauss 2003:217 より抜粋)

	話者数	総人口	言語保持度
チュクチ語	11,000	15,000	a-b
ケレク語	10以下	100以下	＞d
アリュートル語	2,000	4,000	c
コリャーク語	3,000	5,000	a-c
イテリメン語	500	2,500	e

a: 子供を含むすべての世代
b: 両親の世代とそれ以上
c: 祖父母の世代とそれ以上
d: 少数の非常に高齢の話者
e: 消滅
＞: ある保持度を超えている状態
X–Y: ある保持度から別の保持度の中間的状態

号を表の下に示す。

　とはいえ，各言語の話者数については，これ以外にもさまざまな見解がある。コリャーク語に関していえば，言語保持度が a-c，すなわち，子供を含むすべての世代—祖父母の世代とそれ以上と見積もられているのは，少なくとも筆者がこれまで調査をおこなってきたマガダン州セヴェロ・エヴェンスク地区の現状にはそぐわない。地区では子供はもはやコリャーク語を話せず，その両親の世代でもコリャーク語を流暢に話すことができる人の方が少ないのが現状である。

　また，たとえば，1989年と1994年にロシアでおこなわれた人口調査の統計資料では，表6のような数字が示されている(この表は筆者が小野[2003:65, 83]から1989年と1994年両年の統計を抜粋してひとつの表にまとめたものである)。

　なお，この統計にケレク語とアリュートル語が見えないのは，前者はチュクチ語に後者はコリャーク語に含まれているためである。

　この表からは，1989年から1994年のわずか5年の間にも自らの民族語を母語とみなす人口比率がチュクチ語では約9%，コリャーク語では約31%，

表6 1989年・1994年のチュクチ・カムチャツカ語族における民族語保持率

	民族語を母語とみなす人口比率(%)		民族語を第2言語として話す人口比率(%)	
	1989年	1994年	1989年	1994年
チュクチ語	70.4	61.3	3.5	3.1
コリャーク語	52.4	21.3	5.4	4.1
イテリメン語	18.8	3.8	5.5	5.3

イテリメン語では15%と大きく減少していることが読み取れる[20]。

さらに，しかしながら，実際には正確な統計が得られないのが現状であり，このことが資料による数字のばらつきに反映されているともいえる。資料によって話者数の算定に相違が見られるのは，おそらくこの地域が正確な統計を得るのが地理的に困難なこと，また，民族語を運用する流暢度が主観的判断と客観的判断では食い違うことなどによると考えられる。

とはいえ，この地域でこれまでフィールドワークを続けてきた研究者の話者状況に関する報告は，彼らが常に現場でそれぞれの言語の現状を目の当たりにしておこなった観察にもとづいているために傾聴に値する。1997年よりカムチャツカでイテリメン語北部方言の調査を続けてきた小野(2003:70)は，イテリメン語の話者数をKrauss(1997:33-34)よりさらに低く50人と見積もっている。同じくカムチャツカでアリュートル語の調査を続けてきたNagayama(2003:xiv)によれば，アリュートル語の話者は400〜500人であろうと見積もられている。一方，1970年代にアリュートル語のフィールドワークをおこなった成果であるKibrik et al.(2000:9)ではさらに少ない100〜200

---

[20] 前述のとおり，ロシア北方先住民協会(RAIPO)のHP(http://www.raipon.org)によれば，2002年現在，コリャークの全人口8,743人のうち，コリャーク語を母語とするものは27.1%の2,369人である。1994年に比べると，母語話者率は約6%増加していることになる。ただし，これがコリャーク語の再活性化を意味するとは考えがたい。ひとつの可能性として，コリャーク語が話せない若年層の死亡が全人口数を下げているために，母語話者率が一時的に上がっているとも推測できる。実際，若年層のアルコール中毒などによる死亡は筆者の調査地域でも後を絶たない。

人という数があげられている(チュクチ・カムチャツカ語族の言語保持現状について詳しくは Kurebito, M.(2007:393-396)を参照されたい)。

3.2 クレスティキ周辺地域のコリャーク語

クレスティキはセヴェロ・エヴェンスク地区の最北に位置するコリャークを中心としたトナカイ遊牧基地である。しかし，地理的にチュクチやエヴェンの居住するチュクチ自治管区と境を接しているために，実際にはエヴェン，チュクチといった他民族の混血も多い。基地には，コリャーク語だけを母語として話す人はすでにおらず，日常の使用言語はロシア語である。50 代以上のコリャーク語が流暢なコリャークの人々も，基地では多くの場合，ロシア語を使用している。他民族との結婚が，家庭内でのコリャーク語の保存を困難にし，その一方で異なる民族間の共通語としてのロシア語への同化をいっそう早める一因となってきているのかもしれない。

ロシア語への同化を加速しているもうひとつの要因として，クレスティキが，多くのロシア人が働く露米合弁オモロン金鉱会社の工場のあるクバクやベルカチャンといった村から 100 km 以内の距離にあることがあげられよう。コリャークはこれらの工場に約 1,000 km 離れたマガダン市から運ばれてくる小麦や砂糖といった食糧物資をトナカイ肉や魚と物々交換するためにしばしばやってきて，ロシア人と接触している。このようなロシア人地域へのアクセスの容易さもまた，ロシア語への同化を促す要因のひとつとなっていることは否定できない。

とはいえ，筆者は 2001 年 10 月，クレスティキから第 13 ブリガードに調査に出かけたが，この時，同行したクレスティキ在住の 20 代後半から 40 代までの数人のコリャークは，クレスティキでは通常，ロシア語を話しているのにもかかわらず，道中，一斉にコリャーク語にコード・スウィッチングし，コリャーク語が流暢ではない若年層のコリャークまでもがコリャーク語で話しかけられるうちに，コリャーク語で簡単な会話を始めるようになった。

伝統的生業であるトナカイ遊牧が営まれていない定住集落クレスティキでは，トナカイ遊牧にかかわるきめ細かな語彙や表現をもたないロシア語でも

日常生活にさほどの支障をきたさない。エヴェンやチュクチ，時にはロシア人といった異民族，さらにはセヴェロ・エヴェンスク地区の行政の中心エヴェンスク村の寄宿学校に送られ，ロシア語漬けの教育を受けて戻ってくるコリャークの子供たちなどの出入りの頻繁なこの村では，むしろ共通言語としてロシア語を使う方が便利ですらある。しかし，そこを離れ，主に成人のコリャークだけからなるグループが形成されることによって，一時的にせよ，民族的アイデンティティの発露としてコリャーク語が復活するのだとは考えられないだろうか。

　一方，第5ブリガードは，すでに2003年8月に第13ブリガードに統合されることによって消滅したが，筆者が初めてこの地域を訪れた2001年当時はまだ，4人の20代のコリャーク男性と1人のエヴェン女性が遊牧にあたっていた。とはいえ，彼らはすでにロシア語を母語とする世代であり，コリャーク語は聞いて多少理解することはできても，自ら話すことはできない。彼らの親の時代には，まだトナカイの群れを放牧するために欠かせないトナカイ遊牧をめぐる豊かな語彙とその語彙の背景にある豊かな技術や知識が生きていたが，それらはこのブリガードではもはや失われてしまった。かつては年齢や性別，生殖可能性，毛色や毛並み，それぞれに念入りな名称をもつさまざまな耳印などによって識別されていた豊かなトナカイの群れの中から彼らに残されたのは，主に橇を引かせるためのわずかばかりのトナカイだけとなった。

　コリャークは伝統的に橇牽引用のトナカイにコリャーク語の個体名を与えてきた。個体名には，体の毛色や特徴，身体的特徴によるもの，他の動物やものになぞらえた比喩的なもの，個体の性質にもとづくものなどの他，個体の「できごと史」による命名が多い。すなわちその個体について管理者が目撃したり参与したりした特筆すべきできごとをそれにまつわる事物の名前や地形の名前として個体に刻みつけるのである（詳しくは第4章1.5.4参照）。

　しかし，第5ブリガードの若者たちはすでにそのような個体名のつけ方を知らない。代わりに，トナカイはもっぱらMyshonok「仔ネズミ」，Snikers「チョコバー」，Boing「ボーイング」，Strelok「射手」，Kaban「イノシシ」などの

ロシア語で個体名がつけられるようになっていた。できごとを刻んだコリャーク語の個体名には，人がトナカイとかかわるのに必要なできごと，そこからうかがえるトナカイの生態などの知識が埋め込まれていた。しかし，第 5 ブリガードではそのかけがえのない知識を記憶にとどめる手立てはもはや失われ，あたかも愛玩動物に対するかのような名づけに頼らざるをえなくなったのである。すでにここでは，個体名をつけるという枠組みだけが残され，その中身である伝統的な命名原理は失われてしまっている。これはまさに，生業の先細りが言語の先細りとも決して無関係ではなく，むしろ時には表裏一体ですらあることを如実に示す実例である。

　一方，第 13 ブリガードは，少なくとも 2004 年末に始まった大アウランジャ (Avlandja) 川への移牧以前にはクレスティキや第 5 ブリガードとは対照的に，コリャーク語が日常的にも話され，その保存度はかなり高かったといえる。これは第 13 ブリガードがクレスティキから遠く，交通の便の悪い地理的に孤立した地域に位置しており，ロシア語の干渉を比較的免れていること，また，トナカイ頭数は激減したとはいえ，いまだ伝統的な遊牧生活が保持されており，これにはロシア語よりも生業活動全般にいきわたった豊かな語彙を有するコリャーク語の方が適していることなどが，保持率の高さの背景にあると考えられる。とはいえ，ここにもすでにロシア語の話せないコリャークはいない。日常的にコリャーク語が交わされるのは主に 1955，1950，1941 年生まれの 3 人のコリャークの間にかぎられており，若いコリャークあるいは子供たちはもはやコリャーク語を話さない。このような辺境のトナカイ遊牧地にもロシア語の影響は確実に迫っているのである。

　これに拍車をかけているのが，系統の異なるツングース系の言語を話すエヴェンとの接触であると考えられる。この第 13 ブリガードでは，北のチュクチ自治管区オモロン方面から来た数人のエヴェンが牧民として働いているが，コリャーク語を知らない彼らとの会話は主に共通語であるロシア語に頼らざるをえないのである。

　なお，大アウランジャ川への移牧後，第 13 ブリガードの住民構成は変化を蒙った。すなわち，クレスティキから成人・子供含めて 10 人のコリャー

クが移住してきたことにより，住民の数自体は増えたが，すでにその大半がコリャーク語を話さない若年層であり，このことはむしろコリャーク語の衰退を加速化する結果となっているように思われる。

以上のように，この地域の言語保持状況はきわめて厳しい。フィールドワークが可能なうちにコリャーク語の記述をできるだけ進めておかなければならない由縁である。

4. 構造的特徴

以下では，本書の主たる対象地域で話されているコリャーク語チャヴチュヴァン方言の音韻，形態，統語面における基本的な特徴について概観する。

4.1 音韻的特徴
4.1.1 音素目録

チャヴチュヴァン方言北部下位方言の表層における子音音素ならびに母音音素の目録は，表7，8に示すとおりである。なお，本書のコリャーク語の音韻表記はこの表7，8に示す表記にしたがっておこなうものとする。

閉鎖音には有声・無声の対立がなく，すべて無声音である。歯茎音の系列には非口蓋化音 /t//n//l/ と口蓋化音 /t'//n'//l'/ の対立がある。後部歯茎音の /c/ は音声的には破擦音の [tʃ]，硬口蓋音の /j/ は摩擦音の [ʝ] である（ただし，前述のとおり /j/ は音節末では摩擦が弱まり，異音の有声硬口蓋接近音 [j] として現れる）。

これらの子音音素，母音音素は，形態音韻論的に表9，10に見るような基底にある母音，子音が形態音韻規則によって表層で実現されたものであると考えられる。

基底の子音，母音が表層と異なる点は，歯茎閉鎖音に口蓋性による対立が認められないこと，前舌半狭母音と中舌半狭母音に母音調和と関連して強と弱の対立があることである。ただし，表層形が実現されるプロセスならびに規則をここで詳述するのには紙面にかぎりがあるため，次節で主要な現象の

表7　子音音素（Kurebito, M. 2004:119 にもとづく）

	両唇音	唇歯音	歯茎音	後部歯茎音	硬口蓋音	軟口蓋音	口蓋垂音	咽頭音	声門音
閉鎖音	p		t, t'			k	q		ʔ
破擦音				c					
摩擦音		v			j	ɣ		ʕ	
接近音					w				
鼻音	m		n, n'			ŋ			
側面音			l, l'						

表8　母音音素（Kurebito, M. 2004:119 にもとづく）

	前舌	中舌	後舌
狭	i		u
半狭	e	ə	o
広		a	

表9　基底の子音（Kurebito, M. 2004:118 にもとづく）

	両唇音	唇歯音	歯茎音	後部歯茎音	硬口蓋音	軟口蓋音	口蓋垂音	咽頭音
閉鎖音	p		t			k	q	
破擦音				c				
摩擦音		v			j	ɣ		ʕ
接近音					w			
鼻音	m		n, n'			ŋ		
側面音			l, l'					

表10　基底の母音（Kurebito, M. 2004:119 にもとづく）

	前舌	中舌	後舌
狭	i		u
半狭	e_1/e_2	$ə_1/ə_2$	o
広		a	

みを略述するのにとどめる。コリャーク語の音韻論の詳細については Kurebito, M.(2004b:117-144)を参照されたい。

4.1.2　形態音韻規則
(1)非相称的母音調和

　形態音韻面における際立った特色のひとつとして，コリャーク語にはチュクチ・カムチャツカ語族の他の諸言語同様，母音調和(vowel harmony)があることがあげられる。通常，母音調和というと，アルタイ諸語やウラル語族に代表されるような，いずれの系列の母音も同等の力をもち，語幹にそのどちらの系列の母音が現れるかにより接辞の母音の種類が決まるたぐいのいわば語幹決定タイプの母音調和が想起される。これに対し，チュクチ・カムチャツカ語族の母音調和は，母音が舌の最高部の高低によって弱母音と強母音の2系列に分かれ，このうち強母音が常に弱母音に対して優勢で，語幹か接辞かという形態素の種類にかかわりなく，順行的にも逆行的にも対応する弱母音を同化させるという，いわゆる dominant / recessive タイプの母音調和である。Aoki(1968:143)は母音調和の類型化の試みにおいて，アルタイ諸語的母音調和を「相称的」(symmetric)，チュクチ・カムチャツカ語族的母音調和を「非相称的」(asymmetric)母音調和と呼んでいる。

　コリャーク語では，母音が基底で強母音 e_1[21]，a, o, $ə_1$ と弱母音 i, e_2, u, $ə_2$ の2系列に分かれ，通常，両者は1語中に共起することができない。また，形態素の接続に際し，前者の系列はその語中での位置にかかわりなく後者の系列の対応する母音，すなわち，i を /e/ に，e_1 を /a/ に，u を /o/ に替える。たとえば，次の例を見られたい。

　　(12a) wejem-Ø　←　**we₂je₂m-Ø**　「1本の川」(wejem「川」, -Ø 絶単)
　　(12b) wejem-ti　←　**we₂je₂m-ti**　「2本の川」(-ti 絶双)
　　(12c) qaj-wajam-Ø　←　**qaj-we₂je₂m-Ø**　「小さな川」(qaj- 指小性)

---
[21] /e/ と /ə/ の基底形に強弱2系列あることを，ここでは数字を使い，たとえば e_1, e_2 のように区別する。

we₂je₂m は弱母音 e₂ をもつ語であるため，双数を表す際には，-ti / -te のうち弱形態素 -ti が選ばれる。一方，指小性を表す接頭辞 qaj- は強母音 a を含む強形態素であるため，we₂je₂m がこれに同化して wajam に交替している。

(13a) miməl-Ø ← **miml-Ø**「水」(miməl「水」, -Ø 絶単)

(13b) miml-u ← **miml-u**「水(複)」(-u 複)

(13c) meml'-ə-cko-jtəŋ ← **miml-cko-jtə₁ŋ**「水の中に」(meml'「水」, -ə- 挿入, -cko「〜の中」, -jtəŋ 方向)

miml は弱母音をもつ語である。したがって，複数を表す際には -u / -o のうち弱形態素 -u が選ばれる。一方，(13c) では方向格 **-jtə₁ŋ** は基底では語彙的に強形態素であることが決まっているため，miml はこれに逆行的に同化して強形態素の meml' になり，-cku~-cko のうち強形態素の -cko が選ばれている。

次は語幹が ə 以外の母音を含まない例である。

(14a) kəcwəj-u ← **kə₂cwə₂j-u**「髪の毛」(kəcwəj「髪の毛」, -u 複)

(14b) mənɣ-o ← **mə₁nɣ-u**「手」(mənɣ「手」, -o 複)

(14a) では，複数を表す異形態 -u / -o のうち弱形態素の -u が選ばれていることから，kəcwəj が弱形態素であることが，一方，(14b) では，強形態素の -o が選ばれていることから，mənɣ が強形態素であることがわかる。

母音をもたない形態素でも，強形態素として働くか弱形態素として働くかが決まっている場合がある。

(15a) velo-lŋ-ə-n ← **vilu-lŋ-n**「耳」(velo「耳」, -lŋ「対の片方」, -ə- 挿入, -n 絶単)

(15b) lalo-lŋ-ə-n ← **le₂lu-lŋ-n**「ひげ」(lalo「ひげ」)

この 2 例では，名詞絶対格単数形成の **-lŋ** が強形態素であるため，弱形態素語幹 **vilu, le₂lu** をそれぞれ対応する強形態素語幹に替えていると考えられる。

とはいえ，コリャーク語には母音調和の規則にしたがわない例も数多く見られる。そのうち筆者の観察で最も多く見られたのは，/a/ が 1 語の中で弱母音，特に /i/ と共起する不規則である。それらの /a/ は同系のチュクチ語の /e/ に多くの場合，対応していることが注目される。

まずは，語幹内部で /a/ と弱母音が共起する例を語幹形であげる。なお，以下の例では比較のために，Skorik(1941)，Moll and Inenlikej(1957)より，それぞれチュクチ語(Chu.)で対応する同族語もあげる。

(16) *Ko.*　　*Chu.*

　　piŋa　　piŋe　　「雪」
　　kali　　keli　　「書く」
　　qapti　　qepti　　「背中」
　　vali　　veli　　「アザラシの脂肪」
　　cimat　　cimet　　「割る」
　　qajuju　　qeju　　「仔トナカイ」

ちなみに，これらの語幹には弱形態素の接辞が付加されている。

　(17a) qapti-wi「背中(複)」(-wi 絶複)
　(17b) vali-wwi「アザラシの脂肪(複)」(-wwi 絶複)
　(17c) kali-tʕul-Ø「紙」(kali「書く」，-tʕul「〜のひと切れ」，-Ø 絶単)

語幹には母音は /a/ あるいは /a/ と /ə/ しか含まないが，弱形態素の接辞が接続している例も多い。チュクチ語の対応する同族語でも，これらの /a/ にはやはり /e/ が対応しており弱形態素としてふるまう(以下，括弧内がチュクチ語の例)。

　(18a) acʕ-u「脂肪(複)」(ec)
　(18b) pəlak-u「ブーツ(複)」(plek)
　(18c) akk-ə-wi「息子たち」(ekk)
　(18d) ləla-wwi「目(複)」(ləle)

以上の例から見ると，確かにコリャーク語の母音調和に見られる不規則は，チュクチ語の弱母音 /e/ とコリャーク語の /a/ の対応により引き起こされた，チュクチ語のような厳密な母音調和からの崩れによるものと捉えることが可能であろう。しかしながら，これによって説明できるのは筆者が得た不規則の例の一部にすぎない。これ以外にも種々の不規則が見られ，そこに統一的な説明を施すことは必ずしも容易ではないように思われる。

たとえば，次はチュクチ語の弱母音 /e/ と対応する /a/ をもつ語幹でありな

がら，上例とは異なり，強形態素の接辞が付加されている例である．
　(19) ko-qapl'e-tku-la-ŋ-Ø
　　　不完了 – ボール遊びする – 反復 – 複 – 不完了 –3 主
　　　「彼らはボール遊びをしている」
上例の語幹 qapl'e「ボール遊びする」はチュクチ語の弱形態素 qeple に対応する．したがって，ここでは弱形態素の接辞が付加されることが予想されるが，実際には強形態素の接周辞および接尾辞と弱形態素の接尾辞が共起している．

次は，同一語幹に付加される接辞が，弱母音を含んだり強母音を含んだりと一貫しない例である．チュクチ語の同族語は確認されていない．
　(20) ilʕaq-ti「カワメンタイ(双)」，ilʕaq-o「同左(複)」
この 2 例では，双数の接辞は弱形態素として，複数の接辞は強形態素として現れている．

指小性を表す **qaj-** が接続する弱形態素語幹は，多くの場合，強形態素に交替せずそのままで現れるが，その理由は不明である．(21)の例はすべて絶対格単数形である．
　(21) qaj-ilij-Ø「小島」，qaj-umkə-ʔ-um「小さな林」，qaj-tənup-Ø「小丘」，
　　　qaj-ə-miŋ-ə-n「男の子」
ただし，強形態素に交替している例も，少ないが見られる．
　(22a) qaj-koka-ŋa ← **qaj-kuke₂-ŋe₂**「小さな鍋」(koka「鍋」，-ŋa 絶単)
しかし，この語では語幹が強形態素に交替していながら，複数を表す接尾辞は弱形態素で現れているというように一貫しない．
　(22b) qaj-koka-wi「小さな鍋(複)」
また，同様に指小性を表す接尾辞に -pil' / -pel' があるが，強形態素語幹に接続しながら -pel' ではなく，-pil' が付加されている例が散見される．
　(23) appa-pil'-Ø「祖父(親愛の情)」，ŋavakəka-pil'-Ø「小さい娘」
しかし，語幹が本来の弱形態素から強形態素に交替していながら，-pil' が接続する例も見られる．
　(24) wajam-pil'-Ø「小川」(wajam ← **we₂je₂m**)

以上に見られるような不規則が個人レベルで見られるものなのか方言レベルで見られるものなのかは，さらに多くの資料を収集してからではないと即断できないが，いずれにせよ，この方言では，Stebnitskij らの見解で説明できるよりはるかに多様な不規則が起こっていることは事実である。

チュクチ・カムチャツカ語族の母音調和は，この語族を構成するチュクチ語，コリャーク語，イテリメン語，アリュートル語，ケレク語のいずれにおいても同程度に守られているわけではない。このうち，コリャーク語の母音調和がチュクチ語に比べ制限されたものであることは，すでに Bogoras (1917:4, 1922:671) によっても指摘されている。また，Skorik (1979:234) によれば，これらの言語のうち母音調和が最も規則的におこなわれているのはチュクチ語で，コリャーク語には例外が見られる。また，イテリメン語では散発的にしか母音調和がおこなわれておらず，アリュートル語ではその痕跡が見られる程度であり，ケレク語にいたっては母音調和は完全に失われているという。さらに，このうちコリャーク語では，方言間で母音調和の厳密度に差が見られることも指摘されている (Stebnitskij 1937:295)。このような母音調和の厳密度の違いをどう見るかは議論の余地のあるところである。チュクチ・カムチャツカ語族の母音調和について詳しくは呉人惠 (1999a) を参照されたい[22]。

(2) シュワ・声門閉鎖音の挿入

コリャーク語では形態素境界における 3 子音連続，語頭・語末における 2 子音連続を避けるために，通常，2 子音連続の場合にはその間に，3 子音連続の場合には 2 番目と 3 番目の子音の間にシュワが挿入される。

 (25a) n-ə-tuj-qin-Ø ← **n-tuj-qin-Ø**「若い，新しい」(n-...-qin 形容詞，-ə- 挿入，tuj「若い」，-Ø 絶単)

 (25b) kajŋ-ə-t ← **kajŋ-t**「2 頭の熊」(kajŋ「熊」，-ə- 挿入，-t 絶双)

---

[22] なお，環北太平洋域の言語の中では，北米インディアン諸言語のサハプティン語族ネズパース語 (Aoki 1966:759-767) に同様の非相称的母音調和が報告されていることにも注目されたい。

(25c) t-ə-miml-ə-lp-et-ə-k-Ø ← t-miml-lp-e₂t-k-Ø「私は水を飲んだ」(t-...-k 1単主, -ə- 挿入, miml「水」, -ə- 挿入, lp「飲む」, -et 逆受動, -ə- 挿入, -Ø 完了)

(25d) ɣa-jajt-ə-len ← ɣe₂-jajt-lin「彼／彼女は家に帰った」(ɣa- 結果, jajt「家に帰る」, -ə- 挿入, -len 3単主)

一方，形態素境界において 2 母音連続が起こる場合には，母音間に /ʔ/ が挿入される(たとえば，上の例 21 の qaj-umkə-ʔ-um「小さな林」など)。

(3) 歯茎音の逆行同化による口蓋化

歯茎音 t, n, l は，口蓋化した歯茎音 /t', n', l'/ に逆行的に同化する。場合によっては例 (26b) のように /c/ に同化することもある。同化は隣接的にも離接的にも起きる。

(26a) t'it'i-pil'-Ø ← titi-pil'-Ø「小さな針」(t'it'i「針」, -pil' 指小, -Ø 絶単)

(26b) t'-ə-caj-pat-ə-k-Ø ← t-caj-ə₁pat-k-Ø「私は茶を沸かした」(t'-...-k 1単主, -ə- 挿入, caj「茶」, pat「沸かす」, -ə- 挿入, -Ø 完了)

(26c) n'ut'e-l'q-ə-n ← nute₂-l'q-n「地面」(n'ut'e「ツンドラ」, -l'q「表面」, -ə- 挿入, -n 絶単)

(26d) jal'ko-cko-jtəŋ ← je₂lku-cku-jtə₁ŋ「家の中へ」(jal'ko「家」, -cko「中」, -jtəŋ 向)

この他，絶対格単数形における語幹末尾母音の脱落(kətep ← kte₁pa「野生ヒツジ(絶単)」, cf. kətepa-w「野生ヒツジ(絶複)」)，語幹初頭子音 t, n, l, c, j の脱落(vaɣal-ə-k ← tvaɣa₁l-k「すわる」, qut-ə-k ← lqut-k「起きる」)，各種の子音同化・交替(ɣa-petal-lin ← ɣe₂-petat-lin「彼は年老いた」, ɣa-wla-len ← ɣe₂-ɣla-lin「彼は取り消した」)など，コリャーク語チャヴチュヴァン方言北部下位方言の形態音韻的現象に関するさらに詳しい記述は Kurebito, M. (2004b:117–144) を参照されたい。

4.2 文法的特徴

4.2.1 形態的手法

コリャーク語では，語形成に接辞法，名詞抱合を含む合成法，重複法，補

充法などの多様な手法を利用する。以下ではそれぞれについて略述していく。

(1) 接　辞

　語形成にかかわる接辞には，最も多用される接尾辞の他に，接頭辞，珍しいものとして語幹の前後に付加され，全体でひとまとまりの意味・機能を表す接周辞 (例：ta-ja-ŋ-ə-k「ユルトを建てる」：ta-...-ŋ「作る」, ja「ユルト」, -ə- 挿入, -k 不定) がある。

　これらの接辞は，名詞，形容詞，動詞語幹に付加され，語類を変えることなくこれに意味的修飾を加える働きを担う語幹修飾タイプ (27a-d) と，動詞・形容詞・副詞語幹から名詞，名詞語幹から動詞，形容詞語幹から副詞というように語類を変換する働きを担う語類変換タイプ (28a-c) に大別される (詳しくは Kurebito, M. (2000:139–157) を参照されたい)。

語幹修飾タイプ接辞

　　(27a) jaja-pel'-Ø

　　　　ユルト – 指小 – 絶単

　　　　「小さなユルト」

　　(27b) em-kuke-ŋe

　　　　空の – 鍋 – 絶単

　　　　「空の鍋」

　　(27c) mall-ikm-ə-qin-Ø

　　　　少し – 短い – 挿入 – 形容詞 – 絶単

　　　　「少し短い」

　　(27d) qaj-ə-lqut-ə-k

　　　　ちょっと – 挿入 – 起き上がる – 挿入 – 不定

　　　　「ちょっと起き上がる」

語類変換タイプ接辞

　　(28a) inecvi-neŋ-Ø

　　　　挽く – 道具 – 絶単

　　　　「鋸」

(28b) n-ə-muqe-qin-Ø

　　　形容詞 – 挿入 – 雨 – 形容詞 – 絶単

　　　「雨降りの」

(28c) wan'av-at-ə-k

　　　ことば – 出名動詞 – 挿入 – 不定

　　　「話す」

　この他，語類変換タイプの接辞として特徴的なものとして，具体的な動詞的意味を表す語彙的接辞があるが，これについて詳細は 4.2.1 の(5)で述べる。

(2) 抱　合

　コリャーク語では，語幹合成の中でも，語彙的に固定した複合語の類ではなく，発話の都度，生産的に創出可能な抱合(incorporation)が盛んにおこなわれる。それゆえ，コリャーク語は，これまで類型的に「抱合的言語」(inkorporirujushyj jazyk)として特徴づけられてきた(Skorik 1961:80; Zhukova 1965a:156)。ここでいう「抱合」とは，動詞に名詞語幹を生産的に合成させる手法として知られている，いわゆる「名詞抱合」(Noun Incorporation)[23]のみを指すのではなく，副詞の動詞への抱合，名詞，形容詞，動詞，副詞などの語幹の主名詞への抱合なども広く指す。

　コリャーク語の形態的特徴の中でも際立っているのは，1語が多くの形態素を含みうるその複統合性である。それゆえ，語は時に他の言語では句や文に匹敵する意味を表すこともできる。この複統合性を支えている主要な形態法が，抱合である。中でも名詞抱合は，形態的には語でありながら文的意味を表す統語的な語として注目される[24] (Kurebito, M. 2001a:29-58)。

　抱合される名詞語幹の動詞に対する統語的機能あるいは意味役割は，自動詞主語(29a)，他動詞目的語(30a)，道具(31a)，場所(32a)，方向(33a)，経

---

[23] なお，名詞抱合は同系のチュクチ語のみならず，北東アジアではアイヌ語(佐藤 1992:196-199)，さらに断定には議論の余地があるもののニヴフ語(ギリヤーク語)(渡部みち子 1992:188)でも知られている。

[24] たとえば，Mithun(1984:847)は，これを 'the most nearly syntactic of all morphological processes'「すべての形態的プロセスの中で最も統語的プロセスに近い」としている。

過域 (34a), 起点 (35a), 主格補語 (36a) があることが, 対応する分析的表現 (b) から明らかである。なお, このうち, 他動詞目的語が抱合される (30a) の例では, 対応する分析的表現 (30b) では能格で現れている主語が絶対格に昇格し, 動詞は自動詞活用, すなわち逆受動化していることにも注意されたい。

(29a) tijk-ə-jelqiv-i-Ø
　　　太陽 − 挿入 − 沈む − 完了 −3 単主

(29b) tijkətij　　　　jelqiv-i-Ø
　　　太陽 (絶単)　　 沈む − 完了 −3 単主
　　　「太陽が沈んだ」

(30a) ɣəmmo　　t-ə-qoja-nomakav-ə-k-Ø
　　　私 (絶)　　1 単主 − 挿入 − トナカイ − 集める − 挿入 −1 単主 − 完了

(30b) ɣəmnan　　qoja-w　　　　t-ə-numekew-new-Ø
　　　私 (能)　　トナカイ − 絶複　　1 単主 − 挿入 − 集める −3 複目 − 完了
　　　「私はトナカイを集めた」

(31a) t'-ə-qapl'-ujicivat-ə-k-Ø
　　　1 単主 − 挿入 − ボール − 遊ぶ − 挿入 −1 単主 − 完了

(31b) qapl-a　　　　t'-ujicivet-ə-k-Ø
　　　1 単主 − 具　　1 単主 − 遊ぶ − 挿入 −1 単主 − 完了
　　　「私はボールで遊んだ」

(32a) t'-ə-t'əll'-ə-t'al'acet-ə-k-Ø
　　　1 単主 − 挿入 − 戸 − 挿入 − ノックする − 挿入 −1 単主 − 完了

(32b) t'-ə-t'al'acet-ə-k-Ø　　　　　　　　təll-ə-k
　　　1 単主 − 挿入 − ノックする − 挿入 −1 単主 − 完了　　戸 − 挿入 − 所
　　　「私は戸をノックした」

(33a) t-ə-tnup-təpɣet-ə-k-Ø
　　　1 単主 − 挿入 − 丘 − 登る − 挿入 −1 単主 − 完了

(33b) t-ə-təpɣ-ə-k-Ø　　　　　　　　tənop-etəŋ
　　　1 単主 − 挿入 − 登る −1 単主 − 完了　　丘 − 向
　　　「私は丘に登った」

(34a) t-ə-kimitʕa-kaŋitku-k-Ø
　　　1単主 – 挿入 – 服 – かがむ –1単主 – 完了
(34b) t-ə-kaŋitku-k-Ø　　　　　　kemetʕa-jpəŋ
　　　1単主 – 挿入 – かがむ –1単主 – 完了　　服 – 沿
　　　「私は服を探した」
(35a) t'-ə-qipju-ll'ap-ə-k-Ø
　　　1単主 – 挿入 – 穴 – 見る – 挿入 –1単主 – 完了
(35b) qepjo-ŋqo　　　t'-ə-ll'ap-ə-k-Ø
　　　穴 – 奪　　　　1単主 – 挿入 – 見る – 挿入 –1単主 – 完了
　　　「私は穴から見た」
(36a) ʕeɣəlŋ-ə-n　　　　　　ko-ʕtʕ-ə-mowwola-ŋ-Ø
　　　狼 – 挿入 – 絶単　　　不完了 – イヌ – 挿入 – 吠える – 不完了 –3単主
(36b) ʕeɣəlŋ-ə-n　　　　　　təqən　　　ʕətʕ-ə-n
　　　狼 – 挿入 – 絶単　　　あたかも　　イヌ – 挿入 – 絶単
　　　ko-mowwola-ŋ-Ø
　　　不完了 – 吠える – 不完了 –3単主
　　　「狼はイヌのように吠えている」

抱合される名詞語幹は単一名詞のみならず，修飾名詞句(37a)の場合も，2つ以上の名詞項の場合もある(38b)。

(37a) t-iwl-utt-ə-mle-k-Ø
　　　1単主 – 長い – 木 – 挿入 – 折る –1単主 – 完了
(37b) n-iwl-ə-qin-Ø　　　　　　　　uttəʔut
　　　形容詞 – 長い – 挿入 – 形容詞 – 絶単　　木(絶単)
　　　t-ə-mle-n-Ø
　　　1単主 – 挿入 – 折る –3単目 – 完了
　　　「私は長い木を折った」
(38a) t-ə-kemetʕəlqəl-qoja-nm-at-ə-k-Ø
　　　1単主 – 挿入 – 衣類の材料 – トナカイ – 殺す – 逆受動 – 挿入 –1単主 – 完了

(38b) kimitʃəlqəl-a　　　　qoja-ŋa
　　　衣類の材料 – 具　　トナカイ – 絶単
　　　t-ə-nm-ə-n-Ø
　　　1単主 – 挿入 – 殺す – 挿入 –3単目 – 完了
　　　「私は衣類の材料にトナカイを殺した」

(3) 重　複

　名詞の中には，重複によって絶対格単数形を形成するものがある。語幹前部の(C)VC が重複される。語幹が(C)VC からなる場合には全体重複(39a)，それ以上からなる場合には部分重複(39b)となる。母音終わりの語幹に VC が重複されることによって母音連続が起きる場合には，母音間に声門閉鎖音 /ʔ/ が挿入される(39c)。

　　(39a) wətwət「葉」, liŋliŋ「心臓」, ɣilɣil「氷」
　　(39b) wunewun「松かさ」, nutenut「ツンドラ」, nəkinək「晩」
　　(39c) anoʔan「春」, ipiʔip「煙」, al'peʔal'「カレイ」

(4) 異根動詞

　異根動詞により自動詞と他動詞が区別される補充法が，ewjik(自) / jukkə(他)「食べる」, iwwicik(自) / pələk(他)「飲む」, l'əl'apək(自) / ɣitek(他)「見る」の3つの動詞のペアで認められている。補充法において自動詞が用いられる場合には，動詞は主語のみが標示される自動詞活用をし，目的語は道具格(40a)(41a)あるいは方向格(42a)で現れる。

　　(40a) ənnətʃul-e　　t-ə-k-ewji-ŋ
　　　　　魚肉 – 具　　1単主 – 挿入 – 不完了 – 食べる – 不完了
　　(40b) ənnə-tʃul-Ø
　　　　　魚肉 – 絶単
　　　　　t-ə-ku-nu-ŋ-ə-n
　　　　　1単主 – 挿入 – 不完了 – 食べる – 不完了 – 挿入 –3単目
　　　　　「私は魚肉を食べている」
　　(41a) əqemiml-e　　t-ə-k-iwwici-ŋ
　　　　　酒 – 具　　　1単主 – 挿入 – 不完了 – 飲む – 不完了

(41b) əqemiməl-Ø
　　　酒 – 絶単
　　　t-ə-ku-lp-ə-ŋ-ə-n
　　　1単主 – 挿入 – 不完了 – 飲む – 挿入 – 不完了 – 挿入 –3単目
　　　「私は酒を飲んでいる」
(42a) ɣəcci　　　　　mek-na-jtəŋ
　　　あなた(絶単)　　誰 – 有 – 向
　　　ku-l'l'ap-ə-ŋ-Ø
　　　不完了 – 見る – 挿入 – 不完了 –2単主
(42b) ɣənan　　　　　meki-Ø
　　　あなた(能)　　誰 – 絶単
　　　ku-ɣite-ŋ-ə-n-Ø
　　　不完了 – 見る – 不完了 – 挿入 –3単目 –2単主
　　　「あなたは誰を見ているのですか？」

(5) 語彙的接辞

　通常，語を構成する要素として，語幹はその語の実質的な意味を，接辞は文法的・機能的意味を担うものと考えられている。しかし，語彙的接辞(lexical affix)とは，接辞でありながら語の実質的・具体的意味を担うものを指す。これらの語彙的接辞には言語により，名詞的意味を表すもの(宮岡 1992:31–35)，動詞的意味を表すものがあるが，コリャーク語の場合はその後者である。これらはさまざまな意味・機能をもつ名詞語幹について出名動詞を形成する(呉人惠 2001b:101–124)。

　語彙的接辞には，①他動詞目的語を表す名詞語幹に付加される -**u**「食べる，飲む，(野生動物を)殺す」，-**ŋəjt**「刈る，狩る」，-**ŋta**「取りに行く」，-**ŋe₂l**(主に植物資源について)採りに行く」，-**ɣijke₂**「トナカイを橇牽引用に捕まえる」，-**ɣili**「探す，捜す」，-**tve₂**「脱ぐ，外す，剥がす」，te₂-...-**ŋ**「作る」，②自動詞主語を表す名詞語幹に付加される -**nte₂t**「外れる，脱げる」，-**tuje₂**「ほぐれる，ほどける」，-**juʎ**「(自然現象について)始まる」，さらに，③手段を表す名詞語幹につく -**lʕe₂t**「～で行く」，-**tku**「～で作業する」，④方向を表す

名詞語幹につく **-jt**「〜に行く」などがある。

　他動詞目的語を表す名詞語幹に接尾する語彙的接辞によって作られる出名動詞は受益者をもたない場合，常に主語のみが標示される自動詞活用する(43)。

　(43) t-ett-ə-ŋta-k-Ø
　　　 1単主 – 氷 – 挿入 – 取りに行く –1単主 – 完了
　　　「私は氷を取りに行った」

　出名動詞は，次の2つの構文において，動詞に主語，目的語のいずれもが標示される他動詞活用をする。すなわち，そのひとつは他動詞目的語に相当する所有名詞句あるいは関係名詞句の主部のみが語彙的接辞と結合して出名動詞を形成し，一方，属部は絶対格をとってその出名動詞の外側に取り残されるストランディング(stranding)[25]が起こる場合(44)，もうひとつは自動詞文では与格で表される受益者が絶対格をとるいわゆる充当相(applicative)の場合(45)である。

　(44) ɣəmnan　　kəmiŋ-ə-n
　　　 私(能)　　 子供 – 挿入 – 絶単
　　　 t-ə-li-tve-n-Ø
　　　 1単主 – 挿入 – 手袋 – 外す –3単目 – 完了
　　　「私は子供の手袋を外した」

　(45) ɣəmnan　　en'pic-Ø
　　　 私(能)　　 父 – 絶単
　　　 t-ə-qoja-ɣijke-n-Ø
　　　 1単主 – 挿入 – トナカイ – 捕まえる –3単目 – 完了
　　　「私は父のために(橇用の)トナカイを捕まえた」

---

[25] stranding とは本来，「ある要素が構文から外されてそのまま残されること，あるいは構文の他の要素が移動しても移動せずに残されること」(Crystal 1997:362-363)を意味する（例：Who did you give the book ***to***?, He asked her to come, but she ***didn't***）。ここでは名詞抱合において，名詞句のうちの主部のみが抱合され，属部がその抱合複合体の外側に取り残されて絶対格をとることをいう Stranding(Rosen 1989:297)を，出名動詞の同様の現象についても用いる。

コリャーク語では単一名詞語幹のみならず，名詞句による出名動詞の形成も可能である(46)。

(46) t-ə-t-el'ʕa-paŋka-ŋ-ə-k-Ø
1単主 – 挿入 – 作る – 女 – 帽子 – 作る – 挿入 –1単主 – 完了
「私は女性用の帽子を作った」

語彙的接辞は，単一名詞に接続するのみならず，異なる意味関係を有する複数の名詞語幹に接合することも可能である(47)。通常，そのうちのひとつは他動詞目的語，もうひとつは斜格名詞である。語彙的接辞の直前に置かれるのは他動詞目的語であり，斜格名詞は常にその直前に置かれる(ただし，接周辞 te$_2$-...-ŋ の場合には，前部要素と後部要素の間に他動詞目的語が置かれ，斜格名詞はその出名動詞の直前に置かれる)。

(47) t'-ə-ktep-nalɣ-ə-t'-icʕ-ə-ŋ-ə-k-Ø
1単主 – 挿入 – 野生ヒツジ – 毛皮 – 挿入 – 作る – 毛皮服 – 挿入 – 作る – 挿入 –1単主 – 完了
「私は野生ヒツジの毛皮で毛皮服を作った」

ところで，語彙的接辞によって作られる出名動詞は，動詞と結合する名詞語幹の種類，その形態統語的ふるまい，語用論的機能のいずれについても名詞抱合のそれときわめて類似している。そのため，両者はしばしば混同されることがある(Mithun 1984:861; Gerdts 1997:87)。

語彙的接辞のいくつかは意味的に対応する自立動詞をもっている。たとえば，**-ɣili**: enajejək「探す」，**te$_2$-...-ŋ**: tejkək「作る」，**-tve$_2$**: pəjek「脱ぐ」，**-ɣijke$_2$**: jəɣək「捕まえる」，**-u**: jukkə「食べる」~pələk「飲む」~təmək「(野生動物を)殺す」，**-nte$_2$t**: pəjentetək「外れる」などである。

呉人徳司(1997:163-168)は，チュクチ語の語彙的接辞と意味的に対応する自立動詞との相関関係について，語彙的接辞により出名動詞が作られる場合には対応する自立動詞による名詞抱合は許容されないと指摘している。コリャーク語の場合，両者の対応関係はそれほど単純ではない。チュクチ語のように両者の間に明確な相補分布が認められるのは，**-ɣili**: enajejək「探す」と **-nte$_2$t**: pəjentetək「外れる」の2例のみである。すなわち，これらにおい

て許容されるのは語彙的接辞による出名動詞と自立動詞による分析形のみで，抱合形は許容されない。

(48a) t-ə-wapaq-γele-k-Ø
　　　1 単主 − 挿入 − ベニテングダケ − 探す −1 単主 − 完了

(48b) t-ənajəj-ə-n-Ø　　　　　　　　wapaq-Ø
　　　1 単主 − 探す − 挿入 −3 単目 − 完了　　ベニテングダケ − 絶単

(48c) *təwapaqenajejək
　　　「私はベニテングダケを探した」

　興味深いのは，これらの語彙的接辞の中にはトナカイ遊牧民コリャークが営んでいる生業活動に結びついたものがいくつかあることである。たとえば，植物採集にかかわる -ŋe₂l「（主に植物資源を）採りに行く」，狩猟やフィッシングにかかわる -u「食べる，飲む，（野生動物や魚を）殺す」），-ŋəjt「刈る，狩る」，さらにはトナカイ遊牧にかかわる -γijke₂「（トナカイを）橇牽引用に捕まえる」などである。

　語幹によらなければその意味や機能を表しえない接辞は，おそらく自立語に比べると他の言語から借用されにくいに違いない。言い換えれば，それだけに古くからその言語固有の形態素として使われていたと推測することができる。コリャーク語でそのような固有な形態素のひとつである語彙的接辞によって，多様な生業活動が表されているということは，そのような複合的な生業のありようそれ自体の古さを反映しているとも考えることができよう。

　ちなみに，佐々木（1992a:156）では，苛酷な自然環境に生きるシベリアの多くの民族において，単一の生業に依存する危険性を回避するために，複数の自然環境とそれに適応した複数の生業を組み合わせた多層的な文化が形成されてきたことが指摘されている。

4.2.2　形態統語的特徴

　以下では，名詞，形容詞，動詞の形態統語的ふるまいと，各語類間の統語的関係について概観する。このうち，各語類の形態統語的ふるまいについて概観しておくのは，本書の考察の対象となるのが主に民俗語彙であることと

も無関係ではない．すなわち，語が記述の単位となるために，語のふるまいについてあらかじめ理解しておくことが肝要であるからである．

名詞の範疇には，数，格，人称，さらに有生性がある．数には単数，双数，複数があり，これらは絶対格においてのみ区別される．ただし，有生のクラスに属する名詞は，絶対格で単数，双数，複数が区別されるだけではなく，斜格においても単数と複数の区別がなされる（ただし，双数については区別なし）．

名詞の絶対格単数形は，語尾の 1) -n (aŋqa-n「海」, pilɣ-ə-n「喉」, nalɣ-ə-n「皮」), 2) -Ø (lewət-Ø「頭」, jajol-Ø「キツネ」, mil'ut-Ø「ウサギ」), さらに 3) 重複 (liŋliŋ「心臓」, ɣilɣil「氷」, ipiʔip「蒸気」)によって形成される．また，数は多くないが，2) -ŋe / -ŋa (qoja-ŋa「トナカイ」, jaja-ŋa「ユルト」, kuke-ŋe「鍋」)が語尾に付加されることもある．

一方，絶対格双数は -t / -ti / -te (lewt-ə-t「2つの頭」, jajol-te「2匹のキツネ」)，複数は -u / -o / -w / -wwi / -wwe (lewt-u「3つ以上の頭」, qoja-wwe「3頭以上のトナカイ」)により表示される．

格には 11 の格，すなわち，絶対格(-n~-Ø~ 重複 ~-ŋe / -ŋa)，場所格(-k / -kə)，道具格(-e / -a / -te / -ta)，与格(-ŋ)，方向格(-etəŋ / -jtəŋ)，沿格(-epəŋ / -ɣəpəŋ / -jpəŋ)，奪格(-ŋqo)，接触格(-jite / -eta)，原因格(-kjit / -kjet)，様態格(-u / -o / -nu / -no)，随格(ɣe- / ɣa-...-e / -a / -te / -ta)がある．

形容詞は，伝統的に a. 性質形容詞(qualitative adjectives) n-...-qin(e) / -qen(a)，b. 存在形容詞[26] (habitive adjectives) ɣe- / ɣa-...-lin(e) / -len(a)，c. 所有形容詞(possessive adjectives) -in(e) / -en(a)，d. 関係形容詞(relative adjectives) -kin(e) / -ken(a)の4種類に分類されてきた(Kibrik et al. 2004:280-288; Koptjevskaja-Tamm 1995:301-321)．ただし，このうち，a. b. を形成する接辞は，動詞の屈折接辞に由来する(a. は3人称単数主語・恒常性，b. は3人称単数主語・結果相)．

一方，c. d. を形成する接辞は，名詞句階層の高いものは c. 低いものは d.

---

[26] 英訳の habitive「所有の」を「存在の」と訳すのは，possessive と区別するためである．

のように使い分けられる属格標識でもある(Kurebito, M. 2004a:35-46)。いずれの接辞も，名詞句の属部としても，述語としても用いられるが，名詞句の属部の場合には，a. b. は絶対格でしか主名詞と一致しないが，c. d. は，絶対格のみならず，場所格，与格，方向格などで主名詞に一致する。一方，述語の場合には主語の名詞に呼応して人称・数によって語形変化する(呉人惠 1997:9-30)。

動詞には，主語と目的語の人称と数が接頭辞と接尾辞によって標示される(ただし，1人称以外，接頭辞はしばしばゼロ)。接頭辞は通常，主格・対格型，接尾辞は能格型を示す。すなわち，自動詞では接頭辞，接尾辞いずれも主語を表すが，他動詞では接頭辞が主語，接尾辞が目的語を表す。本書で語例としてあげられる動詞の不定形は，動詞語幹に -k を付加することによって表される(tejkək「作る」，γitek「見る」，acacγatək「笑う」)。

4.2.3 統語的特徴
(1)能格構文

統語における格標示は，能格型である。すなわち，自動詞主語と他動詞目的語は絶対格をとり，他動詞主語は能格をとる。ただし，以下に見るように，能格専用の標識をもつのは人称代名詞のみで，その他の名詞はその有生性の度合いに応じて，場所格，道具格により能格標示を受ける。

1)独自の能格専用の標識 -nan を受ける名詞
2)能格に場所格(-k)が援用され，同時に有生の標示 -ne(単)，-jəka(複)を受ける名詞
3)能格に道具格(-te)が援用され，有生の標示を受けない名詞
4)能格として任意に場所格も道具格もとり，有生の標示も任意の名詞

1)の独自の能格標識をもつのは人称代名詞のみ，2)の場所格が援用される名詞は，人間や家畜を表す固有名詞，疑問代名詞，親族呼称，3)の道具格が援用される名詞は，親族名称，動物名詞，無生物名詞，4)の任意に場所格，能格いずれもが用いられる名詞には，人間名詞，指示代名詞，「どの」を表す疑問代名詞などがそれぞれ含まれる。このような格標示と名詞句階層との

表 11　コリャーク語の能格標示の違いによる名詞の分類（呉人惠 2001c:110）

	A	B	B/C	C
能格標識	-nan	-ne-k/-jəka-k	-ne-k/-jəka-k~-te	-te
名詞の種類	人称代名詞	固有名詞 疑問代名詞 （「誰」） 親族呼称	人間名詞 指示代名詞 疑問代名詞 （「どの」）	親族名称 動物名詞 無生物名詞

相関性について，詳しくは呉人惠（2001c:107-125）を参照されたい。

以下，人称代名詞(49)，人を表す固有名詞(50)，動物名詞(51)，人間名詞(52)の例を見られたい。

(49) mocɣ-ə-nan
　　 私たち‐挿入‐能

　　 məc-ca-jta-la-ŋ-ə-n　　　　　　　　　　əjava-k
　　 1複主‐未来‐取りに行く‐複‐未来‐挿入‐3単目　遠隔地‐所

　　 va-lʕ-ə-n　　　　　ineŋ-Ø
　　 ある‐分詞‐挿入‐絶単　貨物用橇‐絶単
　　 「私たちはずっと向こうにある貨物用橇を取りに行こう」

(50) qecɣəlqot-na-k　　　　　　　　ujetik-Ø
　　 ケチゲルコット(男性名)‐有単‐所(能)　橇‐絶単

　　 ku-tejk-ə-ŋ-nin-Ø
　　 不完了‐作る‐挿入‐不完了‐3単目‐3単主
　　 「ケチゲルコットは橇を作っている」

(51) ŋanko　　　qoja-ta
　　 あそこで　トナカイ‐具(能)

　　 ku-nu-ŋ-nin-Ø　　　　　　　　　paʕo-n
　　 不完了‐食べる‐不完了‐3単目‐3単主　キノコ‐絶単
　　 「あそこでトナカイがキノコを食べている」

(52) el'ʕa-ta /　　　el'ʕa-na-k　　　　　ɣəcci
　　　女－具(能)　　女－有単－所(能)　　お前(絶単)
　　　ne-ku-ʕejŋew-wi
　　　反転[27]－不完了－呼ぶ－2単目
　　　「女がお前を呼んでいる」

(2) 二重標示型

コリャーク語では，主語，目的語の人称，数が名詞の側で標示されるとともに，前述のとおり動詞の側でも名詞に一致して標示される二重標示型を示す。

(53) kəcaw-Ø　　　　　　to　　al'peʔal'-Ø　　omakaŋ
　　　カワヒメマス－絶単　　と　　カレイ－絶単　　いっしょに
　　　ko-tva-ŋ-e
　　　不完了－暮らす－不完了－3双主
　　　「カワヒメマスとカレイはいっしょに暮らしている」

(54) pəciqa-ta　　　　metʕa-ʔ-el'ʕa-Ø
　　　鳥－具(能)　　美しい－挿入－女－絶単
　　　ɣe-kmil-lin-Ø　　　　　ŋevətqet-u
　　　結果－取る－3単目－3単主　妻－様態
　　　「鳥は美しい女を妻に娶った」

このように，コリャーク語では動詞と名詞項が形態的に一致を示すために，語順は比較的自由である。

---

[27]「反転」とは，他動詞の名詞項が人称によって1人称＞2人称＞3人称単数＞3人称複数という階層をなし，高位の名詞項が主語，低位の名詞項が目的語になる順行関係に対し，低位の名詞項を主語に，高位の名詞項を目的語にする逆行化の標識である。

第 2 章　地域的概観

　クレスティキを中心とするこの地域は，コリャークの居住地域としては最も西に位置する。現在，この地域に居住するトナカイ遊牧民コリャークは，その大半がここから東南に 200 km ほど離れたヴェルフ・パレニ地方から移住してきた，いわゆるヴェルフ・パレニ・コリャークの一派である。2001 年当時，クレスティキに在住していた V. E. アヤトギーニン（Ajatginin）さんによれば，1940 年代頃，カムチャツカからまずは西のヴェルフ・パレニ方面への移住が始まり，50 年代にはケガリ（Kəjall'oŋ）川上流地方へ，60 年代にはさらに現在の第 13 ブリガード，クレスティキ方面への移住が進んだという。この移住はさらにオモロン川を西に渡って，かつての第 6 ブリガード，すなわち，2003 年夏まであった第 5 ブリガードの遊牧地にまで及んだ。
　トナカイ遊牧民コリャークのこのような新しい移住は，1940 年代に始まったカムチャツカからの移住政策の一環として捉えることができる。当時，カムチャツカにあったスラウトノエ・トナカイ遊牧ソフホーズは，より広い牧地を求めて約 100,000 頭のトナカイを追ってパレニ地方からさらにはオモロン川へ移住し，独立のパレンスキー・ソフホーズを建設したのである（Gurvich 1980:115）。
　トナカイ遊牧民コリャークのこの地域への新しい進出の跡は，第 3 章 2.3 で詳述するように川にちなんだ地名からもたどることができる。すなわち，ヴェルフ・パレニから第 13 ブリガード，さらにはクレスティキ，第 5 ブリガードへと西に行くにつれて，コリャーク語による地名が少なくなり，ツングース系のエヴェン語などの地名がこれに代わっていることである。これにより，

この地域がかつて，エヴェンの居住地であったことがうかがわれる。ちなみに，Gurvich(1980:113)でも，ヴェルフ・パレニ・コリャークたちが，この地域を本来はエヴェンのトナカイ遊牧領域であるとみなしていることが指摘されている。

ところで，それまでマガダン州に居住していたと考えられるのは，上述のとおり，エヴェンなどであるが，エヴェンのこの地域への進出も比較的新しく，17〜18世紀のロシア人の進出とほぼ時期を一にすると考えられている。それ以前は，ユカギールやチュクチなどの古アジア諸民族の居住地であったと考えられている(Turaeva et al.(eds.) 1997)。

筆者が最初の調査で訪れた2001年秋から現在までのわずか4年間に，この地域は大きな変化を蒙った。第5ブリガードは解体し，第13ブリガードはケガリ川から大アウランジャ川へと遊牧地を移した。さらにクレスティキ・トナカイ遊牧基地の住民は全員，基地を離れ，誰もいなくなった基地にはクマが徘徊するようになったという。以下ではそのような変化が起きる直前に筆者が調査したクレスティキ，第5ならびに第13ブリガードの状況について概観する。

1. 自然環境

クレスティキならびにその周辺のブリガードが属するマガダン州セヴェロ・エヴェンスク地区は，マガダン州東部に位置する。オホーツク海の北端ギジガ湾に面したエヴェンスク村(北緯61度50分，東経159度15分)に行政の中心を置き，内陸は北にオモロン(Omolon)川までその領域を伸ばしている。大陸性の気候で寒暖の差が激しく，夏は平均気温が10℃を超える一方で，冬の低温が顕著で−40〜−60℃になる。また，年間の降水量も少ない。海岸近くは不連続永久凍土帯で，内陸は連続的永久凍土である。

ロシア語ではしばしばtundra「ツンドラ」[28]と訳されるnutenutがこの地域

---
[28] 「ツンドラ」の語源は必ずしも明らかではない。ウラル語族フィン・ウゴール語派で「樹

の生活空間である。とはいえ、ここでいう「ツンドラ」は、地形学でいうところの「ツンドラ」とは必ずしも対応しないようである。町田ほか編（1981:422）によれば、ツンドラは地形学的には、ユーラシアや北アメリカの北方樹林帯（タイガ）の北方に広がる樹木のない単調な荒原を指す。そこには、永久凍土層が存在し、夏の短い間だけ地表付近が溶けるために、ミズゴケやギゴケなどの蘚類、イネ科やスゲ科の短草、わずかな種類の矮生の多年生広葉樹・草本、またところによっては、各種のハナゴケやヤナギ、コケモモ、カンバ類の小低木が見られるといわれている。

斎藤（1985:12）のソ連の植生帯を示す図によれば、マガダン州セヴェロ・エヴェンスク地区は、「ツンドラ」ではなく、シベリア中央部に広範に広がる中央・東シベリア・タイガを避けるように、東はカムチャツカ半島から西はノヴォシビリスクにまで及ぶ「山地」に分類されている。ただし、この「山地」がどのような植生、地形を具体的に指すのかは、斎藤（1985:12）の記述では明らかではない。

とはいえ、地区最北に位置するここクレスティキならびにその周辺地域は、ツンドラに特有な上記の植物以外に、丘陵地帯にはカラマツの近縁種であるグイマツ、そしてハイマツなどの疎林が分布している（写真1）。このような植生はむしろ、田端（2000:426-428）や沖津（2002:75-83）が指摘する「森林ツンドラ」と呼ぶべき特徴を有しているとみなすべきであろう。沖津（2002:75-83）は、田端（2000:426-428）がマガダン周辺を寒帯ツンドラと寒温帯タイガの間の移行帯である「亜寒帯森林ツンドラ」としていることを受け、マガダン州の植生を論じている。その中で、グイマツ林床は北斜面では寒帯ツンドラ要素である地衣類とヒメカンバが優先することから、寒帯ツンドラの要素が入り込んでおり、一方、永久凍土の分布のない南斜面では森林（タイガ）要素であるハイマツが生育することから、この地域を「森林とツンドラの移行帯的性格」をもつと指摘している。したがって、本書でもこれにな

木のない円い丘陵」を意味する tunturi に由来するというのが一般的であるが、この他、ツングース語族エヴェンキ語の「土地」を意味する語から由来するとの説もある（斎藤1985:16）。

写真1　ハイマツの丘から見た第13ブリガード周辺

らい，この地域を「森林ツンドラ」と呼ぶことにする。

2. クレスティキ・トナカイ遊牧基地

クレスティキは，マガダン州セヴェロ・エヴェンスク地区の最北に位置するコリャークを中心とするトナカイ遊牧基地である。ロシア語による「クレスティキ」(Krestiki)という名称は，オモロン川の支流であり基地の南を流れるクレスティキ川沿いに発見された十字架(krest)[29]に由来するといわれている[30]。

---

[29] ただし，この十字架を誰が立て，なにに由来するものかは，基地の人々にも不明である。
[30] コリャーク語の elɣaj「白いトナカイ」(elɣ「白い」, aj ← qoja「トナカイ」)を基地名にするという提案がかつてなされたこともあったが，これは採用されなかったということである。ちなみにコリャーク語では，クレスティキは Kreti と呼ばれている。

クレスティキ・トナカイ遊牧基地は，北ははるかコリマ川，さらには北極海へと注ぎ込むオモロン川の上流から，その支流のクレスティキ川が流れ出すちょうどその接点に位置している（地図2参照；写真2）。亜極北帯に属し，とりわけ海から遠い内陸部に位置するこの地域は，筆者が初めて越冬した2002年2月初旬には−60°Cを超える日が4日も続いたほどの厳寒の地である。とはいえ，他のコリャークの居住地域には見られないグイマツを中心とした針葉樹が豊かに生育する森林やツンドラ地帯は，多様な動物相や有用植物に恵まれている。また，オモロン川やそこに注ぎ込む大小さまざまの河川は魚類の宝庫でもあり，真冬の活動の鈍る季節以外には常に人々に豊富な食物資源をもたらしてくれる。

コリャークはトナカイ遊牧を主たる生業としながらも，これらの自然資源

写真2 クレスティキ・トナカイ遊牧基地(中央左)
丘陵の向こうにはオモロン川の蛇行が見え隠れする

を満遍なく利用した複合的な生業を営んできた。厳しい気候条件のもとで単一の生業に依存することによって引き起こされる危険性を回避し，四季を通じて常時，食糧が確保できるように，トナカイ遊牧に漁労，狩猟，植物採集などを相互補完的に組み合わせるこのようなやり方は，シベリアの他の諸民族にも共通する自然環境への適応戦略であることはすでに述べたとおりである（佐々木 1992a:156）。

クレスティキには，筆者が最初の調査で滞在していた 2002 年 1 月 27 日現在，18 戸，全 60 人[31]の住民が居住していた。その民族構成の内訳は，コリャーク 51 人，チュクチ 4 人，エヴェン 4 人，ロシア人 1 人であった（表 12 参照）。ただし，このうちロシア人を除くコリャーク，チュクチ，エヴェンは，それぞれパスポート上，そのように登録していたという意味で，実際に純粋な民族性を保持しているものは少なく，その多くはエヴェン，チュクチ，ロシア人との混血である。全人口 60 人のうち未就学児童は 9 人，すでに 2002 年に閉校となり現在はないが，筆者が初めて訪れた時にはまだ機能していたクレスティキ少人数初等小学校における就学児童は 12 人，給与受給者 11 人，年金受給者 12 人（うち 3 人は障害者年金受給者），無職 16 人であった（表 13 参照；写真 3）。

しかし，筆者が 2004 年 3 月に再訪した際には，住民はこの半分の 30 人ほどになっていた。その理由として，1) 初等小学校が閉鎖されたことから，これまでクレスティキで学んでいた児童たちがセヴェロ・エヴェンスク地区の中心エヴェンスク村の民族寄宿学校に全員，転校したこと，2) クレスティキはエヴェンスク村から 400 km も離れた遠隔地で，食糧などの生活必需品の調達に困難をきわめるため，住民はしばしば近隣の金鉱に食糧調達に出かけたり，まれにヘリコプターやトラックなどの交通手段がある場合にはこれらを利用してエヴェンスク村に出かけたりして留守にすることがあることなど

---

[31] ここでは，家族の構成員であっても就学のために長期にクレスティキを離れている児童は全人口の数からは除外してある。ただし，最近，オモロン川の下流，チュクチ自治管区のオモロン方面から移住してきて，当面，クレスティキに住みついている 1 人のエヴェン（男性）は数に入れている。

表12 クレスティキ・トナカイ遊牧基地住民民族別内訳（呉人恵 2007c:51）

民族名	人数(人)
コリヤーク	51
チュクチ	4
エヴェン	4
ロシア人	1
計	60

表13 クレスティキ・トナカイ遊牧基地住民職業別内訳（呉人恵 2007c:51）

職業	人数(人)
未就学児童	9
就学児童	12
給与受給者	11
年金受給者	12
無職	16
計	60

写真3 クレスティキ・トナカイ遊牧基地の人々

があげられる。さらに，2003年から始まったマガダン州からの補助金による移住政策によって，住民の一部は，エヴェンスク，オムスクチャンなど別の村にアパートを購入するための手続きに出かけて村を不在にしていた。2004年夏の調査では，クレスティキの大半の住民がオムスクチャン村への居住を決めたということが知らされた。ここ数年間の住民を取り巻く状況の

このような激変がクレスティキの人口不安定や，移動性の増大の原因となっていることも確かである[32]。

クレスティキの住民は給与受給者，年金受給者ともに純粋に給与や年金だけで生活していくのは困難であるため，兼業としてフィッシング，狩猟，植物採集などにも従事し生計を立てている。

全18戸の家族は，すべて遠近の差こそあれ血縁関係にあり，クレスティキは濃い血縁関係でつながっているコミュニティであるといえる。クレスティキ周辺には，2002年当時は第5と第13というクレスティキ直轄のトナカイ遊牧ブリガードがあったが，これらのブリガードに居住するコリャークもまたクレスティキのコリャークとなんらかの血縁関係にある。また，上述のとおり，クレスティキの40代以上の住民の多くは，東南に200kmあまり離れたヴェルフ・パレニ村出身であり，彼らの親族関係はさらにこのヴェルフ・パレニへとつながっている。

ちなみに，セヴェロ・エヴェンスク地区には2002年当時，コリャークを中心に構成されているパレンスキー・ソフホーズ[33]，エヴェンを中心とするラススヴェタ・セヴェラ・ソフホーズとプトレーニナ・ソフホーズの3つのソフホーズがあった。クレスティキならびに第5，第13ブリガードは，このうち，パレンスキー・ソフホーズに属していた。

パレンスキー・ソフホーズには，多い時には全部で14のトナカイ遊牧ブリガードがあった。しかし，ペレストロイカにより引き起こされたロシア国内の経済的混乱の影響を受け，個人所有，ソフホーズ所有のいずれをも含むトナカイ頭数が激減した。そのために当初14あったブリガードは閉鎖，統合を繰り返し，2002年にはクレスティキ直轄の第5と第13，ヴェルフ・パ

---

[32] また，政府からの食糧供給の低下にともない，魚や水鳥，陸獣などの生業資源の重要性が高まったことが，シベリア先住民の移動性を増加させる要因となっていることが，クループニック（2006:88）では指摘されている。
[33] パレンスキー・ソフホーズは1939年に開設され，当初は3つのブリガードを有していた。このソフホーズ開設にあたっては，多くのコリャークが，最初のソフホーズ長 Sadchenko Nikolaj Zaxarovich（ロシア人）とともにカムチャツカから移住してきた（V. K. ケチゲルコット[Kechgelqut]さんの話による）。

レニ村直轄の第2と第3，タポロフカ村直轄の第10の5つのブリガードを残すだけとなった。このうち，第2ブリガードは，ソフホーズから離脱し，200頭ほどのトナカイを有する私有化したブリガードとなった。

このうちさらに，クレスティキに直轄する第5ブリガードは，筆者が1回目にこの地域を訪れた時にはまだ独立のブリガードとして機能していたが，その後，第13ブリガードのブリガード長J. A. ヤヴィエク(Jav'ek)さんの呼びかけにより第13ブリガードに併合されることになった。

2回目に筆者が第13ブリガードを訪れていた2003年8月，正確には8月15日にはすでに，第5ブリガードの牧民4人は約180 kmの距離を60頭足らずのトナカイの群れを追って第13ブリガードに到着した。すなわち，この日をもって第5ブリガードは事実上，消失したことになる。

ブリガードの統合とそれによる縮小は，これにとどまらなかった。2003年には，トナカイ遊牧に対する管轄を強化しトナカイ頭数の減少を食い止めるために，上述の3つのソフホーズは統合され，エヴェンがソフホーズ長を務めるひとつのソフホーズ「イルビチャン」として再編成されることになった(Xaxovskaja 2007:80)。

これに連動して，コリャークからなるパレンスキー・ソフホーズに唯一残された第13ブリガードは，2004年1月にイルビチャン・ソフホーズに吸収されることが決定した。同年夏に筆者が第13ブリガードを訪れた時には，すでに秋のフィッシングが終わった10月に移住を開始することが決まっていた。10月にトナカイの群れとともに移牧を開始した第13ブリガードは，2005年3月にようやく大アウランジャ川に到着して春営地を設営し，新しい遊牧地での生活を始めた。また，タポロフカ村直轄の第10ブリガードはその後，筆者が2003年12月に訪れた時にはすでになく，第3ブリガードもラススヴェタ・セヴェラ・ソフホーズに属する第7ブリガード[34]に統合された。さらに，私有化した第2ブリガードは，国家の援助のないままに自立

---

[34] コリャークのブリガードの大半はパレンスキー・ソフホーズの管轄であるが，唯一，この第7ブリガードだけはコリャークが経営するにもかかわらず，例外的にラススヴェタ・セヴェラ・ソフホーズの管轄となっている。

的にトナカイ遊牧を続けていくことが困難になり，2003年には所有していた400頭足らずのトナカイのうち，半分をイルビチャン・ソフホーズに委譲することによって，イルビチャン・ソフホーズの管轄下に入った(Xaxovskaja 2007:81)。これにより，コリャークからなるパレンスキー・ソフホーズは事実上，解体したことになる。

　かつて，各ブリガードからトナカイを一斉に集めてきて大量処理するトナカイ遊牧基地は，クレスティキから東に100 km離れたケガリにあったが，牧地が劣化したため，1980年代初めに現在のクレスティキに基地が移された。インフォーマントの1人であった故S. J. カヴァヴターギン(Kavavtagin)さんによれば，それまでクレスティキにはかつて地質学者や考古学者が調査に来た以外には定住者はいなかった。基地が移された当初は，いくつかの移動用テントが建つだけの場所だったが，やがて住居用木造家屋，発電所，サウナ，パン焼き小屋，小学校，商店などが建てられ始め，本格的にトナカイ遊牧基地として機能するようになり，活気を呈していた。しかし，2002年までクレスティキの唯一の公的機関であったクレスティキ少人数初等小学校は上述のように閉鎖され，また，周辺ブリガードの統合・縮小，トナカイ頭数の激減にともないトナカイの処理基地としての機能も完全に失った。さらに，その後，移住政策により住民全員がクレスティキを離れ，現在は廃墟と化している。クレスティキがここ数年に蒙った変化は，あまりに急激で大きい。

3. 第5ブリガード

　上述のとおり，第5ブリガードは2003年8月15日をもって事実上解体したが，筆者が初めてこの地域を訪れた時にはまだ存在していたため，その当時の第5ブリガードの概況を以下に述べる。ただし，筆者自身はこのブリガードの遊牧地を訪れることができないまま，このブリガードは消失してしまったために，以下は聞き取りによるものである。

　第5ブリガードは，オモロン川をはさんでクレスティキの西対岸をオモロ

ン川へと注ぎ込む南から，ネクチャン(Nekucan)，ザハレンコ(Zaxarenko)，右ブルガリ(Pravjy Burgali)，左ブルガリ(Levyj Burgali)，バベカン(Babekan)川などに沿ってトナカイ遊牧を営むブリガードである。これらの川名は，金の採掘調査をしたロシア人の姓にちなんでいると考えられるザハレンコ以外は，すべてエヴェン語(Even)(ツングース語族)に由来するといわれている（ネクチャン Nekucan[Neku ← Naku「物置棚」, -can 指小辞]，ブルガリ Burgali[bur「潅木」, -gali 指大辞]，バベカン Babekan[babe ← bebe「揺りかご」, -kan 指小辞]）。このことから，この地域はかつてエヴェンの居住地域であったことが推測される。このブリガードはかつて第6ブリガードがあった地域に位置しており，1990年代からのトナカイ頭数の激減にともない，この地域にあった第1，第5，第6の3ブリガードが縮小・統合され，第5ブリガードとなったものである。

　2002年当時，第5ブリガードでは30歳以下の5人の牧民がトナカイ放牧にあたっていた（うち，男性4人，女性1人。また給与受給者2人，障害者年金受給者1人，無職1人）。なお，うち男性4人はコリャーク，1人の女性はオモロン地方から移住したエヴェンであった。

　トナカイ頭数の激減を示す一例として，第5ブリガードでは，1993年10月20日当時のトナカイ頭数を示す文書によれば，ソフホーズ所有，個人所有を含め全2,132頭を数えていた。ところが，8年後の2001年9月現在には，当地のトナカイ遊牧民であったA. V. イカヴァヴ(Ikavav)さんによれば全164頭を数えるのみになった。さらに前述のとおり，2003年8月にこのブリガードが解体する時には，残されたトナカイは60頭足らずを数えるのみとなった。

　1999年まで第5ブリガードのブリガード長として働いていたV. I. イカヴァヴ(Ikavav)さんによれば，トナカイ頭数が激減する1996年頃までの第5ブリガードの1年の移動サイクルは以下のとおりであった。遊牧地や宿営地は常に一定しているわけではなく，毎年，土壌を荒らさないために少しずつ場所を換えていくので，以下で示されるのはおおよその移動ルートである。まずは，春の出産期から順に見ていくことにする。

　4～5月末になると，ネクチャン川下流の初春の遊牧地の出産地で出産が

始まる。ここは雪が少なく乾燥しており，風がなく暖かで草の質がよいために出産に適している。出産を間近にひかえたメストナカイを別個にトナカイ囲い場に入れる。ネクチャン川を涼しく開けた土地に沿って上流にさかのぼり，春の遊牧地に向かう。7月になると，ネクチャン川からザハレンコ川に沿って，夏の遊牧地に向かって移動する。8月は左ブルガリ川の上流に秋の遊牧地を張る。これは，左ブルガリ川沿いに高い山脈が連なっており，トナカイがこの時期，キノコを探し求めて駆け回るのをさえぎるためである。9月の発情期を迎えると，左ブルガリ川から右ブルガリ川に向かって移動を開始する。10月になると，右ブルガリ川を下流に向かってトナカイ囲い場まで下って行き，処理用トナカイを選別する。その後，残ったトナカイを連れて，左ブルガリを上流に向かってさかのぼり，バベカン川に沿って冬の遊牧地を張る。ここは，冬期，雪が少なく，トナカイが草を探し出すのに都合がよいからである。こうして3月になると，バベカンからネクチャン川の春の遊牧地に向かって再び移動を開始する。

　V. I. イカヴァヴ (Ikavav) さんが第5ブリガードで働いていた当時は，このようにネクチャン川からバベカン川までの直線距離にすると約50 km，全移動距離にすると約200 kmを移動していたという。しかし，上述のとおり，トナカイの頭数が激減した2002年当時は，すでにブルガリ川，バベカン川には移動せず，ネクチャン川からザハレンコ川までの直線距離にしてわずか2〜3 km，全移動距離にしても約80 kmを移動するだけとなった。トナカイ頭数の激減にともなう牧地の縮小は顕著である。

4. 第13ブリガード

　第13ブリガードは，クレスティキから南東に100 kmほど離れたオモロン川の支流ケガリ川，さらにその支流のムスムチャン (Musumcan) 川，ウンモウン (Əmmoʔən) 川，カラル川 (Karalwajam)，グトゥグ川 (ɣətɣəwajam)，ミルク川 (Milqəwajam)，アチャク川 (Acʕakwajam)，エルティン (Elutin) 川を中心にトナカイ遊牧を営むブリガードである。第5ブリガードとは異なり，ヴェ

ルフ・パレニにより近い地理的位置を反映して，これらの川名のほとんどがコリャーク語であり，古くからここがコリャークの居住地であったことをうかがわせる(Karalwajam[karal＜(ロシア語)koral'，wajam「川」]，ɣətɣəwajam[ɣətɣ「湖」]，Milqəwajam[milq「魚の干し場」])[35]。Əmmoʔən はかつてこの川でトナカイ遊牧をおこなっていたエヴェンのエヴェン語の人名であろうといわれている[36]。Kəjall'oŋ は，エヴェン語の Kigali(ki「川」, -gali 指大辞)からの借用語ともいわれている。ムスムチャン(musmu「？」, -can 指小辞)もエヴェン語であることが語末の指小辞 -can からうかがえるが，語幹の musmu の意味は不明である。ちなみに，コリャーク語でこの川は，Jajnawajam(jajna「出迎える」)と訳されている。

　2004 年 8 月現在，第 13 ブリガードには 15 人の成人と 4 人の子供(うち 1 人は夏期休暇でエヴェンスク村の民族寄宿学校から帰省中の 8 歳の子供)が居住していた。このうち，コリャークは 9 人，その他はオモロン地方から移住してきたエヴェン 4 人，コリャークとエヴェンの混血 1 人である。実際の遊牧にはこのうち男子数人が小さな布製のキャンプを張って交代であたり，その他の成員はそこから離れた宿営地に居住していた。

　筆者が最初にこのブリガードを訪れた 2002 年 10 月初旬には，「皮のない」を意味するエグルグキ Eɣəlɣəki(e-...-ki「～がない」, ɣəlɣ「皮膚」)という裸山に近いケガリ川下流の川岸に設営した秋のフィッシングのための宿営地で，4 戸の家族が冬の宿営地に移動する前の秋季のフィッシングをおこなっていた。川が厚く凍り，魚の活動が鈍るためフィッシングができなくなる冬季の食糧確保のために，このフィッシングは必須である(写真 4)。一方，トナカイの群れはそこから南に約 5 km 離れたツンドラで，2 人の牧民により放牧されていた。

---

[35] 周辺にはさらに，直接の遊牧ルートにはあたらないが，コリャーク語で命名された Jaqjaqwajam「ジャクジャク川」(jaqjaq「カモメ」), Mel'ŋət'aŋŋəwajam「メリグタンニグ川」(mel'ŋət'aŋŋ「ロシア人」), Atkuwjiwajam「アトクウジ川(アトクウの宿営地のある川)」(Atkuw「アトクウ(人名)」)などの川がある。

[36] ちなみにこの川のほとりには大量の巨大なトナカイ角が集められている場所があり，このエヴェンのトナカイ遊牧民が富裕であったことをうかがわせるという。

写真4　第13ブリガード，秋営地での氷上穴漁(後ろはエグルグキ山)

　2003年7月と2004年8月に再訪した際には，上記の秋の宿営地よりもさらに2kmほど内陸に入った風通しのよい平原に夏の宿営地を張っていた。第13ブリガードのブリガード長 J. A. ヤヴィエク(Jav'ek)さんによれば，1年の遊牧ルートは毎年，多少の変動はあるものの，おおよそ以下のとおりである(地図5参照のこと)。
　まずは春の出産の季節から始める。出産はケガリ川の東に流れ出る支流，エルティン川とカラル川の間の丘でおこなわれる。この丘の頂上は雪がなく，また斜面は濃い森に覆われているために，天気のよい日には頂上で，5月の吹雪が吹きすさぶ日には森の中で放牧することができる。また，丘を流れる谷川はトナカイが好む牧草ワタスゲが豊富に生育することもこの地域が春の遊牧地として選ばれる理由である[37]。

---

[37] この地域は2000年に牧民の不始末から火事になった。火事になった土壌は雪解けが早く，草の生育も早いため，春の放牧には適しているとのことである。

第 2 章　地域的概観　71

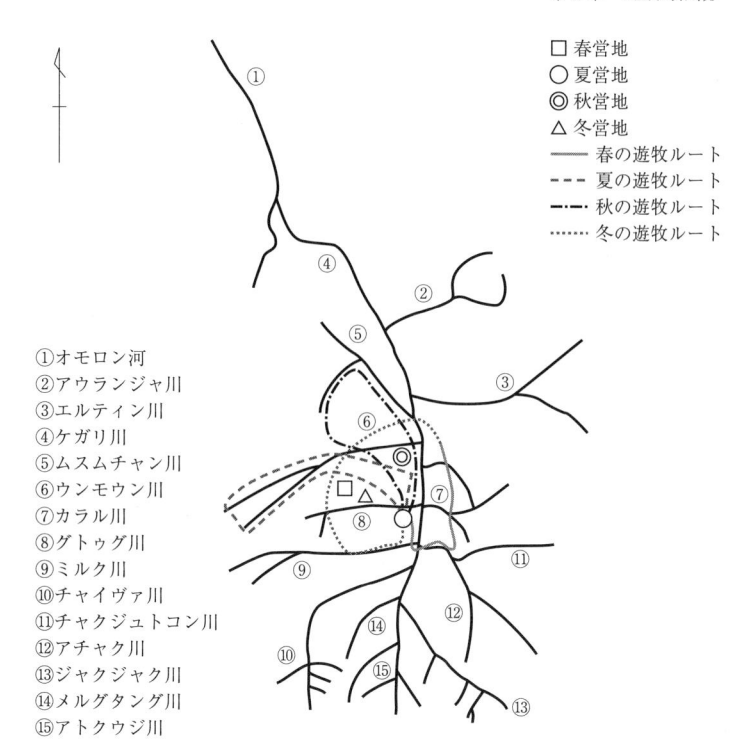

□ 春営地
○ 夏営地
◎ 秋営地
△ 冬営地
―― 春の遊牧ルート
--- 夏の遊牧ルート
―・― 秋の遊牧ルート
……… 冬の遊牧ルート

①オモロン河
②アウランジャ川
③エルティン川
④ケガリ川
⑤ムスムチャン川
⑥ウンモウン川
⑦カラル川
⑧グトゥグ川
⑨ミルク川
⑩チャイヴァ川
⑪チャクジュトコン川
⑫アチャク川
⑬ジャクジャク川
⑭メルグタング川
⑮アトクウジ川

地図 5　J. A. ヤヴァイク氏作図による旧第 13 トナカイ遊牧ブリガードの遊牧ルート
（呉人惠 2006b:37）

　出産を終えると，ケガリ川に沿って南下し，カラル川，さらにはアチャク川に向かって移動する．5月末～6月初めにアチャク川に達するとそこでケガリ川を対岸に渡り，ミルク川を渡って6月中旬には夏の宿営地に達する．
　7月になると，さらに北上して夏の遊牧拠点となるウンモウン川をさかのぼる．ウンモウン川の上流は6月末でも新鮮な牧草が豊富であること，また，上流は森のない開けた土地で蚊が少ないこと，北に連なる丘陵は雪解けが遅く，8月まで新鮮な牧草が豊富であることが，夏の遊牧地に適している理由である．ウンモウン川を上流まで行って再び下流に向かい，さらに夏の宿営地に向かう．8月終わりに宿営地に達すると，そこで冬の衣類の毛皮のためのトナカイ処理などで1週間ほどを過ごす．

その後，9月になると，ケガリ川をムスムチャン川に向かって北上して，ムスムチャン川の支流をさらにウンモウン川に向かい，再び夏の宿営地に戻って冬の準備を始める。ムスムチャン川の上流にはウンモウン川の上流から連なる丘陵があり，キノコを求めて暴走するトナカイをさえぎってくれる。

　10月になると，ミルク川に向かって行き，その上流で右に方向を換え，グトゥグ川，ウンモウン川，ムスムチャン川と北上，そこから今度はケガリ川を東対岸に渡り，再び出産の季節がめぐってくる。

　ところで，第13ブリガードではブリガード長のJ. A. ヤヴィエク（Jav'ek）さんによれば，2006年1月現在，約650頭のトナカイが飼育されているとのことであった。そのおおよその内訳は，経産メス300頭，未経産メス50頭，2歳種オス50頭，成畜種オス20頭，橇牽引用去勢オス100頭，その他の去勢オス10頭，1歳仔トナカイ120頭である。また，うち個人所有の私トナカイは20頭あまり，残りはすべてソフホーズ所有の公トナカイである。ただし，Xaxovskaja（2007:81）では，イルビチャン・ソフホーズ公文書室の2006年8月1日現在の資料によれば，第13ブリガードの全792頭のトナカイのうち，公トナカイが743頭，私トナカイが49頭となっている。この数字上のずれがなにによるものかは，残念ながら，確認することができていない。

第3章　時空間の範疇化

　ある民族の認識と適応対処の対象となる環境とは，自然環境，社会環境，超自然環境など多様である。本書では，このような多様な環境のうち自然環境に焦点をあて，コリャークがこれをどのように認識し，範疇化しているのか，またそれが，コリャーク語にどのように顕現しているのかについて考察していく。自然環境のうち，動植物といった有機的な環境については，第4章の生業活動の範疇化で扱うとして，本章では，まず，時空間ならびに自然現象に関するコリャーク語固有の範疇化のありようを探っていく。

1. 時間的環境の範疇化

1.1 夜を区切りとする1日の分節
　1日のさまざまな時間帯を表す語には，主に次のようなものが認められる。以下にあげるのは，すべて連用修飾語として副詞的に用いられている例である。

　　（55）jəqmitiw「朝に」(jəq「速い」, mitiw「明日」)
　　　　ʔəlo「日中に」(cf. ʔəlwəj「日」)
　　　　javac「夕方に」(cf. javal「後ろに」)
　　　　ajɣəven'ŋa「晩に」(ajɣəven'ŋ「晩」, -a 具)
　　　　nəkita「夜中に」(nəki「夜中」, -ta 具)

　まず，それぞれの語幹の語類が一様ではないことに注目したい。jəqmitiw「朝に」は名詞であることを裏づける数や格を表す接辞を付加することがで

きず，副詞としてしか用いられない。この語から派生し，「〜の側に」を意味する -ŋqal が付加された jəqmitivəŋqal「朝方に」は，一見，jəqmitiv[38]が名詞語幹であるかのように思わせる例であるが，-ŋqal は名詞語幹のみならず副詞語幹にも付加されるため (javaləŋqal「後ろの方に」[javal「後ろに」]) (Moll 1960:229)，jəqmitiv が名詞語幹である裏づけとはならない。ʕəlo「日中に」は，「日」を表す名詞 ʕəlwəj と語源的に関係があることは明らかであるが，形態素に分析することができないため，語類を特定することができない。javac「夕方に」は，上述の javal「後ろに」という空間的位置関係を示す副詞との語源関係が推測される。一方，「後ろに」に対する反義語 janot「前に」も「早く」「以前」のような時間表現に用いられるが，1日の時間帯を表す表現に，これに関係のありそうな語は認められていない。

　これらの時間表現のうち，名詞語幹から派生したのが明らかなのは，ajɣəven'ŋa「晩に」，nəkita「夜中に」の2語だけである。この2語はそれぞれ名詞語幹 ajɣəven'ŋ「晩」，nəki「夜中」に道具格が付加されたものである（絶対格単数形はそれぞれ，ajɣəven'ŋən，nəkinək）。コリャーク語の名詞は絶対格の場合，数によっても語形変化をするために，ajɣəven'ŋət「2晩」(-t 絶双)，ajɣəven'ŋo「3晩(以上)」(-o 絶複)，nəkit「2夜中」(-t 絶双)，nəkiw「3夜中(以上)」(-w 絶複) などのように双数形，複数形でも表すことができる。たとえば，次の例を見られたい。

　　(56) ŋəccaq　　ajɣəven'ŋ-ə-n'aqo-t
　　　　2　　　　晩 − 挿入 − 指大 − 絶双
　　　　t-ə-ta-nat-Ø
　　　　1単主 − 挿入 − 過ごす −2双目 − 完了
　　　　ʕewenni-k[39]
　　　　縫う − 副動詞
　　　　「私は2晩ずっと裁縫をして過ごした」

このように，1日のさまざまな時間帯を表す語の語類が一様ではないこと

---

[38] 基底形は **jəqmitiv**，語末で v は w に交替する。
[39] 副動詞の -k はおそらく場所格を表す接尾辞 -k からの転用と考えられる。

は，朝昼晩と一見，均等に区切られているかのような時間帯が，実はコリャーク語では異なる視点から異なる分節原理によって捉えられていることをうかがわせる。1日は24時間に，24時間はさらに1時間に，1時間はさらに1分にと分割され，時間を均一な流れとして機械的に捉える捉え方とはひと味違う認識のありよう，言い換えれば，人間の側からの積極的な読み取りが刻み込まれたイーミックな時間の範疇化のありようが，そこには反映されているともいえる。

　これらの語のうち，ajɣəven'ŋən「晩」とnəkinək「夜中」の2語だけが名詞であるのは，1日の区切りをどのように捉えているのかということとかかわっていると考えられる。すなわち，コリャーク語では，暗い夜の時間帯を，今日から翌日への区切りと捉えることによって日を数えていると考えられよう。夜を1日の終わりと考えることにより，1日がひとつのまとまりのあるものと捉えることができるとするならば，夜が数えられるもの，すなわち名詞としてふるまうことになんら不思議はない[40]。これに対して，いったん日が昇ってしまえば，明るい間は時間の区切りはあいまいになる。まとまりのある数えられるものとして捉えにくくなるのは，自然なことといえよう。

　ちなみに，次に見るように，コリャーク語では「昨日」はajɣəven'ŋən「晩」と同じ語根からなると考えられるajɣəve，「明日」はjəqmitiw「朝」とやはり派生関係にあることが明らかなmitiwで表される。1日の区切りを夜と朝の間と捉えているからこその表現であるといえよう[41]。

　ところで，上のようなもっぱら時間を表す語以外に，その時間帯の状況を説明的に表した次のような動詞も認められる。暗くなってから明るくなるま

---

[40] ただし，「晩」と「夜中」がなぜ道具格で表されるのかについては，さらに考える余地がある。
[41] コリャーク語のみならず，他の言語でも同様に，「朝」を表す語と「明日」を表す語が語源的に関係するのは興味深い。日本語でも「あした」は本来，「朝」の意味であったものが，「翌朝」の意味になり，そこから現在の「明日」の意味に変化したと考えられている。ちなみに，語類によって同じ語を「朝」と「明日」に使い分けている言語もある。たとえば，ドイツ語では名詞のMorgenは「朝」の意味，副詞のmorgenは「明日」の意味。スペイン語でも同様にmañanaは名詞では「朝」，副詞では「明日」の意味である。また，英語のtomorrow「明日」のmorrowも古英語では「朝」の意味であった(toは「～の方向へ」の意味)。

で，明るくなってから暗くなるまでの，いわば中間的な時間帯にこのような説明的な表現が集中していることは興味深い。以下は副動詞形成接尾辞 -k が付加された形である。

(57) ilɣet-ə-k「夜が白む時に」
ecɣat-ə-k「夜が明ける時に」
mewiccuʕ[42]-ə-k「たそがれ始める時に」
votqəjuʕ-ə-k「暗くなり始める時に」

1.2 現在を基点として相対化された日・年の分節

コリャーク語では，現在を基点に時間的に等間隔にある過去と未来の日と年に対して同じ語が用いられる。時間を過去から現在，現在から未来へと一方向的に続く線的な流れとして捉えるのではなく，話し手のいる現在を基点として，そこから等間隔にある時間を相対化，あるいは対照化する視点がここには反映されているといえる。

まずは日を表す副詞の例である。上述のとおり，ecɣi「今日」[43]をはさんで「昨日」と「明日」には，それぞれ ajɣəven'ŋən「晩」，jəqmitiw「朝に」と語源的な関係のある別の語 ajɣəve，ecɣi が用いられる。対照化されるのは，「おととい」と「あさって」，「さきおととい」と「しあさって」である。

(58) jəmajtəqoleʕəlo「さきおととい」(jəmajt「遠ざかる」[44], qole「別の時に」, ʕəlo「日に」)
qoleʕəlo「おととい」
ajɣəve「昨日」

---

[42] mewiccuʕ はさらに，mewic「たそがれ」と「（自然現象が）生起する」を意味する接尾辞 -cuʕ ← -juʕ に形態素分析できる。次の votqəjuʕ-ə-k も votq「暗闇」と -juʕ に分析できる。
[43] ecɣi は「今」の意味でも用いられることにも注意されたい。
[44] 次の例も参照されたい。
ŋanəno   ʕujemtəwilʕ-ə-n   jəmajt-ə-jaja-k
あの   人 − 挿入 − 絶単   向こうの − 挿入 − 家 − 所
ko-tva-ŋ-Ø
不完了 − いる − 不完了 − 3 単主
「あの人は向こうの家にいる」

ecɣi「今日」「今」
mitiw「明日」
qoleʕəlo「あさって」
jəmajtəqoleʕəlo「しあさって」

次は年を表す副詞の例である。日の捉え方と同様に,「今年」をはさんで「去年」と「来年」は別の語で表され,「一昨年」と「再来年」が対照化される。「去年」を表す wocen'ajŋon~qolen'ajŋon 以外の語の末尾はすべて場所格 -k である。

(59) jəmajtətɣevek「一昨年」(jəmajt「遠ざかる」, tɣeve「年」, -k 所)
wocen'ajŋon「去年」(wocen'「この」, ajŋon「昔」)~qolen'ajŋon(qolen'「別の時」)
wutinɣivik「今年」(wutin「この」, ɣivi「年」)
qulinɣivik「来年」(qulin「別の時」)
jəmajtətɣevek「再来年」

ちなみに,このような時間の捉え方は,北米インディアン諸言語のネズパース語(Nez Perce)(サハプティン語族)にも見られる。ネズパース語では,「昨日」と「明日」,「おととい」と「あさって」,「去年」と「来年」がそれぞれ同一の語で表される(青木 1998:226)[45]。この他,たとえば,インドネシアのクェステン語(Kwesten)[46](パプア諸語)のように,動詞の時制に時間を相対化する視点が反映された言語もあるが,コリャーク語では動詞におけるこのような時制表現は認められない。

1.3 多様な生業を反映した季節の範疇化

1年は次のようないくつかの月に分節される。これらの名称の多くには通常,「月」を表す jəʕilɣən が付加される。1月から12月という太陽暦の分節に必ずしも対応するわけではないが,おおよその見当としてあげておく。

---

[45] ネズパース語は,この他,非相称的母音調和をもつ点でもコリャーク語と共通していることは,すでに第1章脚注22でも指摘したとおりである。
[46] この言語では,現在をはさんで,最近未来と最近過去,近未来と近過去が同じテンスマーカーをとり,現在時を中心として過去と未来が対照的に認識されていることが知られている(崎山 1988:1438)。

(60) ləɣulewət~ləɣulewtəjəʕilɣən「真冬の満月の季節, 新年 (12月)」(ləɣu
「真ん中」, lewət「頭」)
qejal'ɣəjajavocʕən~qejal'ɣəjajavojəʕilɣən「厳寒の季節 (1〜2月)」
(qejal'ɣ「厳寒」, jajav[47]「トナカイのヒレ」, -o「食べる」, -cʕ 分詞)
jemiwjəʕilɣən「地吹雪の月 (2月)」(jemiw[48]「冷たい地吹雪」)
niwlew~niwlewjəʕilɣən「日が長くなる月 (3月)」(niwlew「長くなる」)
qajujujəʕilɣən「仔トナカイの月 (4月)」(qajuju「仔トナカイ」)
iml'əʕilɣən「水の月 (5月)」(iml' ← **miml**「水」)
ʕevəktəjəʕilɣən「雪解けの後, 再び地面が凍る月 (5月初め)」(ʕevəkt「雪解けの後, 再び凍った硬い地面」)
anoʔan~anojəʕilɣən「春の月 (6月)」(ano「春」)
alaʔal~alajəʕilɣən「夏の月 (7月)」(ala「夏」)
cejpəjəʕilɣən「赤くなる月 (8月)」(cejp「赤くなる」)
ʕejŋejəʕilɣən「発情する月 (9月)」(ʕejŋe「(トナカイやムースが) 発情する」)
ŋejŋej~ŋejŋejjəʕilɣən「秋の月 (9月)」(ŋejŋej「秋」)
ɣətɣa~ɣətɣajəʕilɣən「晩秋の月 (10〜11月)」(ɣətɣa「晩秋」)
weləktepjəʕilɣən~wel'əkt'epl'o[49]「湿った野生ヒツジの月 (11月)」(wel「湿った」, ktep「野生ヒツジ」)
qujəʕujəʕilɣən「日が短い月 (12月)」(qujəʕu?[50])
ləqleŋ~ləqleŋəjəʕilɣən「冬の月 (11〜2月)」

以上の季節名のすべての語源が説明できるわけではない。ləɣulewət は,

---

[47] jajav の基底形は **jajave**, 絶対格は jajaw (単数), jajavet (双数), jajavew (複数)。
[48] jemiw の基底形は **jemiɣ** である。次の例を見られたい。
　　ku-jemiɣ-et-ə-ŋ-Ø
　　不完了 - 冷たい地吹雪 - 生起している - 挿入 - 不完了 - 3 単主
　　「冷たい地吹雪が吹いている」
[49] 語尾の -l'o の部分の意味は不明。
[50] qujəʕujəʕilɣən は「日が短い月」の意味であると説明されるが, qujəʕu の意味は不明。「せまい」の語幹 qv に自然現象の生起を表す接尾辞 -juʕ が付加されたものか？

直訳すれば「真ん中の頭」の意味で，12月の満月の時を指す。コリャークにとっての「新年」である。ちなみに，トゥゴルコフ(1981:96-97)によれば，ツングース系のエヴェンキは，伝統的に頭から左肩，左肘，左手首そして最後に右肩の順に数えていく「解剖学的」原理にもとづく13の月からなるカレンダーをもっていた。コリャークではこのようなカレンダーは確認されていないが，12月の満月の時を「真ん中の頭」と，やはり身体部位になぞらえて命名している点，あるいはエヴェンキの伝統的な月の数え方に通じるかもしれない。

次に，qejal'yəjajavocʃən は直訳すると「厳寒のトナカイのヒレ肉を食べるもの」の意味である。2月になると，トナカイはやせ細って背中のヒレ肉はすっかり薄くなってしまう。この季節の寒さが，ツンドラを行く橇牽引用のトナカイの薄くなったヒレ肉を食べてしまうほどの厳しさであるという喩えである。

同じく2月を表すjemiwjəʃilyən は，「地吹雪」を意味する jemiw から派生した「冷たい地吹雪の吹く月」の意味の語である。niwlew~niwlewjəʃilyən「長くなる月」は，この季節，日が長くなることによる。4月を表すqajujujəʃilyən「仔トナカイの月」は，この季節，トナカイが出産を迎えることによる命名である。ʃevəktəjəʃilyən「雪解けの後，再び凍った硬い地面の月」は，三寒四温で雪が解けたり凍ったりを繰り返すうちに，地面が硬くなるところからの命名であると考えられている。iml'əʃilyən「水の月」は冬中厚い氷に覆われていた川が解け出して，水が流れ出す時期であることによる。cejpəjəʃilyən は直訳すれば「赤くなる月」の意味。8月になると，ツンドラの草木が紅葉し始めることによる。cejpəjəʃilyən はさらに qajcejpəjəʃilyən「少し赤くなる月」(qaj- 指小辞)，majŋəcejpəjəʃilyən「とても赤くなる月」(majŋ「大きい」)のように修飾要素をともなって細分化され，この季節の段階的進行を表す。yətγa~yətγajəʃilyən は，晩秋の初雪の降る季節を指すといわれている。11月の weləktepjəʃilyən~wel'əkt'epl'o「湿った野生ヒツジの月」は，野生ヒツジが他の動物に遅れて発情期を迎える月であり，まだ完全に寒くなるには早く，時に湿った雪が降ることによるといわれている[51]。

ところで，トナカイ遊牧を主たる生業とするこの地域のコリャークの遊牧ルートには，主に次の5つがある[52]。

(61) l'əql'aŋəcʕatənə「冬の遊牧地」(l'əql'aŋ「冬」, -cʕ 分詞, -at 出名動詞形成, -nə「場所」)---11〜3月[53]
an'ocʕənə~an'ocʕatənə「春の遊牧地」(an'o「春」)---5月末〜6月初め
al'acʕənə~al'acʕatənə「夏の遊牧地」(al'a「夏」)---6〜8月
ŋajŋajəcʕənə~ŋajŋajəcʕatənə「秋の遊牧地」(ŋajŋaj「秋」)---8〜9月
ɣət'ɣacʕənə~ɣət'ɣacʕatənə「晩秋の遊牧地」(ɣət'ɣa「晩秋」)---10〜11月

これらは，上にあげた14の季節名のうちの5つの季節名 ləqleŋ「冬」，anoʔan「春」，alaʔal「夏」，ŋejŋej「秋」，ɣətɣa「晩秋」の語幹に，分詞を作る -cʕ，場所を表す -nə（絶単）が付加されて派生した語である。また，どの語幹も季節を表す語として以外にはその意味をたどることのできない一次語である[54]。形態的な透明度が低く，季節名以外の語との派生関係が認められない，いわば一次語が，季節名にもトナカイの遊牧ルートの名称にも語幹と

---

[51] ちなみに11月の湿った雪の降る天候は次のように表される。
　　ku-wil-piŋ-at-ə-ŋ-Ø
　　不完了－湿った－雪－生起している－挿入－不完了－3単主
　　「湿った雪が降っている」
　　wil-ŋajpq-ə-juʔ-e-Ø
　　湿った－汚れ－挿入－生起する－完了－3単主
　　「湿った汚れた天気が始まった」
[52] 遊牧ルートの季節ごとの名称については，それぞれ(61)であげられた語形以外のものも認められているが，これについて詳しくは第4章1.2にゆずる。
[53] 冬の遊牧地はさらに初春の遊牧地 newl'avəcʕənə と 10〜11月頃の晩秋の遊牧地 ɣətɣacʕatənə とに細分化される場合もある。ただし，第13ブリガードでは群れが小さくなった現在はこれらを区別せず，一括して l'əql'aŋəcʕənə「冬の遊牧地」と呼んでいる。
[54] このうち ŋajŋaj ← ŋejŋej は，「トナカイが角をきれいにする」を意味する動詞語幹 ŋej と語源的関係があるともいわれるが，その是非は明らかではない。ちなみに，7月末から8月初めにかけて種トナカイが発情期を前に角をきれいにするのをはじめとし，その後，メストナカイ，仔トナカイ，橇牽引用トナカイの順で角をきれいにするといわれている。ハイマツ，グイマツの若木，ミヤマハンノキなどの木に角をこすりつけ，皮を剥いできれいにする。それぞれのトナカイが角をきれいにする季節の暑さを表す語については，本章3.4を参照されたい。

して用いられているということは，これらの名称が本来，トナカイ遊牧カレンダーと密接に結びついたものであったことをうかがわせる。

　これに対し，それ以外の季節名は語源の特定できる形態的透明度の高い語ばかりである。それらは，主に，さまざまな自然現象と結びついているが，中には，「地吹雪の月」や「木々が赤くなる月」のように純粋に自然現象を描写する語もあれば，「仔トナカイの月」「トナカイの発情する月」のようにトナカイ遊牧と結びついた語，「水が流れ出す月」のように漁労との結びつきを想起させる語，「湿った野生ヒツジの月」のように狩猟との結びつきを想起させる語もある。

　トナカイ遊牧を基調としながらも，多様な生業を組み合わせて生きるトナカイ遊牧民コリャークならではの季節の分節のありようが，これらの季節名にも反映されているといえよう。

2. 空間的環境の範疇化

　この地域のコリャークを取り巻く空間的環境は，nutenut「ツンドラ」と総称される。そこには，グイマツの針葉樹，ハイマツ，ハンノキ類，ヤナギ類，ツツジ類，白樺類などの潅木，イネ科などの草本，シダ植物，コケ植物，地衣類，キノコ類，ベリー類などが生育する比較的なだらかな山脈と平野が連なり，オモロン川の多くの支流が蛇行して流れている(写真5)。

　この地域に生息するこれらの植物の利用についての詳細は第4章第4節にゆずるとして，以下ではコリャークの民族地理学的知識，すなわち，地形の範疇化について概観する。

2.1　丘陵・山

2.1.1　絶対格単数形のない「山」

　森林ツンドラ地帯として分類されるこの地域には，平原だけではなく丘陵や山が多く，したがって，これらを指示する語も多い。その中で，他との派生関係の認められない最も基本的な一次語は，tənup「山」であろう。コリャー

写真 5　平原のかなたに連なる ŋajəmkən(第 13 ブリガード，ケガリ川のほとりにて)

クの人々は，この語にさまざまな修飾要素を付加して，森林ツンドラに林立する山を形容し，名づける(たとえば，icvətənup「険しい山」，kəmʕuktənup「丸い山」，kavəl'qətənup「頂上の平らな山」，kavatənup「でこぼこの山」，ɣutənup「石の多い山」，uttətənup「木の多い丘」，kəteptənup「野生ヒツジの多い山」，jaŋjatənup「(孤立した)丘」など)。

　一方，この tənup の他に，やはり「山」を意味する一次語として，ŋejŋej があり，Moll(1960:83)では，この語は「秋」の同音異義語としてあげられている。tənup よりも ŋejŋej の方が高くそびえる山を指すと説明されているが，必ずしも両者の違いは明らかではない。というのは，この ŋejŋej という絶対格単数形が，筆者のこれまでの調査では確認されていないからである。では，この地域ではこの語がまったく使われていないのかというと，そうではない。jaŋjaŋaj「孤立した山」(jaŋja「孤立した」，ŋaj「山」)，ŋejɣiŋkə「山の麓で」(ŋej「山」，-ɣiŋ「〜の下」，-kə 所)，ŋajəmkən「山の集まり」(ŋaj「山」，

-mk「～の集まり」[55]），ŋajl'əwən「山の集まり」(-l'əw「～の密集したところ」)[56]のような ŋej という語幹から派生した派生語としては存在しているのである。このような偏った語の存在のしかたについては一考の余地がある。

Zhukova(1972:92)によれば，筆者の観察とは異なり，前述のようにコリャーク語で同音異義語である「秋」と「山」は，絶対格単数を表す場合には同形の ŋejŋej であるとされている。ただし，斜格になると，「山」では ŋej に，「秋」では ŋejŋej に格接尾辞が付加され，両者は区別されるという(ŋej-ə-k「山に」— ŋejŋej-ə-k「秋に」)。

このことから，次のように推測される。すなわち，コリャーク語では1音節の絶対格単数形が許容されず，これを避けるために重複がおこなわれるため(たとえば，ロシア語からの借用語を見られたい [sol' → col'col'「塩」, caj → cajcaj「お茶」])，同じ1音節の語幹 ŋej からなる「秋」と「山」は，絶対格単数では同形にならざるをえない。しかし，斜格では接尾辞が付加され1音節化が避けられるために，上のような形の上での区別が可能になるものと考えられる。

このような同音異義語は，しかし，コリャーク語では数少なく，ちなみに約6,000語がエントリーされている Moll(1960)の『コリャーク語・ロシア語辞典』には，同音異義語としてあげられているのはわずか25語だけである。このように，コリャーク語における同音異義語を避ける傾向が，おそらく「山」の絶対格単数形の欠如の原因になっていると推測できる。

ところで，この2語以外にも「山」を表す語がある。ただし，これらはその語形から二次的派生語である可能性が高く，tənup や ŋejŋej のような一次語とは異なる。

(62) jaqal'qən「平らな小丘」(jaqa「背を丸める」, -l'q「表面」)
　　　majolyən「小丘」(ma ?, -joly「入れ物」)

jaqal'qən は「背を丸める」を意味する動詞語幹 jaqa に，「表面」を意味す

---
[55] -mk は自立の形容詞語幹 mk「多い」が接尾辞化したものである。
[56] ŋajəmkən と ŋajl'əwən では，前者は4つか5つの山が連なったものであるが，後者の方がそれよりも規模が大きいということである。

る接尾辞 -lq' が付加された二次的派生語であると考えられる。majolɣən は意味の不明な語幹 ma に「入れ物」を意味する -jolɣ が付加された二次的派生語であると思われる。ちなみに筆者の調査では、これらの語の意味する「山」や「丘」は大きさが異なり、jaqal'qən「平らな小丘」が最も小さく、次に majolɣən「小丘」、さらに tənup「山」と ŋejŋej「山」の順に大きくなるという説明がなされた。

2.1.2 山をめぐる地形名称

以下は、「山」に関連するさまざまな地形の名称である。山頂が「頭」、山の両端の部分が「鼻」、山と山の狭間の部分が「首」のように、身体部位に喩えられていることに注目されたい。

(63) l'awcətkən「山頂」(l'awc「頭」, -tk「〜の先端」)
　　 ʕeŋətkən~catpətkən「山麓の両端の部分」(ʕeŋ「鼻」, -tk「〜の先端」, catp「終わる」)
　　 ʕinn'əvətɣij~ʕinn'əl'qən「峠」(ʕinn'「首」, vətɣij「狭間」, -l'q「表面」)[57]
　　 kəl'vəɣiŋ~kəl'vəɣiŋən「山と山の間」(kəl'v「切れ目を入れる」, -ɣiŋ「下」)
　　 inulqən「稜線」
　　 ŋajnolŋən「山の斜面」(ŋaj「山」, nolŋ「斜面」)
　　 ajətɣij「短い谷川」
　　 qaŋjaw「谷川」
　　 enməʔen「崖」

2.2 川

この地域に暮らすコリャークにとって、川は漁労の場としても、トナカイの飲料用の水を確保する場としても重要である。このことを反映して、川に

---

[57] vətɣij はこの他、wejemvətɣij「川の合流地点」, uttəvətɣij~umkəvətɣij「森と森の間」, tənupvətɣij「山と山の間」などのように複合語として用いられることが多い。

(64) pəŋotkən「川の源流」(pəŋo「(水が)枯れる」[58], -tk「〜の先端」)
　　 ɣəcɣocaŋ「川の上流」(ɣəcɣo「上部」, -caŋ?[59])
　　 ewcəcaŋ「川の下流」(ewc「下部」)
　　 kaɣiŋən[60]~ŋətoɣiŋən「河口」(ka?, -ɣiŋ 名詞化, ŋəto「出る」)
　　 wejemvətɣij「川の合流地点」(wejem「川」, vətɣij「狭間」)
　　 ŋətɣiŋən「支流」(ŋət「分かれる」)
　　 təmlatɣiŋən「山のすぐ脇を流れている川」(təmlat「はさむ」)
　　 ceməl'qən「浅瀬」(cem「浅い」, -l'q「表面」)
　　 əmjolɣən「川の深み」(əm「深い」, -jolɣ「入れ物」)
　　 ʕijənə「渡る地点」(ʕij「渡る」, -nə「場所」)
　　 jəqpəl'ʕəl'ʕən「急流」(jəq「速い」, pəl'ʕəl'ʕ「流れる」)
　　 jul'pəl'ʕəl'ʕən「緩流」(jul'「長い」?[61])
　　 walʕən「淀み」(wa?, -lʕ 分詞)
　　 wajamtajnən~imətajnən「川岸」(wajam「川」, im「水」?, tajn「岸」)

さらに、湖は ɣətɣən、泉は ʕəqqeməl、森の中などに大雨の後にできたどこにも流れていかない水たまりを jaŋjeməl~jaŋjaməməl、通常の水たまりを ajotqən という。

2.3 川名による地名

前述のとおり、コリャークの主たる居住地はカムチャツカ半島にある。クレスティキ・トナカイ遊牧基地のコリャークの多くは、1900年代半ば頃から東南のヴェルフ・パレニ村、さらにはその東のカムチャツカから移住してきたといわれている。そのためか、この地域の地名は、それ以前からの居住者であると考えられるユカギールやツングース系エヴェンのつけたユカギー

---

[58] これに対し、川などの水量が増すことを imlet という。
[59] -caŋ は意味不明な要素。度数を表す接尾辞に -ceŋ があるが、これとの関係は認められない。
[60] kaɣiŋən は、「住居の入口」をも意味する。
[61] 形容詞 nəjuleqqin「長い」の語幹 juleq「長く」と関係があるかと思われる。

ル語やエヴェン語の古いものと，1900 年代になってから金を求めて地質調査でこの地を訪れたロシア人によるロシア語の新しいものが多い。

地名は川の名前にちなんでいることが多いが，これはトナカイの群れを川の流れに沿って移動させていく遊牧においても，漁労においても，また，飲料水の確保においても，この地域では川がとりわけ重要な意味をもっていることを反映しているといえよう。

ちなみに，この地域の川という川を飲み込んでコリマ川さらには北極海に流れ込む大河川およびその周辺地域を表す「オモロン」は，ユカギール語で「よい川[62]」の意味であるといわれている。一方，そこに注ぎ込む支流とその周辺地域の名前には，次のようにエヴェン語のものが多いことにも注目されたい。

(65) Irbican（イルビチャン川）「雪の少ない小さな場所」(irbi「雪の少ない場所」, -can 指小[63])

Avlandja（アウランジャ川）「大平原」

Berkacan（ベルカチャン川）(berka ← birka「トナカイの耳の切り込み印」)

Babekan（バベカン川）「小さなゆりかご」(babe ← bebe「ゆりかご」, -kan 指小)

Buyunda（ブユンダ川）「野生トナカイのいるところ」(buyun「野生トナカイ」)

Nekucan（ネクチャン川）「小さな物置棚」(neku ← naku「倉庫」)

Burgali（ブルガリ川）「大きな潅木」(bur「潅木」, -gali 指大)

El'gekcan（エリガクチャン川）「山の多い小さな場所」(el'gak ← əlgen「山（複）」)

---

[62] Maslova(2003)によれば，ユカギール語の「よい」の語幹は om，「川」は unuŋ である。ちなみにユカギール語には形容詞という独立の品詞はなく，すべて動詞としてふるまう。

[63] 指小辞 -can はこの他，人名にも付加され，一種の愛称となる。たとえば，男性の名前 Hurka-can「フルカチャン」(Hurka「若者，青年」)など。エヴェンにはすでにロシア語の名前しかもたない人が多いが，ロシア語の名前にもこの指小辞は付加される(Iva-can「イヴァチャン」[Iva ← Ivan])。

オモロン川に注ぎ込む小さな支流であることを反映してか，ほとんどの川名に -can~-kan という指小辞が接尾されているのにも注目されたい。

一方，川の名前は東に行くにつれてコリャーク語によるものが多くなっていくが，このことにより，そこが古くからコリャークの居住地であったことがうかがえる。第13ブリガードは既述のとおり，2004年冬まではクレスティキから南東に100 kmほど離れたオモロン川の支流ケガリ(Kəjall'oŋ)川，さらにその支流のムスムチャン(Musumcan)川，ウンモウン(Əmmoʔən)川，カラル川(Karalwajam)，グトゥグ川(ɣətɣəwajam)，ミルク川(Milqəwajam)を中心にトナカイ遊牧をおこなっていたブリガードである。第5ブリガードとは異なり，ヴェルフ・パレニにより近い地理的位置を反映して，これらの川名はエヴェン語のムスムチャン川(musmu「?」，-can 指小辞)を除くとすべてコリャーク語であり，古くからここがコリャークの居住地であったことをうかがわせることは，すでに，第2章第4節で見たとおりである。

2.4 地形の水平的範疇化

コリャークでは，空間的環境は，山，川，湖というようないわば地面に対して垂直な縦割りに範疇化されているのみならず，水平にも分割され範疇化されている。すなわち，土壌や植生を表す名詞あるいは形容詞語幹に「～の表面」を意味する接尾辞 -l'q / -lq / -l'əq[64]を付加した空間名称と，「～の密集した場所」を意味する接尾辞 -lw を付加した空間名称の2種類により，空間が水平的に分割され認識されていることがうかがわれる。通常，前者は土壌，あるいは地面低く生育する植物を表す名詞語幹に，後者は樹木などの地面から高く生育する植物を表す名詞語幹に接続されることが多いようである。

① -l'q / -lq / -l'əq が接尾する空間名称
  (66) il'ɣəl'qən「開けた土地」(il'ɣ「白い」)
    il'əl'qən「湿った土地」(il'「湿った」)

---

[64] -l'q と -lq はしばしば交替するが，その条件は必ずしも明らかではない。また -l'əq は形態素境界で起きる3子音連続を避けるために ə が挿入されたものである。

kəcɣəl'qən「乾いた土地」(kəcɣ「乾いた」)
təmkəlqən「潅木が生えた土地」(təmk「潅木」)
təjajpəlqən「沼地」(təjajp「沼」)
jəcɣəlqən「開けた地盤の硬い土地」(jəcɣ「硬い地面」)
təlʕulqən「砂地」(təlʕu「砂」)
wəwwəlqən「石の多い土地」(wəww「石」)
vitʕəl'qən「コケの生えた土地」(vitʕ「コケ」)
jaŋəl'qən「トナカイゴケの生えた土地」(jaŋ「トナカイゴケ」)
ʕəvənʕəl'qən「ベリーの生えた土地」(ʕəvənʕ「ベリー」)
vəʕajl'əqən「草の多い土地」(vəʕaj「草」)
kavəl'qən「平地」(kav「平らな」)
kevel'qən「でこぼこの土地」(keve「大枝」)[65]

② -lw が接尾する空間名称
(67) umkəlwən「林が密生する場所」(umk「林」)
kəcvolwən「ハイマツが密生する場所」(kəcvo「ハイマツ」)
jəwilwən「藪の密生する場所」(jəwi「藪」)
majolɣəlwən「丘陵の多い場所」(majolɣ「丘陵」)
tənupəlwən「小山の多い場所」(tənup「小山」)
ɣeɣuvəlwən「グイマツの密生する場所」(ɣeɣuv「グイマツ」)
ɣileŋəlwən「ミヤマハンノキの密生する場所」(ɣileŋ「ミヤマハンノキ」)
təqəlelwən「ポプラの密生する場所」(təqəle「ポプラ」)
n'encewəlwən「ヤナギの密生する場所」(nincew「ヤナギ」)

このように地理的空間を水平に上下に切り取る2種類の語群の存在は，トナカイ遊牧民コリャークの空間との独特なかかわり方とも無関係ではないであろう。まず，地表近くにはトナカイの食べるさまざまな植物がある。コリャークはどこにトナカイの食べる植物が生えているかを熟知しており，冬

---

[65] kevel'qən 以外に -lw を接尾した kevelwən もあるがその理由は不明である。

写真6　ウサギの罠をしかける

季でも深い雪を足で掘り起こしてトナカイゴケなどを探し出す。これはおそらく，彼らが自分たちの遊牧ルートの地形や，そのどのあたりにどのような植物があるのかに通暁しているからである。もちろん，人間が食料にするベリーや球根類などもこの地表近くに成育する植物であることはいうまでもない。

　さらに，地表が彼らにとって重要なのは，そこに野生動物の足跡があるからである。彼らは，雪の上を縦横に交差する大小さまざまな足跡がどの野生動物のものかを容易に見分けるだけではない。それが何匹あるいは何頭で，どのような経路でいつ頃そこを通っていったのかも見分ける。いっしょに罠猟に出かけると，彼らはしばしば立ち止まっては，地面に身をかがめてその足跡を注意深く観察し，時には指で触ってみたりもする。それによって，罠をしかける場所を決めるのである。

　一方，地上への視点は，彼らが利用する樹木とかかわっている。地上高くそびえるグイマツは燃料，住居の材料として広く利用される。2mほどのミ

ヤマハンノキは，その樹皮がトナカイ毛皮の染料として欠かせない。橇の材料となる白樺や食用として採集される松の実も地上に生えている。同時に，そこは彼らが食用に捕るライチョウやヨーロッパライチョウなどが飛来する場所でもある。雪の上につけられた足跡でもこれらの鳥類は見分けがつくものの，それでも彼らは地上を飛ぶこれらの鳥の観察も常に怠らない。

地理的空間を単に平面的に認識するだけではなく，上から下へと捉える視点が映し出されたこのような表現は，コリャークが自然資源を万遍なく利用しているその生業のありようとも無関係ではないであろう。

2.5 方位表現

コリャークの基本的な方位表現に関しては，まず，方角の命名原理が「東西」と「南北」では明らかに異なっていることが注目される。

(68) tejkenenenvəŋqal「東」(tejk「太陽」, enene「現れる」, -nv「場所」, -ŋqal「方角」)

tijkəjalqewjanvəŋqal「西」(tijk「太陽」, jalqew「沈む」, ja ?)

ajɣəvacəŋqal「南」(ajɣəvac ?)

ajɣətqəŋqal「北」(ajɣətq ?)

「東」「西」の軸に沿った極性は，それぞれの方角を太陽の生起・消失の状態によって即物的に描写した説明的な表現である「太陽が昇る方角」と「太陽が沈む方角」という対比表現により分類されている。「東」には，この他，直訳すれば「夜が白む方角」を意味する elɣatɣiŋəŋqal(elɣat「夜が白む」, -ɣiŋ 名詞化)が認められているが，これもまた同様に説明的な表現であることに変わりない。

これに対し，「南」「北」は，ajɣəvac, ajɣətq と，おそらく前半の語根部分が同形である語幹から成り立っていることが注目される。さらにこの ajɣ は，ajɣəven'ŋən「晩」, ajɣəve「昨日」の ajɣ とも共通している。このことから「南」と「北」がこれらの時間を表す語となんらかの関係を有するであろうことがうかがえる。しかし，残念ながら今のところ語源を同定することができないため，想像の域を出ない。ちなみに，空間にかかわる方位の分類と，時間に

かかわる年と日の分類に，十二支がその基本的な準拠枠として共通に用いられている例は，宮古諸島来間島においても認められており，空間表現と時間表現になんらかの相関関係がある例は決して珍しくない(松井 1989:188-202)。

ところで，「南」を意味する方角名称には，この他，ewtəlaŋqal「下の方角」(ewtəla「下」)，jojoʕəŋqal「悪天候の方角」(jojoʕ「悪天候」)も認められている。このうち，なぜ「南」を「下」と認識するのかは興味深い。一方，「北」には，これに対応する「上の方角」という名称は認められない。その理由についても考えてみる必要があろう。

ところで，東西南北のうち，東の優位性は次に見るように，ユルトの設置方向というような日常的な生活空間の方向づけのみならず，儀礼においても確認される。

①ユルトの戸口は東向きに設置する。
②死者をユルトに安置する際，ユルト奥に頭を東に向けて横たえる。
③死者を火葬に付す際，その頭を東に向ける。
④トナカイの処理の際，刺殺したトナカイは東に頭を向けて横たえる。その後，頭部を外して置くが，これも前部を東側に向ける。

3. 自然現象

3.1 自然現象を表す語彙

自然現象を表す語には次のようなものがある。

(69) muqemuq「雨」[66]
　　 jəŋajəŋ「霧」
　　 wəjal「吹雪」
　　 jemiw「地吹雪」
　　 kətew「風」[67]

---

[66] 雨を表す語として，この他 ɣajajɣən「通り雨」が認められている。
[67] 風を表す語として，この他，kawjajɣən「左右前後から吹く風」，kaŋkaciɣən「竜巻」なども認められている。

qejew「霜」

qejalɣən「厳寒」

piŋapiŋ「降っている雪」

ʕəlʕəl「積もっている雪」

qəmjajpən「氷の上に薄く積もった雪」

ittəʔit「川や湖に張っている氷」

ɣilɣil「春の解けかけた氷」

jivaj「川に漂っている薄氷」

例に見るように，「雪」を表す語，あるいは「氷」を表す語に数種類あることに注目されたい。これらの語は，たとえば日本語の「ぼた雪」「細雪」「根雪」などのように「雪」という包括名から二次的に派生した語ではなく，相互に派生関係のない語であることから，別個のものとして認識されていることがうかがわれる。「雪」を表す語には，この他，次のような複合語も認められている。

(70) kicʕəl「すでに積もっているみぞれ」(kic ?, ʕəl「積もっている雪」)

moqaʕəc「雪と雨の降った後，凍ったもの」(moqa「雨」, ʕəc ← ʕəl「積もっている雪」)

n'əql'awto「あられ」(n'əq「ナッツ」, l'awt「雪」, -o 絶複)

peŋawjal'cəko「吹雪」(peŋa「降っている雪」, wjal'「吹雪」, -cəko「中」)

3.2 自然現象の生起と消失を表す形式

3.2.1 自然現象の生起表現

雪，風，雨，霧などの自然現象の生起は，たとえば日本語では「雪が／降る」のように「雪」という名詞と「降る」という動詞の2つの自立語によって表される。また，生起する自然現象の種類によって「降る」「吹く」「かかる」「降りる」など，異なる動詞が用いられる。一方，コリャーク語ではどのような自然現象であるかにかかわらず，名詞語幹に自然現象の生起にかかわるアスペクト的意味を表す接尾辞を付加することによって表される。このような接尾辞には，自然現象の状態を表す -e$_2$t (muqetək「雨が降っている」,

jəŋatək「霧がかかっている」, piŋatək「雪が降っている」, ʕəlatək「雪が積もっている」, qejevetək「霜が降りている」など)、ある自然現象の生起を表す **-juʕ**(ɣajajəjuʕək「通り雨が降り出す」, muqejuʕək「雨が降り出す」)[68]、さらにある現象や事態が急に生起することを表す **-lqiv**[69]がある(kəteɣəlqevək「風が急に吹き出す」など)。

とはいえ、上であげたすべての名詞語幹にこれら 3 つの接尾辞が制限なく付加できるわけではなく、語用論的な制限がある。たとえば、「雨」の場合にはこれら 3 つすべての接尾辞を付加することが可能である(muqetək「雨が降っている」, muqejuʕək「雨が降り始める」, muqelqivək「急に雨が降り出す」)。一方、上述のとおり「積もっている雪」を表す名詞語幹 ʕəl には **-e₂t** を付加することは可能であるが(ʕəlatək「雪が積もっている」)、**-juʕ** や **-lqiv** を付加することはできない。すでに積もっている状態を表すから、生起を表すこれらの接尾辞とは共起しえないのである。また、「霜」を表す名詞語幹 qejev には **-e₂t**, **-juʕ** は付加できるが(qejevetək「霜が降りている」, qejewjuʕək「霜が降り始める」)、**-lqiv** は付加できない。「霜」は雨や風と異なり、急に生起する自然現象ではないからである。さらに、「氷」を表す ittəʔit や ɣilɣil にはどの接尾辞も付加できないが、「川に漂っている薄氷」を表す jivaj には **-e₂t**, **-juʕ** は付加できる(ただし、**-lqiv** は共起できない)。

このように、生起する自然現象の様態によって、付加しうる接尾辞は一様ではない。

3.2.2 自然現象の消失表現

一方、反対に自然現象の消失を表すのには、主に自立動詞 ɣalak「過ぎる」が用いられる。ɣalak と共起できるのは、jemiw「冬の風」, qejalɣən「厳寒」,

---

[68] **-juʕ** は、雨や雪といった気候にかかわる自然現象のみならず、時間帯や季節を表す名詞語幹や天体を表す名詞語幹にも付加され、その開始の意味を表す(nəkijuʕək「晩になる」, anojoʕək「春になる」, lʼəlʼapəcʕəjuʕək「星が出る」など)。

[69] Zhukova(1972:211)によれば、**-lqiv** は「動作の一回性」を表すアスペクト接尾辞であるという。

muqemuq「雨」, γajajγən「通り雨」, piŋapiŋ「降っている雪」, qəmjajpən「氷の上に薄く積もった雪」, jivaj「川に漂っている薄氷」などである。γalakを用いた自然現象の消失表現は，次のように分析的にも(71a)，名詞抱合によっても(71b)表されることに注目されたい。

(71a) muqemuq　　γala-j-Ø
　　　雨(絶単)　　過ぎる‐完了‐3単主
(71b) moqa-γala-j-Ø
　　　雨‐過ぎる‐完了‐3単主
　　「雨がやんだ」

この他，ある動作の解除を表す接尾辞 **-tve₂**(kəltətvak「ほどく」-kəltək「結ぶ」, topətvak「開ける」-topək「閉める」)によっても自然現象の消失が表される。この接尾辞が付加される名詞語幹には制約がある。すなわち，jəŋajəŋ「霧」(jəŋatvak「霧が晴れる」), qejew「霜」(qejevətvek「霜が消える」), qəmjajpən「氷の上に薄く積もった雪」(qəmjajpətvak)などは可能であるが，「雨」や「風」などのように動きのある自然現象の消失を表すのには適さない。

また，自然現象を表す名詞を用いず，形容詞語幹に上述の **-e₂t** を付加することによって表すこともある。たとえば, meletək「天気が晴れている」(mel「よい」), təmγetək「風や吹雪がやんで静かである」(təmγ「静かな」)などである。

3.3 寒暖表現

コリャーク語の寒暖を表す形式には，①天候の客観的な寒暖の状態を表すものと，②天候の寒暖の状態を人が体感した感覚として主観的に捉えるものの2種類がある。①②いずれも，性質形容詞によって表されるだけではなく，コリャーク語では動詞によっても表されることが特徴的である。また，動詞によって表される場合に，①②はその統語的ふるまいが異なってくる。さらに，①の場合には付加される接尾辞により，②同様に感覚として捉えた主観的な寒暖を表すことも可能となる。

仮にここでは，①を「状態的寒暖表現形式」，②を「感覚的寒暖表現形式」とし，以下，それぞれについて見ていく。ちなみに，例には，「湿っている」

「乾燥している」など，厳密な意味では寒暖表現とはいえない語もあげられているが，コリャーク語ではその形態的・統語的ふるまいが他の寒暖表現とも同じため，以下ではこれも含めて論じるものとする。

3.3.1　状態的寒暖表現形式

状態的寒暖表現は，性質形容詞のみならず動詞によってもおこなわれる[70]。コリャーク語においてこのような動詞による寒暖表現が可能なのは，前述のとおり，自然現象の生起の状態を表す接尾辞 -e₂t があることとも無関係ではない。以下では，寒暖を表す性質形容詞(絶対格単数形)とこれに対応する動詞(不定形)をあげる。

〈形容詞〉　　〈動詞〉

(72) a.　nətɣəlqen　　ɣəletək[71)　「暑い」
　　b.　nomqen　　　omatək　　　「暖かい」
　　c.　nəqejalɣəqen　qejalɣatək　「厳寒である」
　　d.　nəqaniqin　　qanitək　　　「(日陰で)涼しい」
　　e.　niɣəqin　　　iɣetək　　　「涼しい」
　　f.　nəcəqqin　　cəqqetək　　「寒い」[72)
　　g.　nil'əqin[73)　iletək　　　「湿っている」
　　h.　nəkəcɣəqin　kəcɣetək　　「乾燥している」

これらの語がどのような語類から派生したかは必ずしも明らかではない。ちなみに，a. b. c. にはそれぞれ təɣəl「暑さ」, om?om「暖かさ」, qejalɣən「厳寒」という名詞(絶対格単数)があり，これらからの派生が予測される。また，

[70)　さらにいえば，コリャーク語の性質形容詞も本来，恒常性を表す動詞の活用形に由来するものであることは，第1章4.2.2で見たとおりである。
[71)　語幹の基底形は tɣəl，語幹初頭子音 t, n, l, c, j の脱落規則により語頭で t は脱落する。
[72)　「寒い」以外に「冷たい」の意味もあり。たとえば，cəqqəmiməl「冷水」(cəqq「冷たい」, miməl「水」)など。
[73)　nil'əqin には，「生の」の意味もあり。ちなみに Moll(1960:77)では，同じく「湿っている」の意味で nəliqin があがっているが，筆者の調査ではこの語は認められていない。nil'əqin があがっていないところから見ると，あるいは記述の誤りかとも考えられる。

d. には qani から派生した qaniɣiŋən「日陰の涼しい場所」という名詞があるが，-ɣiŋ は名詞，動詞いずれの語幹にもつきうる接尾辞であるため，qani の語類は明らかではない。e. 〜 h. も，同様に語類を特定することができない。

　上述の性質形容詞は，名詞の修飾成分としても，述語としても働く。述語として働いた場合の上述の状態的寒暖を表す形容詞と動詞の意味的な違いは，形容詞は一般的な属性や特徴を表すのに対し，動詞はある特定の時点での状態を表す点にある[74]。

　　(73a) jaja-ŋa　　　　　n-om-qen-Ø
　　　　 ユルト－絶単　　形容詞－暖かさ－形容詞－3 単主
　　　　「ユルトは(一般的に)暖かい」
　　(73b) jaja-ŋa　　　　　k-omat-ə-ŋ-Ø
　　　　 ユルト－絶単　　不完了－暖かい－挿入－不完了－3 単主
　　　　「ユルトは(今)暖かい」

　上の(73a)のように主語に名詞が立ち，これに呼応する方が，(74a)のように場所格をとる文よりも自然な文になる。一方，動詞の場合には，主語が明示されなくても(74b)は自然な文となる。すなわち，この例では，動詞の側で標示される 3 人称単数主語は，いわば英語の形式主語のように，内容のない主語であると考えられる。

　　(74a) ?? jaja-k　　　　n-om-qen-Ø
　　　　 ユルト－所　　　形容詞－暖かさ－形容詞－3 単主
　　(74b)　　 jaja-k　　　　k-omat-ə-ŋ-Ø
　　　　 ユルト－所　　　不完了－暖かい－挿入－不完了－3 単主
　　　　「ユルトでは暖かい」

---

[74] ちなみに，寒暖の程度の大きさを表すには，mejŋ「大きく」，mel「よく」，小ささを表すには接頭辞 qaj- が用いられる。このうち，mejŋ は寒い，暑いなどの好ましくない寒暖を表すのに用いられる(komajŋəqejalɣatəŋ「とても寒い」，kumejŋətɣəletəŋ「とても暑い」)のに対し，mel は好ましい寒暖に対して用いられる(komelomatəŋ「とても暖かい」)。一方，qaj- にはこのような区別なく，すべての寒暖動詞に付加される(koqajomatəŋ「ちょっと暖かい」，kuqajətɣəletəŋ「ちょっと暑い」)。

ところで，上述の動詞には語幹に -e₂t の代わりに自然現象の生起を表すアスペクト接尾辞 -juʕ を付加することも可能である．

(75) a. omjoʕək 「暖かくなり始める」
　　 b. qejalɣəjoʕək 「厳寒が始まる」
　　 c. qanijoʕək 「(日陰で)涼しくなり始める」
　　 d. iɣəjuʕək 「涼しくなり始める」
　　 e. cəqqəjuʕək 「寒くなり始める」
　　 f. iləjuʕək 「湿気が出始める」
　　 g. kəɣəjuʕək 「乾燥し始める」

一方，状態の進行を表すアスペクト的接尾辞 -e₂v は，次の 2 つの動詞にのみ付加することが可能である．

(76) a. omavək 「暖まっている」
　　 b. iɣevək 「涼しくなっている」

この 2 語だけが可能な理由は明らかではない．この 2 つの語幹そのものがもつ意味が -e₂v のアスペクト性に抵触しないことによるものなのかどうか，検討の余地がある．

3.3.2 感覚的寒暖表現形式

一方，天候の寒暖の状態を人の感覚として捉えた表現もある．今のところ，感覚的寒暖表現に専用のものとしては以下の 2 例が認められているが，これにも形容詞と動詞の両形がある．ただし，この場合，動詞がとるアスペクト接尾辞が，(77a)は -e₂v の表層形 -av，(77b)は -e₂t の表層形の -et と，異なっていることに注意されたい．

　　　　　　　〈形容詞〉　　　　〈動詞〉
(77) a. nəkəcməqen　　　kəcmavək　　「寒くて凍える感じがする」
　　 b. nəpijkəlqin　　　 pijkəletək　　「暑くて息苦しい」

形容詞の方は，上述の状態的寒暖形容詞同様，ものの寒暖の状態を表す．

(78) ic-ʔi-n-e-ʔi

　　コート－挿入－絶単

　　n-ə-kəcm-ə-qen-Ø

　　形容詞－挿入－寒くて凍える感じがする－挿入－3単主

　　「コートは寒くて凍える感じがする」

一方，動詞として用いられる場合には，必ずそのような寒暖を感覚として捉える主体が主語に立たなければならない。

(79a) ko-kəcmav-ə-ŋ-Ø

　　不完了－寒くて凍える－挿入－不完了－3単主

　　「彼は寒くて凍えている」

(79b) t-ə-ku-pijkəlet-ə-ŋ

　　1単主－不完了－暑くて息苦しい－不完了

　　「私は暑くて息苦しい」[75]

この他，3.3.1で見た状態的寒暖を表す動詞の多くは，前述のように，感覚的寒暖表現形式になることも可能である[76]。その際，例に見るように動詞語幹には -l'ʕat という要素が付加されている。この要素はさらに，おそらく，-l'ʕ と状態を表す -at に分析できると思われるが，前者が分詞を形成する -ʔl- であるとして，それが口蓋化する形態音韻論的必然性が見出せないため，以下の例では暫定的に -l'ʕat のまま分析せずに，「感覚的寒暖」とグロスを施しておく（歯茎音が逆行的に口蓋化する条件については，第1章4.1.2の(3)で見たとおりである）。

---

[75] このような例は，日本語の感情形容詞語幹に，内的な気持ちや状態を外的に表す接尾辞「～がる」を付加した「痛がる」「うれしがる」などの動詞を想起させる。ただし，「～がる」は1人称主語の述語になることを第1の働きとする感情形容詞の表す内容を3人称主語で表すためのものであり，その点，どのような人称でも表しうるコリャーク語の感覚的寒暖動詞とは本質的に異なる。

[76] この他，tyəl から派生した感覚的寒暖表現形式で，「暑い，汗をかく」を意味する yəl'ok があるが，これは，後ろに「食べる，飲む」を意味する語彙的接尾辞 -o が付加されたものか。

(80a) t'-ə-k-om-ə-l'ʕat-ə-ŋ
　　1単主 – 挿入 – 不完了 – 暖かさ – 感覚的寒暖 – 挿入 – 不完了
　　「私は暖かく感じている」
(80b) t'-ə-k-iɣ-ə-l'ʕat-ə-ŋ
　　1単主 – 挿入 – 不完了 – 涼しい – 挿入 – 感覚的寒暖 – 挿入 – 不完了
　　「私は涼しく感じている」

3.4 「暑さ」を表す特殊表現

　内陸の大陸性気候の森林ツンドラ地帯では，冬期には −40 ～ −60°C にもなる一方で，夏期には 30°C を超える日が続く。コリャーク語には，このような夏の数ヶ月の「暑さ」を表す特別な語群がある。それは，「暑さ」を表す名詞語幹 tɣəl に，年齢・性別によるトナカイ名称と「角をきれいにする」を意味する動詞語幹 ŋej / ŋaj が修飾語として前置され，「〜が角をきれいにする暑さ」を意味する次のような複合名詞である。

(81) winəkjəŋajətɣəl「種オストナカイが角をきれいにする暑さ」(winəkj「種トナカイ」，ŋaj「角をきれいにする」，tɣəl「暑さ」絶単）
　　wenqojaŋajətɣəl「メストナカイが角をきれいにする暑さ」(wenqoj「メストナカイ」)
　　qajujuŋajətɣəl「仔トナカイが角をきれいにする暑さ」(qajuju「仔トナカイ」)
　　javaqojaŋajətɣəl「橇牽引用トナカイが角をきれいにする暑さ」(javaqoj「橇牽引用トナカイ」)

　winəkjəŋajətɣəl は，7月末から8月初めにかけて種オスが発情期を前に角をきれいにする頃の暑さを，wenqojaŋajətɣəl はその後，8月中旬にメストナカイが角をきれいにする頃の暑さを意味する。また，qajujuŋajətɣəl は，8月末から9月初めにかけて仔トナカイが角をきれいにする頃の暑さを，そして，javaqojaŋajətɣəl は，9月末から10月初めに橇牽引用トナカイが角をきれいにする頃の暑さを表す。一方，寒さの方がこの地域ではより馴染み深いものであるにもかかわらず，寒さについてのトナカイの生態と結びついた表現は

写真7 木の枝に角を擦りつけてきれいにする橇牽引用トナカイ

今のところ確認されていない。

第4章　生業活動の範疇化

　この地域のコリャークは，内陸のツンドラ地帯に居住しトナカイ遊牧を生業とするトナカイ遊牧民(cawcəvan)である。とはいえ，前述のとおり，この地域では冬は酷寒に見舞われる厳しい気候条件のゆえに，トナカイ遊牧という単一の生業のみに依存することはあまりにも危険である。そこで，彼らは漁労，植物採集，狩猟など，複数の生業を組み合わせることにより，多様な自然資源を万遍なく利用しながら常に食糧確保が可能な状況を作り出し，苛酷な自然条件に適応対処してきた。

　とりわけペレストロイカ以降，給料遅滞などの労働条件の悪化によるトナカイ遊牧民の労働志気の低下，オオカミの被害[77]，トナカイの大量処理などによりトナカイ頭数は激減した。現在でも，ブリガードでトナカイ遊牧民として働くコリャークはそれにより給料を得てはいるものの，トナカイへの依存度はますます低下しているといわざるをえない。たとえば，筆者が2001～2002年に初めてクレスティキで調査をおこなった際には，トナカイはもはや放牧の対象ではなくなったものの，かろうじて薪採り，漁労，罠猟などに出かけるための交通手段，衣類の材料，あるいは，まれに処理の対象[78]としての意味をもっていた。しかし，最も近い第5ブリガードが解体

---

[77] かつて社会主義の時代には，ヘリコプターでオオカミの空中からの集中駆除がおこなわれたために，その被害は最小限に防ぐことができたといわれている。

[78] トナカイの処理頭数も，当然，大幅に減少した。ちなみに，インフォーマントのV. I. イカヴァヴ(Ikavav)さんによれば，かつて群れが数千頭あった時には年間1軒につき20～24頭のトナカイを処理していたが，2001年1年間ではわずか3頭のトナカイを処理したのみであった。

写真8　夏のトナカイ放牧

写真9　秋の氷上穴漁

写真10　秋のウサギの罠漁

写真11　夏の植物採集

してからは，トナカイの調達はほぼ不可能になった。また，現在650頭ほどのトナカイを有する第13ブリガードでも，ペレストロイカ以前，数千頭のトナカイを有していた時から比べると，遊牧の方法，ルート，距離，トナカイの食料や衣類としての依存度などさまざまな面で大きな変化が起きている。

以下では，彼らがトナカイ，魚，野生動物，植物などの自然資源をどのように複合的に利用し，厳しい自然環境に適応対処して生業活動を展開してきたか，またそのことが，コリャーク語にどのように反映しているかを概観していく。

1. トナカイ遊牧（qojaɣənn'etɣiŋən~qojacetɣiŋən）

トナカイ遊牧は，コリャークより南に住む森林のツングース系民族が，さらに南のステップ地帯の馬飼育技術を借用し，野生トナカイを飼いならすことによって始まったというのが通説である（佐々木 1985:85-94）。コリャークはこのトナカイ飼育技術をより平原が多い居住地域とより体の小さい野生トナカイに合わせる形に加工して受容していく中で，群れの多頭化を可能にしてきたと考えられる。

1.1 トナカイ遊牧民コリャークの構成（図1）

クレスティキ周辺のコリャークは，チャヴチュヴァン（cawcəvan）「トナカイ遊牧民コリャーク」と呼ばれていることからもうかがえるように，トナカイ遊牧を主要な生業として暮らしている。トナカイ遊牧ブリガードには，トナカイの群れとともに移動する人 ŋelvəlʕəlʕən「群れをもつ人」(ŋelvəlʕ「トナカイの群れ」，-lʕ 分詞[79]）~qojaɣənn'etəlʕən「トナカイの世話をする人」(qoja「トナカイ」，ɣənn'et「世話する」）~ʕojacek「トナカイ牧民」と，群れとともに移動せずに宿営地に残る人 japelalʕən（ja「ユルト」，pela「残る」）に分かれる。

[79) 接尾辞 -lʕ は，名詞，形容詞，副詞，動詞語幹に接続して「〜をもつもの」「〜の性質をもつもの」「〜するもの」，すなわち「行為者名詞」(imja dejatelja) (Zhukova 1972:137)を形成する。-cʕ に交替することもあるが，その条件についてはまだ明らかになっていない。

第 4 章　生業活動の範疇化　　105

```
cawcəvan
「トナカイ遊牧民
コリャーク」
        ┌── ŋelvəlʕəlʕən~qojaɣənnˈetəlʕən~ʕojacek
        │    「群れとともに移動する人」
        │         ┌── qojaŋtalʕən「昼の放牧当番」
        │         ├── jəjulʕən「夜の放牧当番」
        │         └── milɣəlˈʕetəcʕən「食事当番」
        │    （役割による分類）
        │
        └── japelalʕən「宿営地に残る人」
                  ┌── anotvalʕən「春宿営地に残る人」
                  ├── ŋajŋajətvalʕən「秋宿営地に残る人」
                  └── lˈəqlˈeŋəcʕəlʕən「冬宿営地に残る人」
             （季節による分類）
```

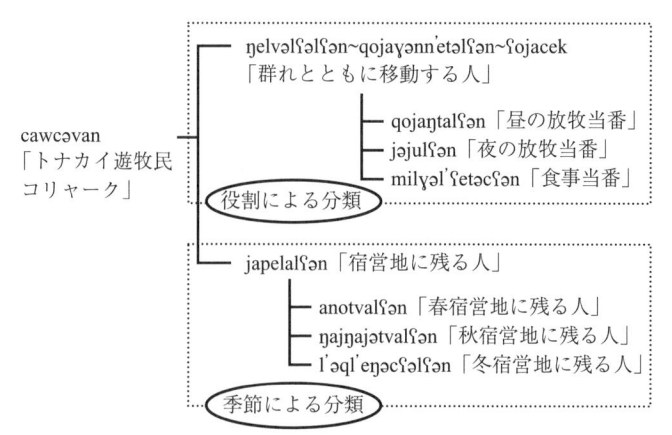

図 1　トナカイ遊牧民コリャークの構成（呉人惠 2007c:91）

写真 12　群れとともに徒歩で移動する夏の牧民

季節ごとの宿営地に残る人をそれぞれ anotvalʕən「春の宿営地に残る人」, ŋajŋajətvalʕən「秋の宿営地に残る人」, l'əql'eŋəcʕəlʕən「冬の宿営地に残る人」という。

このうち，トナカイの群れとともに移動する ŋelvəlʕəlʕən~qojaɣənn'etəlʕən は常に群れとともに生活し，群れの管理・放牧にあたる牧民で，さらに昼の放牧にあたる牧民 qojaŋtalʕən (qoja「トナカイ」, -ŋta「取りに行く」)と，夜の放牧にあたる牧民 jəjulʕən (jəju「夜番をする」)に分かれる。また，この他に食事番の女性 milɣəl'ʕetəcʕən (milɣ「火」)も群れとともに移動する。

ちなみに，第 13 ブリガードでは，2,000〜3,000 頭の群れを有していたソビエト時代には，成人男女合わせて全部で 10 人あまりの牧民が群れとともに移動していた。しかし，2005 年には，群れはわずか 650 頭となり，子供も含め全部で 19 人の第 13 ブリガードの成員のうち，群れとともに移動するのは男性 4 人になっていた。彼らは 2 人ずつ昼と夜の番に分かれ，交替で群れの放牧・管理にあたっていた。

なお，トナカイの群れとともに遊牧するブリガードのことを ŋelvəlʕəjamkən (ŋelvəlʕ「トナカイの群れ」, jamk「遊牧地の人々」)という。また，ブリガード長は ɣijt'apəcʕən (ɣijt'ap「賢い」)あるいは in'el'ecʕən (in'el'e「指揮する」)という。

1.2 遊牧地 (qojalʕatənə)

遊牧は季節的な移動をともなうが，通常，群れとともに移動する遊牧地，あるいはトナカイ遊牧地は包括的に qojalʕatənə (qojalʕat「トナカイを放牧する」, -nə「場所」)と呼ばれる。一方，遊牧中にキャンプを張る場所は jawevənə (jawev「遊牧中キャンプを張る」)と呼ばれる。

第 3 章 1.3 でもあげたが，遊牧地には主に以下のようなものがある。

(82) l'əql'aŋəcʕatənə「冬の遊牧地」(l'əql'aŋ「冬」, -cʕ 分詞, -at 出名動詞形成, -nə「場所」)

an'ocʕənə~an'ocʕatənə「春の遊牧地」(an'o「春」)

al'acʕənə~al'acʕatənə「夏の遊牧地」(al'a「夏」)

ŋajŋajəcʃenə~ŋajŋajəcʃatənə「秋の遊牧地」(ŋajŋaj「秋」)

　これらの名称で注目されるのは，春，夏，秋の遊牧地を表す語には，それぞれの季節名を表す名詞語幹に分詞と「場所」を意味する接尾辞 -nə が付加された語と，分詞の後に接尾辞 -e₂t で動詞化した語幹に -nə が付加された語の2種類が認められるのに対し，冬の遊牧地を表す語としては，そのうち，後者のみしか認められないことである。前者の語構成による l'əql'aŋəcʃenə という語もあるが，これは冬の遊牧地を表すのではなく，群れとは移動しない冬の宿営地を意味する。ちなみに，1.3で後述するように春，夏，秋の宿営地を表すには，別に専用の語がある。なぜ，語彙にこのような体系上の不均衡が見られるのかは今のところ明らかにしえていない。

　なお，遊牧地を表すには，この他，季節を表す語幹と上述のトナカイ遊牧地の包括名 qojalʃatənə を合成させたより説明的な複合名詞も用いられる (l'əql'aŋqojalʃatənə「冬の遊牧地」, an'oqojalʃatənə「春の遊牧地」, al'aqojalʃatənə「夏の遊牧地」, ŋajŋajqojalʃatənə「秋の遊牧地」など)。

　上の(82)であげた4つの遊牧地は，群れの頭数が激減した現在の遊牧地であるが，群れが数千頭にも及んでいたペレストロイカ以前には，牧草が足りなくなると，冬の遊牧地から春の遊牧地に移動する前に，初春の遊牧地 newl'avəcʃenə~newl'avəcʃatənə (newl'av「日が長くなる」)に移動し，牧草の不足を補給したといわれている。秋も同様に，秋の遊牧地から冬の遊牧地に移動する前の10～11月の初雪が降る頃に，ɣət'ɣacʃenə~ɣət'ɣacʃatənə「晩秋の遊牧地」(ɣət'ɣa「初雪の降る季節」)に移動した。以下では，「初春の遊牧地」や「晩秋の遊牧地」を含めた遊牧地の選択方法について概観する。

　まず，冬の遊牧地は，トナカイが牧草を食べやすいように雪も風も少ない森の中などの穏やかな場所を選ぶ。その後，初春の遊牧地には，上述のように冬の遊牧地に十分な牧草がある場合には，必ずしも移動する必要はないが，群れの頭数が多く，牧草が足りない場合には移動する。

　春の遊牧地には，なによりも春一番に芽を吹く牧草 qocap「ワタスゲ」の豊富な場所を選ぶ。ワタスゲは越冬でやせたトナカイにとっては重要な栄養源で，オルガニズムを調整して太らせ，角を大きく成長させるのに役立つと

いわれている。また，蚊の多い林などは避け，川の上流の涼しくて蚊の少ない場所を移牧する。

　夏の遊牧地には，林などは避け，風通しのいい開けた土地[80]を選ぶ。やはり，蚊を避けるためである。また，近くに魚の豊富な川があることも重要である。

　秋の遊牧地には，秋に生育するキノコを求めてトナカイが駆け回っても容易に群れを集めることができるように，山などでさえぎられている場所を選ぶ。

　初雪が降る頃の晩秋の遊牧地には，jaŋjaŋ「トナカイゴケ」などの多い場所を選ぶ。

　この他の遊牧地として，冬あるいは初春の遊牧地から出産をひかえたメストナカイの群れ wenqojaŋellə (wenqoja「メストナカイ」，ŋellə「群れ」)だけを別に分割して放牧する出産のための遊牧地 ɣəjolʃenə (ɣəjo「出産する」，-lʃ-分詞，-nə「場所」)～ɣəjolʃatenə がある。出産のための遊牧地には，雪が少なく穏やかで牧草の十分にある場所が選ばれる。時に，メストナカイによっては群れから離れ，静かな場所を選んで単独で出産するものもいる。

1.3　宿営地 (japelanə)

　以上は，トナカイの群れとその放牧の当番にあたる数人の牧民のみが移動する場所である。一方，群れとともに移動せずに残る人々のための宿営地は japelanə (ja「ユルト」，pela「残る」)，そこに残る人は上述のとおり japelalʃən と呼ばれる。宿営地は季節により次のように分かれる。1.2 で述べたとおり，春，秋の宿営地を表す語と，冬の宿営地を表す語では語構成が異なることに注意されたい。

　(83) anotvanə「春の宿営地」(ano「春」，tva「いる」，-nə「場所」)
　　　 ŋajŋajətvanə「秋の宿営地」
　　　 l'əql'eŋecʃənə「冬の宿営地」

---

[80] このような土地を il'ɣəl'qən (il'ɣ「白い」，-l'q「表面」) と呼ぶ。

宿営地に残る人々は，6月から10月までは春の宿営地[81]（写真13），11月から12月頃までは秋の宿営地（写真14），その後，5月までは冬の宿営地にテントを張り，留守を守る。

たとえば2004年10月まで，第13ブリガードでは，春の宿営地はケガリ川から西に2kmほど，背後に小高い丘を配した風通しのよい開けた平原に設営していた。秋の宿営地は冬に備えてフィッシングをして魚を保存するために，ケガリ川の岸辺に設営する。冬の宿営地は，川から内陸に入った山の谷あいの風のない暖かい場所に設営する。

宿営地では，男性ならば，夏はトナカイ橇の修理（tepektəŋək[82]，修理をする人は tepektəŋəlʃən），秋からは漁労，狩猟，春が近づくと橇用の材料になる木の採集（uptək，材料の採集をする人は uptəlʃən）などをして過ごす。また女性ならば，1年を通して煮炊き，裁縫，皮なめし，漁労の季節には男性とともに漁労に従事し，捕った魚の解体，乾燥などをおこなう。

この宿営地は土地を荒らさないための配慮から，毎年，少しずつ場所を換える。宿営地のユルトが建っていた跡は jalqaŋən（jalq「ユルトの枠木」，aŋə ?)~melɣəpjolɣən（melɣ「火」，-pjolɣ「～が置かれている場所」）と呼ばれる。これは，次の宿営地に移動する際に，焚き火のあった場所に清潔なコケなどを被せ，まわりを石で囲って残しておく場所である（写真15）。翌年は地面を荒らさないために，これと同じ場所にユルトを建ててはいけないとされている（写真16）。

群れとともに遊牧する当番の牧民たちは，食糧の補給などのために宿営地と遊牧地を往復するが，特に冬はトナカイの群れが分散しないので，通常，トナカイ橇で1日以内の距離を頻繁に往復する。

---

[81] anotvanə は，実際には春から夏にかけての季節であるが，6月から10月までは同じ場所に宿営するために，「春の宿営地」と呼んでいる。

[82] tepektəŋək は，接周辞 te-...-ŋ「作る」と「橇の滑走板」を意味する名詞語幹 pekt（絶対格単数形は paktəlŋən）からなる。橇の修理をすることを「橇の滑走板を作る」というのは，滑走板の部分が橇のいわば最も根幹部であることによるのであろう。

写真 13　第 13 ブリガードの春の宿営地

写真 14　第 13 ブリガードの秋の宿営地

写真 15 宿営地から移動する前に草を被せた jalqaŋən

写真 16 前年の jalqaŋən(手前)と今年設置したユルト(上)

1.4 遊牧地を決める占い(pajɣiŋən)

　四季折々の遊牧地は，草の生育状態や天候の状態から牧民の経験的知識によって選択される。そのため，毎年同じ遊牧地をたどるわけではないことはすでに述べたとおりである。さらに遊牧地の選択などには，伝統的な肩甲骨占いや草占い，あるいはトナカイの腱を撚って作った糸による占いが重要な役割を果たす。

　第13ブリガードでは，肩甲骨占いはすでに年金生活者となったS. E. ヘッチャイ(Xechaj)さんが，草占いは現在のブリガード長であるJ. A. ヤヴィエク(Jav'ek)さんがそれぞれおこなっている。一方，糸による占いは現在このブリガードではできる人はいないが，かつてはS. E. ヘッチャイさんのお母さんがおこなっていたといわれている。

　ちなみに，S. E. ヘッチャイさんによれば，肩甲骨占いや草占いはもっぱら男性が，糸占いは女性がという男女による役割分担があるそうである。糸はもっぱら裁縫をする女性が撚り，使うものであることとも，この役割分担は関係があるに違いない。

　ところで，「肩甲骨占い」はコリャーク語でpajɣiŋən，「肩甲骨占いをする」はpajəkという。これらの語が，語形から見て，肩甲骨pajl'əŋen[83]と派生関係にあることは容易にうかがえる。さらに興味深いのは，草占いはvəʕajpajɣiŋən「草の肩甲骨占い」，糸占いはjəccətpajɣiŋən「糸の肩甲骨占い」と，いずれもpajɣiŋən「肩甲骨占い」に占いに用いられる道具名，すなわちvəʕaj「草」とjəccət「糸」が修飾語として付加された複合語であることである。また，占いに用いられる草はvəʕajpajo「草の肩甲骨(複)」と呼ばれる。

　このような語構成から，肩甲骨を使った占いが本来のもので，そこに草や糸による占いが補助的あるいは派生的に加わったことが推測される。ちなみに，S. E. ヘッチャイさんによれば，肩甲骨占いからは他の占いよりも詳しい情報が得られるとのことである。

---

[83] pajl'əŋən の -l'əŋ の部分は，「対になっているものの片方」の意味を表す接尾辞である(たとえば，ləlalŋen「目」, wamelkalŋen「唇」など)。

現在，第13ブリガードでおこなわれているこの肩甲骨と草による2種類の占いは，実はかつては1人のトナカイ遊牧民が両方ともおこなっていた。この人はS. E. ヘッチャイさんのいとこにあたる人で，生前，肩甲骨占いを年長のS. E. ヘッチャイさんに，草占いを年下のJ. A. ヤヴィエクさんに伝授したのだという。このように年齢の高い方に肩甲骨占いを，低い方に草占いを伝授するというやり方にも，これらの占いの優先順位が反映しているといえるかもしれない。

まず，肩甲骨占いは，S. E. ヘッチャイさんによれば，旅に出る時，あるいはトナカイをどのような遊牧地にしたがって放牧するかを決める時など，主に移動にかかわる是非を知る際におこなわれるという。占いは必ず早朝におこなわれる。まず2枚の肩甲骨を用意する。先端を燃やした木の枝を肩甲骨に近づけ息を吹きつけると(写真17)，自然にひびができる。そのひびのでき具合によって選択したルートの是非が占われるのである。ひびにはよいもの(nəmelqin pajl'əŋən「よい肩甲骨」)と悪いもの(ʕatkeŋ[84] pajl'əŋən「悪い肩甲骨」)がある。2枚の肩甲骨のいずれにも，あるいは片方だけにでもよいひびが入った場合には，選択した遊牧ルートが正しいことが約束される。いずれにも悪いひびが入った場合には，速やかに両方とも捨てて，時期を待って再び占いをおこなう。占いが終わった肩甲骨はすぐに割って処分しなければならない。

草占いもまた，遊牧地，あるいは旅行など移動に関しておこなわれる。通常，草の手に入れやすい夏の早朝に1人でおこなうことが望ましいといわれている。占いには6本の草が用いられる。これを結び合わせて広げた時の草の絡まり具合などを読み解くことによって，移動の是非を占う。ちなみに，広げた時に1本1本の草が絡まらずにきれいに円を描いていると，選定した

---

[84] 「よい」と「悪い」は対義語でありながら，前者が動詞屈折接辞に由来する性質形容詞形成接辞 n-...-qin により形成されるのに対し，後者は派生関係の不明な語であるというように，語形成が均衡ではない点，興味深い。なお，色彩を表す語にもこのような不均衡が見られる(たとえば，「白い」は nilɣəqin であるのに対し，「黒い」は luqin であるなど)。このうち，動物の毛色については，本章1.5.2を参照されたい。

写真17　木の燃え差しで肩甲骨にひびを入れる

写真18　草占いでできた最も理想的な結び目

遊牧地あるいは移動方向が理想的であることを示しているといわれている（写真18参照）。

一方，糸占いはトナカイを探す時におこなわれるといわれている。まず，糸を水で湿らせて柔らかくし，棒に巻きつけてトナカイを探す方向に引っ張る。その際，糸が絡まったままならばその方向にトナカイがいる。絡まらずにほどけてしまう場合には，トナカイはその方向では見つからないと考えられている。

1.5 トナカイの分類システム

以下では，トナカイ遊牧民コリヤークがトナカイをどのように認識し分類しているかを，1)年齢・性別による識別名称，2)毛色・毛並みによる識別名称，3)耳印による識別名称，4)橇牽引用トナカイの個体識別名称という4つの側面から探っていく。これらの名称の分析を通じて，トナカイ遊牧民コリヤークとトナカイとの関係性の一端を明らかにすることができると考えられる。

1.5.1 年齢・性別による識別名称

トナカイの名称は，次の表14に見るように年齢・性別によって分節されている。

表14にあげられた語を分析することにより，トナカイ名称の背景にある分類・範疇化の原理，具体的には主に生殖活動をめぐるトナカイの生態と，これに対する人のかかわりのありようを読み取ることができる。表の各語を見ていくと，相互に共通要素が認められるものがいくつかある。これらは，分類原理を知る手がかりになると考えられる。とはいえ，中には共通要素が認められるものの，現在のところ語源が明らかでないためにそれ以上の分析が不可能なものもある。たとえば，その一例が3歳のメスを表す kəjəmqoj の kəjəm，3歳のオスを表す tujəkjəməntə あるいは kijməntə の kjəm~kijm である。これらは形が似ており，なんらかの派生関係のあることが予想されるが，その語源は今のところ明らかではない。したがって，以下では分析可能

表14　家畜トナカイの年齢別・性別名称(呉人惠 2004:36)

歳	月	オス	メス
1	4	kilqajuju	
		cojetoqajuju	
	6	al'qəl'atqajuju	
		qajuju	
		qəlikqajuju~qəlikin	əcweq
2	4	tujpenwel	coccəwaŋqatqoj
	6	penwel	
		ʕajŋepenwel(種)	waŋqatqoj
		jəcəmŋawpanwal(去勢)	
3	4	tujəkjəməntə	
	6	kijməntə	kəjəmqoj
		kijməntəwinəkjəŋ(種)	
		jəcəmŋawkijməntə~kijməntəcəmŋa(去勢)	
4	4	coccəcməntə	
		coccəcməntəwinəkjəŋ	
		coccəcməntəcəmŋa	wenqoj
5	4	(ləɣi-) winəkjəŋ	
		(ləɣe-) cəmŋa	
7〜		winəkjəŋ(種) / cəmŋa(去勢) ・ (ənpə) winəkjəŋ~cəmŋawinəkjəŋ (ənpə) cəmŋa~cəmŋacɣən	wenqoj ・ (ənpə) wenqoj~(ənpə) wenqojacɣən
10〜		(pel'qə) winəkjəŋ~cəmŋawinəkjəŋ (pal'qə) cəmŋa~(pal'qə) cəmŋacɣən	(pal'qə) wenqoj~(pal'qə) wenqojacɣən

　なものについてのみ取り上げ，分類原理の大枠を探っていくことにする。なお，以下，家畜の年齢は数え年で数えるものとする。

　トナカイの年齢は春の出産期から翌年の春の出産期直前までの1年が単位になっていることが，春の出産期を機に名称が変わることから読み取れることにまず注目されたい。ちなみに，トナカイの寿命はオス・メスを問わず16〜19歳くらいといわれている。

(1) オス・メスの区別をしない1歳トナカイ

まず1歳のトナカイを指す名称としては，オス・メスの区別のない包括名 qajuju がある[85]。オス・メスを包括するこのような名称があるのは1歳の時だけである。このことは，オス・メスの区別が重要になってくるのが，ともに生殖活動が本格的に可能になる3歳以降であるということと無関係ではないであろう。qajuju の qaj- は，指小性を表す接頭辞かと思われるが（たとえば，qaj-wajam「小川」，qaj-mil'ut「仔ウサギ」など），続く uju の語源が明らかでないため，ここでは断言を避ける。

qajuju はさらに，kilqajuju「生まれたてのトナカイ」(kil「へその緒」)，cojetoqajuju「新生トナカイ」(coj「新しい」，eto「生まれる」)，al'qəl'atqajuju「6月の毛が抜け始める頃の1歳トナカイ」(al'qəl'at「少し成長する」)などに分類される。al'qəl'atqajuju 以降は単に qajuju と呼ばれる。5月に出産した仔トナカイの授乳期間は9月に終わり，それ以降は草を食むようになるが，これを境にした名称の区別はない[86]。

特にオス・メスに言及することが必要な場合には，オスは qəlik[87]〜qəlikqajuju，メスは əcweq と区別される[88]。オスの1歳トナカイの場合には qajuju を複合した qəlikqajuju が可能であるが，メスの場合には əcweq のみである[89]。なんらかの認識上の差異を反映したものかもしれない。

この他，トナカイの生態により，jiŋləqajuju「母トナカイに捨てられた1歳トナカイ」(jiŋl「捨てる」)，ŋujl'əʕəqajuju「弱い1歳トナカイ」(ŋuj「弱い」，

---

[85] オス・メスの名称上の区別がなされる時期には違いがあるものの，ヤクート語，エヴェン語いずれでも仔トナカイにはオス・メスの区別をしないことはコリャーク語と同様である（高倉 2000:167-169）。
[86] 一方，2歳を表すエヴェン語の yavkan は，yavta「牧草を食ませる」からの派生語である（高倉 2000:168）。
[87] この他，qəlikin ともいう。qəlik に属格を表す -in が付加されたものか？
[88] エヴェン語では，6ヶ月までのオス・メスに nyari eenken「オス仔トナカイ」と nyami eenken「メス仔トナカイ」の区別があるが，これらは eenken「仔トナカイ」にオスを意味する nyari，メスを意味する nyami が修飾語として付加されたものである（高倉 2000:168）。コリャーク語のように異根の語があてられているのとは分類原理が異なる。
[89] ちなみに，1歳の仔トナカイのオスとメスは，前者の方が体や顔が大きいなど外見上，区別がつくといわれている。

-l'əŋ 分詞), jin'ɣəqajuju「野性的な，飼いならされていない 1 歳トナカイ」(jin'ɣ「野性的な」), əl'waqajuju「野生トナカイから生まれた 1 歳トナカイ」(əl'wa「野生トナカイ」), winqajuju「大人しい 1 歳トナカイ」(win「大人しい」)などの複合語が収集されている。

(2) オスの分類
5 歳が基本となるオスの分類

2 歳以降は，オスとメスの分類は不均衡になっていく。その理由は後述するとして，まずはオスから見ていくことにしよう。オスの名称の分類の基準になっているのは，5 歳時である。通常，5 歳のオスは，種は winəkjəŋ，去勢は cəmŋa であると説明される。しかし厳密にいえば，これは正確ではない。この 2 つの名称は基本的には年齢の如何にかかわりなく，種ならば winəkjəŋ，去勢ならば cəmŋa であると理解するべきである[90]。なぜならば，5 歳時には種，去勢いずれも任意に「本当の」を表す接頭辞 ləɣi- / ləɣe- が付加されるからである(ləɣi-winəkjəŋ「本当の種トナカイ」, ləɣe-cəmŋa「本当の去勢トナカイ」)。すなわち，この接頭辞により，成畜として一人前の種と去勢になるのが 5 歳時であるということが了解されるのである。これに対して，3 歳時と 4 歳時はそれぞれ「3 歳のオス」「4 歳のオス」を表す包括名 kijməntə, coccəməntə を修飾語としてとり，種ならば kijməntəwinəkjəŋ「3 歳の種オス」, coccəməntəwinəkjəŋ「4 歳の種オス」，去勢ならば kijməntəcəmŋa「3 歳の去勢オス」, coccəməntəcəmŋa「4 歳の去勢オス」のように複合語で表される。3, 4 歳は，成畜としての種や去勢になる，いわば予備軍であると考えられているのである。一方，5 歳を過ぎると，ənpə「年老いた」，さらにはもっと年取ったことが表される pel'qə / pal'qə「老いぼれた」という語を修飾成分として付加して，本当の種，去勢トナカイとしては盛りが過ぎたことが表される。

また，7 歳以上になると，種オスは cəmŋa と winəkjəŋ を合成して cəmŋawinəkjəŋ

---
[90] ヤクート語では，6 ～ 7 歳以上のオス一般を意味する buur, buucheerii が去勢オス一般をも表す背景には，オスが成長すると去勢になるという類別原理が働いているという(高倉 2000:171-172)。一方，コリャーク語では種オスと去勢オスはこのように語彙的にも峻別されており，ヤクート語とは別の類別原理が働いているようである。

「去勢の種オス」と呼ばれるようになる。すなわち，種オスとしての生殖機能は衰えたが，発情期には他の種オスのじゃまをするために，去勢をおこない大人しくさせるのである。しかし，cəmŋawinəkjəŋ は調教されていない去勢 (qojacɣal'cəmŋa) であるために，橇牽引用に利用されることはなく，通常は処理に供される。肉は脂肪がのっているといわれている。

一方，7歳以上の調教の済んでいる去勢オスは cəmŋacɣən と呼ばれる。cəmŋa に後接する接尾辞 -cɣ は，卑下の情を表す[91]。ここには年老いた去勢に対する卑下と憐れみの入り混じった感情がうかがわれる。しかし，cəmŋacɣən は完全に役立たずになってしまったわけではない。調教の際には，cəmŋacɣən を2頭立てのトナカイ橇の右側につかせ，左側につけた未調教の若いオスの伴走をさせるのである（調教についての詳細は，本章1.6.8 を参照されたい）。

ところで，生殖活動は事実上，すでに2歳の penwel の時に可能になり，去勢もおこなわれる。したがって，penwel の場合にも3歳，4歳オス同様に，理屈の上では *penwelwinəkjəŋ, *penwelcəmŋa といえそうだが，実際にはこのような表現は適切ではない。2歳時には代わりに，種には ʕajŋepenwel (ʕajŋe「発情する」)，去勢には jəcəmŋawpenwel (jəcəmŋaw「去勢する」) という別の表現を用いる。2歳のオスを包括的に表す penwel に「発情する」「去勢する」という説明的な修飾語を付加することによって表されていることから，2歳時にはすでに生殖機能が発動しているとはいえ，まだ一人前の winəkjəŋ とも cəmŋa とも認められていないことがうかがわれる。ちなみに，筆者は2003年8月2日，第13ブリガードの夏の宿営地でおこなわれた去勢作業に立ち会う機会を得たが，この時去勢が施された5頭の内訳は，3歳が2頭，5歳が3頭で，2歳は去勢されなかった。2歳時にも去勢をおこなうことは可能であるが，これにより成長が阻害されるため望ましくないという説明であった。

---

[91] 指小辞 -pil' (l'aq) / -pel' (l'aq)，指大辞 -nequ / -naqo とともにこの接尾辞が示す興味深い統辞的ふるまいについては Kurebito, M. (2000:139–157) を参照されたい。

5歳オスから数える数え方

ところで，上記の名称とは別に，オストナカイには種オス，去勢オスいずれに対しても 5 歳以上の年齢を数える数え方がある。まず 5 歳時は ŋəjeq「2」から派生した ŋəjeqevəlʕən「2 年目であるもの」(ŋəjeq「2」，-ev 動詞派生，-lʕ 分詞) で表される。意味するところは，4 歳の種オス coccəcməntəwinəkjəŋ，4 歳の去勢オス coccəcməntəcəmŋa になってから 2 年目，すなわち，ləɣiwinəkjəŋ「本当の種オス」，ləɣecəmŋa「本当の去勢オス」ということである。このように「本当の種オス」「本当の去勢オス」から数え始めて，6 歳以降も 12 歳まではこれに準じて 1 つずつ数が増えていく[92]。

(84) ŋəjeqevəlʕən 「2 年目のもの」(5 歳)
 ŋəjoqavəlʕən 「3 年目のもの」(6 歳)
 ŋəjaqavəlʕən 「4 年目のもの」(7 歳)
 məlləŋenqavəlʕən 「5 年目のもの」(8 歳)
 ənnanməlləŋenqavəlʕən 「6 年目のもの」(9 歳)
 ŋəjaqməlləŋenqavəlʕən 「7 年目のもの」(10 歳)
 ŋəjoqməlləŋenqavəlʕən 「8 年目のもの」(11 歳)

このような数え方がある背景には，オスは 5 歳の ləɣiwinəkjəŋ「本当の種オス」，ləɣecəmŋa「本当の去勢オス」になってからの方がそれ以前より，人とのかかわりが濃密になっていくことがあると考えられる。種オスは上述のとおり，生殖機能が盛んな時には群れの中に自由に放されているが，いったん生殖機能が衰えるとその時期を見計らい去勢され，食用に処理されなければならない。そのために，細かな年齢の把握が必要になってくるのであろう[93]。去勢オスと人とのかかわりはさらに濃密である。去勢オスには橇牽引用に調教が施されなければならず，その後は，橇牽引用トナカイとしてしばしば群れから捕獲されて人の近くに置かれる。そのために，やはり年齢の

---

[92] このような数え方は，基本的には高倉(2000:168)の例とも類似している。
[93] エヴェン語でも同様に，8 歳オスを gyravri「2 年」，9 歳オスを ilavri「3 年」というように，成獣になってから何年目かという基準による命名があることは興味深い(高倉 2000:168-169)。

把握とそれによる区別が必要になってくると考えられる（調教したトナカイにつけられる個体名については本章 1.5.4 で詳述する）。

一方，メスはこのように詳しく年齢を確定することはない。メスが橇牽引用に利用されることは去勢オスに比べればはるかに少なく，人とのかかわりがそれほど濃くはないこととも無関係ではないであろう。後述するように，メスは 4 歳からは wenqoj と名づけられ，この名称は死ぬまで変わることがない。

(3) メスの分類

メスはオスに比べると名称の分節が粗く，両者の範疇化のありようは対称的ではない。2 歳時のみ，春は coccəwaŋqatqoj (cocc ← **tuj**「新しい」)，その後，交尾を経て翌年春に出産を終えてから夏までは waŋqatqoj というように，季節による区別がなされるが，それ以降はそのような区別はしない。3 歳は kəjəmqoj，4 歳以降は wenqoj で名称が変わらない。ただ，年齢が高くなるにしたがい，オス同様に ənpə, pal'qə という修飾語を付加した ənpəwenqoj, pal'əqəwenqoj と呼ばれるようになる。このようなオスに比べると粗い分節は，メスは 2 歳から生殖活動が可能になり，死ぬまで同じように毎年出産を繰り返し，メスに対する最大の関心事である生殖活動に関してはあまり大きな変化のないこととなんらかの関連性があるように思われる[94]。ちなみに wenqoj の wen は，「落ち着いた」の意味を表す形容詞 nəwinəqin の語幹 win に由来すると考えられる。

メスの場合には，年齢による名称とは別に，生殖活動をめぐる生態あるいは状態による名称の区別が細かくなされているのが興味深い。たとえば，1 歳時に交尾し，翌年には出産するメスを əcwaqəlla (əcwaq「1 歳メス」, əlla「母」)，wenqoj のうち，仔トナカイのいるメスは weŋqen'u，交尾したかあるいはして出産したにもかかわらず，なんらかの理由で仔トナカイをなくしたメスを waŋqac[95] という。また，wenqoj が主要部にくる複合語として，通常

---

[94] 高倉 (2000:172) でも同様の指摘がある。
[95] waŋqac は，waŋqatqoj と語源的になんらかの関係があると考えられる。いずれも仔トナカイがいないという点で共通している。

メストナカイは1回の交尾で妊娠するが、交尾しても妊娠しないメス ʕətqakowenqoj[96]、交尾をまったくしないメス emʕəlwenqoj(emʕəl「きれいにせずに残ったトナカイの角の皮」)、発情期に種オスのようにメスを追いかけて、種オスの交尾を妨害し自分も交尾しないメス ʕəlqəwenqoj(ʕəlq「男根」)などの区別もされる。これらの異常な生態を示すメスは耐久性においてオスよりも優れているために、橇牽引用、特にトナカイ橇競走用に調教するといわれている。

このうち、交尾をまったくしないメスは、必ず双子 pətqəjəcʕət(-t 双)の一方であるといわれる。このメスは秋に他のトナカイと異なり角をきれいにしないため、群れの中で容易に識別されるといわれる。

ちなみに、どの年齢のメスの名称にも見られる後部要素 qoj は「トナカイ」の包括名である qoja と派生関係があることは明らかである。2歳以上どの年齢のオスにも qoja とは派生関係のない別個の名称が与えられているのに対し、メスはこのように「トナカイ」の下位分類として捉えられていることは興味深い。一方、これとは逆に、1歳トナカイでは、オスには包括名である qajuju がつくのに対し、メスにはつかないことについてはすでに上述したとおりである。このようないわば交差的な範疇化のありようは、1歳とそれ以降のトナカイに対する認識の違いを反映している可能性があり、さらに詳しく考察する必要がある。

1.5.2 毛色・毛並みによる識別名称

トナカイの毛色には、大きく体全体の毛色を表すものと、身体の一部分が白いことを表すものとに分類される[97]。

まず体全体の毛色を表すものには、ceqen「灰色」、elɣəcɣəlʕen「灰白色」、jəccəcɣəlʕen「赤毛」、əpl'el'a「黄色」、luqin「黒」、elɣaj[98]「白」、jaqəl'ɣən「暗

---

[96] ʕətqako の意味は不明。
[97] エヴェン語、ヤクート語でも同様の分類原理が働いていることが指摘されている(高倉 2000:173-176)。
[98] 脚注30で見たように、elɣaj は elɣ「白い」と aj ← qoja「トナカイ」の複合語である。

みがかった白色」などがあげられる。さらにこれらの色名に「白」を表す **ilɣ** を組み合わせて，色調が明るみがかっていることを（たとえば，el'ɣəceqen「明るい灰色の」，ilɣəpl'el'a「明るい黄色の」など），また「黒」を表す **luqin** を組み合わせて，色調が暗みがかっていることを（たとえば，l'oqel'ɣaj「暗みがかった白」[99]，uceqen「暗みがかった灰色」[u は luqin の縮約形]）表す。

一方，体の一部分が白いことに着目した毛色は，身体部位名称の語幹に「書く，描く」を意味する動詞語幹 **kali** を付加した複合語として表される。たとえば，waməl'kakali「唇が白」，vawkali「蹄が白」，awjakali「頭頂部が白」，ʕinvəl'kal'e「鼻先が白」，jawkali「足が白」[100]などである。この他，同様に体の一部が白いことを表すが語構成が異なるものとして，ilɣəlʕo「鼻面が白」（ilɣ「白い」，lʕo「顔」），ʕiŋətqeŋu「額から鼻面にかけてが白」（ʕiŋət「鼻」，qeŋu ??）などがある。

さらに斑の毛色は kalilʕən（kali「描く」，-lʕ 分詞）という。

毛並みには kəml'ecɣəlʕən「巻き毛の」，vell'acɣəlʕən「毛の逆立った」，təml'ecɣəlʕən「毛の濃い」，man'aŋəɣəlʕən「毛のまばらな」，qəcɣəlʕən「毛の太い」，ʕaqacɣəlʕən「毛並みの悪い」などがある。

通常は，次のようにこれらの語彙と所有者を表す語を組み合わせてトナカイを同定する。

(85) ʕiwkavav-ə-n
イカヴァヴ（男性名）- 挿入 - 所有
q-akmel-la-ɣətke　　　　　　　　　luqine-t
2 単主・希求 - 捕まえる - 複 - 3 双目　　黒い - 絶双
「イカヴァヴの黒い 2 頭（のトナカイ）を捕まえなさい」

---

[99] = jaqəl'ɣən「暗みがかった白色」であると説明された。
[100] ただし，jaw は語源が不明。

1.5.3 耳印による識別名称

耳印（veloptəyiŋən）は，トナカイが他の放牧群に紛れ込んだ際に，その所有者が容易に同定できるようにつけられるものであると説明される。実際に，たとえば秋にトナカイがキノコを求めてツンドラを歩き回るうち，他の放牧群に紛れ込んでしまうことはよくあることだといわれている。ちなみに上の例(85)のように，群れの中から目当てのトナカイを捕獲してもらう際に，「イカヴァヴの」というように所有者を明示するのは，所有者によってトナカイの耳印が異なるためである。ただし，それに付されるきわめて念入りな名称は，耳印がトナカイの単なる所有関係明示以上に重要な認識上の意味をもっていることをうかがわせる。

仔トナカイは母トナカイがどれかを同定するために，生まれるとすぐに群れから捕まえられ耳印が刻まれる。ただし，メストナカイの中には，人が耳

写真 19　右耳下に簡易な耳印が刻まれた公トナカイ

印をつけるために仔トナカイの鼻や尻に触ろうものならば,すぐにその匂い
をかぎ分けて仔トナカイを捨ててしまうものもいるため,耳印をつける時に
は耳や頭は触ってもいいが鼻や尻には触らないようにする。また,中には容
易に捕まえられない仔トナカイもおり,その場合には約1年以内に捕まえて
耳印をつけるようにする。道具としては鋭いナイフを使い,両耳をさまざま
な形に切り取る。出血がある時には,歯で傷口のまわりを噛んでやると出血
が止まるという。

ところで,耳印は個人所有の私トナカイにもソフホーズ所有の公トナカイ
にもつけられる。ただし,すべての私トナカイには耳印がつけられるが,公
トナカイの場合にはすべてにつけられるわけではなく,橇牽引用のトナカイ
にのみ,その管理者別に異なる耳印がつけられる。このことは,公トナカイ
には私トナカイとは別の原理で耳印がつけられることを暗示する。すなわち,
誰が所有するかよりも,誰がそれを管理し利用するかが名づけの基準になる
ということである。とはいえ,概して公トナカイの耳印は私トナカイのそれ
に比べると簡易な切り込みであるように思われる。

偶然,所有しているトナカイの切り込み印が一致した人同士は qojatomɣən
「トナカイの友」[101]（qoja「トナカイ」, tomɣ「友」）と呼び合い,そのうちの
年長者がトナカイを年少者の qojatomɣən に贈る習慣が認められる。

それぞれの耳印には,その特徴により細かい名称の区別がある。私トナカ
イの多くはまず,耳の右側（məja「右」）に切り込みが入れられるか,左側
（ɣacŋ~ewwew「左」）に入れられるか,あるいは両耳同形（ɣalŋəl「さまざまな
方向」）かによって区別される。ここで興味深いのは,右側を表す語幹には
məja という語幹1つしかないのに対し,左側を表す語幹には ɣacŋ と ewwew
の2種類があることである。このうち ewwew はトナカイ専用の語であり,
他のものには使われない。通常は,məja「右」と ɣacŋ「左」が対の語にな
るが（たとえば,məjamənɣəlŋən「右手」-ɣacŋəmənɣəlŋən「左手」）,トナカ

---

[101] 一方,エヴェンスク村在住の I. G. ケチゲルフット（Kechgelxut）さんによれば,所有す
るトナカイを分割しあったもの同士を qojatomɣən と呼び合うということであった。

イの場合にかぎって, məja「右」と ewwew「左」が対の語になるのである(た とえば, məjaɣətkalŋən「左足」-awwawɣətkalŋən「右足」)。なぜ左だけにト ナカイ専用の語があるのかはわからないが, 左側はトナカイにとって重要な 側らしい。ちなみに, 2頭立てのトナカイ橇の左側をやはり ewwew と呼ぶが, トナカイ橇競走や長距離を旅する時には左側に速いトナカイを置くといわれ ている。一方, 右側につけるトナカイは ɣakaŋqoj (ɣakaŋ「橇を引かせる」, qoj「トナカイ」)と説明的に呼ばれ, ewwew のような専用の一次語はない。

次に, 語幹 məja, ɣacŋ~ewwew, ɣalŋəl には, 切り取られた形状により cvi 「先端切り落とし」, vicuɣiŋu「下向き切り込み」, vicutku「上向き切り込み」, jəkəlvat「上下切り込み」, jəqaŋŋətat「片耳片側2切り込み」などの語が付加 される。ただしその理由は不明であるが,「左」を表す ɣacŋ は cvi の耳印に のみ用いられ, その他の左側の耳印には ewwew が用いられることにも注目 したい(たとえば, ɣacŋəcve「左先端切り落とし」, ewwewvicuɣiŋu「左下向 き切り込み」, awwawjəkəlvat「左上下切り込み」など)。

このうち, vicuɣiŋu「下向き切り込み」は通常, 耳の真ん中に入れられるが, 特に根元近くに入れられるものと先端近くに入れられるものには, さらに iwtel'「下方の」~kakvel'「根元」, ɣəcɣol'「上方の」という修飾要素が前に 付加され, iwtel'vicuɣiŋu~kakvel'vicuɣiŋu「根元の下向き切り込み」, ɣəcɣol'vicuɣiŋu「上方の下向き切り込み」のように区別される。この他, 両 側の先端がまっすぐ切り落とされている耳印は, 特別に vil'upju と名づけら れる。上述のいくつかの耳印の中でも, cvi「先端切り落とし」が最も基本 的であることは, 耳印全体の名称が常に cvi から始まり, この印がある側か ら反対側へという順番につけられることからもうかがわれる(たとえば, məjacve ewwewvicutku「右先端切り落とし・左上向き切り込み」など)。また, それぞれの耳印の名称を列挙するだけではなく, 修飾―被修飾の名詞句とし て表すことも可能であるが(たとえば, jəkalvatəlʕən ɣacŋəcve「上下に切り込 みのある左先端切り落とし」), この場合にも cvi は主要部である被修飾部に くる。

第13ブリガードの私トナカイと公トナカイの耳印とその名称は図2のと

第13ブリガード私トナカイ①　　第13ブリガード私トナカイ②　　第13ブリガード私トナカイ③

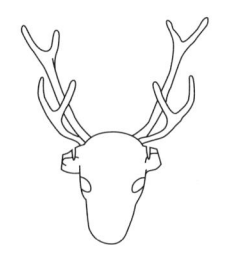

所有者：V. E. Ityk'eva　　　　所有者：S. E. Xechaj　　　　　所有者：I. V. Ajvalan
名称：məjavecoɣeŋo　　　　　名称：vil'upju ɣal'ŋəl'vecotko　 名称：awwawjəkəlvat ewtal'məjavecoɣiŋo

第13ブリガード公トナカイ①　　第13ブリガード公トナカイ②　　第13ブリガード公トナカイ③

管理者：J. A. Jav'ek　　　　　　管理者：S. E. Xechaj　　　　　管理者：V. I. Tynav'i
名称：ɣacŋəcve　　　　　　　　名称：məjavecoɣeŋo　　　　　　名称：məjavectko ewwewvicuɣiŋu

図2　第13ブリガードの私トナカイと公トナカイの耳印とその名称（呉人惠 2006a:49-50）

おりである。

　以上のようにそれぞれの耳印には念入りな名称が付されているため，たとえば，左右異なる切り込み印が耳の上下にある場合などは，きわめて長い名称が付されることになる。たとえば，かつての第6ブリガードで働いていたE. N. イカヴァヴ（Ikavav）さん所有のトナカイの耳印は祖父から受け継いだものだが，右耳の下側に2つ，上側に1つの半月の切り込み，左耳には下側に1つの半月の切り込みがあるのに加え，先端が切り取られている。したがって，この耳印は ɣacŋəcve ewwivicuɣiŋu məjankəlvat məjajəŋŋətat と呼ばれる。すなわち意味は，「左先端切り落とし，左下向き切り込み，右上下八の字切り込み，右下向き2切り込み」となる（図3参照）。

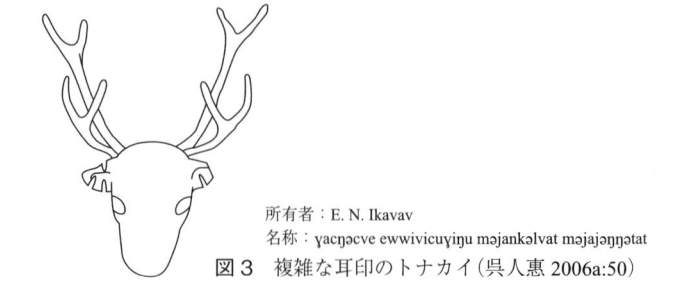

所有者：E. N. Ikavav
名称：ɣacŋɔcve ewwivicuɣiŋu mɔjankɔlvat mɔjajɔŋŋɔtat
図3　複雑な耳印のトナカイ（呉人惠 2006a:50）

　とりわけ，複雑な切り込みの入った私トナカイの耳印に付される念入りな名称は，それが単なる識別以上の意味をもっていることをうかがわせる。公トナカイは別として，私トナカイの耳印は通常，先祖代々伝えられる。たとえばその一例として，E. N. イカヴァヴさんのご主人 V. I. イカヴァヴさんの耳印はかつて母方のものを受け継いでいたが，父親が亡くなると，長男として父親のトナカイを受け継ぐと同時に，その耳印も受け継いだ。すなわち，一時は2つの耳印をもっていたことになる。母トナカイから仔トナカイへといわば母系的に受け継がれていく耳印は，トナカイの系譜が継承されることを意味するだけではなく，その耳印を受け継いできた所有者の家系が継承されることを意味する。このような人とトナカイの表裏一体の関係が，細やかに名づけられた耳印の名称に反映されているともいえるであろう。

1.5.4　橇牽引用トナカイの個体識別名称

　特定のトナカイ，すなわち橇牽引用に利用されるトナカイに対しては個別名がつけられる。橇牽引用に利用されるのは，主に去勢オス（時に去勢予備軍の種オス）であるが，調教あるいは命名の時点で去勢されているかどうかはとりあえず問題ではない。重要なのは，群れの中から調教の対象として選択され捕獲されることにより，個体識別が必要となるということである。言い換えれば，群れの中に残る他のトナカイに比べ，人との関係がより濃密になることにより，個体名が必要となってくるのだと考えられる。
　以下，第13ブリガードのS. E. ヘッチャイ（Xechaj）さんが管理する橇牽引

用トナカイについてみる。

　表 15 で見るようにヘッチャイさんが管理するトナカイ 30 頭について筆者は聞き取り調査をする機会を得たが，これら 30 頭のうち，ヘッチャイさん私有の 3 歳種オス 1 頭と奥さんの V. E. イティキエーヴァ（Itik'eva）さん所有の 9 歳の去勢オス 1 頭，さらにどこから群れに紛れ込んだか不明な 2 歳種オス 1 頭[102]を除く 27 頭はすべて公トナカイ（すべてオス）であるが，公私にかかわらず橇牽引用トナカイにはすべて個体名がつけられる。上述のとおり，公トナカイには耳印がつけられることはないが，橇牽引用のトナカイだけは管理者別に異なる耳印がつけられている。

　表 15 では左から個体名の意味特徴による分類，便宜的に個体に付した番号，個体名，その意味，由来，年齢・性別名称が記載されている。なお，私トナカイは番号を○で囲み，出自の不明なトナカイは番号に？を付す。また，ロシア語の個体名は斜体で表す。

　上にあげたヘッチャイさんが管理する橇牽引用トナカイ全 30 頭の個体名リストのうち，ロシア語による個体名をもつものは 16，17，18，19 の 4 頭（ただし，16 の Qaj*suslik* は，ロシア語の語幹 suslik「ハタリス」にコリャーク語の指小性を表す接頭辞 qaj- が付加されたもの）のみで，残りの 26 頭はすべてコリャーク語の個体名をもっている[103]。

　まず，これらの個体名の意味的特徴を見てみたい。高倉（2000:192–194）が調査したヤクートとエヴェンが混在するバタガイアリタでのトナカイの個体名のつけ方とコリャークのそれには共通点と相違点が見られる。個体識別の対象となるのは，もっぱら橇牽引用トナカイのみであるコリャークとは異なり，バタガイアリタでは騎乗，橇牽引・先導，搾乳用と多様な役畜が個体識別の対象となるが，そのすべてに個体名がつけられている。高倉（2000:192）は，それらの個体名の意味的特徴により，a）体の毛色・特徴，b）個体の性質，

---

[102] この種オスは橇牽引用に現在調教中であるが，新しい血統として，第 13 ブリガードのトナカイと混種をおこない品種改良をはかるために，去勢はおこなわないという。
[103] 高倉（2000:193）のバタガイアリタでは，個体名 31 の 3 分の 1 がロシア語であるのに比べると，ここではコリャーク語の保持率が高いと考えられる。

表15　Xechajさんが管理する橇牽引用トナカイの個体名リスト（呉人惠 2006a:51）

意味特徴	No.	個体名	意味	由来	年齢・性別
身体特徴・習性	1	ʕiŋətqeŋu*	鼻面の白い	同左	6歳去勢
	2	ʕenval'kal'ʕe	鼻下が白い	同左	5歳去勢
	3	Vicuɣiŋu	下向き切り込み耳印	同左	6歳去勢
	4	Pəkjucɣən	なまけもの	同左	6歳去勢
	5	Pəkjucɣəʔawwaw	左なまけもの	同左（橇の左側を引く）	6歳去勢
	⑥	Jaŋjolɣən	掘った跡	調教で尻を鞭打ってできた掘ったような傷跡	3歳種
	7	ʕel'ŋo	橇用ロープを食べるもの	同左	3歳去勢
	8	Poklacaɣiŋən	おなら	おならをするもの	10歳去勢
	9	ʕinnəʕin	首	枝角で首をこする	4歳去勢
比喩	10?	Kəmlilivijicʕən	ネジ	調教用の木のまわりをぐるぐる回っていた	2歳種
	11	ʕapəkvən	橇の敷物	橇の敷物のようにみすぼらしい	4歳去勢
	12	Pamjalŋən	ブーツの下にはく毛皮靴下	毛皮靴下のように太っている	4歳種
	13	ʕaʕal	斧	斧のような体型	5歳去勢
	14	Wekətɣən	カササギ	カササギのように脇腹が白い	5歳去勢
	15	En'ənnəki	コクチマス	コクチマスのように敏速	5歳去勢
	16	Qaj*suslik*	小ハタリス	Suslikの弟	6歳去勢
	17	*Suslik*	ハタリス	ハタリスのような目	8歳去勢
人名	18	*Stjopik*	ステパン	エヴェン族のステパンが調教	5歳去勢
	⑲	*Kiril*	キリル	エヴェン族から贈られた時すでにキリルと呼ばれていた	9歳去勢
事物	20	Jalqəlinaŋ	ユルトの枠木運搬用橇	いつもこの橇を引いていた	4歳種

表15 続き

意味特徴	No.	個体名	意味	由来	年齢・性別
事物	21	ʕiŋilŋən	トナカイの鼻につける革紐	他に材料がなかったので,トナカイ毛皮を切っておいた	5歳去勢
	22	Kəcɣonpən	トナカイが通れないように道に敷く敷物	道の傍らで調教のために木につながれていた時,通りかかった橇を敷物を避けるように恐れた	5歳種
	23	Pəʕon	ボタン	服のボタンがついた部分を長く切ってロープ代わりにした	5歳去勢
	24	Apakəl'ʕeja	ハイハイの	家畜囲場から這って出てきた	6歳去勢
地形	25	ʕinnəlqən	峠	峠を越え荷物を運搬していた	4歳去勢
	26	ŋajnolŋən	山の斜面	山の斜面でロープに絡まった	4歳去勢
	27	ʕeŋətkən	山頂	メスに山頂で交尾した	5歳去勢
	28	Pənn'alkən	平らな山頂	平らな山頂で母と休んでいた	5歳去勢
	29	Cəventatɣiŋən	分かれ道	分かれ道で犬と追いかけあった	5歳去勢
	30	Qəcvomkən	ハイマツ林	ハイマツ林に迷い込んだ	9歳去勢

＊ 鈴をつけているので, *Kolokol'chik*「鈴」(ロシア語)とも。

c)個体の成長史,d)人名に分類し,このうちa)が最も多いとしている。

一方,コリャークの場合には筆者の分類は高倉(2000:192)とは若干異なるが,対応させてみると,a)の体の毛色・特徴にもとづく個体名は1,2の2例のみである。また,身体的特徴を他の動物やものになぞらえた比喩的な個体名は8例,b)の個体の性質にもとづくものは4〜9の6例である。むしろ,ヘッチャイさんの命名方法で特筆すべきなのは,c)の個体の「成長史」,というよりも「できごと史」による命名が多いことである。すなわちその個体について管理者が目撃したり参与したりした特筆すべきできごとを,個体名

として刻みつけるのである。

　それぞれの名前の由来については表 15 を参照されたいが，ここでは，できごとがそれにまつわる事物(20 〜 24)や地形(25 〜 30)として刻まれているのが注目される。これらの個体名は，トナカイに直接付随する毛色などの身体的特徴や性質による名称，あるいは比喩的名称とは命名の原理が異なる。身体的特徴や性質は，外からの観察が可能である。それゆえに個体と個体名との有契性は高いといえる(写真 20 の ʕiŋətqeŋu「鼻面の白い」参照)。また，比喩的名称も当該民族にとっては，それがもつ派生的な意味を導き出すことはそれほどむずかしくはない(写真 21 の ʕapəkvən「橇の敷物」は確かに背中の部分が毛がすり切れたようになって橇のトナカイ毛皮の敷物のよう)。

　一方，できごとによる命名の場合，名称とトナカイとできごとを結びつけることのできるのは管理者だけである(たとえば，写真 22 の Pənn'alkən「平らな山頂」はその外見からは名前の由来が想像できない)。彼が目撃者あるいは参与者としてトナカイにかかわったストーリー，そしてそれによって得たトナカイの生態などの情報をその背後に秘めているからである。地形名がそのストーリーの記憶誘発装置として働くというのも，相手が自然を棲家とするトナカイであってみれば，なるほど納得がいく。

　とはいえ，ソ連崩壊後，トナカイ遊牧は急激に衰退の一歩をたどっている。ソビエト時代にこの地域に 14 あったブリガードは，トナカイ頭数の激減にともない統合・縮小を繰り返した。前述のとおり，唯一現在まで残された第 13 ブリガードも，2005 年には，ツングース系エヴェンが経営する別のソフホーズに吸収された。かつて常時 3,000 頭を下らなかったというトナカイ頭数は，大幅に減り，今では 700 頭にも満たなくなった。トナカイ頭数がこのまま減り続け，コリャーク語の話せる世代から話せない世代へと牧民の世代交代がおこなわれれば，これらの命名方法も崩れていかざるをえないであろう(コリャーク語を母語としない若年層のコリャークたちが，橇牽引用トナカイに愛玩動物に対するようなロシア語の名前をつけていることについては，第 1 章 3.2 で見るとおりである)。

写真20 ʃiŋətqeŋu「鼻面の白い」

写真21 ʃapəkvənʔ「橇の敷物」

134

写真 22　Pənn'alkən「平らな山頂」

1.6　1年の遊牧サイクル

以下では，1年の遊牧サイクルを，主たる作業やできごとを示した図4を見ながら，トナカイの年齢を数える基準となる出産から略述していく。

1.6.1　出産する (γəjoʕək~γəjoʕatək)

3月になると，冬の遊牧地あるいは初春の遊牧地から，数日，newlawkaral'「初春の家畜囲い場」(newlaw「日が長くなる」, karal'「家畜囲い場」[ロシア語])に出かけ，そこで出産をひかえたメストナカイから他のトナカイを離して，群れを2つに分ける。これを tapeʔəcwaqŋək (ta-...-ŋ「作る」, peʔəcwaq「出産にかかわらない群れ」[104])という。出産にかかわらないトナカイを包括した

---

[104] peʔəcwaq は，pe と əcwaq に分析できると思われる (ʔ は挿入子音)。ただし，əcwaq は「1歳メス」であるが，pe の意味は不明。

図4 トナカイ遊牧の1年のサイクル(呉人惠 2006b:37)

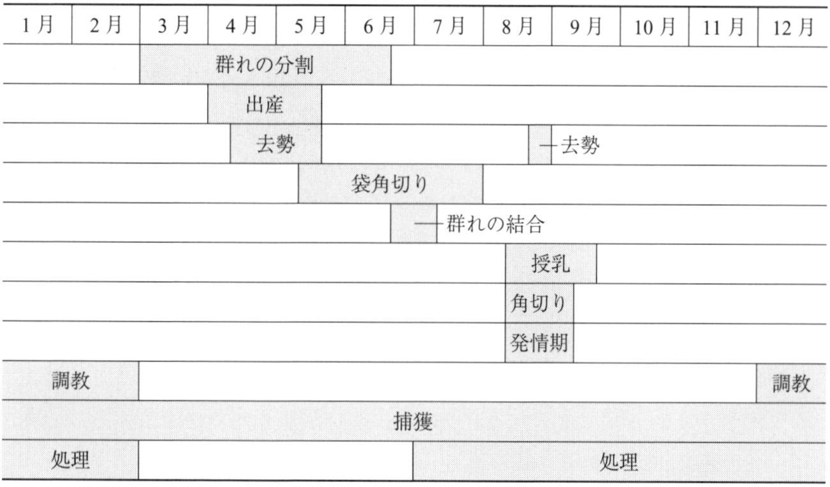

1月	2月	3月	4月	5月	6月	7月	8月	9月	10月	11月	12月
			群れの分割								
				出産							
			去勢				去勢				
					袋角切り						
						群れの結合					
							授乳				
							角切り				
							発情期				
調教											調教
					捕獲						
処理							処理				

　群れをこのように，peʔəcwaq あるいは peʔəcwaqŋallə と呼ぶのに対し，出産をひかえたメストナカイの群れは wenqojaŋellə(wen「落ち着いた」，qoja「トナカイ」，ŋellə「群れ」)と呼ばれる。また，この他，トナカイ橇牽引用のトナカイの群れ(javaŋallə「トナカイ橇牽引用のトナカイの群れ」[java「使う」])も別に放牧される。peʔəcwaq には出産をひかえたメストナカイ以外の，オストナカイ，その年不妊のメストナカイ，生後1年になるトナカイなどすべてのトナカイが含まれる。このように群れを2つに分けるのは，産まれたばかりの仔トナカイに母トナカイが授乳する際に，生後1年になる仔トナカイが自分も乳を飲もうとして妨害したり，他の成畜トナカイが仔トナカイを踏みつけたりするのを防ぐためである。ただし，トナカイの頭数が激減した現在ではこのような群れの分割はしなくなっているとのことである。
　群れの分割が終わると，群れの見張りにあたる数人の当直の牧民以外は，再び冬あるいは初春の遊牧ルートに戻っていく。ちなみに，出産時の宿直を jəjulʕən ɣəjoʕama という。また，出産をひかえたメストナカイの群れとともに遊牧する牧民を enanɣəjolʕavəlʕən，出産にかかわらないトナカイを包括した群れとともに遊牧する牧民を peʔəcwaqəlʕən~peʔəcwaqŋalvəlʕəlʕən という。

群れが 2 つに分かれている期間はおよそ 3 月から 6 月までであるが,その間は特に,24 時間体制でトナカイの群れを見張る。当番にあたる牧民は,出産直後の仔トナカイがオオカミに食べられたり,人などに驚かされたり,成畜トナカイに蹴飛ばされたりしないように十分に注意する。また,イヌは常にトナカイの群れとともに移動し,放牧の補助にあたるが,この時期,メストナカイの群れから隔離されるのも,仔トナカイを保護するための配慮からである。ただし,群れが小さくなった現在では,群れの分割はおこなわなくなっているとのことであった。

トナカイの妊娠期間は通常 9 ヶ月である。出産は,早いトナカイでは 3 月末から始まり 5 月まで続く。通常は,1 頭のメストナカイからは 1 頭の仔トナカイが産まれるが,まれに双子 (pətqəjəcʃət) が産まれることもある。ただし,その場合,乳が足りなくならないように 1 頭だけを残してもう 1 頭は殺してしまうといわれている。通常,トナカイは自力で出産するが,難産の場合には介添えをすることもある。これを kətvəlʃən kətvəŋtok「難産のものを引き出す」(kətv「難産になる」, ŋto「出る」)という。メストナカイの中には出産後,仔を認知しないものもいる。たとえば,耳印をつけるために,人間が誤って仔トナカイの鼻面や尻に触ろうものならば,すぐにその匂いをかぎつけて仔トナカイを捨ててしまうメストナカイもおり,このようなメスを kəniŋləlʃən「仔を認知しないメス」(kə「子供」 ← kəmiŋ, niŋl「捨てる」, -lʃ-分詞) という。その場合には,母トナカイ,仔トナカイの両方を捕まえ,母を縛っておいて仔トナカイの鼻面に母の乳をこすりつける (l'oʃijkecek)。これにより,母トナカイは再び仔トナカイを認知するようになる。

ところで,トナカイの生殖活動をめぐるコリャーク語の語彙を人間のそれと比較してみると,交尾から出産にいたるプロセスはトナカイも人間も同様の生物学的プロセスであるが,それぞれの語彙は多くの場合,相互に異なり,両者が認識上,峻別されていることをうかがわせる[105] (表 16)。

---

[105] 筆者はモンゴルにおいても同様の語彙を収集し分析したが,モンゴルではさらに厳密に家畜であるヒツジと人間の生殖活動をめぐる語彙は峻別されている (呉人惠 1999b:29–38)。

表16 トナカイと人の生殖活動をめぐる語彙(呉人惠 2007c:117)

	トナカイ	人間
発情する	ʕejŋək~ʕejŋelʕetək	
交尾・性交する	taɣajmǝŋǝk(メス)*1 kǝtak~jaktaŋǝk~enejpǝk(オス)*2	qojmucitǝk takmiŋǝŋkǝ mǝlǝvejetatǝk*3
妊娠した	kǝtaɣǝt~kǝtajtǝn~ɣaktalen	ɣeŋǝnqewlin~n'an'qǝl'ʕǝn
出産する	ɣǝjoʕǝk~ɣǝjolʕatǝk	kǝmiŋatǝk
難産になる	kǝtvǝk*4	pǝkavǝk kǝmiŋatǝk~kǝtvǝk
死産する	kǝtvǝveʕǝk~weletok	kǝmiŋatviʕǝk~veʕǝʔetǝk
流産する	welujoʕǝk	ineŋtǝk~jajatǝk
子宮	kǝjolɣǝn	(el'ʕa) jajaŋa
胎児	kǝt'ajǝcʕǝn	n'an'qǝjǝcʕǝn
後産	kǝjol'ɣǝkcemaw~kǝjolɣǝn	inuʔin

*1 用例は次のとおり。wenqoj kotaɣajmǝŋǝŋ「メストナカイが交尾しようとしている」(wenqoj「メストナカイ」絶単, ko-...-ŋ 不完了, taɣajmǝŋ「(メストナカイについて)交尾しようとしている」)
*2 用例は次のとおり。winǝkjǝŋete kojaktaŋnen wenqoj「種オストナカイがメストナカイに交尾しようとしている」(winǝkjǝŋe「4歳種オストナカイ」, -te 具(能), ko- 不完了, jaktaŋ「交尾しようとする」, -nen 3 単目, wenqoj「メストナカイ」絶単)
*3 この他,「男が不倫をする」という意味では, wen'vaŋawtǝŋǝk, ŋawpenik も使われる。
*4 kǝtv は人間に対して用いられると「便秘をする」の意味になる。kokǝtvǝŋ「彼/彼女は便秘をしている」(ko-...-ŋ 不完了, kǝtv「便秘する」)

1.6.2 去勢する (jǝcǝmŋavǝk~en'acǝmŋavǝk)

去勢は,4,5月の暖かくはなっているが川がまだ凍っている時期と8月下旬の川の水量が減った時期を選んで主におこなわれる。この時期が選ばれるのは,トナカイが去勢後に川に入り水に濡れると,傷口から病気になったり,時には死んでしまうこともあるので,これを避けるためである。「去勢する」ことは jǝcǝmŋavǝk(他動詞)~en'acǝmŋavǝk(自動詞)と呼ばれる。通常,メストナカイが出産のための遊牧地で出産をおこなっている間,それ以外の群れ(peʔǝcwaq)はこれとは別のルートで遊牧している。その際,去勢用の特別の囲い場 en'acǝmŋawkaral' (en'acǝmŋaw「去勢する」, karal'「家畜囲い場」[ロ

シア語])を作って，そこに種オストナカイを囲い，去勢をおこなう。

ただし，2003年8月2日に筆者が見た第13ブリガードでの去勢は，群れ全体がすでに小さいこともあり，群れを分けずに群れの中から適宜，種オスを捕らえておこなっていた。

9月になると発情期に入るので，去勢はできるだけそれまでに終えるようにする。時にトナカイが9月に角をきれいにした後，去勢をおこなうことがある。これを，ŋajəncəmŋavək (ŋaj「角をきれいにする」, ncəmŋav「去勢する」) という。この目的は，冬期，橇牽引用に使うために耐久力を高めるのだといわれている。このような去勢トナカイを ŋajəncəmŋa と呼ぶ。しかし，この時期になると種トナカイはすでに大きく強暴になっており去勢しにくくなるので，できるだけその前に去勢は済ませておくようにするのが一般的である。

去勢はオスが1歳から4歳の時におこなう。ただし，1歳で去勢するとその後の発育に悪影響が及ぶので望ましくないと考えられている。たとえば，去勢された1歳の種トナカイ (penwel) は成長に応じて jəcəmŋawpenwel (jəcəmŋaw「去勢する」, penwel「1歳のオストナカイ」), kijməntəjəcəmŋa (kijməntə「2歳のオストナカイ」, jəcəmŋa「去勢する」) というように名称が変わり，成畜となった時点で cəmŋa と呼ばれるようになる。

体型，毛色などの優れたトナカイは去勢せずに生殖用に残しておく。できるだけ年取った，美しくない，太りすぎたあるいはやせすぎたものを去勢するようにする。通常，約15頭のメストナカイに対し，1頭の種トナカイがあたるようにし，それ以外のオスは少数を残してすべて去勢する。去勢はナイフか去勢用のペンチ (en'acəmŋaven'ŋən~en'acəmŋavenaŋ)，あるいは人によっては歯を使っておこなう。ナイフで陰嚢を切って睾丸 (tijkəlŋən[106]) を取り出す方法 (tijkəŋto-ta jəcəmŋavək) と，血を出さずに歯で噛み切るかペンチでちぎる (jəyu-te jəcəmŋavək) 方法がある。後者の方法だと，完全に睾丸をちぎれずに1つ残してしまうことがある。そのようなトナカイを ʕakancəmŋaw「悪く去勢したもの」(ʕaka「悪い」, ncəmŋaw「去勢する」) と呼ぶが，秋に調

---

[106] tijkəlŋən「睾丸」は，tijkətij「太陽」と同一語幹から派生されていることに注目されたい。

写真 23 ペンチによる去勢作業

べてあれば切る。抜き出した睾丸は焚き火で焼いて食べることもある。去勢した後は特別な処置はせずに放っておく。

ちなみに，2003年8月ならびに2004年9月初めに筆者が第13ブリガードで見た去勢では，2歳のオストナカイ2頭と4歳の種オス3頭が去勢の対象となったが，この時は，8月初旬でまだ水量も多く，蚊も多いため，感染の危険を避けるためにペンチでの去勢が選択されていた（写真23）。

1.6.3 袋角を切る（qəwajcəvek）

春から夏にかけて，食用に袋角（qəwaj~qəwajl'əŋən）を切る。袋角を切ることを qəwajcəvek（qəwaj「袋角」，cəve「切る」）という。母トナカイの袋角は仔トナカイを守るために切らずにおき，通常は種オス以外のオストナカイの袋角を切る。焚き火で外皮を焼きとり，内側の皮を食べる。コリャークは非

常に美味として珍重している。また，かつて社会主義時代には袋角の血が強壮剤として珍重され，大量にブリガードからもヘリコプターで輸送された。ただし，このようにオス・メスかまわずに大量に袋角を切るのは，障害をもつ仔トナカイが生まれる原因にもなるといわれ，好ましくないと考えられている[107]。

1.6.4 群れを結合する (ŋellə jəjeɣeletək)

出産後，6月末から7月初旬，仔トナカイの足腰がしっかり立つようになると，2つに分れていた群れを再び結合させ (ŋellə jəjeɣeletək) (ŋellə「群れ」絶単，jəjeɣelet「集める」)，通常の放牧体制に戻るとともに，夏営地に向かって遊牧を始める。夏営地に宿営する間は，トナカイに飲み水を欠かさないように留意することが最も重要である。

1.6.5 搾乳する (loʕəlpitək~loʕəlpitatək)

ヨヘルソン (Jochelson 1908:494) は，コリャークには通常，トナカイを搾乳する習慣がないが，ツングース系の民族との接触がある地域では，トナカイのミルクを好み，お茶と混ぜて飲む習慣のあるツングース族から搾乳の技術を学んだとしている。「搾乳する」を意味する loʕəlpitək~loʕəlpitatək が，loʕəl「乳房」と pitək~pitatək「搾る」からなる複合語であり，専用の一次語がないことからも，トナカイの搾乳がコリャークにとって本来の作業ではなかったことがうかがわれる。

筆者の調査によれば，この地域のコリャークにもトナカイのミルク (l'uqej) を飲む習慣がある。8～9月，秋の遊牧地で遊牧する時期，仔トナカイがすでに自力で牧草を食むようになると，前述のとおりツングース系のエヴェンとの接触が大きいこの地域のコリャークは，必要に応じて母トナカイを捕まえ搾乳し，そのまま生で飲む。キノコを食べた後のこの時期のトナ

---

[107] 一方，S. E. ヘッチャイ (Xechaj) さんによれば，隣接するエヴェンのトナカイ遊牧ブリガードでは，ソビエト時代に袋角を大量に切ることに同意しなかったことが，現在でもトナカイの多頭の群れが保存されている理由のひとつであると考えられている。

カイのミルクは，脂肪分が多く栄養分に富んでいるといわれている。

　一方，第 13 ブリガードの S. E. ヘッチャイさんによれば，搾乳はせず，直接トナカイの乳房を吸って飲むとのことであった。たとえば 8 月に衣類の材料のために仔トナカイを処理するが，これにより仔トナカイを失った母トナカイにまだミルクが残っている場合，投げ縄で捕まえてその場でミルクを吸う。

1.6.6　角を切る (t'ənəcvecetək)

　8 月になると，種トナカイが発情期に入る前に角を切る(写真 24)。発情期になると種トナカイ同士は角を突き合うが，時に殺し合うこともあり，体力を消耗するので，これを避けるために角のもとの部分は残し，枝分かれした尖った部分だけを鋸(in'ecvineŋ)で切り取る。このことを t'ənəcvecetək とい

写真 24　角切り作業

う。切った角で，男性はナイフの柄 (jəqujɣən)，指貫 (veləvel)，投げ縄の錘 (qəjeqij)，鞭の柄 (təmpətəm) や先端 (kaŋkal)，革紐を解く道具 (in'acnaŋ) などを作る。

このような多様な用途を反映してか，トナカイの角の部位名称が細分化されていることについては，本章 1.6.10 の (7)「角・頭頂部」を参照されたい。

この他,橇用のトナカイやとりわけ攻撃的なトナカイの角は,根元からすっかり切り取ってしまうことがある。このようなトナカイの頭は upʕel'awət「切り株頭」(upʕ「切り株」, l'awət「頭」) と呼ばれる。また，種オストナカイを秋に角を木にこすりつけた後に去勢すると，その角は自然に落ちて角のない頭になる。このようなオスを ŋajəncəmŋaw「角をきれいにした去勢したもの」(ŋaj「角をきれいにする」, ncəmŋaw「去勢する」) と呼ぶ。橇用のトナカイはまた，あまり大きな角をもったトナカイの場合には綱の装着を容易にするために一方の角だけ残すこともある。また，自然に一方の角だけが落ちたものもいる。このようなトナカイを総じて təlləŋəlʕən と呼ぶ[108]。

1.6.7 発情する (ʕejŋək~ʕejŋəlʕetək)

9月になると，種オスの発情期が始まる。発情期になると種オストナカイは肥えて，あちこち動き回らなくなり群れをまとめようとする。また，種オスは発情期になると，草を食べるのをやめて水だけを飲むようになる。ただし，この時期，他のトナカイたちはキノコを求めて駆け回るので，牧民は群れを集めなければならない。

野生トナカイの種オス (əlwekjəŋ~əlwewinəkjəŋ [əlwe「野生トナカイ」, winəkjəŋ「種オス」]) の中には，発情期にトナカイの群れにやってきて交尾していくものがいる。これはおそらく群れの中の弱いものが，群れの発情期に群れからはじき出され家畜の群れに迷い込んだものと考えられる。こうして出産した半野生トナカイ (əl'waqajuju [əl'wa「野生トナカイ」, qajuju「1歳

---

[108] たとえば，トナカイの名称と合成して təlləŋwenqoj「片角のメストナカイ」, t'əll'əŋqajuju「片角の仔トナカイ」など。

トナカイ」])はそのまま家畜の群れに残って家畜化するものもいれば，野生に戻るものもいる[109]。

野生トナカイはトナカイとはその体型，顔つき，蹄などが大きく異なる。また，自由に駆け回りたがるなど生態的に野性的なところが残っているので放牧には手間がかかるが，品種が混じって血が薄められるのが望ましいため，牧民はできるだけこれを残そうとする。

以上は，野生トナカイとの混種の例であるが，この地域では，トナカイの頭数のバランスをとり品種改良をはかるために，各ブリガード間あるいは他民族間のトナカイとの混種がこれまで何度もおこなわれてきた。インフォーマントのV. I. イカヴァヴ (Ikavav) さんによれば，1960年代にはエヴェンの小型のトナカイをケガリに追ってきて，コリャークのトナカイとの混種をおこなった。また，1978年には氏自身が当時の第6ブリガードのブリガード長としてヤクーチアのトムポンスキー・ソフホーズに出向き，このソフホーズでのみ放牧されているトファラル (Tofalar) 種50頭を買ってきて，ブリガードのトナカイとの混種をおこなった。このトファラル種は，体格がよく，また大人しい性質のトナカイとして人気が高いそうである。また，1979年と1982年にはエヴェンなどが居住するマガダン州ロソフスキー・ソフホーズに出向き，トナカイをそれぞれ200頭ずつ購入した。これらはその後，パレンスキー・ソフホーズの各ブリガードにヘリコプターで分配された。ただし，最近の数年間は他民族からのトナカイの購入はおこなわれていない。

このようにして，過去，何度か他民族のトナカイとの混種がおこなわれてきたために，この地域のコリャークの飼育するトナカイは現在では純粋種は存在しないといってもよい。

1.6.8 調教する (inewinevək)

冬の遊牧地では群れの通常の放牧に加えて，橇牽引用トナカイ (jəwenawjon)

---

[109] ただし，別のインフォーマントV. E. アヤトギーニン (Ajatginin) さんによれば，半野生の仔トナカイは家畜の群れで出産しても，すぐに死んでしまうかせいぜい夏までしかもたないという。

(写真25)の調教が重要な仕事になる。橇牽引用トナカイの調教をすることを inewinevək という。橇牽引用のトナカイには主にオスが選ばれ，調教の後に去勢が施されるが，種オスの数が足りない場合などは，まれに種オスのまま残され，一方で調教をすることもある。また，メスもまれに調教の対象となることがある[110]。

調教は毎年冬から初春にかけておこなわれるが，3月頃の気温が上がって暖かくなり，調教に用いられるミヤマハンノキ(γilleŋ)やグイマツ(γeγuw)が解けて撓うようになった頃が調教には最適である。調教は大きく6段階に分かれ，その段階ごとに調教の対象になるトナカイはそれぞれ次のように別の名称が付される。段階ごとに調教の度合いが確認されながらおこなわれていくことを反映した名づけである。調教の各プロセス①～⑤までのトナカイの名称には，-jo という共通の接尾辞がついているが，これは動作対象を表す

写真25 2頭だてのトナカイ橇

[110] たとえば，交尾しても妊娠しない，あるいは，まったく交尾をしないなど異常な生態をもつメスが橇牽引用に利用されることについては本章1.5.1の(3)を参照されたい。

ものである。

① jəwenawjon「調教の対象となるトナカイ」(jəwenaw「調教する」, -jo 動作対象)

まず，群れの中から jəwenawjon を捕獲し，つないで引っ張っていく。調教用に捕獲するトナカイの身体的条件としては，胸板の広い(majŋəmacvelʕən [majŋ「大きい」, macve「胸」, -lʕ 分詞])，肩甲骨の広い(pancapajl'əlʕən [panca「広い」, pajl'「肩甲骨」])，膝頭の大きい(mejŋəkicwetəlʕən [mejŋ「大きい」, kicwet「膝頭」])，頭の大きい(mejŋəlewtəlʕən [mejŋ「大きい」, lewt「頭」])，背中がまっすぐな(vetɣovekelʕən [vetɣo「まっすぐな」, veke ?])などがあげられる。これらの条件の揃ったトナカイを malətʕəməlʕən[111]「骨格の美しいもの」(mal「よい」, ətʕe < ʕətʕəm「骨」)~malətʕəmqoj「骨格の美しいトナカイ」(qoj「トナカイ」)と呼ぶ。

その後，15 cm ほどの間隔のある 2 本の木をロープでつなげる。この調教用のロープを qojavotelŋən「トナカイのつなぎロープ」(qoja「トナカイ」, voteIŋ「紐」)という。このちょうど真ん中に 3 m ほどのロープ(inewinewŋilŋən)「調教用のロープ」(inewinew「調教する」, ŋilŋ「ロープ」)を結びつけ，トナカイの首に縛りつける。この中心から両側 3 m くらいのところにグイマツを切った 2 m ほどの錘をつける。これを woccolɣən という。2，3 日はこのようにトナカイをロープに縛りつけておく。

② jəkmenŋawjon「試乗用トナカイ」(jəkmenŋaw「調教用トナカイを試験的に走らせる」)

次に，2，3 日後にロープを外し，荷物運搬用橇の左側に結びつけ試走させる。右側には橇牽引用にすでに使われてきた，通常は年老いた去勢トナカイ(cəmŋacɣən)をつなぐ(winiqawŋen'ək)。このような調教用のパートナーとなる老齢の去勢トナカイを oll'olɣən という。これはトナカイ橇は 2 頭立てだからである。人は別の橇で前方を走る。2 つの橇はロープでつながれてい

---

[111] この語は人間にも用いられ，立派な体格の人は malətʕəmʕojamtəwilʕən(ʕojamtəwilʕən「人」)と呼ばれる。

る。こうしてから，この2頭を橇につないで4, 5回，少しずつ短距離を走らせて調教する (jəkminŋevək)。

③ **jəwaŋewjon**「右側で調教するトナカイ」(**jəwaŋew**「右側を調教する」)

帰りは右側の年老いた去勢トナカイと左の調教中のトナカイの位置を行き帰りで走る側が同じになるように交替する。こうすることを enawaŋevək という。疲弊し，大人しくなったトナカイには塩分を補給する。こうして，将来，右側を走るトナカイが調教される。

④ **cekl'atkojon** (**cekl'atko**「**ceklanaŋ** という調教用の棒で調教する」)

試走の際にトナカイがぐるぐる回るばかりでなかなか先に進まない場合，右の後ろ足と左の前足を結び，さらに頭をロープで縛る。このロープを木の棒 (ceklanaŋ) に巻きつけては引っ張りを何回も繰り返すと，トナカイは回転するのをやめる。この棒によって調教することを cekl'atkok (cekl'a「調教用の棒」，-tko「～を用いて作業する」)，その対象となるトナカイを cekl'atkojon という。

⑤ **jijkəl'avaccon**「柔軟にするもの」(**jijkəl'avacc**「柔軟にする」)

その後，毎日，朝晩試走させる。その対象となるのが，jijkəl'avaccon である。その際，jijkəl'avaccon は右側に，左側には年寄りの去勢オス oll'olɣəʔawwaw をつなぐ。

⑥ **vetɣəqoj**「調教の終わったトナカイ」(**vetɣ**「まっすぐな」，**qoj**「家畜トナカイ」)

その後，2, 3日休ませると，調教が終わる。調教の終わったことを ɣanvetɣawlen「まっすぐにした」~ɣavetɣalen「まっすぐになった」といい，調教の終わったトナカイを vetɣəqoj という。

1.6.9 捕獲する (ekmitək~qojaɣijkek)

トナカイは必要に応じて群れの中から捕獲される。処理，去勢，橇牽引用のトナカイを調教する際，あるいは搾乳する際などである。「捕獲する」には一般に，「取る」を意味する ekmitək が用いられる (təmjolqəl ekmitək「処理用のトナカイを捕獲する」，qojat ekmitək「橇牽引用のトナカイ (2頭) を捕獲

する」，jəwenawjon ekmitək「橇牽引用に訓練するためのトナカイを捕獲する」，lovejon ekmitək「搾乳用のメストナカイを捕獲する」など)。

ただし，「橇牽引用のトナカイを捕獲する」の意味では，「トナカイ」を意味する語幹 qoja に「(トナカイ)を橇用に捕獲する」を意味する語彙的接尾辞 -ɣijke が付加された出名動詞 qojaɣijkek が用いられる方が一般的である。

この「(トナカイを)橇牽引用に捕まえる」を意味する語彙的接尾辞 -ɣijke は，コリャークにおけるトナカイ橇の利用の古さをうかがわせるものと考えてもいいかもしれない。シベリアにおけるトナカイ遊牧の起源，ひいてはコリャークによる受容については，本章第 1 節で紹介したように，コリャークより南に住む森林のツングース系民族が，さらに南のステップ地帯の馬飼育技術を借用し，野生トナカイを飼いならすことによって始めたというのが通説である (佐々木 1985:85–94)。コリャークはこのトナカイ飼育技術をより平原が多い居住地域とより体の小さい野生トナカイに合わせる形に加工して受容していく中で，群れの多頭化を可能にしてきたと考えられている。

とはいえ，トナカイ遊牧の起源についてはこれまでさまざまな推測がなされてきた。本来，トナカイ遊牧民であったツングース系の民族から比較的新しい時期に導入されたとするシュレンクの説，一方，自分たちの領域にいた野生トナカイを家畜化することによって遊牧が始まったとするボゴラスの説などがある。このうち，ボゴラスはその根拠として，コリャークのトナカイがツングース系の民族が飼っているトナカイとは大きく異なること，コリャークはツングース系の民族のようにトナカイに騎乗せず，橇につけて利用する点をあげている。

語彙的接尾辞 -ɣijke の存在は，あるいはこのボゴラスの説を再検討する余地のあることを示唆するものであるかもしれない。語幹によらなければその意味や機能を表しえない接辞は，おそらく自立語に比べると他の言語から借用されにくいに違いない。言い換えれば，それだけに古くからその言語固有の形態素として使われていたと推測することができる。トナカイ遊牧の起源についての議論はさておくとしても，少なくともコリャークにおけるトナカイの橇への利用が古いものであることをうかがわせることは間違いない。

写真26　トナカイを投げ縄で捕獲する

　ところで，トナカイを捕獲する方法には主に2種類ある。ひとつはよく知られている投げ縄(cawat)で捕獲する方法である(写真26)。「投げ縄で捕獲する」は，kənʕuk あるいは kənʕute ekmitək, kənʕute jətək と呼ばれる[112]。投げ縄には，夏の投げ縄(al'acawat)と冬の投げ縄(ləqlaŋcawat)がある。両者の違いは長さが異なることである。すなわち，夏はトナカイの群れが遠くに走り回らないため，9〜10m程度の短い投げ縄を用いるのに対し，冬は群れが遠くに走り回るため，これより長めの12〜14m程度の投げ縄を用いる。投げ縄にはアザラシの皮で作ったもの(ləɣecawat「本当の投げ縄」)，トナカイの毛皮を編んだもの(nalɲilŋəcawat「トナカイ皮の投げ縄」~t'alaccawat「編

---

[112] Zhukova(1967:20)では，「投げ縄でトナカイを捕まえる」を表す動詞を cawat「投げ縄」から派生した cawatətkuk としているが，筆者の調査ではこの動詞は理解できるがあまり使われないとのことであった。

んだ投げ縄」)，ナイロン製の綱などが用いられているが，中でもアザラシの皮で作った投げ縄は上述のとおり，「本当の投げ縄」といわれており，これがコリャーク本来の伝統的な投げ縄であることがうかがわれる。

　もうひとつは，すでにつながれているトナカイのところに，捕獲しようとするトナカイを群れから離して少しずつ追い込んでいく方法で，jəʕatak と呼ばれる。追い込まれたトナカイは，つながれたトナカイの近くまで来ると自然に大人しくなる習性をもっている。この方法は，投げ縄でトナカイを追い回して憔悴させることがないので，かつてはより推奨された。ただし，もしトナカイが逃げ回る場合には，罰として投げ縄で捕獲し憔悴するまで追い回す(qəjilŋəlʕetək)といわれている。

1.6.10　トナカイを処理する(qojanmatək)
(1) 機能的多面性
　トナカイ遊牧民コリャークの最も重要な食料はトナカイ肉である。ペレストロイカ以降，トナカイ頭数の激減により，食料におけるトナカイ肉への依存度は低下した。そして，その代わりに魚や野生動物あるいは小麦粉，砂糖といった外来食材の占める割合が増加している。しかしトナカイ肉の消費量の低下にもかかわらず，コリャークの食文化におけるトナカイのもつ重要性は他の食材に比して圧倒的に高いと考えられる。

　このことを裏づけるものとして，この地域では魚をめぐる儀礼的行為はほとんど見られないのに対し，トナカイをめぐる儀礼的行為は年間を通じて認められること，なおかつこれらは必ずトナカイの処理をともなっており，処理には胃の内容物や頭部の特別な取り扱い，血や骨髄の火切り板などの守護神への塗擦といったきめ細やかな儀礼的側面が付随していることが指摘できる。

　この地域のトナカイ遊牧民コリャークは，トナカイがやせ細る春季を除き年間を通じて随時おこなわれるトナカイの処理(qojanmatɣiŋən[qoja「トナカイ」, nm「殺す」, -at 逆受動, -ɣiŋ 名詞化])を，次のように分類している。

(86) pecɣəlqəlqojanmatɣiŋən「日常の食糧補給のための処理」(pecɣ「食糧」, -lqəl「〜の予定のもの」),
enolqəlqojanmatɣiŋən「旅の携帯食糧のための処理(eno「携帯食糧」)
kemetʕəlqəlqojanmatɣiŋən「衣類の毛皮のための処理」(kemetʕ「衣類」)
anoʔewenqojanmatɣiŋən「アノーエウェンのための処理」(anoʔewen「アノーエウェン(初夏の儀礼)」)
ɣecɣejqojanmatɣiŋən「火切り板のための処理」(ɣecɣej「火切り板」)
ləɣolawtəqojanmatɣiŋən「ルグーレウェット(コリャークの新年)のための処理(ləɣolawt「真ん中の頭(新年)」)

とはいえ、肉、毛皮の確保などの必要に応じた日常的な処理と儀礼的処理は、実際には密接不可分に結びついている。

たとえば、9〜10月頃、トナカイの群れが、夏の遊牧ルートから秋の遊牧ルートに移動する前にいったん春の宿営地に戻ってくる際、供犠としてトナカイの処理がおこなわれる。Jochelson(1908:86)によれば、これはCeremony on the Return of the Herd from Summer Pastures「夏の遊牧地からの群れの帰還を祝う儀礼」であるとされている。しかし、この処理は、人によって、アノーエウェンのための処理であるとも、火切り板のための処理であるとも、衣類の毛皮確保のための処理であるとも、あるいは、それが遠方への旅に出る前であれば、旅の携帯食糧確保のための処理であるとも説明される。

また、いわゆるコリャークの新年ともいえる、12月の満月の時におこなうルグーレウェットという儀礼は、後に詳述するように、初春の食糧不足を補うためのニャチガイマク(n'acɣajmak)と呼ばれる保存用のトナカイ肉の準備をともなう。このようにコリャークでは、ひとつのトナカイ処理が実際にはさまざまな機能的側面をもっている。これはどのように解釈されるべきであろうか。

ペレストロイカ以降、トナカイ頭数の激減によってトナカイへの依存可能度は低下し、処理の頻度そのものが過去に比べて減少した。ちなみに、インフォーマントの1人V. I. イカヴァヴ(Ikavav)さんが第6ブリガードのブリガード長だった1980年代当時は、平均1戸月1〜2頭の割合でトナカイの

処理をおこなっていたそうである。したがって年間 12 〜 24 頭は各戸で処理していたことになる。ところが，同氏の家では 2001 年には年間を通じわずか 3 頭を処理しただけであった。トナカイ肉への依存度の低下は，魚や野生動物により補充されている。

　このようなトナカイ肉への依存度の低下により，ひとつの処理儀礼が多様な機能をもたざるをえなくなったということなのであろうか。しかし，Jochelson(1908:86) は，上述の儀礼において 100 年前にもすでに冬用衣類の材料として仔トナカイが処理されていたことに言及している。

　ひとつの処理儀礼の多面的機能性は，むしろ，コリャークにおけるトナカイの食物資源・衣類材料としての利用価値の高さを反映していると考えるべきではないだろうか。言い換えれば，これは，コリャークがトナカイの肉や毛皮の利用価値を季節に応じてはかりつつ，これを四季折々のできごとや彼らの守護神への祭祀と巧みに組み合わせ，重ね合わせてきた結果であるともいえよう。

　たとえば，9 月の仔トナカイの柔らかく暖かい毛皮は，冬用衣類の材料として最適である。したがってこの季節に仔トナカイの処理がおこなわれることが望ましい。また，12 月のトナカイは十分に肥えて脂肪が乗っていて，春のやせたトナカイよりもはるかに滋味に満ちており，冷凍保存も容易であるため，食糧として適している。しかし，単に衣類材料・食糧の確保のためという現実的な理由のみによる処理はできるだけ回避されなければならない。なぜならば，これらは「殺し」を経なければ得られないものだからである。現実的な必要性のための処理にはなんらかの儀礼的機能が重ねられることが望ましいし，また単に食糧確保と説明される処理にも，必要最低限の儀礼的要素が含まれていなければならない。

　「殺し」を経なければ得られない動物資源に対する北アジアあるいはモンゴルにおける独特の適応戦略については，すでに小長谷 (1991, 1994, 1996) あるいは呉人惠 (2002c) が考察しているとおりである。小長谷 (1991, 1994, 1996) はモンゴルで 11 月に越冬用に家畜がまとめて処理される際に，家畜種の再生を願って伝統的にとりおこなわれてきた「アマン・フジュー (第一

頸椎)の儀礼」と呼ばれる儀礼に着目した。この儀礼で詠まれる祝詞には,「殺したところからまだらの子ウシが生まれよ,打ち倒したところから斑点の子ウシが生まれよ」という再生を祈願する言説が含まれている。しかし,それだけではない。それとともに,「殺そうとして私は殺したのではない。横たわっていて喉がつまって死んだ,反芻していてころがって死んだ」というように,処理行為を嘘によって正当化しようとする言説も含まれている。小長谷(1991, 1994, 1996)は,これらの「『殺し』の事実を『死』に置き換える言語技法」が,北方の狩猟民とも共通するきわめてナイーブ(脆弱)な家畜資源観を反映したものであることを指摘している。

一方,呉人惠(2002c)は,モンゴルでヒツジ肉に課せられている摂食タブーならびにそのタブーの対象となる -qai / -kei という語尾のつく一群の身体部位名称に着目した。そして,摂食タブーには,いかなる条件のもとでも摂食が許されない「完全なタブー」と,条件つきならば許される「部分的なタブー」があり,前者は食用価値のほとんどない,あるいは本来食べられない部位(-qai / -kei 終わりの名称をもつ部位)に課せられるのに対し,後者は食用価値の高い部位に対し,これを食する主体を限定するなどして課せられるものであることを明らかにした。形式的に同じ範疇に属する一群の身体部位名称に注目し,これを分析することにより,そこから「殺し」にともなう罪悪感を巧妙に回避し,ヒツジの食物資源としての最大限の利用を保証するモンゴル独特の適応戦略がうかがえることを指摘した。

コリヤークにおけるトナカイ肉の扱い,とりわけ処理・解体プロセスにも,どのような場合であれ,これに対する適応戦略が反映した儀礼的側面があることをうかがうことができる。言い換えれば,単なる日常の食糧不足補給のための処理であれ,四季折々の儀礼的要素の濃い処理[113]であれ,そこには必ずトナカイがコリヤークにおいて食物資源としてどのように認識され利用

---

[113] ただし,儀礼のための処理を表す包括名称はなく,上述のように個々の儀礼に対する個別名称(たとえば,anoʔewenqojanmatyiŋən「アノーエウェンのためのトナカイ処理」,ɣecɣejqojanmatyiŋən「火切り板のためのトナカイ処理」,ləɣolawtəqojanmatyiŋən「ルグーレウェットのためのトナカイ処理」など)があるだけである。

されているか，すなわちコリャークの最も基本的な動物資源観が反映されている。これらに最低限見られるいくつかの共通の儀礼的要素を抽出し分析することで，これを探ることができると考えられる。

どのような処理にも共通して見られる最低限の儀礼的要素としては，主に次の2点が指摘される。

1) ジルクトアトゥヌ（jilqətʔatənə）「第一胃の内容物を置く場所」と呼ばれる場所の設置
2) 火切り板（γicγij），名前占い石（an'apel'），焚き火（milγən）といったコリャークの守護神への血や骨髄の塗擦

以下ではまず，この2つの要素について見ていくことにする。

(2) ジルクトアトゥヌ（jilqətʔatənə）「第一胃の内容物を置く場所」

吉田（2003:187-191）は，周極の諸民族をはじめとする牧畜民に，胃の内容物を食用としたり，時には胃とともに儀礼行為に使用したりする慣習が見られることに注目して，第一胃の内容物に，「身体の養分を吸収する源泉として，そこに生命の象徴を見出し，また聖性を見出すことがあっても不思議ではない」としている。コリャークにおいても，胃の内容物（jilqəjil）は食用のみならず，皮なめしにも，また儀礼的行為にも使用されている。

まず，食用としては，筆者の調査では夏に胃の内容物の絞り汁を煮て，これに jəmŋo（スベリヒユ科クライトニア属）と呼ばれる野生の球根を加えたスープ（jilqəʔəpaŋa[jilqə「胃の内容物」，əpaŋa「スープ」]）[114] を冷やして食べる。また，かつては冬にもトナカイの脂肪（ajməq）を混ぜてこのスープを作って食べたともいわれている。一方，Antropova（1971），Gurvich and Kuzakov（1960）では，胃の内容物を腸や肺の断片や血液，油脂などと混ぜて醗酵食品を作ったり，胃の内容物と血液を混ぜてスープを作ったりすることが報告されている。前者は wilwil と呼ばれる血の醗酵食品のこと，後者はkewləʔəpaŋa（kewl「血」）と呼ばれる血のスープのことであると思われるが，筆者の調査ではこれらの料理に胃の内容物を入れることは認められなかっ

---

[114] あれば，キセーリや砂糖を加えてもよいとのことである。

た[115]。

　皮なめしの際には，夏の牧草が緑のうちに採取して冷暗所に保存しておいた胃の内容物をさっと煮て，干して皮下組織(jənnu)を剥いだ毛皮の皮の方に塗る。これは毛皮を伸ばすためである(皮なめしの方法について詳しくは第5章1.3を参照のこと)。

　さらに，胃の内容物は処理の際の儀礼においても重要な意味をもっている。処理の目的の如何にかかわらず，必ずおこなわれる儀礼的要素として，第一胃の内容物を置く場所の設置がある。このことを jilqətʃatək「胃の内容物を置く場所を設置する」という。これは頭を東側にして横たえたトナカイの東側に通常，設置される。これをコリャークは，トナカイを死後の世界に送るための装置，あるいは日の出の方角への供物(inelvet)であると解釈する。この場所には，夏ならば胃の内容物若干[116]を，それ以外の季節ならば，胃の内容物だけでなく小腸の内容物(pittəpit)，直腸の内容物(pijtəʃel)，糞(qojaʃal)もいっしょにすべてその場所に注ぐ(写真27)。

　この場所に置かれるのは胃の内容物だけではない。それ以外に，脳みそ，骨髄，肝臓，腎臓，脂肪などの断片，鼻上部の薄い骨，血凝り，さらに欠かすことのできないものとして，トナカイの頭部上半分の毛皮を残した部分である awjalqəl (aw ← awi「脳みそ」, jalqəl「ユルトの枠木」), トナカイの食料を象徴するヤナギの一種 ojkaw の枝(tən'ojpenŋən)などがある。

　ジルクトアトゥヌの設置は，日常の食料補給のためのトナカイ処理においてであれ，正式な儀礼的意味をもったトナカイ処理においてであれ，不可欠の要素である。まずは，胃の内容物が吉田(2003)が示唆するように，コリャークにおいても「生命の象徴」あるいは「聖性をもつもの」と考えられているらしいことをここで指摘しておきたい。

　さらに，もうひとつ指摘したいのは，この場所に内臓の断片などを胃の内

---

[115] ただし解体の際，腹腔にたまった血に胃の内容物の付着している胃をゆすぐようにして漬けるため，このように考えられているのかもしれない。
[116] 夏に胃，小腸，直腸の内容物をすべて注がないのは，上述のように食用に供したり，皮なめしのために保存しておかなければならないからであると説明されている。

写真 27　jilqətʃteplįˌatənə，地面には胃の内容物，ヤナギの小枝，トナカイの頭頂部には肝臓や腎臓のかけらや血塊などが置かれている

容物とともにおくことである。コリャークはしばしば自分たちはトナカイという動物資源を，爪以外はなにひとつ余すことなく利用しつくすのだという。また，どの部位も余すところなく食べるのだという。これは，彼らがトナカイという主要な動物資源を最大限に利用していることへの彼ら独特の自負の表現であると理解することができる。

　しかし，実際には，トナカイの身体部位の中でも食べない部位，あるいは食べてはいけないというタブーが課せられた部位がある。そのひとつが，上述のジルクトアトゥヌに置かれる肝臓や腎臓などのかけら，あるいは血凝りである。この他にもそこには置かれないものの，舌先や心臓の先端，あるいは第四胃の先端部分も食べないといわれている[117]。また，条件つきで部分

---

[117] 舌先や心臓の先端を食べないのはモンゴルでも同様である（呉人惠 2002c）。

的に摂食タブーが課せられた次のような部位がある。

1) 女性は特に脂肪の乗った尻尾は食べてはいけない。
2) 女性は足の骨髄を食べてはいけない。
3) 女性は舌を食べてはいけない。
4) 妊娠した女性は脳みそを食べてはいけない。鼻たらしの子供が生まれる。
5) 妊娠した女性は蜂巣胃を食べてはいけない。禿の子供が生まれる。
6) 背骨の一番小さい部分である el'ʃakal'ʃin「女の背骨」は，女性しか食べられない。
7) 若い牧民は小腸を食べてはいけない。投げ縄が切れる。
8) 特に歩き始めの子供は殺したメストナカイの胎児を食べてはいけない。その子供は転んでばかりいるようになる。男性も食べてはいけない。年寄りの人だけが煮て食べる。

　女性のトナカイ摂食に対して多くのタブーが課せられていること，とりわけ，栄養分の高い部位，あるいは後述するように儀礼的重要性をもった骨髄などの部位が摂食タブーの対象になっていることは，コリャークにおける女性の社会的地位をうかがわせるものとして興味深い。背骨の一番小さい部分である el'ʃakal'ʃin「女の背骨」は，実際には肉も脂肪も乗っていない骨だけの部分である。女性しか食べられないというのは，したがって特権的な意味をもつというよりも，他の女性に対するタブーと同様の意味合いがあることはいうまでもない。

　また，摂食が制限されている理由が，類感呪術的に説明されていることにも注目されたい。

　以上の摂食タブーは，呉人恵 (2002c) が考察を加えたモンゴルにおけるヒツジの摂食タブーに見られる特徴とも共通する。すわなち，上述のように，ヒツジの摂食タブーには，その食物としての重要性の低さゆえに周辺的な部位に課せられる完全なタブーと，食べられ，食物として重要な部位に課せられる条件つきの部分的なタブーがあるが，それにより，それ以外の部位の摂食が正当化され，また促進される。すなわち，このように「完全なタブー」と「部分的なタブー」という二重構造をなすタブーを設定しておくことによ

り，「殺し」にともなう罪悪感を巧妙に回避し，ヒツジの食物資源としての最大限の利用を保証していると考えられる。

　筆者が収集しえたコリャークに見られる上述のタブーを見るかぎりでは，ある種の人間に対してのみ摂食を禁じた，いわば部分的なタブーであるが，いずれにせよ，ここにも，部分的なタブーを課すことにより，実はそれ以外の人間の摂食は自由に許容されるという，きわめて合理的な動物資源観が働いていると考えることができる[118]。

　ただし，コリャークとモンゴルの家畜の摂食タブーで異なるのは，モンゴルでは完全なタブーの対象となる周辺的な部位名称の語尾に -qai / -kei という要素がつき，ヒツジの身体部位の中でも，摂食タブーに関して共通性をもつグループとして，言語的に明示されているのに対し，コリャークではこのように言語的には明示されていない点である。

(3) 守護神への血や骨髄の塗擦

　トナカイの処理の際には，γicγij と呼ばれる人型をした木製の火切り板，命名の際に用いられる an'apel' と呼ばれる占い石，家の守り主と考えられ，常にユルトやテントの入り口に置かれる骨や干し肉を砕く石 (elŋəwən)，焚き火の傍らに置かれている石 (peŋəwən)[119]，さらにはユルトの内部や屋外の焚き火などに，血や骨髄が塗擦される（写真 28, 29）。火切り板や占い石には左足の骨髄と血が塗擦される。elŋəwən と peŋəwən には左足の骨髄が塗擦される。この際，現在は写真 29 で見るように守られていないが，伝統的にはこれらの行為が左手でおこなわれることが求められている。このように「左」が重要なのは左手（トナカイの場合には左足）が心臓に近いためであるとも想像される。中でも火切り板のための仔トナカイ処理が 9 ～ 10 月に，冬用の衣類のための毛皮確保を兼ねておこなわれることはすでに上述したとおりである。この処理の際には家にしまわれている火切り板や占い石がトナ

---

[118] 一方，魚の摂食に関するタブーは筆者の調査では確認されなかった。その理由も考察する必要があろう。

[119] elŋəwən, peŋəwən の wə は，「石」を意味する wəww の縮約形であると考えられるが，前項要素の意味は不明。

写真28　血が塗擦された火切り板など

写真29　トナカイ処理の際の火切り板，占い石，焚き火への血の塗擦

カイの解体場所まで運び出される。また，それ以外の儀礼的処理においても運び出されることがある。ちなみに，筆者が 2003 年 7 月に見聞したアノーエウェン (anoʔewen) と呼ばれる儀礼的処理においても，後述するように J. A. ヤヴィエク (Jav'ek) 家と S. E. ヘッチャイ (Xechaj) 家の火切り板や占い石がすべて解体場所に運び出されていた。

しかし，このような正式な儀礼的処理でなくても，上述の守護神への血や骨髄のお供えはおこなわれる。

(4) 処理対象の選定

処理の対象となるトナカイは，təmjolqəl「殺す予定のもの」(təm「殺す」，-jo 動作対象[120]，-lqəl「〜の予定のもの」) と呼ばれる。一方，すでに処理されたトナカイの死体は təmjon「殺したもの」(təm「殺す」，-jo 動作対象) と呼ばれる。

この地域のトナカイ遊牧民コリャークが現在にいたるまでおこなってきている主要な儀礼には，4 月にその年初めて生まれた仔トナカイの誕生を祝う qajujuʔaŋaŋ「仔トナカイの祭り」(qajuju「仔トナカイ」，aŋaŋ「祭り」) と呼ばれる儀礼，5 月中旬，大地の目覚めを祝っておこなう n'ucal'qəʔaŋaŋ「大地の祭り」(n'ucal'q「大地」)，6 月末から 7 月初旬に春の宿営地に移動してその年初めてのトナカイ毛皮製ユルトを設営し，焚き火を起こす際の儀礼 anoʔewen~anoʔeweneɣiŋən「アノーエウェン」，8 月末のトナカイの発情期が始まる前におこなう n'ocal'qəʔajkol「大地の敷布団」[121] (n'ocal'q「大地」，ajkol「敷布団」) と呼ばれる儀礼，10 月初旬，大地が凍る時期におこなう儀礼[122]，そして，12 月の満月の時におこなう「ルグーレウェット」と呼ばれるいわゆるコリャーク式新年などがある。

処理はまず，その対象となるトナカイの選定から始まる。群れに近づいて

---

[120] 接尾辞 -jo は，他動詞語幹に付加されて動作対象を表す (tajkəjon「仕事＝すること」，joʕəjon「目的＝達するもの」)。

[121] ツンドラが種トナカイのための敷布団になるという意味の命名か？

[122] この儀礼の名称は確認することができなかった。n'ucel'qən kacʕatəŋ「大地が凍っている」と表現するインフォーマントもあったが，これがこの儀礼の正式な名称かどうかは不明。

行って，トナカイを探し出すことを分析的に təmjolqəl enajejək (təm「殺す」，-jo 動作対象，-lqəl「〜の予定のもの」，enajej「探す」)といったり，比喩的に qojacwatək (qoja「家畜トナカイ」，cwat「巻く」?)といったりする。後者の cwat の意味は確かではないが，捕獲のために群れの中に入っていく牧民たちをトナカイたちが取り囲むように走り回る様子が，「巻く」を意味する jwat と関係があるかと思わせる。

　処理の対象になるトナカイをいつどのように選定するかは人によって説明が異なる。捕獲のために群れに近づいて行く前に，あらかじめ決めておくという人もいれば，群れのところに行ってから決めるという人もいる。あらかじめ決めておくという人によれば，1年前から翌年に処理するトナカイを選定しておくこともあるという。ちなみに，筆者が 2003 年 7 月 27 〜 28 日の 2 日間にわたって観察した捕獲では，群れのところに行き，そこでトナカイの様子を観察しながら選定をおこなっていた。これは，通常の食料確保のための処理でも儀礼用の処理でも同様であった。

　とはいえ，それぞれの儀礼によって処理の対象となるトナカイの種類はおおよそ決まっているようである。「仔トナカイの祭り」では生まれたばかりの仔トナカイ(できれば灰色)1 頭と成畜(できれば去勢)を処理する。メストナカイの処理が回避されるのは，生まれたての仔トナカイがいるためである。「大地の祭り」では橇牽引用の去勢トナカイを処理する。「アノーエウェン」では仔トナカイ 1 頭と成畜，「大地の敷布団」では種オス 1 頭を処理する。火切り板のための処理では，冬用衣類の毛皮を確保するために仔トナカイを処理する。さらに，大地が凍る時期におこなう儀礼では橇牽引用の去勢オスが処理される。そして，ルグーレウェットでは，去勢オスやメストナカイ，仔トナカイが処理されるなどである。種トナカイは発情期の後はやせ細っているため処理には適しない。さらに注記すべきは，これらの儀礼では 8 月末におこなう「大地の敷布団」以外には，すべてトナカイとともにイヌも供犠に付すという点である[123]。

---

[123] なぜ，「大地の敷布団」の儀礼ではイヌを殺さないかについては，これはトナカイの発

この他，通常の食糧確保のための処理においても，回避される時期やトナカイの種類がある。すなわち，冬は翌春に出産をひかえたメストナカイの処理は避ける。春のトナカイが疲弊している時期の処理は制限されている。6月，草を食べ始めたばかりのトナカイもまだ十分に太っていないので処理しないようにする。6月末から8月までのトナカイの毛が抜けて新しい毛が生えるまでの期間も，毛皮の利用価値がないので処理は避ける。特に，春に出産を終えたメストナカイの脱毛は遅いばかりでなく，仔トナカイを授乳しなければならないので，当然，避けなければならない。ただし，オストナカイの脱毛は早く，7月中旬には完全に新しい毛に抜け替わるので処理することができる。また，出産を経験していないメストナカイ(waŋqatqoj)，出産はしたがなんらかの理由で仔トナカイをなくした waŋqac は授乳の必要がないので処理の対象になる。秋には，夏に病気をしたトナカイは優先的に処理し，また毛皮服の材料のために仔トナカイも処理の対象となるなどである[124]。

(5) ニャチガイマク作り

12月，満月になるまでにおこなう儀礼に上述のとおり，「ルグーレウェット」がある。これはいわばコリャーク式の新年を祝う儀礼で，トナカイやイヌの処理，さらにはトナカイ橇競走などがおこなわれる。この際に，春の食糧不足を補うために用意されるのが，「ニャチガイマク」n'acɣajmak(n'acɣ「毛皮」，ajmak「包むもの」)といわれる保存用の肉である。特に「ルグーレウェット」の儀礼の際のニャチガイマクを ləɣolawtəqojanmatn'acɣajmak(ləɣolawt「ルグーレウェット」，qoja「トナカイ」，nmat「殺す」，n'acɣajmak「ニャチガイマク」)という。

「ルグーレウェット」の儀礼の詳細については後述するとして，以下では，この新年のニャチガイマク作りについて見ていく。

情期のための儀礼であり，イヌは関係ないとの説明であった。この儀礼はまた，他の儀礼のようにトナカイ橇競走や徒歩競走などの祭り的要素がないこともこれとなんらかの関係があるかもしれない。
[124] この他，牧民が1人で遠隔の放牧地に出かけて食糧がなくなった場合などには，仔トナカイを捕獲して食べることもあるといわれている。

通常，満月の翌日，1家族で 1 ～ 2 頭のトナカイを春用に処理する。これは儀礼的処理と考えられているため，特別に qojanmənelŋən「トナカイ捕獲用革紐」(qoja「トナカイ」, nm「殺す」, ŋelŋ「革紐」)と qojanməpojɣən「トナカイ刺殺用槍」(pojɣ「槍」)が用いられる。その年の春か秋にはあらかじめ去勢の際に，ニャチガイマク用の種トナカイを選定し去勢する。こうして去勢しておいたトナカイは，12月になると，よく脂肪が乗りニャチガイマクに適しているといわれている。この他，乳の出の悪いメストナカイ(ʕekaloʕəwenqoj [ʕeka「悪い」, loʕ「乳房」, wenqoj「メストナカイ」])もニャチガイマク用に処理される。このようなニャチガイマク用のトナカイを n'acɣajmakəlqəl (n'acɣajmak「ニャチガイマク」, -lqəl「～の予定のもの」)という。ニャチガイマクにはまた，その理由は明らかではないが，できるだけ白いトナカイ(elɣaj)や白黒斑のトナカイ(kalelʕən)を選ぶようにするともいわれている。

ニャチガイマクの作り方は以下のとおりである。

トナカイを槍で刺殺した後，心臓の側，すなわち左半身の毛皮を剥がし，前後左右の脚の部分を外す。腹腔を切り開き，胃腸その他の内臓を取り出す。血液は胃袋に入れて縛り別に保存する。空になった腹腔に心臓，肺臓，肝臓，腎臓などを入れ，剥がした毛皮で包み，脛皮で縛る。頭部は包まずに残し，儀礼用にグイマツの木の先端に挿して供犠に付する。この際，心臓のある向かって右側半分は全部解体し，左側は解体せずにそのままにし，右側半分の剥がした毛皮で巻いて縛る。こうしてトナカイの毛皮に包んだものをニャチガイマク (n'acɣajmak) と呼び，このように肉や内臓を毛皮で包むことを n'acɣajmakək～nalɣək ajmakək (nalɣ「毛皮」, -k 所, ajmak「包むもの」)と呼ぶ。ニャチガイマクを作ることは，「作る」を意味する語彙的接辞 t'a-...-ŋ を用いて t'an'acɣajmakŋək (t'a-...-ŋ「作る」, n'acɣajmak「ニャチガイマク」)と表現するか，あるいは分析的に n'acɣajmak tejkək (tejk「作る」)という。

できあがったニャチガイマクは，地面に穴を掘って埋めるか，食糧積荷用橇 (picɣenaŋ [picɣ「食糧」, enaŋ「積荷用橇」]) あるいは屋外に設置した保存用の棚 (milqəmil) に置いて保存し，5, 6月頃，暖かくなってニャチガイマクが溶け始めた頃を見計らって取り出す。肉はそのまま煮て食べたり，干し肉

(pəʃatʃol[pəʃa「干す」, -tʃol「断片」])にして食べたりする。pəʃatʃol は, 上述の elŋəwən といわれる石の上で jəpeŋe といわれる石で砕いて食べる。また, 半生の干し肉(mel'l'il'əqin pəʃatʃol~ʃapl'əpʃəkəlʃən pəʃatʃol)[125] は, 火で炙って暖めて食べてもよい。包んでいた毛皮は, ユルトカバーや寝袋(iniji)などに利用する。

ところで, ニャチガイマクとは別に, 冬期に食するトナカイ肉は, 必要に応じて適宜, 処理して食する。ちなみに第13ブリガードでは2002年に最後の「ルグーレウェット」の儀礼をおこなったが, その際に, J. A. ヤヴィエク(Jav'ek)家2頭(いずれもメストナカイ), S. E. ヘッチャイ(Xechaj)家2頭(橇牽引用トナカイ, メストナカイ1頭ずつ)を処理した。このうち, J. A. ヤヴィエク家では1頭はそのまま食し, もう1頭は春用に保存した。

さらに, 2～4月頃, トナカイの群れで処理をおこない, 宿営地まで橇で運ぶ場合にもニャチガイマクが作られる。ただし, この場合には儀礼的なニャチガイマク作りではないため, 頭部は角と皮を残した頭蓋骨上部のみ外して胃の内容物の上に置き, 残りの部分はニャチガイマクに入れる。このような純粋な食糧確保のためのニャチガイマクは, 儀礼用のそれとは区別して, jolʃəjon'acɣajmak(jolʃəjo「食糧」)という。

(6)処理方法

処理では, その種類によって方法に違いが見られる。まず, 用いられるナイフが使い分けられている点が注目される。たとえば, 「アノーエウェン」や「ルグーレウェット」などの儀礼の際の処理では, トナカイを捕獲した後, 処理する場所まで引き連れてくるためにトナカイにかけられるトナカイ捕獲用革紐と刺殺用にトナカイ刺殺用槍が用いられる。これに対し, 火切り板のための処理では普段, 火切り板とともにしまわれているへその緒を切るナイフ(kelecvewal[kele「へその緒」, cve「切る」, wal「ナイフ」]), 「仔トナカイの祭り」では男性が携帯している wal'apel'(wal'a「ナイフ」, -pel' 指小辞)が

---

[125] mel'l'il'əqin pəʃatʃol は「半生の干し肉」の意味。ʃapl'əpʃəkəlʃən pəʃatʃol は「完全には乾燥していない干し肉」の意味。

用いられる。ちなみに，衣類用の仔トナカイの処理では同様に wal'apel'，それ以外の通常の食糧確保のための処理では通常の男性がもつナイフ ləγewal (ləγe-「本当の」，wal「ナイフ」)が用いられる。

以下では，2003年7月29日に第13ブリガードでおこなわれた春の宿営地に移動した際の儀礼のための処理・解体について，必要に応じて他の処理と比較しながら記述していく。なお，解体される身体部位のコリャーク語の名称については，第5章の表27で調理法とともにあげるため，ここでは日本語名のみをあげるものとする。ただし，表にあげられていない部位名称については以下であげる。

まず，トナカイの処理においては，通常，男女の役割がはっきり区別されている。男性の役割は処理するトナカイを群れの中から捕獲し，心臓をナイフで突いて絶命させ，解体場所まで連れて来るところまでである。その後の解体，内臓の処理，調理はすべて女性の仕事である。ちなみに，モンゴルでは，ヒツジの処理の場合，捕獲，処理，解体は男性の仕事で，女性はもっぱら内臓の処理と調理をおこなう。このように両民族の間で分担の領域に差があるのは，対象とする家畜の捕獲の難易度，大きさの違いなどによるものであろうか。興味の引かれるところである。

解体作業の傍らで，しばしば男性が数人で腰かけ，談笑しながら解体の様子を見守っていることがあるが，手を貸したりすることはない。

捕獲後，このような儀礼的処理の際には解体場所にトナカイ捕獲用革紐をトナカイの角に結びつけて連れて行く。通常の処理では，捕獲後，直接，解体場所に連れて行かれる。また，上述のとおり通常の処理では刺殺は普通の男性用ナイフ(ləγewal)でおこなうが，この処理では槍が用いられる点も異なる(写真30，31)。さらに，各家のお守りである占い石や火切り板が解体場所に持ち出され，絶命させたトナカイの心臓から吹き出している血が塗られるのも，通常の処理では見られない点である。

処理は実際には2003年7月27日，28日，29日の3日間にわたっておこなわれた。27日，28日の両日は通常の食料確保のために，29日にはヤヴィエク家とヘッチャイ家のアノーエウェンのための処理であると説明された。

写真 30　ナイフで心臓を刺す通常の処理

写真 31　アノーエウェンの際の槍による処理

この処理のために，7月26日にはあらかじめ遊牧地から夏の宿営地までトナカイの群れが追われてきていた。

　7月29日，朝8時30分に，この儀礼の主であるJ. A. ヤヴィエクさん，S. E. ヘッチャイさんが数人の助っ人とともに，投輪をもって群れに近づいていった(写真32)。そこで2人は話し合いながら群れの中から，仔トナカイをなくしたメストナカイ(waŋqac)，3歳の種トナカイ(kiməntəwinəkjəŋ)の2頭(いずれもソフホーズ所有)を選定し捕獲を始めた。両者が選ばれた理由は次のように説明された。

　まず，他にとりあえず必要のないトナカイが選ばれたこと。メストナカイが選ばれた理由としては，2人ともそのメストナカイを熟知していること，大人しくすでに年もとっていることが理由としてあげられた。3歳の種トナカイはすでに橇牽引用に調教されていたが，まだ十分に調教ができておらず，なおかつ角ばかり大きくて美しくないことが理由としてあげられた。

　20分ほど群れの後をついていって，目当てのトナカイを探した後，メストナカイはS. E. ヘッチャイさんによって，3歳の種トナカイはJ. A. ヤヴィエクさんによって捕獲された。その後，他の牧民が加わり，1頭を4人ずつで引っ張り，解体場所近くまで連れて行った(写真33)。

　その間に，この儀礼の主人であるJ. A. ヤヴィエクさんとS. E. ヘッチャイさんは，トナカイ捕獲用革紐と心臓を刺すための槍などを用意した。通常の処理では任意に絶命させる人が選ばれるが，儀礼の場合には，儀礼の主人が心臓を刺すことが望ましいと考えられている[126]。通常の処理でも儀礼の処理でも刺殺の方法は刃物を左側の心臓に刺しておこなわれる点，変わらない。

　一方，解体場所にはすでに焚き火が用意され，両家の占い石や火切り板がそれぞれのユルトから運び出され，焚き火の傍らに置かれていた。また，トナカイの頭部を置く橇も2台用意された。この橇は，ユルトの枠木を積んで移動するためのjalqəlinaŋ(jalqəl「ユルトの枠木」，inaŋ「積荷用橇」)と呼ば

---

[126] 一方，V. I. イカヴァヴ(Ikavav)氏の説明によれば，刺殺するのはトナカイの所有者かその息子と決まっているということである。

写真 32　トナカイを投げ縄で捕獲する

写真 33　解体場所にトナカイを引っ張っていく

れるものである。さまざまな種類のコリャーク式橇の中でも最も小さいこの橇が，なぜこの儀礼に用いられるのかは不明である。ただし，既述のとおり，この橇の上には直訳すると「脳みそのユルトの枠木」の意味のトナカイの頭頂部(awjalqəl)が置かれ，両者の間のなんらかの関連性を示唆させる。

　革紐でつながれた2頭のトナカイが解体場所に引き連れてこられ，同時に主人2人が心臓を槍で刺した(写真34)。絶命したトナカイが東向きに並んで心臓を上にして横たえられた。絶命したトナカイは頭を東向きにして置かれ，その下に木の枝が置かれた。トナカイの北側にはジルクトアトゥヌ，南側には焚き火，そのさらに傍らには占い石や火切り板が置かれる。この位置は常に固定している(写真35，図5)。

　解体は両家の主婦によって主におこなわれた。V. E. イティキエーヴァ(Itik'eva)さんの解体の手順を追って記述していくことにする。

　心臓から吹き出している血を，地面に片手で注ぎ，占い石や火切り板になすりつけて供犠をおこなった後，イティキエーヴァさんはユルトの外の焚き火，ユルトの中の焚き火にも血を注いだ[127]。また死んだトナカイに水がかけられた(写真36)。一方，処理にかかわっているすべての人(たとえば，まわりで処理を見ている子供たちも含めて)が焚き火とその周辺にトナカイの血のスープを注ぐことがあるが，これはʃejjəkと呼ばれるトナカイ橇競走がおこなわれる時だけであるといわれている。

　こうして解体作業が始まった。まず，四肢の皮に切込みが入れられ，次に喉から腹，さらに股へと同じく皮に切り込みが入れられていった(写真37)。横倒しになっているトナカイの前足の部分から皮にナイフで切り込みを入れる(pann'anwanvatək)。後ろ足は両方から股に向かって切り込みを入れ，つながったところで，今度は腹から喉に向かって切り込みを入れていく。さらに喉から顔に向かっても切り込みを入れる。この時，もう1人がもう一方側の

---

[127] I. G. ケチゲルフット(Kechgelxut)さんによれば，彼女の家では，子供たちにトナカイを捕まえる革紐の先をもたせる。その後で，殺されたトナカイの血を手にとって四方八方に注ぎ(mull'əniɲcətkuk)，また，占い石や火切り板などにも注ぐ。その後，血を子供たちの額にもなすりつける(mull'e enajkelek)習慣であったという。

写真 34　心臓に槍を刺して絶命させる

写真 35　トナカイの解体場所(左端は橇の上に置かれたトナカイの頭部)

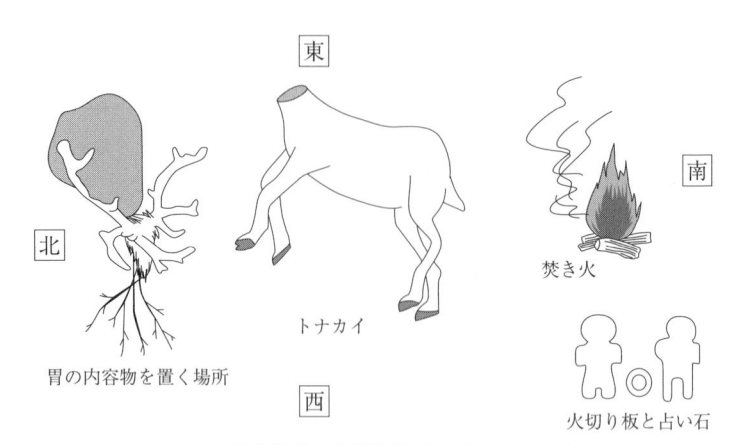

東
南
北
胃の内容物を置く場所
トナカイ
西
焚き火
火切り板と占い石

図5　解体場所の位置関係（呉人惠 2007c:142）

写真36　死んだトナカイに水をかける

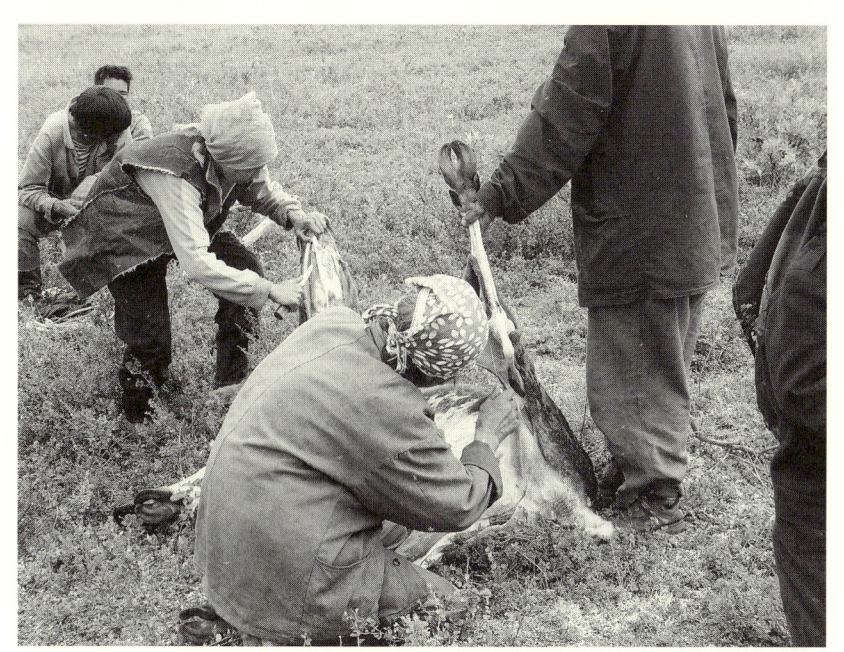

写真37　四肢や頭に切り込みを入れる

写真38　こぶしで皮を剥ぐ

足をもって介助することを inakjanpatək という。

次に皮を剥ぐ(n'alɣətvak[n'alɣ「皮」, -tva「外す」])。切り込みを入れたところから胴体の部分の皮をこぶしで剥いでいく(nəqopjək[nəqo「こぶし」, pj「剥がす」])(写真38)。胴体の一方側の皮を剥がす時には、もう一方側の足を別の人がもって補助し、2人で引っ張り合いながら剥がしていく(ii ページ口絵写真上)。こうして一方が終わったら、もう一方も同様にして皮を剥いでいく。ただし、この時点では頭の皮は外さずそのままにしておく。

一方、2001年10月に見聞した処理では、頭の部分の皮をナイフで切り離していく(lewtənewenŋetək)。頭の部分は口をさらに切り裂き、上顎と下顎とに分け、上顎だけを斧でまず体から外す(awjacʕavək)。上顎から上の部分の皮はそのまま剥がさずに残し、頭蓋骨、角もそのままに残す(ただし、目だけは取る)。これはジルクトアトゥヌに供犠として捧げるために用意される。

皮を剥ぎ終わったら、今度は四肢の解体(jəpetək)と内臓(kalalwən)[128]の取り出しが同時に始まる。解体には、女性用ナイフ、斧、鋸を用いるが、斧は肋骨や頭蓋骨を割る時、臀部の肉を2つに分ける時のみ、鋸は袋角を切る時のみに用いられ、それ以外には女性用ナイフを用いる。

まず、胃を取り出す(nanqəŋtok[nanq「腹」, ŋto「出る」])(写真39)。第一胃、第二胃(蜂巣胃)、第三胃(重弁胃)、第四胃を全部いっしょに取り出す。既述のとおり、第一胃の内容物は、夏、トナカイが緑の牧草を食む季節には、一部をジルクトアトゥヌへの供物として供する以外に,絞って飲料の jilqəʔəpaŋa(jilq「胃の内容物」, əpaŋa「スープ」)にするが、秋以降はトナカイの食する牧草が新鮮ではなくなるため、ジルクトアトゥヌへの供物としてのみ供される。

腸の部分も取り出す。十二指腸から空回腸、回結腸間膜、結腸ラセンワナ、盲腸、直腸、肛門なども取り出す。一方で、補助役の女性が左の前足から始めて足の取り外しにかかる。

ジルクトアトゥヌの設置が始まる(写真40)。頭部をそのまま残して剥がし終わった皮を、あらかじめ用意してあったユルトの枠木運搬用橇に頭の部

---

[128] 人の内臓についても同様。また、トラクターなどの部品も同じく kalalwən という。

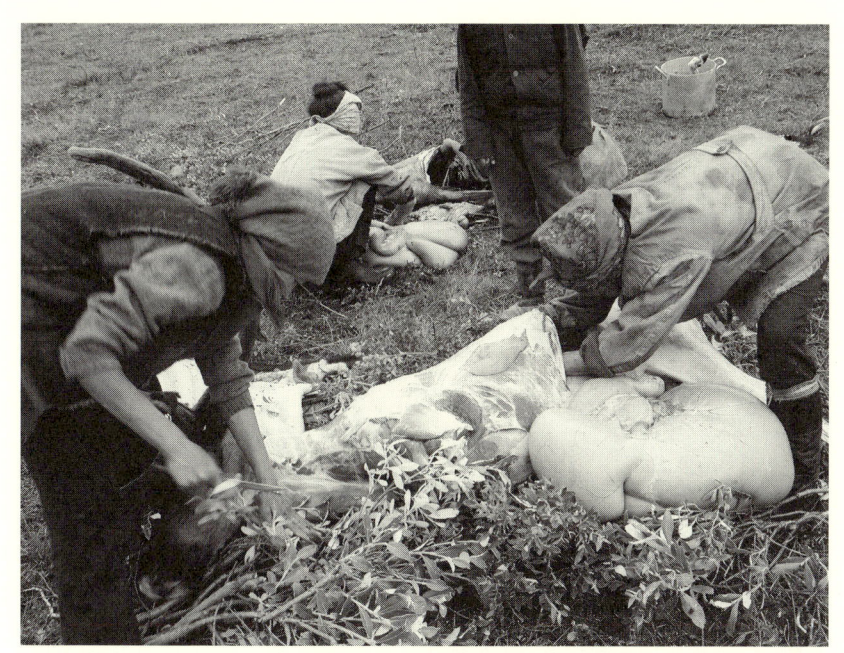

写真39　胃を取り出す

写真40　ジルクトアトゥヌを設置する

分だけ東を向けて乗せ，胴体の皮は地面に広げる。この際，頭の下にはヤナギの一種の ojkaw を敷く。また，しばしばトナカイの頭に水をかける。これは，トナカイがよく水を飲むように，群れが無事であるようにとの配慮によると説明された。

橇のすぐ横には第一胃の内容物が注がれた。筆者が 2002 年 10 月に見た処理では，その上に角，脳みそ，骨髄，肝臓，腎臓，脂肪のかけら，鼻上部の薄い骨，糞などが置かれた。

この間に，トナカイの死体では心臓から吹き出している血を，首に生えている長い毛(pelɣənolŋən~jiɣənkawjaw)で随時，拭き取る。

剥いで地面に広げた毛皮に前足，後ろ足，腸の部分を置き，脚部は毛皮でくるんでおいて，腸の処理を始める。

一方，胃の処理も始まる。第一胃，第二胃，第三胃，第四胃の中から内容物を取り出し，一部は橇の横に注ぎ，残りは鍋に入れる。空になった 4 つの胃はすべて腹腔にたまっている血でゆすぐ。腎臓を取り出す。第二胃(蜂巣胃)の中には横隔膜，回腸，腎臓などを入れ保存する[129]。血は腹腔からすくい出し(写真 41)，きれいにした胃の中に入れ口を縛って保存する。

肩肉を外す。この時，肩甲骨に肉が残らないようにきれいに外す。

心臓，肺，気管支，脾臓，肝臓などの内臓を取り出す。横隔膜(mullʼajpinŋən~muccajpinŋən)[130]，外腹斜筋，食道なども取り出す。血は腹腔にためておき，蜂巣胃の反芻物を入れ，蜂巣胃を洗い浸すようにする。

肉は部位ごとに骨とともに解体する(写真 42)。肋骨は下から 9 本をいっしょに外し，上部の 5 本は 1 本ずつ外す。上部はいっしょには取り外しにくいからである。外す部分には，胸肉，上腕部の肉(ɣətolqəl)，腿肉，尻肉，蹄，ひれ肉，背骨の一番下の肉(majqajkelʼʕe)，最小の骨(elʼʕakalʼʕe)，その上の長い背肉，頸肉などがある。

肉を部位ごとに解体すると，肉を煮始める。通常，肉と内臓は別々に煮る。

---

[129] この他，蜂巣胃の中には夏，熟したベリーを入れ，屋外に穴を掘って保存する。こうすると冬まで新鮮なまま保たれるといわれている。

[130] 直訳すると，「血液を塞ぐもの」の意味。

写真 41　腹腔にたまった血をすくい出す

写真 42　肉と骨とともに部位ごとに切り分ける

ただし，胃の部分はいっしょに煮ることがある[131]。また，仔トナカイを処理した時には，その心臓と成畜トナカイの通常，肋骨をいっしょに煮る習慣がある。これは，仔を失った母トナカイが寂しがらないための配慮であると考えられている。なおこの場合，心臓は取り出した後すぐに煮なければならないといわれている。また，頭部は，角を切り（写真43），顎（walqəl）を外し，唇，目，耳，鼻の軟骨（qeŋijəcʕən），舌などを取り出す。頭部を解体することを lewtənewenŋetək という。また，頭の上部は斧で割って外し，awjalqəl を作る。これを awjaclavək という。awjalqəl は橇の上に置くとともに，橇の傍らには胃の内容物を注ぎ，その上に切った角，脳みそ，骨髄の断片などを置く（写真44）。

　足の部分は肉を取った後，筋（ɣətkajtan），橈骨の横の細長い尺骨（tititʕəm）[132]なども取る。

(7) トナカイの身体部位名称：蹄と角

蹄（図6）

　蹄の部分はトナカイ全体の体積に占める割合はわずかなものであるが，利用価値の高いことを反映してか，他の部位に比べて名称の分節が細かい[133]。

　まず食用としては，通常，焚き火で炙って毛を剥がした後に，爪の部分を外し，それ以外の部分は生で食べるか，細かく切って醱酵した血（wilwil）であえて食する。このうち，jawqəməc ⑥は，生食するかあるいは砕いて中の骨髄を取り出し煮て食用油を取る。しかし，蹄の利用はこれだけにとどまらない。爪の部分 vaɣəlŋən ④は細かく砕いて煮て糊を作り，スキーの底板の滑り止めにトナカイの脛皮を貼りつける際に利用される。毛の部分 cecow ②はブーツの底（cecokoltalŋən）に貼りつけると，滑らずなおかつ大変暖かいといわれている。ただし，春はこの毛が抜けてしまうので，冬の間に切り取っ

---

[131] ただし，十二指腸から空回腸までの部分は苦味があるので，肉といっしょに煮ることはない。
[132] ちなみに，クマの尺骨（pəqətʕəm）は，トナカイの尺骨に比べると大きく，通常，紐の結び目を解いたり，トナカイ毛皮の毛を梳いたりするのに用いられる。
[133] 同系のチュクチ語における蹄の部位名称については，Kurebito, T.(2003:64, 68)を参照されたい。

写真43　角を切る

写真44　注いだ胃の内容物の上に角，脳みそ，骨髄の断片を置く

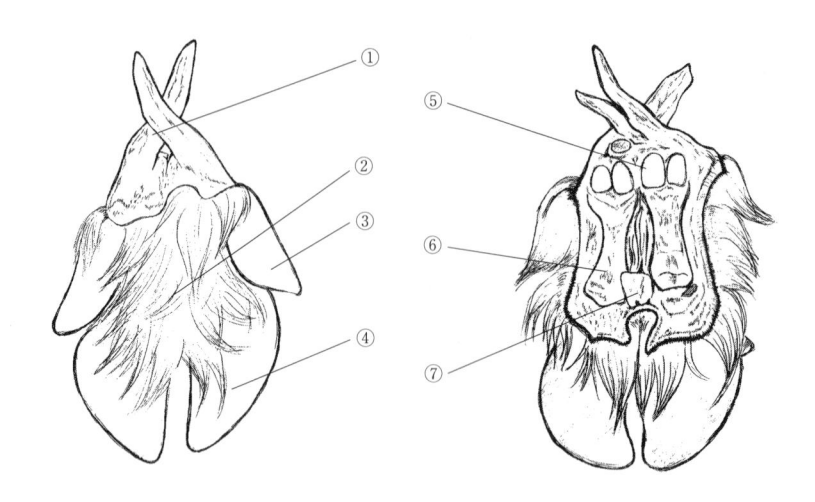

①：jiqəvəl'unŋən，②：cecow，③：ʕavəl'olŋən，④：vaɣəlŋən~vaɣətʃəm，
⑤：vulvətʃəm，⑥：jawqəməc，⑦：jəŋocʕən
図6　トナカイの蹄の部位名称（呉人惠 2007c:147）

て用意する。

　また，地面のトナカイゴケ，キノコ，人尿などを嗅ぎ分けるものというところから，jəŋocʕən「臭いを嗅ぐもの」(oŋeŋ「臭いを嗅ぐ」，-cʕ 分詞）と命名された⑦は，トナカイの発育をコントロールすると考えられている。特に，トナカイはここで角を触るが，これはここから出る液がトナカイの角の発達に役立つためであると考えられている。

　なお，これらの名称のうち上述の⑦以外に，①の jiqəvəl'unŋən は jiqəvəlu「穿る」から，⑤の vulvətʃəm はトナカイ毛皮製テントを丸く形整する枠木（vulvəŋ）からの派生語（tʃəm は「骨」の意味）であることが明らかである[134]。

角・頭頂部

　角の部位名称も，その多様な利用を反映して細かく分節されている。以下，

---

[134] トナカイの蹄や頭部にこのようにコリヤークの住居であるトナカイ毛皮製テントの部位名称が転用されているのは興味深い。

トナカイを処理する際，トナカイの頭部から外す頭皮がついたままの頭蓋骨頭頂部から角にかけての部分 awjalqəl「脳みそのユルトの枠木」を描写した図7によって，各名称をあげる。

　角の分類原理は以下のとおりである。すなわち，角の名称は大きく ABC の3つの部分，jənnəlŋən（後方角），qəlpalŋən（前方左右角），ʕiŋɣiŋəlŋən（前方中心角）に分節される。このうち，jənnəlŋən はしばしば角全体の総称としても用いられることから，主要部であると認識されていることがうかがえる[135]。また，これらの名称はそれぞれ先端部も含めた全体を表すと同時に，幹部分も表す。さらにそれぞれの部分においては，根部分から枝分かれしている部分が分類される。すなわち，根部分の途中から1本に枝分かれしている部分 ajqəlŋən，二股に枝分かれしている部分 qalŋeɣiŋən~qelŋiqel である[136]。また，角の付け根の部分にも tennom という名称がある。

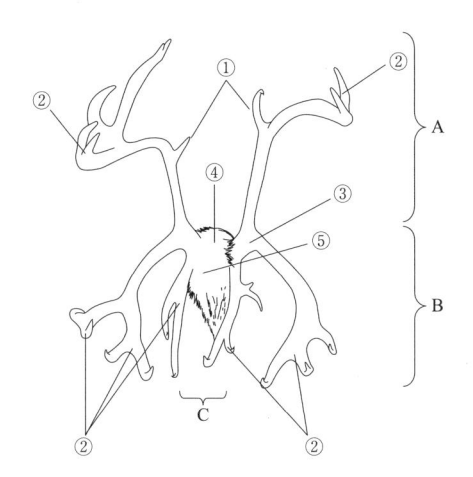

A：jənnəlŋən，B：qəlpalŋən，C：ʕiŋɣiŋəlŋən，①：ajqəlŋən，②：qalŋeɣiŋən~qelŋiqel，③：tennom，④：qəcalŋən（毛），⑤：awjatʃəm（頭蓋骨）

　図7　トナカイの角・頭頂部（awjalqəl）の部位名称（呉人惠 2007c:148）

---

[135] ちなみに，同系のチュクチ語でも（Kurebito, T. 2003:68），さらにはエヴェン語起源のヤクート語でも（高倉 2000:178）同様の原理により角が分節されている点，興味深い。
[136] これら先端部は総じて，cin'ətkən ともいわれる。

表17　トナカイの角・頭頂部の各部位の用途(呉人惠 2007c:149)

番号	部位名称	用途
A	jənnəlŋən	トナカイ橇の脚部分，斧の柄
B	qəlpalŋən	ナイフの柄
C	ʕiŋɣiŋəlŋən	指ぬき
①	ajqəlŋən	橇用革紐の留め具，結んだ革紐を解く道具
②	qalŋeɣiŋən~qelŋiqel	橇用革紐の留め具
③	tennom	鞭の取っ手・先端部分
④	qəcalŋən	ブーツの甲部分，スキー板の滑り止め
⑤	awjatʕəm	アザラシ油のランプの容器

　ところで，これらの名称には，-lŋ という接尾辞のついたものが多いが，この接尾辞は対になっているものを表すもので，角が左右2本ずつあることを反映している。

　それぞれの部位はさまざまな用途に利用される。表17は，各部位別の用途を示したものである。

1.7　トナカイをめぐる儀礼

　この地域で伝統的におこなわれてきた儀礼は，その大部分がトナカイ遊牧に関するものである。ただし，トナカイ頭数が激減した今，ほとんどの儀礼がおこなわれなくなった。

　一方，狩猟や漁労などその他の生業にかかわる儀礼は，筆者の調査では確認されていない。ただし，Ajatginina and Kurebito, M.(2006)では，ヴェルフ・パレニ出身の I. G. ケチゲルフット(Kechgelxut)さんによるクマ祭りや初シロザケの祭りについての語りが収録されており，内陸のこの地域では捕れないシロザケを別として[137]，野生動物に関する儀礼も過去にはおこなわれてい

---

[137] ただし，V. E. イティキエーヴァ(Itik'eva)さんによれば，5月に川の氷が解ける頃，ウサギの毛，茶，砂糖，トナカイの脂肪などをグイマツの剥がした樹皮の上に乗せて流す習慣があるそうである。これはその年の漁の開始を祝っておこなわれる儀礼であろうと考えられる。

たことが予想される[138]。

以下では，この地域で伝統的におこなわれてきた儀礼のうち，筆者が確認しえた4つを紹介する。これ以外にも kəntaɣiŋən「火切り板の儀礼」といわれるものがあるが，これについては詳細をまだ調査できていない段階である。

1.7.1 「ルグーレウェット」(ləɣulewət)

「真ん中の頭」は，12月の満月の時におこなう，いわばコリャーク式新年である。満月になると，まず，男たちが雪でトナカイを作る。これを ʕelqoj「雪トナカイ」(ʕel「雪」，qoj「トナカイ」)あるいは白い色をしているところから el'ɣaj「白トナカイ」(el'ɣ「白い」，aj「トナカイ」)という。目はトナカイの糞，角はグイマツの枝，耳はビーズ刺繍を施したトナカイの染色皮革で作る。この雪トナカイの頭部は，本章1.6.10の(5)で見たニャチガイマク用に処理されたトナカイと供犠のために処理されたイヌの頭部とともに，地面に突き立てたグイマツの3本の若木のポール(l'awcojpen'ŋən[l'awc「頭」，ojp「吊るす」])の先端にそれぞれ突き刺される[139]。

ニャチガイマクを作った後，新年のトナカイ橇競走(ləɣolawtəʕejaɣiŋən [ləɣolawt「ルグーレウェット」，ʕejaɣiŋ「トナカイ橇競走」])がおこなわれ，血のスープを煮て，大地や焚き火に注ぐ。

なお，1966～1973年までカムチャツカ州コリャーク自治管区で現地調査をおこなったMaljukovich(1974:80)によれば，この時期におこなわれるのは，アリュートル語でtətkenlektətkenと呼ばれる太陽の帰還を祝う儀礼である。この儀礼では，10mほどある木の柱に登り，太陽の方角に向かって「太陽(tijkətij)！」と呼びかける。この太陽にかかわる儀礼と，筆者が聞き取った月にかかわる儀礼ルグーレウェットとが，どのような関係をもつのかは現段階では不明である。

---

[138] 海岸定住民コリャーク，トナカイ遊牧民コリャークの儀礼については，Jochelson(1908)，Maljukovich(1974)などに詳しい。
[139] ニャチガイマク用のトナカイの頭部を刺した木の元には胃の内容物が注がれる。

1.7.2 「仔トナカイの祭り」(qajujuʔaŋaŋ)

4月, その年初めて生まれた仔トナカイ(janotɣət[janot「以前に」, ɣət ?])の出産を祝っておこなわれるのが, qajujuʔaŋaŋ「仔トナカイの祭り」(qajuju「仔トナカイ」, aŋaŋ「祭り」)である。トナカイの出産のための遊牧地 ɣəjoʕənə (ɣəjoʕ「(動物が)出産する」, -nə「場所」)から, 生まれたばかりの仔トナカイ(cojecoqajuju[coj「新しい」, eco「産む」, qajuju「1歳トナカイ」])を捕獲し, すぐに橇に乗せて宿営地に連れて来る。

まずは, 未調教の去勢トナカイ(qojacɣal'cəmŋa)を槍で処理した後, 仔トナカイをトナカイ刺殺用革紐で縛り, へその緒を切るナイフで処理する。また, イヌも殺す。これらの頭部を刺したグイマツの若木を地面に突き刺す(写真45)。

その後, トナカイ橇レースをおこない, ゴールの焚き火近くで息せき切って走ってくるトナカイを槍で処理し, やはりその頭部もグイマツの若木に刺

写真 45 グイマツの若木の先端に突き刺したイヌの頭部

す。このような処理を ʔejanmək「トナカイ橇レースの際に処理する」(ʔeja「トナカイ橇競走する」, nm「殺す」), それによって処理されたトナカイを ʔejanməlʔən[140] と呼ぶ。宿営地や他のブリガードからも客が来て, トナカイ橇競走以外にも杖を使った徒歩競走(kəcawcətγiŋən), レスリング(jənn'ənγiŋən), 投げ縄競技(kən'ʔockoγiŋən)などがおこなわれる

Maljukovich(1974:82)では, 同じ時期におこなわれる kil'vej と呼ばれる儀礼について記述されているが, 筆者の調査では確認されていない。

1.7.3 「アノーエウェン」(anoʔewen~anoʔeweneγiŋən)

6月末か7月中旬, トナカイの群れが夏の遊牧地に向かって移牧を始める前に, 春の宿営地に移動してその年初めてのユルトを設営する際におこなう儀礼が「アノーエウェン」である。まず, 宿営地に各家でユルトを設営し, 新しい焚き火を起こす。翌日, トナカイの群れを新しい宿営地まで追っていく。通常, 全体でひとつのトナカイの群れになるようにさまざまなトナカイを殺す。火切り板, 占い石への血の塗擦, 処理場所の焚き火のみならず, ユルトの焚き火への血の撒布をおこなう。トナカイの頭頂部は木に突き刺さずに, ユルトの枠木運搬用橇の上に置く。

雪のある季節のトナカイ橇競走に代わって木製トナカイ(ottəqojaŋa[ott「木」, qojaŋa「家畜トナカイ」])を手にもった徒歩競走がおこなわれる。ゴール地点では, トナカイ橇競走をまねて, その木製トナカイを処理するふりをする。コリャーク式レスリングもおこなわれる(ただし, 投げ縄競技はない)。

1.7.4 「大地の敷布団」(n'ocal'qəʔajkol)

8月末, 種オスの発情期が始まっていない時におこなう。種オスを処理して, 解体する。まず, 胃の内容物を地面に注ぎ, その上に毛皮のついた頭部を逆さにし, 角の先を地面に突き刺して置き, 胃の内容物を置く場所を設置

---

[140] 分詞の -lʔ は能格的にふるまうため, このように他動詞語幹に付加された場合には, 主語ではなく, 目的語を表す。すなわち, ʔejanməlʔən は, 殺す対象となるトナカイを意味する。

写真46 「大地の敷布団」の際に逆さに置かれた頭部(左端)

写真47 「大地の敷布団」の際に頭部をイヌに食べられないように木で囲って厳重にガードする。食料用に処理したトナカイの頭部(手前左)が放置されているのとは対照的

する(写真 46)。

　筆者はこの儀礼が 2004 年夏に第 13 ブリガードでおこなわれたのを見る機会を得たが，その際，処理した種オスの主人である S. E. ヘッチャイ(Xechaj)さんは，この場所のまわりをイヌに壊されないように，非常に丁寧にグイマツの丸太を積み重ねて囲んでいた。その傍らに，通常の食糧確保のために処理されたトナカイの胃の内容物を置く場所が無造作に設置されていたのとは対照的であった(写真 47)。ところで，S. E. ヘッチャイさんによれば，この儀礼はトナカイ競走やイヌの供犠などはともなっておらず，1 人でとりおこなうものであるという。他の儀礼とは幾分異なった意味合いを帯びた儀礼であることが注目される。

2. 漁労(tajŋatɣiŋən)[141]

　この地域のコリャークは上述のようにトナカイ遊牧を主たる生業としているが，その傍らで重要な副業として漁労にも従事している。ケガリ川からは多くの支流が分岐しており(第 2 章地図 5 参照)，そこはさまざまな魚の宝庫である。とりわけ，ここ数年のトナカイ頭数の激減により，漁労への依存度はますます高まっているといえる。

2.1　魚の種類

　この地域で捕れる魚は主に kəcaw「カワヒメマス」，məqaməq「？」[142]，ilʕaq「カワメンタイ」，tujketuj「カワカマス」，en'ənn'əki「コクチマス」，jajocaʔənnəʔən「岩魚」，wareŋʕocʕən「岩魚の一種」などである。これらの名称のうち，kəcaw, məqaməq, ilʕaq, tujketuj の 4 語はそれ以上分析できない一次語であり，本来，魚の名称として専用に用いられていた古い由来のものと考えられる。

---
[141] tajŋatɣiŋən の動詞形は tejŋetək。
[142] ロシア語で katalka「のし棒」と呼ばれるが，学名が今のところ同定できていない。

これに対し，en'ənn'əki と jajocaʔənnəʔən は別の意味を表す語幹からの二次語であり，先の 4 語に比べると，語としての定着度が浅いと考えられる。

en'ənn'əki は直訳すると「名なし」という意味である (e-...-ki 否定，n'ənn'ə「名前」)。この地域にはかつてコリャークが居住していなかったが，後に主にヴェルフ・パレニなど他の地域から移住してきたコリャークが，自分たちの故郷にはいないこの魚を見てこのように名づけたものと想像される。ちなみに，ヴェルフ・パレニでは主要な漁の対象は qetaqet「シロザケ」で，「コクチマス」はいない。一方，海から遠い内陸のこの地域では，シロザケは捕れない。

jajocaʔənnəʔən は，jajoca「キツネ」(← jajol) と ənnəʔən「魚」の複合名詞である。通常，湖に棲むこの魚はキツネのように赤い色をしていることから，このように説明的に命名されたと考えられる。

一方，wareŋʕocʕən は，出自の明らかでない語である。この地域で話されているチャヴチュヴァン方言北部下位方言には /r/ がないことから，他言語からの借用であることが想像される。語の前半部分 ware は，ロシア語の forel'「ニジマス」からの借用の可能性も想像させるが，その場合，語の後半部分 ŋʕocʕən (ŋʕoʕ ?，-cʕ 分詞) を説明することができない。

2.2 漁場 (tajŋatənə~tannəŋənə)

漁労に従事することを，ənnəŋəjtək (ənn「魚」，-ŋəjt「獲る」) という。漁をしたり，捕った魚をさばいたり干したりして加工することは tejŋetək，漁場は，tajŋatənə (tajŋat ← tejŋet「漁をする」，-nə「場所」)~tannəŋənə (ta-...-ŋ「作る」，nnə「魚」) という。漁場はさらに，漁をする方法によって次のように分類される。

γeŋətkonə~kaŋatənə[143]「引き網漁をする場所」(γeŋ「網」，-tko「〜で〜する」[144]，kaŋat「かがむ」)

---

[143] kaŋatənə は，網を弧を描くようにして張ることに由来する名称。
[144] 接尾辞 -tku は，道具や手段を表す名詞語幹に接続し，「〜で〜する」「〜の道具を使って〜する」の意味を表す (pipipətkuk「櫛でとかす」，walatkok「ナイフで切る」など)。一方，同じ形式の -tku は，動詞語幹に接続し動作の反復性というアスペクト，動作対象の複数性も表す。

γeŋəntvatənə「刺し網漁をする場所」(γeŋ「網」, ntvat「置く」)
ajpənə「簗漁をする場所」(ajp「簗漁をする」)
ajaʕonə「釣竿漁をする場所」(ajaʕo「釣竿漁をする」)

　ちなみに，この地域から東南方向に位置するパレニ地方では，パレニ川に沿ってソフホーズ所有の漁場以外に個人所有の漁場が並んでいた。これらは，その漁場の所有者である長老の名前にちなんで，Kamliltajŋatənə「カムリルの漁場」，Kakotajŋatənə「カコの漁場」，Al'atajŋatənə「アリャの漁場」などと呼ばれ，その長老が亡くなった後にもそのまま漁場の名称として残されたということである。ただし，筆者の調査地には，このような大規模な漁場はなく，したがってこのような名称も残されていない。

　ところで，魚は10月初めに川底の砂を食べて胃を洗浄した後，12月から2月までは餌を食べずに動かなくなる。その後，5月末に川の氷が解け始めると魚は活動を始める。まずは産卵するために上流の餌の豊富な小さな支流に向かって川をさかのぼり始める(γepək)。その後，8月になると，今度は水量の多い下流に向かって川を下り始める(takjəpək~wewewatək[145])。

　興味深いのは，このように川の上流から下流へと移動を繰り返す魚の移動ルートをトナカイのそれと同様に表現することである。冬期に下流の深みで活動を停止するその場所は，トナカイ遊牧民の冬の宿営地を意味するのと同じl'əql'eŋəcʕənə で表される。この場所で魚が動かなくなることをl'əql'eŋəcʕənvk ulvavək「冬の宿営地に落ち着く」(l'əql'eŋəcʕənv「冬の宿営地」，-k 所，ulvavək「落ち着く」)という。これに対し，谷川の上流に向かって魚が川をさかのぼる移動ルートは，夏のトナカイ遊牧ルートを表すのと同じal'acʕənə~al'acʕatənə で表される。ただし，産卵場所には専用の一次語qəttap がある。

---

[145] takjəpək は，「魚が川を下る」以外に「人がボートで川を下る」の意味にも使われる。一方，wewewatək は「魚が川を下る」の意味にのみ使われる。なお，類義の「下る」を意味する tekjətək(Zhukova 1967:553)は「人や動物が山を下りる」を意味し，「魚が川を下る」は意味しない。

2.3 漁の方法

漁労は, 10月初めに魚が川底の砂で胃を洗浄した後, 餌を食べなくなるため, 捕獲ができなくなる12月から2月の間を除けば, 年間を通じておこなわれる。5月末, 川に張った氷が解け始めると, 川が増水するだけではなく, 流れが変わってしまうことがあるため, この時期に川の状況をよく把握しておくことが肝要であるといわれている。

5月下旬から10月までの川が凍っていない間の漁には, 釣竿漁(jalqəlajaʕoɣiŋən[jalqəl「ユルトの枠木」, ajaʕo「釣竿で釣る」, -ɣiŋ 名詞化]), 引き網漁(ɣiŋətkoɣiŋən[ɣiŋ「網」, -tko「〜 で す る 」]), 刺し網漁(ɣiŋəntvatəɣiŋən[ɣiŋ「網」, ntvat「置く」]), 簗漁(ajpatɣiŋən[ajpat「簗漁をする」])がある。一方, 11月から5月中旬までの川が凍っている間は, 氷に穴を開けておこなう氷上穴漁(ɣelajaʕoɣiŋən[ɣel「氷」])と, 氷下に網を張っておこなう氷下網漁(ɣeləɣeŋəntvatəɣiŋən)がある。

ただし, これらの漁が常にこれまで同時にあったわけではない。筆者のインフォーマントたちが幼少であった1950年代から現在までには, 1980〜1990年代を境に大量捕獲の方法としての簗漁が衰え[146], これに代わって刺し網漁がおこなわれるようになったことが図8から見て取れる。一方, それ以外の漁は少なくとも1950年代から現在までおこなわれている。

簗漁の衰退に呼応するようにして現れた刺し網漁は, 一定の場所に固定して設置される梁に比べ, 持ち運びが可能で, どこにでも網を張ることができるという利点がある。

さらにこの刺し網漁に遅れて現れたのが, 氷下網漁である。インフォーマントのS. E. ヘッチャイ(Xechaj)さんによれば, 1992年にコルホーズから送られてきた網を使っておこなったのが初めてであるという。

以上から, この地域では伝統的な漁法は釣竿漁, 氷上穴漁, 簗漁であったが, これに引き網漁, 近年になって刺し網漁やさらに氷下網漁が新たに導入

---

[146] インフォーマントの1人S. E. ヘッチャイさんによれば, 彼自身, 1988年に第13ブリガードのチャイバ川で約200匹を捕獲したのが簗漁をした最後であるとのことである。

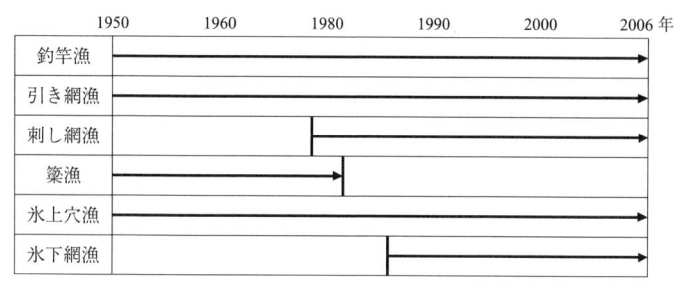

第 4 章　生業活動の範疇化　189

	1950	1960	1980	1990	2000	2006 年
釣竿漁	←――――――――――――――――――――――→
引き網漁	←――――――――――――――――――――――→
刺し網漁	←―――――――――――――→
簗漁	←―――――――→
氷上穴漁	←――――――――――――――――――――――→
氷下網漁	←―――――――――→

図 8　1950 年代から現在までの漁労方法の変遷(呉人惠 2007c:157)

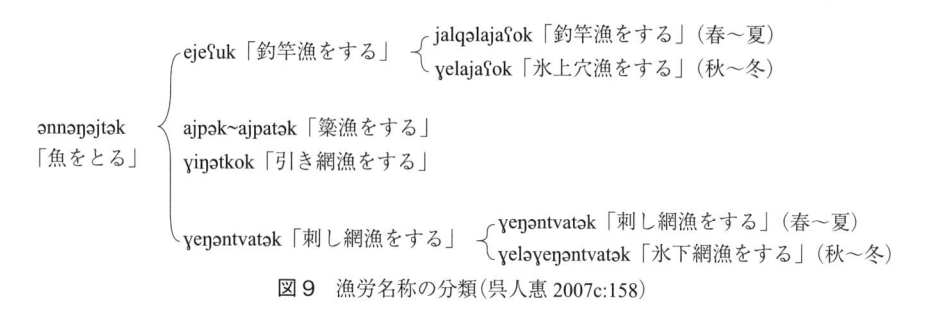

ənnəŋəjtək　　ejeʕuk「釣竿漁をする」　　jalqəlajaʕok「釣竿漁をする」(春〜夏)
「魚をとる」　　　　　　　　　　　　　γelajaʕok「氷上穴漁をする」(秋〜冬)

　　　　　　　ajpək〜ajpatək「簗漁をする」
　　　　　　　γiŋətkok「引き網漁をする」

　　　　　　　γeŋəntvatək「刺し網漁をする」　γeŋəntvatək「刺し網漁をする」(春〜夏)
　　　　　　　　　　　　　　　　　　　　　　γeləγeŋəntvatək「氷下網漁をする」(秋〜冬)

図 9　漁労名称の分類(呉人惠 2007c:158)

されたと考えられる。
　ところで，これらの漁をコリャーク語の名称の形態的特徴から分類すると，図 9 のようになる。釣竿漁と氷上穴漁は一見，異なる漁法のようにも思えるが，実は用いる道具は違ってもいずれも釣り針を使った漁である点で共通しており，そのことは，両者の名称が ejeʕuk「釣り針で漁をする」の下位分類であることにも反映している。また，γeŋ「網」と ntvat「置く」の複合語である γeŋəntvatək は，本来，春から夏の刺し網漁を指していたが，網を置く漁である点では共通している氷下網漁を指すのに，これに γel「氷」という修飾要素が付加されたことがうかがえる。
　また，図の左側から 2 番目の，第二次分類にあがっている語の構成からは，漁法の変遷の跡も読み取ることができる。これらの語は，3 種類の異なる語構成からなる。すなわち，①これ以上分析できない一次語：ejeʕuk，ajpək，②名詞語幹＋出名動詞形成接尾辞による派生語：ajpatək(ajp「川の流れをさ

えぎるための木材」, -at 出名動詞形成), γiŋətkok (γiŋ「網」, -tko「～で～する」), ③名詞語幹＋動詞の複合語：γeŋəntvatək (γeŋ「網」, ntvat「置く」) である。すなわち伝統的な漁である釣竿漁, 簗漁, 引き網漁はこのうち①と②の一次語あるいは接尾辞による派生語であるのに対し, 新しく採用された刺し網漁は古くからの使用をうかがわせる専用の一次語や, 派生語ではなく,「網」と,「置く」からなる複合語によって表されているのである。

2.3.1 釣竿漁

釣り針による漁労は上述のとおり, 川がまだ凍っていない間におこなわれる釣竿による漁 (jalqəlajaʕok「釣竿漁をする」[jalqəl「釣竿」, ajaʕo「釣り針で釣る」]) と, 川が凍ってからおこなわれる氷上穴漁 (γelajaʕok「氷上穴漁をする」[γel「氷」, ajaʕo「釣り針で釣る」]) とに下位分類される。

それぞれの漁のための道具のほとんどは手作りである。釣竿による漁には, 全長4mあまりある jalqəl と呼ばれるユルトの枠木, あるいは ajaʕojpojγən (ajaʕ「釣竿で釣る」, ojpojγ「柄」) と呼ばれる木製の釣竿を使う (写真48)。釣竿は, この地域では通常, グイマツ (γeγuw) あるいは低木性ヤナギ (əjajij) を材料にして作られる。先端にいくにしたがい細くなり, 先端には釣り糸と釣り針を容易に取り外せるように穴が開いている。また, 取っ手近くには針をひっかけておくための切り込みが刻まれている。

一方, 氷上穴漁には, γelajaʕojpojγən と呼ばれる木製の全長30cm前後の道具 (写真49) かあまり一般的ではないが, wajpəwaj と呼ばれる木製の網用糸巻き (写真50) が使われる。γelajaʕojpojγən には, 通常, 下部に釣り糸を巻きつける部分がついている。また, 先端には切り込みがあり, 釣り糸の長さが調節できるようになっている。上部には釣り針をひっかけておくための切り込みが刻まれている。まず, 棒で氷に穴を開け, そこに釣り糸をたれて魚を釣る (写真51)。

釣竿漁にも氷上穴漁にも共通しているのは, いずれも釣り糸 (ajaʕonaŋŋilŋən) と釣り針 (ejeʕuneŋ [ejeʕu「釣り針で釣る」, -neŋ「道具」]) と呼ばれる道具からなっている点である。

写真48　釣竿漁

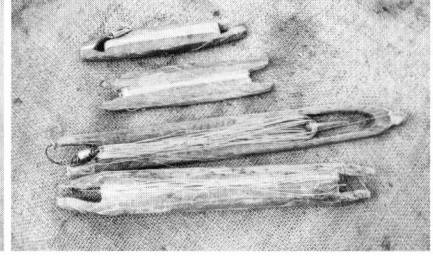

写真49　ɣelajaʃojpojɣən

写真50　wajpəwaj

写真51　氷上穴漁

釣り糸は，現在ではナイロン製の市販のものが使われているが，かつてはトナカイのアキレス腱や馬の尻尾の毛を縒って作られたといわれている。釣り針は，針そのもの(ajaʕonaŋwannəlŋən[ajaʕonaŋ「釣り針」, wannəlŋ「歯」]), 餌(kətʕem), 錘(iccajaqaw)からなる。針は現在では市販の鉄製のものが使われているが，かつてはトナカイの足の後ろ側の脛骨の横についている細い腓骨(tititʕəm[titi「針」, tʕəm「骨」])で作られた。餌としては魚の喉の部分の小さい肉片，魚皮(qulɣən), 髪の毛などが使われる。

2.3.2 網　漁

網漁には上述のように2種類がある。ひとつは，網を投げてすぐに引き上げる引き網漁(kaŋatək~ɣiŋətkuk), もうひとつは網を常時，張って定期的に魚を引き上げる刺し網漁(ɣeŋəntvatək)である。前者は，網が流されないように流れの緩やかな浅瀬でおこなう。後者は特に急流でないかぎり漁をおこなうことが可能である。

　引き網漁はボートで網を岸の一方に固定しておいてから少しずつ川に放して行き，網の全長ほど離れた地点で別の人がすぐにその網を岸に引き上げていく(写真52)。一方，刺し網漁は，川が凍っていない間は，約20mの網を川の何箇所かに張っておき，定期的にかかり具合をチェックし魚を引き上げる。魚は通常，網が水中で見えると逃げていってしまうので，夏の日没の遅い期間は，水中で見えなくなる網を使うのが望ましい。

　川が凍った期間は，氷に何箇所か穴をあけ，一方の穴から長い棒で網を端の穴に渡して網を張り，同様に刺し網漁をおこなう。

　上の2種類の漁で用いる網の全長(ewləɣiŋən), 幅(ʕomɣiŋən), 網目(ləlalŋən)のサイズはそれぞれに異なる。網のサイズは網を張る川の状態，魚の種類によって異なるが，ちなみにインフォーマントのI. V. イカヴァヴ(Ikavav)さんがオモロン川で漁をする際に用いる網は，刺し網漁ならば，全長約20m, 幅1.5～2m, 網目3.7～4cmの網，引き網漁ならば，全長約60m, 幅3～3.5m, 網目は1～2cmである。引き網漁用の網の方が幅が広いのは，多少の大きい流れでも網が川底まで届くためである。

写真52　引き網漁

　一方，刺し網漁用の方が網目が大きいのは，長時間網を張っている間に魚が網目にはまって逃げられなくなるようにするためである。また，刺し網漁の場合に全長が引き網漁よりもはるかに短いのは，刺し網漁は通常，流れの緩やかな小さい場所でおこなわれるためである。また，網を編む糸(iŋlit)は，刺し網漁には細め，引き網漁には太めのものを用いる。これは，刺し網漁では細い糸の方が魚が絡まりやすいためである。

　引き網用の網(kaŋatənɣeŋ [kaŋat「引き網漁をする」，ənɣeŋ「網」])の両端には棒を渡し下に石を置いて網を固定する[147]。これを jekej と呼ぶ。網の上側には綱(wəcwij)を渡し，等間隔に浮き(pəɣəlʕən [pəɣ「浮かぶ」，-lʕ 分詞])を置く。

　現在では浮きの材料にプラスチックを使っているが，かつては木の外皮や乾燥したポプラや白樺を使った。網の下側にも同様に綱を渡し，網が浮か

---

[147] 刺し網漁においても，大きい魚を捕る時には jekej が取りつけられることがある。

ないように錘(ɣeŋəwwən[ɣeŋ「網」, əwwən「石」])を等間隔に置く。かつては錘の材料として石を使っていたが，現在では金属製の輪が使われている。

2.3.3 簗漁

簗漁は通常，支流の浅瀬でおこなう。ajpəʔaj と呼ばれる棒で川の流れを端の部分を残してさえぎる。端の部分には筌を置いて，そこに魚を追い込む。ただし，川幅が広い場合には川岸付近だけに ajpəʔaj を渡し，筌に魚を追い込む。このことは別に enanvapcovək と呼ばれる。

3. 狩猟(ɣijnikɣilik~əlweɣilik)

この地域のコリャークは，ソビエト時代トナカイ遊牧が盛んだった時代には，狩猟にはそれほど積極的に従事していなかったようである。90年以降，トナカイ遊牧が斜陽になるとともに狩猟が重要な意味を帯びてきた。ただし，大型獣の銃による狩猟は許可を買い取らなければならないために，許可をもたない住民たちは，もっぱら罠漁に従事している。

3.1 狩猟動物の種類

銃による狩猟対象になる大型獣としては，kajŋən「クマ」[148]，wepqa「ムース」，kətep「野生ヒツジ」などがある。クマは春と秋に狩る。夏のクマは味が悪く，また毛皮の質も悪いために狩猟の対象にはならない。

罠猟の対象になるのは，kətyəm「クロテン」，qepej「クズリ」，jawəlʼʕeŋ「リス」，imjəqcuk「オコジョ」，jajol「キツネ」，iwtun「オオヤマネコ」，ʕiɣəlŋən「オオカミ」，ŋenŋet「カワウソ」，milʼut「ウサギ」，jewjew「ライチョウ」などである。このうち，ウサギとライチョウ以外は毛皮獣であるが，なかでもクロテン，クズリ，オオカミなどは銃による狩猟対象ともなる。

毛皮用の動物は，狩った後，内股の部分に切り込みを入れ裏返して肉を取

---

[148] クマはまた，タブー語として luqiʔəlwəlu「黒い野生トナカイ」ということもある。

り出し，təvecen'ŋən「伸ばし板」(təvece「毛皮を伸ばす」)に嵌め込んで乾燥させる。この伸ばし板は，各家にそれぞれの動物に合ったサイズのものがいくつか用意されている。

3.2 猟場（əlwaɣelenə~enantvatənə~ɣejnekɣelenə）

狩人は獣の足跡（winə）によりそれぞれの猟場を突き止めるが，猟場は狩る対象や方法により，əlwaɣelenə「大型獣の猟場」（əlwa「野生トナカイ」，-ɣele「探す」，-nə「場所」），ɣejnekɣelenə「毛皮獣の猟場」（ɣejnek「毛皮獣」），enantvatənə「輪索猟の場所」（ena「輪索」，ntvat「置く」）に分かれる。「野生トナカイ」を表す名詞語幹 əlwa で大型獣一般の猟場が表されることに注目されたい。さらに個別の獣とその狩り方により，大型獣の猟場は kajŋəɣelenə「クマの猟場」，kətepɣelenə「野生ヒツジの猟場」，wepqaɣelenə「ムースの猟場」などに細分化される。また，罠猟によるものは mil'utenantvatənə「ウサギの猟場」，kətɣəmenantvatənə「クロテンの猟場」，qapajenantvatənə「クズリの猟場」，ŋanŋatenantvatənə「カワウソの猟場」，jajolenantvatənə「キツネの猟場」，ʕiɣenantvatənə「オオカミの猟場」，jawen'ato~jawelenə「ライチョウの猟場」などに細分化される。

狩人が獲物を待ち伏せる場所は，peqənə「待ち伏せ場所」（peq「待ち伏せる」）という。大型獣は狩るとその場で解体するが，その解体場所のことは əlwunə（əlw「野生トナカイ」，-u「食べる」）という。ここでも「野生トナカイ」を表す əlw が語幹として用いられていることに注意されたい。ちなみに「大型獣を狩る」という動詞も同様に「野生トナカイ」を表す語幹から派生した əlweɣilik(-ɣili「探す」)で表される。

3.3 狩猟の道具

大型獣を狩る銃とは別に，罠猟には鉄製の utkucʕən「罠」，enat「輪索」の2種類が用いられる。enat には，糸やトナカイの腱を撚って作った糸状輪索と鉄線で作った鉄線状輪索がある。前者は主にライチョウを捕えるのに用いられる。後者はウサギを捕えるのに用いられる。なお，両者とも10～3月

に罠漁がおこなわれる。コリャークの言い伝えでは，狩ったものは自分で背負って運んではいけない。

3.4 野生動物の処理

　野生動物の処理に際しては，ジルクトアトゥヌや守護神への血や骨髄の塗擦に対する扱いが，トナカイの処理の場合とは異なる。たとえば，野生トナカイの場合には，ジルクトアトゥヌの設置，焚き火へ血，骨髄，脂肪などを捧げることなどはトナカイと変わらない。ジルクトアトゥヌに肝臓や肺臓のかけらを置く点も同様である[149]。ただし，野生トナカイの頭蓋骨は，外し方がトナカイとは異なる。すなわち，トナカイの場合には目の上のところから外すのに対し，目の下のところから外すようにする。これは，目が塞がれて見えないようにするためであると説明されている。血は胃の内容物を注いだ後に，胃袋の中に入れて家に持ち帰る。ただし，火切り板や占い石に塗擦されることがない点が，トナカイの処理の場合と異なるところである。ムース，野生ヒツジなどその他の野生動物についても野生トナカイと処理の方法は同様である。

　一方，野生動物の中でもその扱いが他と異なり独特なのは，クマである。クマの胃は小さくトナカイの胃のような内容物はないために，ジルクトアトゥヌは設置しない。尻尾の部分に毛を残し，他の部分は全部皮を剥ぐ。しかし，その代わりに重要なのが腸の扱いである。すなわち，クマの場合には，肛門の部分をナイフで丸くくり抜いて，そこから腸を抜き出す。抜き出した長い肛門は糞とともに解体した場所に残しておく。そこには胃をはじめとしてそれ以外の内臓の断片も同様に残す。これがあるいはトナカイなどの場合のジルクトアトゥヌに相当すると考えることができるかもしれない。一方，血は解体場所に注ぎ，家に持ち帰らない。焚き火には脂肪だけをくべる。

　頭部を全身の毛皮から外さずに家の中に運び入れ，焚き火あるいはストーブに頭部を向けて置く。年寄りの人がクマの両眼の上に石を置く。目は抜き

---

[149] これは，トリにふるまうためだと説明された。

出して生食する。鼻の中には綿か草を詰め，口にはパンや小枝などをくわえさせる。これを wanjojpen'ŋən という。噛まれないようにとの配慮であると説明されている。爪の部分も毛皮とともに残す。引っ掻かれないようにとの配慮であると説明されている。

　その後，頭を毛皮から外して煮て食べる。もしもメスならば，煮て頭蓋骨を残しておいて袋に入れて保存し，お守りにする。オスならば，頭蓋骨を煮て食べた後に，下顎といっしょに合わせてヤナギかなにかの木の枝を中に詰め，ツンドラのグイマツの木の枝の上に置いてそのままにしておく。それ以外の部位の骨もツンドラに置き，砕いて油脂(mətqil)を取ったりはしない。ちなみに，野生トナカイ，ムース，野生ヒツジなどの他の野生動物からは骨を砕いて油脂を取る。クマの掌は剥がしてブーツの底にする。

4. 植物利用

　永久凍土に覆われた北方のツンドラ地帯が，かぎられた植生であるにもかかわらず，植物を有効に生活に取り入れてきたことは，最近の日本人による研究だけでもすでに高柴(1995:103)，齋藤(1996:39)らが指摘しているとおりである。マガダン州セヴェロ・エヴェンスク地区最北の第13ブリガード周辺地域も例外ではない。ここには，グイマツ[150]の喬木を除けば，ハイマツ，ハンノキ類，ヤナギ類，ツツジ類，いわゆる白樺(カバノキ科 *Betula* カバノキ属)などの潅木や，イネ科などの草本，シダ植物，コケ植物，地衣類，菌類が生育しているが，これらの植物の多くが彼らの生活のさまざまな側面に取り入れられ利用されてきた。

　以下では，この第13ブリガードにおける植物利用のありようを中心に記述する。具体的には，筆者が2004年8月初めから9月初めにかけて第13ブ

---

[150] インフォーマントのいうロシア語の listvenitsa は一般名としてカラマツを指すが，植生学を専門とする沖津によれば「マガダン州では，グイマツ―ハイマツ林が広く分布し，それ以外の森林は少ない」(沖津 2002:75)とのことから，ここではダウリアカラマツの変種であるグイマツ(*Larix gmelinii* var.)とした。

リガードでおこなった調査にもとづき作成した植物利用に関するレポートが，記述の下敷きになっている。ただし，筆者は植物学の専門ではないために，このレポートを発表するにあたっては，植物の同定，民族学的視点からの考察，北方の他民族の植物利用との比較などにはそれぞれの分野の専門家の助言，協力が不可欠であった。

　まず，齋藤玲子氏(北海道立北方民族博物館)には，筆者の記述を民族植物学的視点から検討していただくとともに，北方の環北太平洋域に居住する他民族においても同様の植物利用が見られることを豊富な事例により示していただいた。脚注であげられている他民族に関する知見はすべて齋藤氏が追記してくださったものである。また，内田暁友氏(斜里町立知床博物館)，水島未記氏(北海道開拓記念館)にも植物利用に関する貴重なアドバイスやご教示をいただいた。さらに，カムチャツカ半島でコリャーク語と同系のアリュートル語の調査研究を進めてこられた永山ゆかり氏(東京外国語大学アジア・アフリカ言語文化研究所)のホームページ「アリュートルの世界(Мир нымыланов-алюторцев)」http://www.geocities.jp/nymylan_alutor の「アリュートルの植物の世界(Растительный мир алюторцев)」で公開されている植物の写真，アリュートル語名，ロシア語名，和名，学名なども，調査の際に参考にさせていただいた。

　以上のような経緯で書かれたのが呉人惠・齋藤(2005)であるが，以下では適宜，これに加筆修正を加えながら記述をおこなっていく。

　言語学者は，現地調査において，多くの植物名を収集する機会に恵まれることがあるが，言語学的に正確な植物名称の記述はできても，1人でこれに対応する生物学的に正確な種の同定にもとづいた民族植物学的記述をおこなうことはむずかしい。特定集団の周辺の自然環境との関係について，特に生物学的な視点を取り入れて実証的な調査研究をおこなうことが期待されているが(手塚・水島 1997:97)，これは，専門の異なる研究者の共同作業によって初めて可能になるものである。

　すでに述べたとおり，コリャークは，オホーツク海や太平洋沿岸地域で海獣猟や漁労をおこなう海岸定住民コリャーク(nəmʃəmen)と，内陸でトナカイ

遊牧に従事するトナカイ遊牧民コリャーク（cawcəvan）に大別される。筆者が対象とするのはこのうち，後者のトナカイ遊牧民コリャークであるが，両者の間には植物利用に関していくつかの顕著な相違点が見られる。したがって，以下ではこれについても適宜，必要に応じて言及し比較していくつもりである。

なお，本章のもとになる現地調査に協力していただいたのは，写真53～56の4人の方々である。聞き取り調査だけではなく，いっしょにツンドラや丘を歩き，植物を集め，その利用方法を手にとって教えていただいた。

以下では，それぞれの植物情報についてどなたが提供してくださったものかを，「用途」の項目の末尾に最初の姓のイニシャルA, I, J, Xで明記するものとする。また，コリャーク語の名称は本文中，括弧（　）に入れた英語と区別するために括弧に入れずにあげるものとする。

ところで，山田（1977:251）は，植物が利用される用途を，生計維持，住，衣，工芸および特殊用途，薬，儀礼・忌避など，娯楽の7種類に類別しているが，第13ブリガードにおいてもこれらの広い範囲にわたる植物の利用が認められる。表18では，まず山田（1977:251）の分類に沿って，コリャークの植物利用状況を概観する。

ちなみに，Jochelson（1908:817-842）の索引からは，35の種が異なると思われる植物と，シダ（fern），コケ（moss），ヤナギ（willow / *Salicaceae*）という3つの総称を拾うことができるが，以下では筆者が確認しえた33種についてその利用法を記述する。ただし，筆者の調査ではこの他，より植物利用が盛んと思われる海岸コリャークの植物名称などの聞き取りもおこなわれている。その中には，ヨヘルソンが記録していない植物も含まれるが，筆者は実際に目にすることができたわけではないため，これらについては，本章の記述からは外す。

以下ではインフォーマントから聞き取ったそれぞれの植物のコリャーク語名とロシア語，さらに和名，ラテン語の学名をあげ，具体的な用途についても記載する。学名と和名は『環境調査・アセスメントのための北海道高等植物目録』（伊藤・日野間 1985, 1987; 伊藤ほか 1990, 1994）に準拠し，日本に自

写真53　V.I.アイヴァランさん

写真54　V.E.イティキエーヴァさん

写真55　J.A.ヤヴィエクさん

写真56　S.E.ヘッチャイさん

表18 トナカイ遊牧民コリャークの用途別植物利用状況(呉人惠・齋藤 2005:66)

生活維持	食物	○	食料,飲料,嗜好品
	生活用具	○	トナカイ橇,トナカイ鞭,ボート,スキー板,魚囲い場
	生活道具	○	植物採集用,道具類の柄,刃物類の鞘
	燃料	○	焚き火,ストーブ用
	飼料	×	
	肥料	×	
	魚毒	×	
住	建材	○	ユルトの枠木,敷き床,魚肉の干し場
	防風	○	
衣		○	ブーツ保温,オムツ
工芸および特殊用途	染料	○	トナカイ毛皮用
	結束	△	自ら製作しないが,かご・編袋などを海岸定住民と交換して入手し使用していた
	その他	○	皮なめし
薬		○	塗り薬,飲み薬
儀礼・忌避など		○	葬儀,トナカイ処理,占い,ユルト設営
娯楽	遊び	○	遊具
	観賞	×	

生しない植物については,『北方植生の生態学』(沖津 2002),『朝日百科 植物の世界』(八尋編 1997)にもとづいている。用途別に記述する植物には通し番号を付す。同じ植物でも部位により用途が異なる場合には(コリャーク語名も異なるため),同じ番号の後に a, b, c をつけ相互に照合しやすいようにする。項目としてはあげられていないが,本文中や後出の表19であげられている名称についても通し番号をつける。

　コリャーク語の場合,通常,木本類・キノコ類とその他の植物の名称は,形態的に区別される。すなわち,生育の様態を反映して,前者は通常,絶対格単数形で,後者は複数形で表される。したがって,本文中では,木本類とキノコ類は絶対格単数形で,それ以外の植物名は絶対格複数形であげ,それ

ぞれの植物の項で，単数(sg.)，双数(du.)，複数(pl.)のすべての形をあげることにする。

4.1 生活維持
4.1.1 食　物
(1)食　料

コリャークは植物を食料として利用してきた。以下では，その具体を見ていくが，その前に植物採集に用いる道具類について紹介しておく。

まず，野生の根茎類の採集にはコリャーク語で wijŋij と呼ばれる鉄製の掘り棒を用いる。鈴が吊るしてあることもあるが，これは野生動物が近づかないようにしたり，連れがいる時，自分がどこにいるか相手にわかるようにしたりするためであるといわれている(写真 57)。

ナイフ類は採ってきた地下茎・球根類を細かく切って干す時に使用する。一方，アンブリオティスバラ (ojpɔckocʕo) を摘むのには，ハサミを使い茎の部分を切る。これは次の年も採集できるように根を残しておくための配慮である。

根茎類

食料としての利用では，まず第 1 に根茎類があげられる。第 13 ブリガードで採集されているのは，主にコリャーク語で mijmijo, ənatew, jəmŋo と呼ばれる 3 種類の根茎である。この 3 つの名称は，すべて他に派生関係が認められない一次語であることからも，これらの根茎類の古くからの利用が推測できる。なお，3 種類の根茎類は味がそれぞれ異なり，調理法，食べ方も異なるそうである。

[1a]
コリャーク語名：mijmij (sg.), mijmijət~mijmijte (du.), mijmijo (pl.)
ロシア語名：shshavel'
和名：タデ科ミチヤナギ属の 1 種
学名：*Polygonum* sp.
用途：8 月終わりから 9 月初めにかけて，花が落ちた後で根を集める。秋

第 4 章　生業活動の範疇化　203

写真 57　掘り棒（wijŋij）　　　　写真 58　mijmijo

の終わりならば生のまま，トナカイの生の肝臓といっしょに混ぜて食べる。また，冬用に天日乾燥して保存する。第 13 ブリガードから東南に 200 km ほどのシロザケが獲れるヴェルフ・パレニ地方では醱酵イクラ（willelŋən [wil「醱酵した」, lelŋən「イクラ」]）や乾燥イクラ（pəʕalalŋən[pəʕa「乾かす」, lalŋən「イクラ」]），あるいは冬なら凍ったシロザケ（qetəqetaqet[qet「凍る」, qetaqet「シロザケ」]）と混ぜて食べることもある。苦味が強い[151]（写真58）。〈I〉
[2]
コリャーク語名：ənat（sg.），ənatet（du.），ənatew（pl.）
ロシア語名：kopeechnik kopeechnikovyj
和名：カラフトゲンゲ
学名：*Hedysarum hedysaroides*
用途：晩春の 6 月頃，まだ葉が出ていない時あるいは秋の終わりに掘る。

---

[151]　ヨヘルソンが採録しているミチヤナギ属の植物（wild sorrel: *Polygonum polymorphum*）の根はコリャーク語で me'tcin と呼ばれ，ロシア語では「苦い根」という名がついているという。学名もコリャーク語の語形も異なるが，筆者の聞き取りしたこの mijmijo と同じものではないかと推測される。

生のままアザラシの脂肪(valival)から取った油(mətqəmət)(以下,アザラシ油)につけて食べる。秋にはきれいに剥いで乾燥させてから,冬用に保存する。アザラシ油か凍った生のトナカイの肝臓と食べる。ヴェルフ・パレニ地方でも食するが,mijmijo のようにイクラといっしょに食べることはない。ただし,その理由は不明。甘みがある[152](写真 59)。〈I〉

[3]
コリャーク語名：jəmŋəjəm(sg.), jəmŋət(du.), jəmŋo(pl.)
ロシア語名：dijkaja kartoshka, sarana
和名：スベリヒユ科クライトニア属(和名不明)
学名：*Claytonia* sp.(*C. acutifolia* ?)
用途：葉と根をいっしょに夏に集め,乾燥させたものをトナカイの血のスープ(kewlə?əpaŋa[kewl「血」, əpaŋa「スープ」])に入れて煮て食べる。また,夏に食するトナカイの胃の内容物(jilqəjil)を絞って煮たスープ(jilqə?əpaŋa)にも混ぜる。甘みがある。生食はしない[153](写真 60)。〈I〉

ヨヘルソンはこのスベリヒユ科植物をコリャーク語で I'nat とし,ロシア語で「甘い根」と呼ばれると記述している(Jochelson 1908:578)。語形はむしろ[2]のカラフトゲンゲの ənatew に近い。

---

[152] 北米には同じイワオウギ属の *Hedysarum alpinum*(英名で wild potato, alaska carrot, licorice root, Sweet Vetch など)があり,いずれもアサバスカ・インディアンの利用例がある。たとえば,中南アラスカのタナイナ(あるいはデナイナ)では,その根は最も重要な食用植物のひとつとなっていた。さまざまな調理法が知られ,母乳の飲めない乳児にも与えられた(Kari 1991:126-127)。カナダのセカニでも,生あるいは冬のために干して食べた(Turner 1997:167)。同じくカナダのスレーヴでも食用・薬用として用いられた(Marles et al.(eds.) 2000:189)。

[153] 北米では Spring Beauty と呼ばれる同属のいくつかの植物の根が食用として利用されている。アラスカからカナダ北部にかけてのイヌイトやアサバスカ・インディアンはでんぷん質を多く含む *C. tuberosa* の球茎を生で,あるいは油につけたり,スープに入れたりして食した(Ager and Ager 1980:35；Marles et al.(eds.) 2000:223)。ブリティッシュ・コロンビア州の内陸セイリッシュやアサバスカ・インディアンでも *C. lanceolata* は炭水化物として重要な植物であり,味はジャガイモに似てより甘く,蒸したり茹でたりして食べる他,他の植物とともに調理した。多く採集できた時は腱・皮紐・植物繊維の糸などで数珠状につなぎ,煙突や炉の側で燻煙する方法や,土中の穴に保存する方法が知られている(Turner 1997:133-135)。

第 4 章　生業活動の範疇化　205

写真 59　ənatew　　　　　　　　写真 60　jəmŋo

　根茎類にはこの他，əjikiw[154]といわれるものがあり，jəmŋo と同様，トナカイの肝臓やサケの醗酵イクラと混ぜて食べるそうであるが，第 13 ブリガード周辺では採集されていない。ただし，第 13 ブリガードから東北に約 100 km に位置するクレスティキ・トナカイ遊牧基地で筆者が 2002 年冬に調査をした際，ここでは əjikiw は生育しており，9 月に葉が枯れて根が太る頃に採集して，生のままカワヒメマスの卵を醗酵させたもの，あるいは醗酵させたトナカイの血（wilkiwəl[wil「醗酵した」，kiwəl「血」]）と混ぜて食べるとのことであった。冬用にも保存する。

葉茎類
　コリャークは根茎類だけではなく，葉茎の部分も食用に利用してきた。春，夏のまだ花が咲いていない時に，葉の部分を，トナカイの心臓，肝臓，肺臓，蹄，唇などを煮て細かく刻み，新鮮な血液といっしょに混ぜたものを醗酵させた食品（wilwil）といっしょに食べることが多い。

---
[154]　ヨヘルソンは他に根を食べるものとしてクロユリをあげているが，コリャーク語名は記していない。同じものか。

[1b]

コリャーク語名：qojawət(sg.), qojawtət(du.), qojawto(pl.)

ロシア語名：shshavel'

和名：タデ科ミチヤナギ属の1種

学名：*Polygonum* sp.

用途：[1a]mijmijo の葉の部分。qojawto とは,「トナカイの草」(qoja「トナカイ」, wt「草」, -o 絶複)の意味で, 文字どおりトナカイが食べる。コリャークはこの葉を醗酵したトナカイの血と混ぜて食べる。〈I〉

[4]

コリャーク語名：wewewtən(sg.), wewewtət(du.), wewewto(pl.)

ロシア語名：kiprej

和名：アカバナ科ヤナギラン属の1種

学名：*Chamaenerion* sp.

用途：春あるいは夏のまだ花が咲いていない時に葉を集め,[1b]の qojawto 同様, トナカイの醗酵した血と混ぜて食べる。ヤナギランの1種と思われるが, 花が大きく, 色も濃い。葉は飲料にも用いられるが(4.1.1 の(2)参照), コリャークの伝統的な茶ではないといわれていることからも,

写真61　wewewto

写真 62　cacakaw

帰化植物の可能性がある(写真 61)。〈I〉
[5]
コリャーク語名：cacak(sg.)，cacakat(du.)，cacakaw(pl.)
ロシア語名：？
和名：キク科ヨモギ属の 1 種
学名：*Artemisia* sp.
用途：夏，葉を摘んでそのまま食べる。甘みがある(写真 62)。〈I〉

漿果類
　第 13 ブリガード周辺地域では，ウラシマツツジ(kəlokawtəʕəvənʕo)，コケモモ(ɣəjənʕəvənʕo~ɣəjənʕo)[155]，クロマメノキ(liŋlu)，ホロムイイチゴ(jittu)，スグリ(vəlʕajo)，ガンコウラン(jacuʕəvənʕu)などの漿果類(ベリー)も豊かに生育し，食用に供されてきた。同じ漿果類でありながら，「ベリー」の包括名である ʕəvənʕo の前に修飾要素がついた語(kəlokawtəʕəvənʕo, ɣəjənʕəvənʕo,

---

[155] ɣəjənʕo は ɣəjənʕəvənʕo の短縮形か。

jacuʕəvənʕu)とʕəvənʕoのつかない一次語(liŋlu, jittu, vəl'ʕajo)の2とおりの語構成が見られることに注意されたい。このような違いが利用の違いに反映されているのか否かは，今のところ明らかにしえていない。

これらの利用法は以下のとおりである。

[6a]

コリャーク語名：kəlokawtəʕəvənʕən(sg.), kəlokawtəʕəvənʕət(du.), kəlokawtəʕəvənʕo(pl.)

ロシア語名：arktous al'pijskij, volch'ja jagoda, medvezh'ja jagoda, toloknjanka

和名：ウラシマツツジ

学名：*Arctous alpinus*

用途：実は8月末から9月に集めて，kilikilの材料にする。kilikilとは，シロザケ，カワヒメマスなどの魚あるいはトナカイの肝臓を煮てつぶしたものにアザラシ油などを混ぜた料理である。この実以外にもガンコウランやハスカップ(標準和名：クロミノウグイスカグラ，ロシア語名 zhimolost', コリャーク語でʕəl'ecʕən(sg.), ʕəl'ecʕət(du.), ʕəl'ecʕu(pl.))の実と混ぜて食べることもある。実はアザラシ皮製袋(pewəl)に入れて，地面に穴をあけるかコケの下に入れて保存する[156]。⟨I⟩

[7a]

コリャーク語名：ɣəjənʕəvənʕən(sg.), ɣəjənʕəvənʕət(du.), ɣəjənʕəvənʕo(pl.)

ロシア語名：brusnika

和名：コケモモ

学名：*Vaccinium vitis-idaea*

用途：現在は砂糖と混ぜて食べることが多いが，かつてはそのまま食べた。秋，すでに凍り始めた頃に集める。トナカイ毛皮製太鼓に利用した皮を縫い合わせて作った袋(jajajkəl'vəcajocɣən)に入れて，屋外の橇の上で保存す

---

[156] ウラシマツツジの味は平坦で香りも薄いといい(Marles et al.(eds.) 2000:173; Kari 1991:73 他)，広い地域で可食であることは知られていても，多くの場合あまり積極的に利用されていない。

写真63　γəjəŋʕəvənʕo　　　　　　写真64　liŋlu

る。低血圧に効くともいわれている[157]（写真63）。〈I〉
[8]
コリャーク語名：liŋəl(sg.), liŋlət(du.), liŋlu(pl.)
ロシア語名：golubika
和名：クロマメノキ
学名：*Vaccinium uliginosum*
用途：夏に採集してそのまま食べるか，kilikil に混ぜて食べる。かつては小さなアザラシ皮製袋に入れて冬用にコケの下に保存した[158]（写真64）。

---

[157] コケモモは北米でも多くの民族が食用としているが，霜にあたるまでは酸味が強く実も堅いため，収穫の時期は遅い（春先までとの記述も）とされる（Kari 1991:67-68; Turner 1997:124; Marles et al.(eds.) 2000:185-186）。タナイナでは薬用としてのさまざまな利用法が知られており，喉の痛みなどに効くという（Kari 1991:67-68）。シベリアのエヴェンキ，ネギダール，オロチなどの諸民族でも広く食されていることが認められている（手塚・水島 1997:102, 104, 109, 112, 113）。

[158] クロマメノキもまた，多くの地域（沿海州〜サハリン〜北米）で食用とされた。一例をあげれば，コユコン地域のアサバスカ・インディアンでは，最も重要な果実とされ，呼称である *geega* はベリー類の総称としても用いられており，採集に関するタブーも多い（Nelson 1983:54-55）。各地で生食される他，乾燥あるいは油に入れて保存した（クレイノヴィチ 1993:106; 手塚・水島 1997:104, 112; Kari 1991:63-64; Turner 1997:123-124; Marles et al.(eds.) 2000:182-183）。

⟨I⟩

[9]

コリャーク語名：jittəjit(sg.)，jittət(du.)，jittu(pl.)

ロシア語名：moroshka

和名：ホロムイイチゴ

学名：*Rubus Chamaemorus*

用途：夏に採集してそのまま食べる。利尿作用があるといわれている[159]。

⟨I⟩

[10a]

コリャーク語名：vəl'ʕaj(sg.)，vəl'ʕajte(du.)，vəl'ʕajo(pl.)

ロシア語名：smorodina krasnaja

和名：ユキノシタ科スグリ属の1種

学名：*Ribes* sp.

用途：夏に集めてそのまま食べるか，最近ではミキサーでつぶして砂糖を混ぜ，お茶請けにする(写真65)。⟨I⟩

[11]

コリャーク語名：jacuʕəvənʕən(sg.)，jacuʕəvənʕət(du.)，jacuʕəvənʕu(pl.)

ロシア語名：shiksha sibirskaja

和名：ガンコウラン

学名：*Empetrum nigrum*

用途：kilikil に混ぜて入れる。水分に富んでおり，夏の暑い時に水分補給のために摘んで食べるといわれている[160]。⟨I⟩

---

[159] ホロムイイチゴも広く食用にされている。たとえばニヴフでは夏に生で食べる他，冬用にアザラシ油に浸して蓄えたという(クレイノヴィチ 1993:106-107)。北米でも利用された。

[160] ガンコウランは，幌別のアイヌは果実を食べると病気にかからないといって多量に採取した(知里 1976:100)。イヌイトでよく食されており，たとえばネルソン島では晩夏に採集し，そのまままあるいは「エスキモー・アイスクリーム」(海獣類の油などを攪拌して砂糖や果実を加えた食べ物)に入れた。秋冬のためにアザラシ油に入れて保存した(Ager and Ager 1980:37)。果汁を多く含むため喉の渇きを潤すためにも食されたという記述は，コユコン地域のアサバスカンにも見られる(Nelson 1983:55)。その他のアサバスカ・インディ

写真65　vəl'ʕajo

キノコ類

　キノコの採集はロシア人から受容したものである。第13ブリガードでは，夏，キノコの季節になると，女性や子供たちが暇があると，近くの丘にキノコ採りに出かける。これに対し，男性には食用かそうでないかすら見分けがつかない人もいる。調理法は，ロシア人同様に，干して保存したり，そのままあくを取ってから炒めたりスープにしたりして食べる。しかし，ロシア人に比べると，キノコ採りにはそれほど積極的ではない。ツンドラには多様なキノコが生育するが，これらはトナカイが食べるもので，かつては人間が食べるものではなかった。トナカイ牧民である男性に，食用か否かの知識が希薄なのもそのためである。

　コリャーク語には種類の異なる個別のキノコを表す語がなく，覚醒作用のあるベニテングダケ(wapaq)を除けば，すべて包括名[12]pəʕon(sg.)，

アンや北西海岸インディアンにも多くの利用事例がある(Kari 1991:78-79; Turner 1995:75, 1997:110-111, 2004:127; Marles et al.(eds.) 2000:171) pəʕonat(du.), pəʕonaw(pl.)と呼ばれている。このことからも、コリャークの食用としてのキノコに対する関心の薄さがうかがえる[161]。ただし、ホコリタケの一種 kalaʕəloloʕəlŋən[32]が、薬として利用され、他のキノコとは別の命名がなされていることについては、4.4 を参照されたい。〈I〉

(2) 飲　料

コリャークはこれまで市販のアメリカ製のダン(またはタン:磚)茶やロシア製の紅茶を主な日常の飲料としてきたが、それ以外にも野草のお茶を飲む習慣がある。今でも紅茶が手に入らない時には、これらを煎じて飲むことがある。利用する野草とその方法については以下のとおりである。

[6b]

コリャーク語名：kəlokawtən(sg.), kəlokawtət(du.), kəlokawto(pl.)

ロシア語名：arktous al'pijskij, volch'ja jagoda, medvezh'ja jagoda, toloknjanka

和名：ウラシマツツジ

学名：*Arctous alpinus*

写真 66　kəlokawto

---

[161] 北方の先住民にとって一般に食用としてのキノコの利用は盛んではなかった。植物の利用が盛んなアイヌでも、薬用のキノコはいくつも知られるが、積極的に食用とされたのはマイタケをはじめとする数種類のみであった(知里 1976:249; 更科・更科 1976:55)。

用途：夏から秋にかけて葉を集めて 5 分くらい沸かして飲む（写真 66）。〈I〉
[7b]
コリャーク語名：ɣəjənʕən(sg.), ɣəjənʕet(du.), ɣəjənʕo(pl.)
ロシア語名：brusnika
和名：コケモモ
学名：*Vaccinium vitis-idaea*
用途：9 月初〜中旬に葉を集める。集めたらすぐにフライパンで炒る。乾いて茶色になったら，沸かしたお湯に入れるかさらに少しだけ沸かして飲む。このお茶を ɣəjənʕəcaj(caj「お茶」＜ chaj(ロシア語)) という。〈I〉
[13]
コリャーク語名：ojpəckocʕən(sg.), ojpəckocʕət(du.), ojpəckocʕo(pl.)
ロシア語名：shipobnik
和名：バラ科バラ属（アンブリオティスバラ）
学名：*Rosa amblyotis*
用途：花が咲き終わった後，実がなる。その実と葉と茎をいっしょに切ってお茶を沸かす。このお茶を ojpəckocʕəcaj という。冷まして飲めば暑気払いになる。川のほとりや森に生育する。8 月後半に実が熟して自然に落ちたものは拾ってお茶に入れて飲む。皮袋の中に集めて冬用に保存する（写真 67）。〈I〉
[14]
コリャーク語名：ŋecaq(sg.), ŋecaqat(du.), ŋecaqaw(pl.)
ロシア語名：Kuril'skij chaj kustarnikovyj, bagul'nik
和名：キンロバイ
学名：*Potentilla fruticosa*
用途：花が咲き終わった後，根は抜かずに茎だけを摘み，そのまま 5 〜 6 分沸かして飲む。苦いので砂糖を入れて飲むといい[162]（写真 68）。〈I〉

---

[162] アサバスカ・インディアンのスレーヴは，茎葉を茶，茎葉根を煎じて体の痛みや時に咳をともなう熱の時の薬にした。タンニンを多く含むという（Marles et al. (eds.) 2000:234）。

写真 67　ojpəckocʔo をハサミで摘む

写真 68　ŋecaqaw

写真 69　jiwjicʕu

[15]

コリャーク語名：jiwjicʕən(sg.)，jiwjicʕət(du.)，jiwjicʕu(pl.)

ロシア語名：ivanchaj

和名：ヤナギラン

学名：*Chamaenerion angustifolium*

用途：9月初め，花も葉も落ち茎が黄色くなった後，摘んで沸かして飲む[163]（写真 69）。〈I〉

[4]

コリャーク語名：wewewtən(sg.)，wewewtət(du.)，wewewto(pl.)

ロシア語名：kiprej

和名：アカバナ科ヤナギラン属の1種

---

[163] ヤナギランは，広く食用や茶として利用されていた。ユーコン・カスコキウム・デルタ地域のイヌイトの間でも，食用と薬効のある茶として飲用された（Ager and Ager 1980:37）。

学名：*Chamaenerion* sp.

用途：近年では葉を集めて乾燥させ，沸かすかポットに熱湯といっしょに入れて飲む。ただし，これはコリャークの伝統的なお茶ではないといわれている。〈I〉

[10b]

コリャーク語名：vəl'ʕaj(sg.), vəl'ʕajte(du.), vəl'ʕajo(pl.)

ロシア語名：smorodina krasnaja

和名：ユキノシタ科スグリ属の1種

学名：*Ribes* sp.

用途：7～8月に葉を集め，乾燥させて，沸かして飲む。〈I〉

(3) 嗜好品

嗜好品として利用されるものには，以下のものがある。なお，コリャークが用いる覚醒作用があるといわれるベニテングダケはこの地方ではあまり生育しないともいわれている。

[16a]

コリャーク語名：wanaw

ロシア語名：listvennichnaja smola

和名：グイマツの松脂

学名：*Larix gmelinii* var. *japonica*

用途：噛む。傷口につけてもよいといわれている（写真70）。〈X〉

[17]

コリャーク語名：ʕakatkecʕən(sg.), ʕakatkecʕət(du.), ʕakatkecʕo(pl.)

ロシア語名：paxochij

和名：キク科ヨモギ属の1種

学名：*Artemisia* sp.

用途：燃やして灰にしたものをタバコ(tavaq)と混ぜて唇と歯の間にはさむ。柔らかくていいにおいがするので手を拭くといいともいわれている（写真71）。〈I〉

写真 70 wanaw を採集する

写真 71 ʔakatkecʔo

写真72 ŋajcacamjo

[18]
コリャーク語名：ŋajcacame[164](sg.), ŋajcacamjət(du.), ŋajcacamjo(pl.)
ロシア語名：？？
和名：オシダ属　ニオイシダか
学名：*Dryopteris* sp.(*D. fragrans* ?)
用途：燃して灰にしたものをタバコと混ぜて唇と歯の間にはさむ(写真72)。〈X〉

4.1.2　生活用具・生活道具・燃料・建材
(1)木本類
木本類は葉，枝，幹など部位によって複数の用途をもつ場合がある。たと

---

[164] この語は形態素分析すると，ŋaj「山」と cacame「老婆」からなる。すなわち「山姥」の意味。由来は不明。

表 19　木本類の用途（呉人惠・齋藤 2005:76）

		ユルト枠木	橇の部品	鞭	薪	魚肉干し棚	刃物の柄	刃物の鞘	スキー板	ボート
16b	グイマツ γeγuw	○	○		○	○				
19a	ハイマツ qəcvoqəj					○				
20	カバノキ sp. 柔白樺 walγil		○							
21	ナナカンバ ŋəcvəŋəc		○	○						
22a	ハンノキ sp. γilleŋ		○			○	○			
23	ポプラ təqəl					○		○	○	○
24	ヤマナラシ sp. n'əncew					○				
25	ヤナギ sp. pilγəlʕən					○	○			

　えばハンノキ類[165]は，樹皮は染色用，幹は橇の部品用，枝と葉は儀礼用とそれぞれに用途が異なる。また，ポプラ[166]は同じ幹でも，スキー板やボートなどの生活用具や燃料に利用されるだけでなく，コリャークの伝統的なお守りである火切り板の素材として使われるなど，儀礼的な機能も担っているといえる。

　上表 19 では，主に幹の部分が生活用具，生活道具，燃料，建材などに利用される木本類の用途に限定して示している。それ以外の用途については，随時，各用途別に見ていくことにする。左端は通し番号である。それぞれの

---

[165] この地域のハンノキはミヤマハンノキと思われるが，1 種に同定できるかどうかは不明。ここでは一般名として「ハンノキ」とする。
[166] ロシア語によればいわゆる「ポプラ」であり，これは西洋ポプラを指すものと思われる。

木には和名とコリャーク語名をあげる。木本類の名称は草本類とは異なり，通常，絶対格単数形で言及されることが多いので，以下でもこれにしたがうものとする。

　それぞれの木材はそれぞれがもつ特質にしたがってきわめて巧みに使い分けられている。この地域で最も汎用性の高いグイマツは，まずはなんといっても燃料としての利用価値がきわめて高い。また丈夫な性質上，ユルト（大型の伝統的なテントで，中に仕切りをつけて複数の家族が同居できる）の枠木や魚肉の干し棚などの建材用に用いられたり，橇の滑走板（paktəlŋən）などに用いられたりする。ハイマツは松脂が豊富なため，燃えつきが早くなおかつ長時間燃えるため薪に利用されるが，それ以外の利用価値はない。柔白樺[167]は，他の木材に比べると柔軟性に富んでおり，橇の木材としての価値が高い。ナナカンバ[168]もまた柔軟性に富んでおり，橇の湾曲部や橇用のトナカイの鞭の柄の木材として適している。ハンノキ類は丈夫なだけでなく柔軟性にも富んでいるために，斧などの柄に適している。また，薪としても利用される。ポプラは柔らかくて軽いため，工作しやすく，スキー板やボートの木材として利用される。ヤマナラシ[169]やヤナギ[170]は，柔らかすぎるため建材やその他の造形素材には適さず，薪としてのみ利用される。

　また注目しておきたいのは，橇の素材としていくつかの木材が用いられるが，これらはそれぞれ単一で1台の橇が作られるのではなく，それぞれの部位の性質に合わせて素材が使い分けられているという点である。たとえば，橇の最も基本的部分は滑走板であるが，これには，秋の雪のまだ少なく潅木や石が露出している土壌の悪いツンドラには，丈夫なグイマツが適している

---

[167] 沖津（2002）によれば，マガダン州のグイマツ林床はハイマツ，地衣類，ヒメカンバ *Betula exlis*，ヒメオノオレ *Betula ovalifolia* が主なものであるとの報告がある。ロシア語の「柔らかい白樺」から考えると，ヒメオノオレではなく，ヒメカンバか。

[168] インフォーマントからのロシア語名を『露・英・和 森林辞典』（藤原ほか編 1999）でひくと，*Betula nana* に同定しうるものであり，沖津はこれを「ナナカンバ」としている。ヒメオノオレなど他の種である可能性もある。

[169] ロシア語は一般にチョウセンヤマナラシを指すものと思われる。

[170] ロシア語はヤナギ一般を指すことばであり，ヤナギ科であることは確かだが，それ以上の同定は今のところできていない。

が，冬になると，よく滑る柔白樺の滑走板に付け替えられる。柔軟性と丈夫さを兼ね備えたハンノキ類は橇の湾曲部に利用されるという具合である。

[20]
コリャーク語名：walɣil(sg.)，walɣilit(du.)，walɣiliw(pl.)
ロシア語名：belaja berjoza
和名：カバノキ属の1種(柔白樺)
ラテン名：*Betula* sp.
用途：橇の部材として用いる。

[21]
コリャーク語名：ŋəcvəŋəc[171](sg.)，ŋəcvət(du.)，ŋəcvo(pl.)
ロシア語名：korlikovaja berjoza
和名：ナナカンバ

写真73　ŋəcvəŋəc

---

[171] ŋəcvən とも。

ラテン名：*Betula* sp.(*Betula nana*：ナナカンバ？)
用途：大きいものは橇やトナカイの鞭用に利用。小さなものはユルトの寝具の毛皮の下に敷く。あるいは箒を作るのに使う(写真73)。
[24]
コリャーク語名：n'əncew(sg.), n'əncevət(du.), n'əncevu(pl.)
ロシア語名：osina
和名：ヤマナラシ属の1種
ラテン名：*Populus* sp.
用途：薪に用いる。
[25]
コリャーク語名：pilɣəlʕən(sg.), pilɣəlʕət(du.), pilɣəlʕu(pl.)
ロシア語名：iva
和名：ヤナギ属の1種

写真74　pilɣəlʕən

ラテン名：*Salix* sp.
用途：薪に用いる。刀の鞘の材にもする(写真 74)。
(2)草本類
Jochelson(1908:629-638)がすでに記述しているように，海岸定住民コリャークは優れたかご製品の作り手である。一方，ツンドラのトナカイ遊牧民コリャークにはかご製品を作る習慣はない。ちなみに第13ブリガードでも植物性の編袋(emcejocɣən)も植物用の加工具(梳き櫛，槌など)も確認されなかった。唯一，インフォーマントの1人V. E. イティキエーヴァ(Itik'eva)さんによれば，かつては根茎掘りに行く時に1960年に叔母から譲り受けた編袋を使用していたが，いつのまにかクズリに食べられてしまったとのことである[172]。

ちなみに，この地方からヴェルフ・パレニにかけてのツンドラのトナカイ遊牧民コリャークは自分たちではやはりかご製品・編袋は作らない。代わりに春にナイフ，アザラシの毛皮の靴底(kultalŋən)やアザラシ製皮紐(ləɣiɲilŋən)などとともにウスティ・パレニ地方の海岸定住民コリャークが作るかご製品や編袋を，トナカイ毛皮，トナカイ毛皮製衣類などと物々交換していたそうである。

Jochelson(1908:637)は，トナカイ遊牧民にかご製品を編む習慣がないのを，「トナカイ遊牧民コリャークの女性は時間がなく，また冬の寒いテントはかご製品を編む作業には適していない」と指摘している。筆者が調査した第13ブリガードの位置する地域は，冬は-60℃にも下がる大変寒冷な地域で，編製品の素材となるイラクサ(*Urtica* spp.)，ハマニンニク(*Elymus mollis*)などは生育しない。また，トナカイ遊牧民コリャークの女性は確かに大変忙しく，大半の時間を皮なめし，染色，縫製など手間のかかるトナカイ毛皮の加工に費やしている。トナカイ毛皮は季節を問わず彼らの衣類として用いられるばかりではなく，住居である夏用のユルト(jajaŋa)や冬用のテント

---

[172] 肉食獣であるクズリが編袋を食べるかどうか疑問である。「くわえてもっていかれた」というような事実が，食べられたと伝わったのではないかとも想像される。

(juwpalatkan)などにも利用される。女性たちは，新しい衣類の準備だけではなく，ユルトやテントなどの大物の修繕にも多くの時間を費やさなければならないのである。また，上述のように，トナカイを所有しない海岸定住民コリャークとの間で，自分たちのトナカイ毛皮製品と彼らの編製品などとの物々交換による相互補完の関係が成り立っていたとするならば，わざわざ自分たちが編む必要がなかったのは容易に想像できる。

なお，この他，海岸定住民コリャークには見られる木製の食器・調理具なども，第 13 ブリガードでは確認されていない。

4.2 衣

コリャークの植物の衣類への利用は，管見のかぎりでは，オムツや生理用ナプキンと保温のためのブーツの中敷などの補助的なものにかぎられている。

4.2.1 オムツ・ナプキン

オムツやナプキンにはコケを利用する。近隣のツングース系のエヴェンは木屑(məl'ecʕo)をオムツに使うとのことであるが，コリャークは使わない。木屑は使った後，臭くなって 1 回しか使えないが，コケは臭くならないので，乾かして再利用できるからだという。ちなみに，コリャークは木屑を焚き火の火口に使うだけである。利用するコケは用途によって次の 2 種類が認められている。

[26]
コリャーク語名：vitʕən~vitʕəvit(sg.)，vitʕət(du.)，vitʕu(pl.)
ロシア語名：mox
和名：ミズゴケ属の 1 種
学名：*Sphagnum* sp.
用途：乾燥させた後，新鮮な湿ったコケと混ぜて袋に入れて保存する(理由については不明とのこと)。手や皿などを拭くためにも利用される(写真 75, 76)。⟨I⟩

写真75　vitʃu

写真76　vitʃu で食器を洗う

写真 77　meɣu

[27]
コリャーク語名：meɣən~miɣəmiw (sg.)，meɣət (du.)，meɣu (pl.)
ロシア語名：мох
和名：ヤナギゴケ科の1種
学名：*Amblystegiaceae* sp.
用途：女性の生理用ナプキンとして利用する。また，このコケは葬儀の際にも用いられる。すなわち，一切れを死者の口に含ませるとともに，顔をぬらしたこのコケで拭く。使用済みのコケは後に，死者を火葬する際にいっしょに燃やす袋の中に入れられる[173]（写真77）。〈I〉

---
[173] ただし，筆者がこれまでに見聞したコリャーク式葬儀ではこのコケは使われず，代わりにもうひとつのコケ vitʃu [26] が用いられていた。その理由については不明。

4.2.2 ブーツの中敷

[28]

コリャーク語名：vəʕajl'əŋən~vəʕaj (sg.), vəʕajte (du.), vəʕajo (pl.)

ロシア語名：seno

和名：イネ科の1種

学名：？？

用途：ブーツの中敷として季節を問わず利用される。夏は歩くのに柔らかく，冬は暖かい(写真78，79)。⟨I⟩

　この草はまた，第4章1.4で見たように，占いにも利用される。6本を結んで旅行や遊牧ルートなど移動にかかわることを主に占う(写真18)。さらに，この草が葬送儀礼の際に，三つ編みに編まれて「カラス」と呼ばれる故人の介添え人の腕に結ばれるのは，第6章2.4で見るとおりである。⟨J⟩

[29]

コリャーク語名：jəlŋəvəʕaj (sg.), jəlŋəvəʕajti (du.), jəlŋəvəʕajo (pl.)

ロシア語名：？？

和名：イネ科(ノガリヤス属か)

学名：(*Calamagrostis* sp. ?)

用途：夏，ブーツの底に入れる。丈夫でこなごなにならない。シロザケの捕れるパレニ地方では，かつてイクラの筋子をこの草に編みこんで乾燥させたが，現在ではイクラは塩漬けにするだけなので，このような利用はもはや見られないということである。なお，jəlŋəvəʕaj という名称は，[28] の vəʕaj の前に修飾要素が合成されたものである。jəlŋ は「読む」を意味するが，なぜそのような命名なのかは今のところ明らかではない(写真80)。

4.3 工芸および特殊用途

　トナカイ毛皮を衣類として利用するためには，まず処理した家畜トナカイからとった毛皮の加工作業が不可欠である。この加工作業は主に，皮なめし

写真78　vəʃajo

写真79　vəʃajo をブーツの中敷にする

写真 80　jəlŋəvəʕajo

工程と必要に応じて染色工程とからなる。この2つの工程のいずれにも植物が利用される。以下では，それぞれの工程を記述しながら，その中で植物がどのように利用されているかを見ていくことにする。以下はインフォーマントのI, Aからの聞き取りを整理して記述したものである。

4.3.1　皮なめしする(enanvatək~jəjitaʕavək)

処理して剥いだ毛皮は，まず皮なめしや必要に応じて染色を施して縫製ができる状態にしなければならない。皮なめしに用いられる道具としては，なめし板(wiwij)となめし棒(enanvenaŋ[enanve「皮なめしする」, enaŋ「道具」])，さらになめし棒の中央に嵌めるなめし石(awət)となめし鉄(pəlwəntəʔawət)(pəlwəntə「鉄」)[174]がある。また，なめし剤の削り落としにはナイフが，毛皮の伸展や柔軟化には足が重要な役割を果たす(写真81)。皮なめしに使わ

---

[174] pəlwəntəʔawət は awət「なめし石」を主要部としていることに注意されたい。

写真81　足による毛皮の柔軟化

れるなめし剤には，これを植物と呼んでいいかはわからないが，伸展のためにトナカイの胃の内容物が，柔軟化のためにトナカイの糞(jaʕat)が多く用いられる。さらに柔軟化を促進するためにハイマツの針葉(tomtom)[19b]も使われる。

トナカイ毛皮の皮なめしの手順は以下のとおりである。方法は上にあげた季節別の毛皮の種類にかかわりなくほぼ同じであるといわれている。

1) 処理して剥いだ皮を，夏ならば地面に広げ，必要ならば丸まらないようにまわりに石を置いて固定して，1～2日干す。冬ならば，剥いで湿ったままの状態で包んで保存する。2月頃に広げて1ヶ月ほど屋外に吊るして干す。
2) 乾燥した毛皮をユルトの中に運び入れ，皮を上に毛を下にして敷いておく。踏むことによって柔らかくするためである。毛皮を踏むことを

məcek，踏まれた毛皮を məcanalɣən（məca「踏む」, nalɣən「皮」）という。これに対して，まだ踏まれていない毛皮は amcakinalɣən（a-...-ki 否定）という。

3) 踏んである程度柔らかくなった毛皮は，まずはなめし石で，次になめし鉄で肉や脂肪や皮下組織を剥がす（keŋjuk）（写真82）。冬に保存しておいた毛皮には，3～4月にこの作業をおこなう。

4) さっと煮たトナカイの胃の内容物を皮の内側に塗り，包んで1日置く。これは毛皮を伸展させるためである。この胃の内容物は，夏の緑色をしたものだけを使う。夏ならばトナカイの処理の際に採取した新鮮なものを使い，冬ならば夏に地面に掘った穴に保存しておいたものを必要に応じて取り出して使う（写真83）。

5) 1日たったら毛皮を取り出して広げ，乾いた部分があったらその部分

写真82　皮下組織を剥がす作業

写真83　トナカイの胃の内容物を地中に保存する

写真84　トナカイの糞の塗擦による柔軟化

だけに再び胃の内容物を塗って包んで半時間ほど置く。
6) 再び広げて，ナイフで内容物を削り落とす。
7) その後，なめし石，なめし鉄でなめしたり，足でしごいたりして柔軟化し，乾かす。足でしごくことを ʕaptək という(写真81)。
8) さっと煮たトナカイの糞を塗る。これは，毛皮を柔らかくするためである。胃の内容物同様，夏ならば新鮮な糞を，翌春ならば前年の夏に集めて穴に埋めておいたものを適宜取り出して使う。
9) 再び包んで1日置く。
10) 毛皮が柔らかくなるまで何度か糞を塗る(写真84)。もし，トナカイの糞だけでは柔らかくならない場合には，さらにハイマツの針葉を女性の尿と混ぜて塗る。
11) ナイフかなめし鉄を使って糞を削り落とす。
12) 再びなめし石でなめしたり，足でしごいたりする。
13) できあがったものは仕立てるまで包んで保存する。

なお，チュクチではトナカイ毛皮の加工工程とともに，トナカイ革(レザー)の加工工程も記されている(Bogoras 1904-1909:220)。しかし，コリャークでは以上の工程でつくられた毛皮がユルトカバーやユルトの帳に利用された後，ナイフで除毛したものがレザーとして用いられるだけで，チュクチに見られるように除毛後，新たに漂白や燻煙が施されるわけではない。

4.3.2 染色する (jomjatək)

Jochelson(1908:628-629)によれば，コリャークは毛皮や編製品の素材を染色するために，海の泥，湿地のコケの煮出し汁，魚皮から取った膠と混ぜた炭，クランベリーの煮出し汁，柳の樹皮，ハンノキなど多様な染料を利用するとされている。このうち，海の泥とコケの煮出し汁は編み製品の染色に用いられ，後述するように編み製品を作らないこの地域のトナカイ遊牧民コリャークには確認されない。また，漿果類の染料としての使用もこの地域では認められない。

この地域におけるトナカイ毛皮の染色には，なんといっても主にハンノキ類の樹皮(wicwij)[22b]が用いられる。ハンノキ類は山の斜面に生えるが，

写真85　ハンノキの樹皮を削る

これを7月初旬，葉が出始めた頃か，8月末から9月初めに採集し，根元の太い部分から樹皮を集める。根元に近い太い茎の部分にナイフで切り込みを入れ，その後でその切り込みのところから鉄の棒で剥がしていく（写真85）。ハンノキ類の樹皮を剥がすことを witajək~wiŋelək という。

以下が，トナカイ毛皮の染色工程である。
1) 集めてきたハンノキの樹皮は細かく砕き，清潔な毛皮の上において日のあたらないところで何度かかき回しながら乾燥させる。清潔な袋に入れてユルトの中に吊るしておく。
2) 女性の尿を焚き火のそばなどの温かい場所に鋭いにおいがするまで置いておく。酸っぱいにおいになった尿は məjetəʃət という。これに細かく砕いて乾燥させた樹皮を浸して何度か混ぜる（wijimletək）。ふたをして暖かい場所におく。手で握ってぼろぼろと樹皮が壊れるようならば

写真86 毛皮にハンノキの樹皮をこすりつけて染色する

完成。
3) 毛皮を広げ，樹皮を取って力を込めて皮にこすりつけていく（写真86）。このようにして染色することを jomjatək という。染色した側を内側に包んで1日おく。うまく染色できない場合には，「尿の主」が病気だといわれる。
4) 翌日，毛皮を広げて手や足を使って伸ばしたり引っ張ったりして，染まり具合を均等にする。乾燥させて縫い始める。染め上がった毛皮は jomjanalɣən (jomja「染める」，nalɣ「皮」) という。どんな季節の毛皮でも染色可能だが，冬の2〜3月に処理した薄い毛皮は特に染めやすいといわれている。また，なめしがしっかりできている毛皮はよく染まるといわれている。

ハンノキの樹皮は，この他，仔アザラシや秋に処理したトナカイの毛皮で

作った房飾り(pijn'aq)の染料としても用いられることがある。この房飾りは帽子などにつけられる(第5章1.4.1図11参照)。ハンノキによる染色については齋藤(1992:133-148)が概観しているので，参照されたい。

ハンノキ以外の染料としては，次のvilulʕu[30]が用いられる。

[30]

コリャーク語名：vilulʕən(sg.)，vilulʕət(du.)，vilulʕu(pl.)

ロシア語名：？？

和名：ツツジ科(キバナシャクナゲか)

ラテン名：(*Rhododendron aureum*?)

用途：トナカイ毛皮を赤く染めるのに使われる。葉だけを集めて細かく砕き，女性の尿，木炭と混ぜて染料にする。この方がハンノキより質が高く，硬い毛皮でも柔らかくできるといわれている。ただし，数が少なく貴重なものとされ，多用されない(写真87)。

この他，かつては薪の炭(vəlqəvəl)も細かく砕いてハンノキの樹皮の染色液に混ぜて暗い色を出したといわれているが，現在ではほとんど使われてい

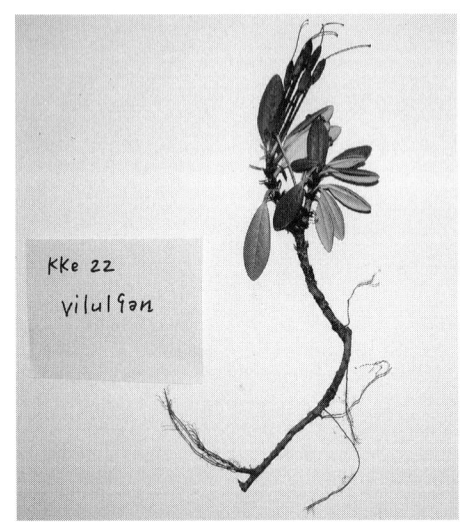

写真87　vilulʕən

ない[175]。

4.4 薬

薬としては，服用するものや傷などの塗り薬とするものなどがあり，次のような植物の利用が確認されている。

[31]
コリャーク語名：ʕakatkecʕən(sg.), ʕakatkecʕət(du.), ʕakatkecʕo(pl.)
ロシア語名：pizhma
和名：エゾノヨモギギク
ラテン名：*Chrysanthemum vulgare*
用途：下痢の時に煎じて飲むといいといわれる[176]（写真 88）。〈I〉

写真 88　ʕakatkecʕo

---

[175] この他，筆者が 2005 年 1 月に訪れたセヴェロ・エヴェンスク地区最東に位置するタイガノス半島タポロフカ村ではコケモモを弱火で煮て，塩を混ぜたものを房飾りの染料に使うこともあるとの報告を受けたが，第 13 ブリガードでは確認されていない。
[176] エゾノヨモギギクは植物体に精油を含み，Tansy oil が抽出される。駆虫や健胃の民間薬として広く利用され，調味料としても利用される。ヨーロッパのヨモギギクは Common Tansy と呼ばれ，やはり民間薬として栽培・利用されている（堀田ほか 1989:1026）

[19c]
コリャーク語名：ɣunewcavəŋ(sg.), ɣunewcavəŋat(du.), ɣunewcavəŋaw(pl.)
ロシア語名：kedrovyj stlanik
和名：ハイマツの木部
学名：*Pinus pumila*
用途：ケガや化膿したところに，樹皮を剥いだ白い部分をよく噛んで塗りつける。〈X〉この他，球果(いわゆる松ぼっくり)の熟していないものを煮たシロップは風邪薬として利用される。実は結核によいといわれている。またハイマツ材[19a]の炭になったものを飲むと胃痛に効くといわれている。さらに，針葉[19b]を入れた熱湯の蒸気を股にあてることによって，産後の子宮の回復に効くといわれている。ɣunewcavəŋ という名称は，

写真 89　ɣunewcavəŋ を傷口に塗る

ɣunew「ハイマツの球果」と cavəŋ「樹皮を剥いだ白い部分」の複合語である(写真89)。〈I〉

[32]
コリヤーク語名：kalaʕəloloʕəlŋən(sg.), kalaʕəloloʕət(du.), kalaʕəloloʕo(pl.)
ロシア語名：？？
和名：ホコリタケ属の1種
学名：*Lycoperdon* sp.
用途：怪我をした時に，割って中の粉を傷口にふりかける。また，水虫などによく効くといわれている[177]。kalaʕəloloʕəlŋən は，kala「悪魔」, loloʕ「乳房」の複合語，直訳すれば，「悪魔の乳房」の意味である。一方，タポロフカ村では pepeqvəʕajocɣən「ネズミの草入れ」(pepeq「ネズミ」, vəʕa「草」, -jocɣən「入れ物」)という名称で呼ばれている(写真90)。〈X〉

写真90 kalaʕəloloʕo

---

[177] アイヌも同属のキツネノチャブクロの胞子を傷口や皮膚のただれに撒布した(知里 1976:246)。

薬としては植物以外に、トナカイの民間医療への利用が顕著である。トナカイの肩甲骨の脂肪をはじめとして内臓の脂肪を胃痛の時に炒って食べたり、肝臓の痛みに胆嚢を利用したり、ひづめを熱しておいて歯痛や胃痛の時に痛む箇所にあてたり、あるいは咳止めに毛のついたままの唇を蒸して噛んだりなどした。また、目や耳の痛み、喘息、あるいは洗髪などに人尿が利用されてきたことにも注目したい[178]。

4.5 儀礼・忌避など

植物は日常生活においてのみならず、儀礼的にも用いられてきた。筆者のこれまでの調査では、儀礼に用いられる植物として、木本では主にハンノキ類、ヤナギの1種 ojkaw、ポプラ、草本ではイネ科の vəʕajo が認められている。それぞれの植物は利用される場面が異なる。また、儀礼的に利用される植物は、それぞれなんらかの儀礼的な機能を分担していると考えられる。それが明らかになれば、ある植物が利用されている複数の儀礼間の相互関係が解明できるであろう。しかし、これは今後の考察の課題として、以下ではそれぞれの実際の利用のされ方について記述していくにとどめたい。

[33]
コリャーク語名：ojkaw(sg.), ojkawte(du.), ojkavo(pl.)

ロシア語名：iva

和名：ヤナギの1種

学名：*Salix* sp.

用途：この低木は、トナカイやムースが葉を食べる。また、枝の部分は冬にウサギの餌になる。一方、この植物はトナカイ処理、ユルト設営、投げ輪保存の際にもある種の儀礼的機能を帯びて利用される（写真91）。

　まず、トナカイを処理する際の ojkaw の利用法を例にあげて見る。これは、たとえば生まれたての仔トナカイを処理する仔トナカイの儀式 (qajujuʔaŋaŋ) や、アノーエウェンといった儀礼的な処理だけでなく、単な

---

[178] 人尿の利用については、三上(1966)が概観している。

写真 91　ojkaw

る食糧確保のためと説明される処理においても共通して見られる習慣である。

　まず，トナカイを絶命させた後，頭を東向きにして横たえたトナカイの頭の下にこの枝を敷く(写真92)。さらにその東側にジルクトアトゥヌが設置される。本章 1.6.10(2)で見たように，これはトナカイを死後の世界に送るための装置，あるいは日の出の方角への供物を置く場所であると説明される。この場所には，夏ならばユルトの枠木を積む小型の橇である jəlqalinaŋ (jəlqal「ユルトの枠木」, inaŋ「橇」)が運び込まれ，その脇にトナカイの胃の内容物が注がれ，さらに脳，骨髄，肝臓，腎臓，脂肪などのかけらが置かれる。一方，橇の上には，トナカイの頭部とともにこの枝が置かれる。これは死後の世界でトナカイの食料になると説明されている。

　次にユルト設営の際の ojkaw の利用について見る。7月に夏の宿営地に

写真92　処理したトナカイの頭の下に敷かれた ojkaw

　移動してトナカイ毛皮製ユルト (ləɣejan~ləɣejajaŋa [ləɣe-「本当の」, ja~jaja「ユルト」])を建てる際，支柱となる3本の棒(tewi)の先端と，ユルトの横枠(wajewi)にこの枝を差し込む。前者には根ごと採ったものを，後者には枝を差し込む。これは無事に夏を迎えたことを祝っておこなわれるしきたりであると説明されている。第5章第3節で見るように，コリャークは現在，夏に住む毛皮製ユルト以外に，春秋には布製テント，冬には毛皮製テントと住居を住み分けているが，このしきたりがおこなわれるのは，伝統的なユルトだけで，それ以外の住居ではおこなわれない。
　さらに，ojkaw は，投げ輪を使わずに巻いて家に置いておく際，挿しておく習慣がある(写真93)。〈x〉
[22a] (写真94)
コリャーク語名：ɣilleŋ (sg.), ɣilleŋti (du.), ɣilleŋu (pl.)
ロシア語名：ol'xa

第4章　生業活動の範疇化　243

写真93　ojkawを挿した投げ縄　　　写真94　ɣilleŋ

和名：ハンノキ属の1種（ミヤマハンノキ？）
学名：*Alnus* sp.
用途：ハンノキは葬送儀礼の際にいくつかの場面で用いられる。死者を火葬に付した後，次第に衰えていく焚き火のまわりをハンノキの若枝で囲む。これをコリャーク語で məl'val' という（第6章第2節，写真126参照）。ハンノキで作られたこの円周は，故人のユルトあるいは死者の領域を象徴している。したがって，葬儀の参列者はこの円を越えることは禁じられている。また，その横に立てる三つ又の木にもハンノキを使う。
　さらに，火葬場から遠くないところに，ハンノキの若枝で門を立てる。参列者は8の字に回りながらこの門を通る。これは，死者に道がどこに続いているのかわからないようにして，死者の魂が生きている人の後をついてこないようにするためであると説明される。門を通った後は，地面に置

いた枝を合わせて門を閉め，全員死者の家に行く。そこには2人の女性が待っていて，来た人たちからハンノキの低木で死者の魂を取り出す。また家の戸口の前にはきれいな水が用意されており，参列者は家に入る前にこれで口をすすぎ，水を吐き出す。その後，参列者は家に入り，追悼の食事をする。

翌日，日の出前に親族は火葬場に行き，ハンノキの門を開き，そこから薪まで砂を撒いて道を作る。もし金属以外なにも残っていないとしたら，死者はすでにあの世に行ったことになる。もし薪から煙が昇っていたとしたら，すなわち誰かが彼のところに来ず，彼は最後の法事までその人を待っているのだと考えられる。最後の法事は初雪が降った後に営まれる(呉人恵・ハホフスカヤ 2003:8-10)。

ハンノキは，この他，ユルトやテントの戸口の両側に2本立てかけられることがあるが，これも məl'val' であると説明された。〈x〉

[23]
コリャーク語名：təqəl(sg.)，təqəlti(du.)，təqəlu(pl.)
ロシア語名：topol'
和名：ヤマナラシ属の1種(いわゆるポプラ)
学名：*Populus* sp.
用途：ポプラは上述のとおり，柔軟性に富んでおり工作に適している。そのような性質を反映してか，コリャークの伝統的な呪具である火切り板の製作にも利用される。また，火切り板を作るためにポプラの木を切る際には，特別な儀礼がとりおこなわれる。以下は，インフォーマントのXが，両親の火切り板作りに参加した時におこなわれた儀式の様子である。

火切り板作りは通常冬の12月におこなう。また火切り板は男女2体作られる。ポプラの木が2本並んで立っている場所を選んで，そこを投げ輪で囲み，まわりに数人の男が立つ。その投げ輪の中に女性がガンコウランの実(jacuʃəvenʃən)を上着の裾に入れてやってきて振りまく。この実はトナカイに見立てられている。男たちは「オウオウ」と叫びながら，トナカイを投げ輪の中から逃げさせない演出をする。こうしてから，2本のポプ

ラを火切り板の大きさに合わせて切り，その場で火切り板をナイフで彫る。その後，トナカイ橇を全速力で走らせて家に帰り(火切り板を喜ばせるためと説明されている)，メスと若い種オスを処理して，木(ocəmŋən)とトナカイの角で作った火切り板で火をおこす。

　ただし，グイマツが材料として用いられることもあり，必ずしもポプラでなければならないというわけではないようである。

第5章　衣食住の範疇化

1. 衣・住

1.1　トナカイ毛皮の特徴と用途

　衣と住を巧みに結びつけることによって，無駄のないリサイクル・システムを実現したトナカイ毛皮の加工と利用の技術は，トナカイ遊牧民コリャークの物質文化の中でも最も発達した分野であるといえる。トナカイ遊牧民コリャークは，伝統的に衣類や住居に，さらにはトナカイ遊牧にかかわるさまざまな道具などにトナカイ毛皮を利用してきた。トナカイ毛皮の材質は季節により，またトナカイの年齢や種類により異なるため，その特徴に応じ，巧みに加工方法や用途を使い分けながら利用している。

　毛皮の加工には男女の分業があり，衣類や夏用ユルト，冬用テントの製作にはなめしから縫製までもっぱら女性があたる。これに対して，トナカイの捕獲に使う投げ輪，橇の部品をつなげて組み立てるための革紐，トナカイ橇のさまざまな革紐などのなめしや，縫製をともなわない皮の加工と製作には男性があたる。両者は担当するものが異なるだけではなく，表20で見るようにものの加工工程も異なる。とはいえ，扱う毛皮の量も加工に費やす時間も女性の方が圧倒的に多く，毛皮加工は主に女性の仕事であるといっても過言ではない。

　以下では，原材料としてのトナカイ毛皮ならびにその衣類や住居への利用に焦点をあてて考察を加えてみたい。

表 20　毛皮加工の男女分担（呉人恵 2007c:195）

	女性	男性
加工工程	踏みしごき→なめし→（染色→）縫製	除毛→裁断→燻煙→加工
加工品	衣類，寝具，住居カバー	革紐類

表 21　季節に応じたトナカイ毛皮の名称・特徴・用途（呉人恵 2007c:196）

月	総称	季節による名称	特徴	用途
12～2	nalγən	ləqlaŋnalγən	毛が厚く長くなる。juwnalγən とも。	衣類 ユルトカバー 敷布団
3～4		newlawnalγən	毛は抜け始めていないが，虫がわいて皮が薄い。薄く利用価値がないので，この季節にはできるだけ皮を取らないようにする。	敷布団，袋
5～6		anonalγən	古い毛は抜けたが，その間からまだ新しい毛が生え始めていない。長い部分と毛が生えていない部分とが斑になっている。皮が薄い。やはり皮が薄いので，衣類としての利用価値はない。	
7～8		alanalγən	古い毛が完全に抜け終わっていない。その間から新しい毛が生え始める。alanalγən のうち，pijqajn'acγən は メス，去勢などの成畜の毛皮。qajujunalγən は衣類用に処理された仔トナカイの毛皮。	衣類，革紐
9		ŋajŋajnalγən	古い毛が完全に抜けて，新しい毛が薄く生え始める。vəl'γəcγənalγən とも。	
10		jəγannalγən	新しい毛が 1 cm くらい生える。	
11		γətγanalγən	新しい毛が 2 cm くらい生え揃う。	

第 5 章　衣食住の範疇化　249

　まず，原料としてなんの加工も施されていない状態の毛皮の季節ごとの特徴と用途について見る。表 21 に季節に応じたトナカイ毛皮の名称とその特徴および用途をまとめたので，参照されたい。

　12 ～ 2 月の冬の毛皮は毛足が長くかつ皮が丈夫なため，衣類のみならず，夏用ユルトカバーや冬用のトナカイ毛皮製テントのカバーの材料として用いられる。3 月から 4 月にかけてのトナカイの毛皮は，毛がナイフで刈ったように切れており，冬の間に長く伸びた古い毛が抜け始め，なおかつ 1 月頃からわき始めた虫が食ってあちこちに小さな穴があき，皮が薄くなっている。敷布団や袋としては利用できるが，衣類には利用できない。5 月から 6 月にかけては古い毛は抜け始めたが，新しい毛はまだ生え始めておらず，毛の長い部分と生えていない部分とで斑状態になっており，なおかつ皮が薄いため，一番利用価値が低いと考えられている。その後，7 月から 8 月になると，古い毛が完全には抜け終わっていないが，新しく柔らかい毛が全体を覆うようになり，衣類としての利用価値が出てくる。

　ちなみに 8 月末には，毛布を衣類用に利用するためにその春に生まれた仔トナカイを特別に屠る。9 月は，古い毛が完全に抜けて新しい毛が薄く 1 cm くらい生え始めるために利用価値がない。10 月の毛皮は，新しい毛のみが短く 1 cm くらいに，また，11 月の毛皮は，新しい毛が 2 cm くらいに生え揃い，特に仔トナカイの毛皮は虫がわいておらず，皮が厚いので下着用に利用される。写真 95 は，上左から右に juwnalyən（12 ～ 2 月の毛皮），newlawnalyən（3 ～ 4 月の毛皮），pijqajn'acyən（7 ～ 8 月の毛皮），下左から右へ jəyannalyən（10 月の毛皮），yətyanalyən（11 月の毛皮），同じく yətyanalyən（11 月の毛皮）である。juwnalyən は毛足が長く，毛先が細くなっている。newlawnalyən は，毛がナイフで刈ったように切れており，古い毛が抜け始めている。pijqajn'acyən は，古い毛がまだ少しだけ残っているが，全体に新しい毛が薄く生え揃っている。jəyannalyən は，古い毛は完全に抜け，新しい毛のみが短く 1 cm くらいに生えている。yətyanalyən は，毛足が 2 cm くらいに伸びて長くなってきている。

写真95　季節別のトナカイ毛皮

1.2　リサイクル・システムにおける毛皮衣類の分類原理

　トナカイ毛皮というと，通常，冬の寒冷な季節ための衣類の材料と考えられがちである。しかし，コリャークはトナカイ毛皮の衣類を気候に応じて材質を使い分けることによって，年間を通じて着用する。Jochelson(1908:593)によれば，特に山岳地帯を遊牧するトナカイ遊牧民コリャークの着用する衣類は年間を通じて変わらず，夏は冬の毛の抜けた衣類を身につけており，夏の衣類を別に着用するのは，海岸や河口近くに住むコリャークだけだとしている。しかし，筆者が調査した地域は内陸のトナカイ遊牧地帯であるにもかかわらず，衣類は季節により使い分けられている。

　その使い分けの基準となるのが，〈未燻煙〉か〈燻煙済〉かである。〈未燻煙〉の毛皮というのは，処理して剥がした毛皮を，踏みしだき，なめし，必要に応じて染色過程を経て，冬用の衣類やユルトカバーや帳に加工するもの

である（呉人惠・齋藤 2005）。すなわち，加工工程に燻煙工程はない。一方，〈燻煙済〉の毛皮というのは，まずこのうちユルトカバーや帳が使用しているうちに焚き火に燻煙されたものを適宜，必要なだけ外して加工したものである。ユルトカバーを内部から見ると，燻煙具合が斑なのはそのためである。一方，帳は夜，就寝中だけ下ろされ，日中は捲り上げられていてユルトカバーよりも燻煙度が浅いため，大型の衣類には適さず，毛つきブーツや毛つき帽子などに利用される。

　〈燻煙済〉の毛皮はさらに〈未除毛〉か〈除毛済〉かに分類される。すなわち未除毛のものは寒冷な春秋用，除毛済のものは夏用の衣類に利用される。燻煙済の毛皮は，防水性に富み，蚊を寄せつけない，夏の暑い季節でも蒸れないなど，春から秋にかけての衣類として適している。このように，衣類の材質はきわめて合理的に選ばれ，使い分けられているのである。

　燻煙の有無がトナカイ毛皮の分類の基準となっていることは，名称の語構成からもうかがうことができる（トナカイ毛皮の使い分けが，その名称の形態的特徴に対応していることを示した図 10 を参照されたい）。すなわち，未燻煙の毛皮は加工の度合いによりさまざまな修飾成分が付加された複合語で表されるものの，総じて主要部は nalɣən「毛皮」である（tuj = nalɣən「生の = 毛皮」，məca = nalɣən「踏む = 毛皮」，jəjitaʃaw = nalɣən「なめす = 毛皮」，jomja = nalɣən「染める = 毛皮」）。一方，燻煙済みのものは，動詞語幹 milɣu「燻

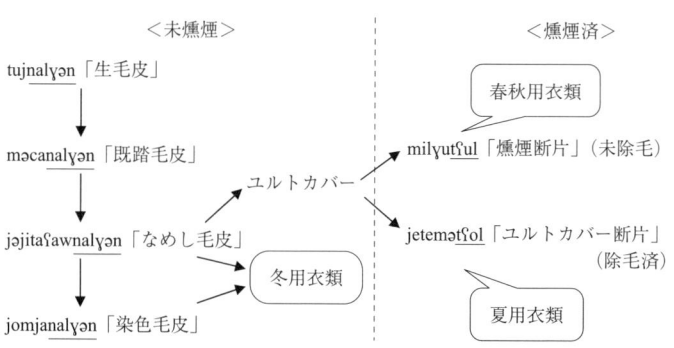

図 10　燻煙の有無によるトナカイ毛皮の使い分け（呉人惠 2007c:199）

す」あるいは名詞語幹 jetem「ユルトカバー」に「断片」を意味する接尾辞 -tʃul を付加した，nalɣən とは派生関係のない名称になる。

さらに，燻煙を施されたもののうち，未除毛のものも除毛済みのものも燻されていることには変わりがないのに，前者のみが「燻す」からの派生語で，後者は「ユルトカバー」からの派生語である。このことは，燻煙度が高く防水性と通気性により優れたユルトカバーがもっぱら，除毛して夏用の衣類に利用されることとも無関係ではないだろう。

このように，トナカイ毛皮の年間を通じた衣類への利用は，衣と住を巧みに結びつけたリサイクル・システムによって可能となっているのである。

1.3　衣類に用いる毛皮の製革方法

トナカイ毛皮を衣類として利用するためには，まず処理したトナカイからとった毛皮の加工作業が不可欠である。齋藤(1998:74-75)などによれば，北方民族の製革技術は，古アジア諸民族からエスキモーに見られる古くからの比較的単純な製革方法に，ツングース諸族の拡散とともにツングース型の複雑な加工技術が導入されたものであるという。前者は糞尿を用い，脂肪性のなめし剤は使わず，スクレイパーの形状にバリエーションが少なく，手，足，歯などを多用し，繰り返し作業の少ない製革方法である。一方，後者のツングース型の製革技術は，多様なスクレイパー，なめし剤を駆使し，燻煙をおこなうなどの複雑なものである。また，齋藤(1998:74-75)によれば，ツングース型の複雑な製革技術の影響の片鱗は，ユカギール，コリャーク，チュクチなどの古アジア諸民族のそれにも見られるという。

齋藤(1998:88)が再構成したチュクチの製革プロセスに比べると，筆者が調査したコリャークのそれは，伸展化や柔軟化のプロセスが，数種類の塗剤を使い分けるなど，より複雑であるように思われる。これがツングース型の影響によるものか否かは，さらに周辺のエヴェンなどのツングース系民族の製革技術と比較検討することによって明らかになるであろう。

齋藤(1998:88)はまたチュクチの製革工程を整理している。Jochelson (1908:629)によれば，チュクチとコリャークの製革方法は同じであるとして

いるが，筆者が集めた資料とこれを比べてみると，皮下組織の掻き取りが終わった後でおこなうすり込み工程が，コリャークのそれの方がやや複雑なように見える。すなわち，コリャークでは上述のように少なくとも，1)毛皮の伸展化のための胃の内容物のすり込みと，2)柔軟化のためのトナカイの糞のすり込みの2段階がある。また，さらにいっそうの柔軟化が必要な場合には，ハイマツの針葉を尿に浸したものをすり込むこともある。齋藤(1998:88)で見るかぎり，チュクチのそれはすり込みが1度だけのようである。なお，齋藤(1998:88)では，皮下組織の掻き取りの際におこなう足による作業がtrampling with feet「足で踏みつける」とされているが，コリャークの方法にもとづけば，踏みつけは皮下組織の掻き取り以前におこないわば第一段階の柔軟化であり，掻き取りの際におこなうのは踏みつけではなく足で「しごく」作業である(第4章写真81参照)。

一方，ツングース系のエヴェンはどうだろうか。筆者は2004年8～9月に第13ブリガードで調査をした際に，たまたま現地で牧民として働く息子を訪ねて滞在していたエヴェン女性A. K. スレプツォーヴァ(Sleptsova)さん(1935年，オモロン，ヴァニューシキ生まれ)からエヴェンの製革方法について聞き取りをおこなう機会を得た。それによれば，彼女の語るエヴェンの製革方法はツングース系であるにもかかわらず，比較的単純であるという印象を受けた(写真96)。

すなわち，皮下組織をなめし鉄で掻き落とす工程まではコリャーク同様であるが，すり込みは煮たトナカイの糞か肝臓を用い，それ以外に胃の内容物やハイマツの針葉を用いたりすることはない。足でしごいたりはせずに，代わりにエヴェン語でcucunと呼ばれる棒の先にぎざぎざのついた鉄の刃をはめ込んだなめし棒でしごく。この道具はコリャークにはないものである。A. K. スレプツォーヴァさんによれば，そのためにコリャークの毛皮の方が柔らかく仕上がるのだという。

一方，興味深いのは，コリャークが使っているなめし鉄と同様の形状のものがエヴェンでも皮下組織の掻き落としに使われているが，これが，コリャーク語と同様の語源をもつawətと呼ばれていることである。これに対し，な

写真96　中腰でおこなうエヴェンの脛皮なめし

写真97　腰掛けておこなうコリャークの脛皮なめし

写真 98　エヴェンのなめし石（上が awət，中央が cucun），下はなめし板 qocaj

写真 99　コリャークのなめし石 awət

めし板には qocaj というエヴェン語の名称がある[179](写真 98, 99)。

佐々木(1992b)によれば, シベリアの狩猟民やトナカイ遊牧民の皮革処理専用のスクレイパーには大きく3種類あるという。そのひとつは古アジア民族が使う水平な柄の中央部に石または鉄製の刃をつけたもの, 次に西シベリアからスカンジナビアにかけてのウラル系民族の使う, 形状は古アジア諸民族のそれと同じだが, 刃が2枚でS字型をしているもの, さらにツングース系独自のものである。このことから, 現在, エヴェンが使っている awət と呼ばれるスクレイパーはコリャークのそれを受容したものであると推測することができる[180]。またこれと平行して, 名称の類似性も, コリャーク語からエヴェン語への借用ということで説明がつくと考えられる。

なお, エヴェンは製革工程に人尿を利用しないことも記しておきたい。柔軟化においても, ハンノキによる染色においても尿は用いられず, 染色はハンノキの樹皮の染料を湯でゆっくりと煮出すのみである。コリャークは尿(特に女性の)を製革工程のみならずさまざまな民間医療でも利用しているが, これに対してエヴェンにはそれが見られない。A. K. スレプツォーヴァさんは「だから, 私たちは清潔なエヴェンなのよ」といっていたが, そのあたりの認識の違いについてはさらに考察してみる必要があるであろう。

1.4　トナカイ毛皮衣類の種類

トナカイ毛皮衣類は, 季節により, 用途により, 男女別により, 非常に多様である。トナカイ遊牧地でかろうじてこれらの衣類が利用されている間に, これを網羅的に調査し, 全体を記述しておく必要があるが, 筆者の調査はまだ残念ながらその端緒についたばかりである。そこで, 以下では, 帽子, 手袋, ブーツについてのみ, 成人の男女別, 季節別にその種類と素材について表 22 ～ 24 にまとめる。これらは, 上着やズボンなどに比べると男女の区別があまりなく, 包括的に記述することが可能である。ただし, 女性は男性と

---

[179] ちなみにコリャーク語では皮なめし板は wiwij という。
[180] ちなみにチュクチ語ではスクレイパーは awət とは関係のない nəwren といわれる (Zhukova and Kurebito, T. 2004: 204)

異なり，夏は常にフードつきの上着を着るために，帽子を被らない。男性の冬用のブーツはズボンの長さによって，長ブーツと短ブーツを履き分けるのに対し，女性は常に同じ長さのつなぎを着用するためにそのような区別がないなど，上着やズボンの特徴に影響されればそれだけ，男女差も現れてくることにも注目したい。

ところで，男女別の衣類の名称で特記されるのは，「手袋」「帽子」「ブーツ」といった各衣類を表す包括名では，男性用の場合には修飾語がつかず無標であることである。すなわち，無標の場合は男女を合わせた包括名あるいは男性用の衣類を表すのに対し，女性用の場合にのみ el'ʕa「女性」という修飾語が付加される。一方，季節別に見ると，春秋の衣類は同じであるため，冬，春・秋，夏と3種類に分類される。また，成人男女の衣類とは別に，子供服の記述も別に必要であるが，これについては今後の課題である。

1.4.1 帽子（peŋken）

表22は，季節別の帽子の種類と素材を示したものである。

帽子は，男女でサイズが少し違うだけで形状の区別はない。ただし，女性は，夏はフードつきの上着を着用するため，帽子を被らない。冬から春・秋用，夏用へと，素材が毛皮から，ユルトの帳，ユルトカバーへと移行していることに注意されたい。毛皮はなめしただけのもの，ユルトの帳は燻煙されているが毛は残しているもの，ユルトカバーは燻煙されかつ除毛されたものであり，季節の推移にしたがって保温目的のものから通気・通水あるいは蚊避け目的へと移行していることが見て取れる。冬は伝統的にはトナカイの脛皮やイヌの毛皮でできた暖かい帽子を着用してきた。ちなみに，このうちトナカイの脛皮製のものは ləɣipeŋken「本当の帽子」といわれ，これが冬の伝統的な帽子であったことをうかがわせる（写真100）。この他, milɣupeŋken「燻し帽子」があるが，現在ではあまり見られず，これに代わって，ロシア製の黒く燻煙したヒツジ毛皮外套で作ったもの（šubapaŋkan~šubamelɣopaŋkan [šuba「毛皮外套」（ロシア語），melɣo「燻す」]）が非常に普及している（写真101）。

表22　季節別の帽子の種類と素材（呉人恵 2007c:204）

	peŋken	
	男性用 peŋken / 女性用 el'ʕapeŋken	
	種類	主たる素材
冬	ləqleŋpeŋken「冬の帽子」 ~ləɣipeŋken「本当の帽子」	9月のトナカイ脛皮 新生仔トナカイの脛皮
	kəmʕukpaŋkan「丸帽子」	犬毛皮
	milɣupeŋken「燻し帽子」	ユルトの帳
	šubapaŋkan~šubamelɣopaŋkan 「毛皮外套燻し帽子」	ロシア製羊毛毛皮外套
春・秋	milɣupeŋken「燻し帽子」	ユルトの帳
	milɣukəmʕukpeŋken「燻し丸帽子」	
夏	milɣukəmʕukpeŋken「燻し丸帽子」	ユルトの帳
	jetemkəmʕukpeŋken 「ユルトカバー丸帽子」	ユルトカバー

写真100　ləɣipeŋken「本当の帽子」　　写真101　šubamelɣopaŋkan「毛皮外套燻し帽子」

第5章　衣食住の範疇化　259

写真102　milɣukəmʃukpeŋken「燻し丸帽子」

写真103　jatamnalɣəʕijləmɣən「ユルトカバー毛皮頭巾」

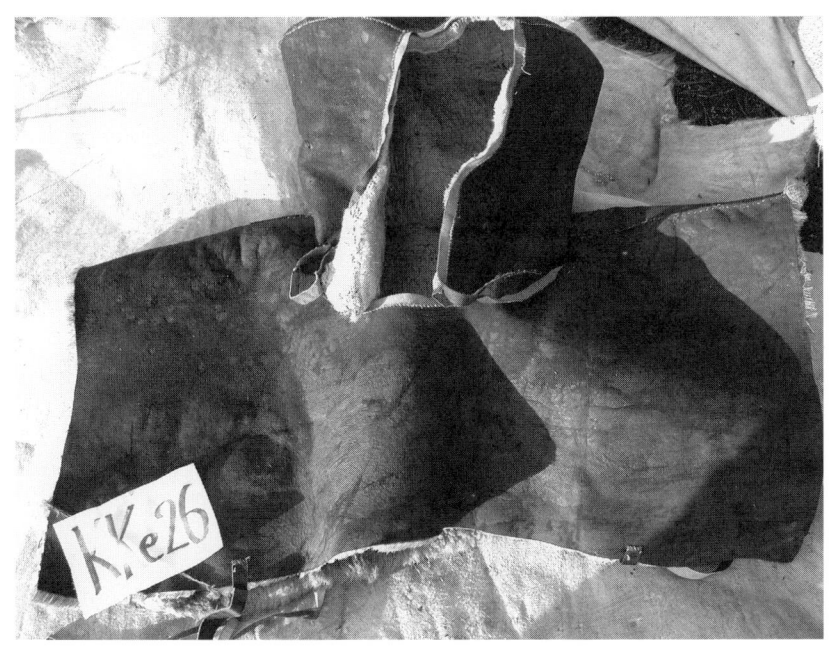

写真104　milɣunalɣəʕijləmɣən「燻し毛皮頭巾」

一方，夏の帽子はもっぱら丸い形状のものである（写真102）。

ところで，夏に頭に被るものには，上であげた peŋken とは別に，ʕijləmɣən と呼ばれる頭巾がある。毛皮上着のフードの部分を ləmɣələm と呼ぶが，これとおそらく派生関係があると考えられる。燻煙済みでなおかつ除毛済みのものを jatamnalɣəʕijləmɣən「ユルトカバー毛皮頭巾」（写真103），燻煙済みだが未除毛のものを milɣunalɣəʕijləmɣən「燻し毛皮頭巾」（写真104）といって区別する。

上であげた帽子類は，まず部分ごとに型を取った毛皮を裁断して縫い合わせていく。図11では，冬用の最も一般的な帽子の型紙と各部分の名称を示す。

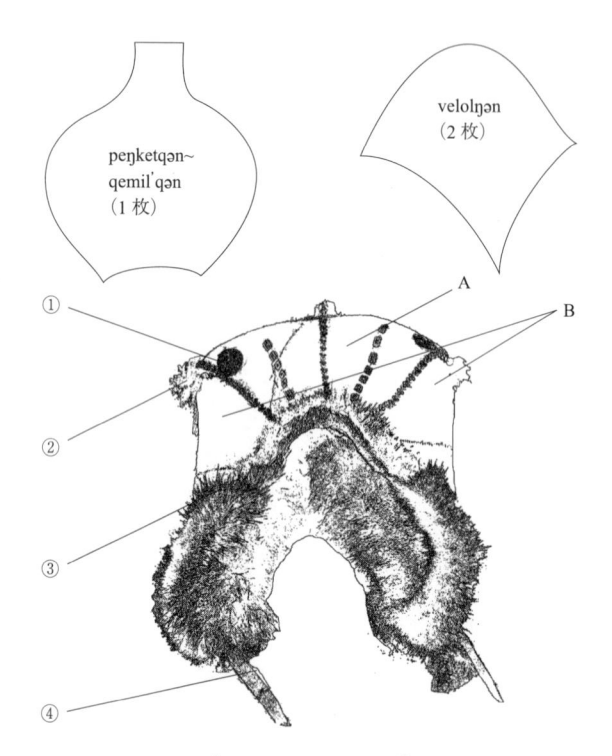

A：peŋketqən~qemil'qən, B：velolŋən, ①：jəʕilɣən,
②：pijn'aq, ③：peŋkecujəm~peŋkecujmən, ④：peŋkilŋən
図11 冬用毛皮帽子の型紙と部位名称（呉人惠 2007c:205-206）

第 5 章　衣食住の範疇化　　261

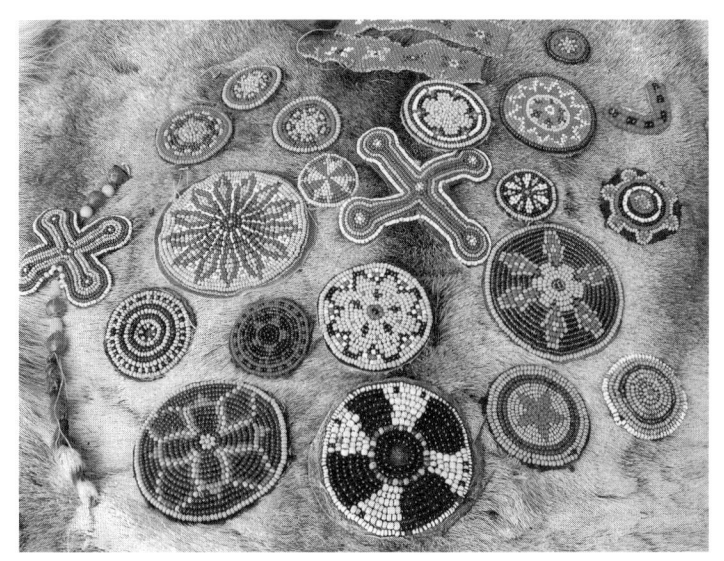

写真 105　コリャークのビーズ装飾

　図 11 上左（下図の A に対応）が頭の中央，前から後ろの部分，右（下図の B に対応）が両側の部分になる（ちなみに，velolŋən は「耳」の意味）。①の jəʕilyən は「月」の意味。円形にビーズ模様をあしらったもので，帽子だけではなく毛皮上着にも装飾としてつけられる（写真 105）。②の pijn'aq はビーズをあしらった赤い房飾りで，アザラシやウサギの脚の毛皮を染めて作る。③の peŋkecujəm~peŋkecujmən（peŋke「帽子」，cujəm「縁」）は，前の中心部にはカワウソの毛，両側から後部にかけての部分にはイヌの毛を縫いつける。

1.4.2　手　袋

　手袋（lilit [lili「手袋」，-t 双]）は，大きく春から冬にかけて着用する「本当の手袋」を意味するミトン状のトナカイ毛皮製手袋（ləyililit）と，主に夏あるいは春・秋に着用する「指の手袋」を意味する五本指手袋（jəlyəlet~jelyəlilit）に分類される。ミトン状の手袋はいずれもトナカイの脛皮で作られるが，季節により冬は毛足の長い脛皮，春秋は毛足の短い秋の脛皮を利用する。一方，

表23　季節別の手袋の種類と素材（呉人惠 2007c:207）

	lilit	
	男性用 lilit / 女性用 elʼʕalet	
	種類	主たる素材
冬	juwlet「冬毛皮手袋」	冬の仔トナカイ脛皮
春・秋	vəlʼɣəlet「9月の脛皮手袋」	9月のトナカイ脛皮
	ɣətɣapannʼen lilit「初冬の脛皮手袋」	初冬のトナカイ脛皮
	jəlɣəlet「五本指手袋」	9月のトナカイ脛皮
夏	jəlɣəlet「五本指手袋」	毛を剥いだ布団の毛皮 毛を剥いだユルトの帳

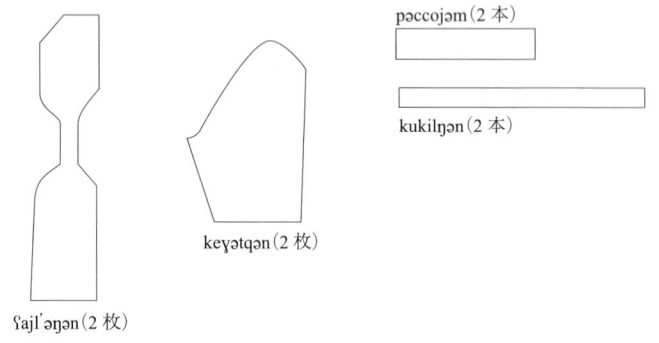

図12　ミトン状手袋の型紙（呉人惠 2007c:207）

五本指手袋は春・秋にはトナカイ脛皮，夏には毛を剥いだ布団やユルトの帳を利用する（表23）。また近年では「布の手袋」を意味する布製手袋 maniwlilit もある[181]。

図12に示すのは，ミトン状の手袋の型紙である。pəccojəm は，手袋の口の部分に沿って縫いつける毛皮，kukilŋən は除毛済みのユルトカバーを利用した紐の部分である。

---

[181] この他，調査では，子供用の3本指の手袋（tileʕʕəlit）も確認されている。

1.4.3 ブーツ

ブーツ（pəlakət[pəlak「ブーツ」, -t 双]）も，他の衣類同様，冬用，春・秋用，夏用に分かれる。表 24 に見るように，年間を通して，大部分のブーツには包括名 pəlakət の前に修飾要素を付加した名称がつけられている。ただし，次の 2 点に注目したい。すなわち，①男性用の冬のブーツには包括名のつかない形（laγot, luləl [いずれも -t は双数]）が通常使われていること，②夏の労働用のブーツである cəwejit は，筆者の調査では pəlakət が付加された形が確認されていないことである。このことから，この 2 つのブーツは他のブーツとは異なるものと考えられている可能性がある。

以下では，型紙を収集することができた夏の労働用ブーツ cəwejit の型紙ならびに部位名称を示す（図 13，写真 106）。

表 24　季節別のブーツの種類と素材（呉人惠 2007c:208）

	pəlakət		主たる素材
	男性用 pəlakət	女性用 el'ʕaplakət	
	種類		
冬	laγot~laγoplakət 「冬用長ブーツ」 luləl~luləplakət 「冬用短ブーツ」	ləqlaŋpəlakət 「冬用ブーツ」	冬の毛足の長いトナカイ脛皮
春・秋	aknal'oplakət* 「春秋用ブーツ」		古くなった冬用長ブーツ
	milγuplakət 「燻しブーツ」		ユルトの帳
夏	cəwejit 「夏用労働用ブーツ」		ユルトカバー ユルトの帳
	kəcγepət~kəcγeplakət 「室内用ブーツ」		夏の成畜トナカイの染色した毛皮

*　akn'alo はブーツの甲の部分（図 13 ③）

以上，衣類の一部について見てきたが，トナカイ遊牧が衰退していく中で，トナカイ毛皮の利用も少なくなり，衣類にもさまざまな変化が見られることも述べておきたい。

264

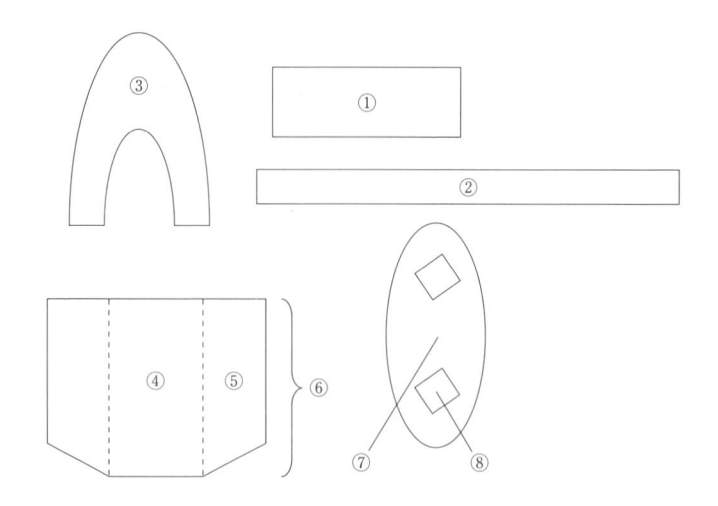

①：ʃenmacvəkvən, ②：tətekvən, ③：aknalʼon, ④：ʃiŋətʃʼəm,
⑤：uvik, ⑥：ojpojŋən, ⑦：koltalŋən, ⑧：alʼpənʼŋən

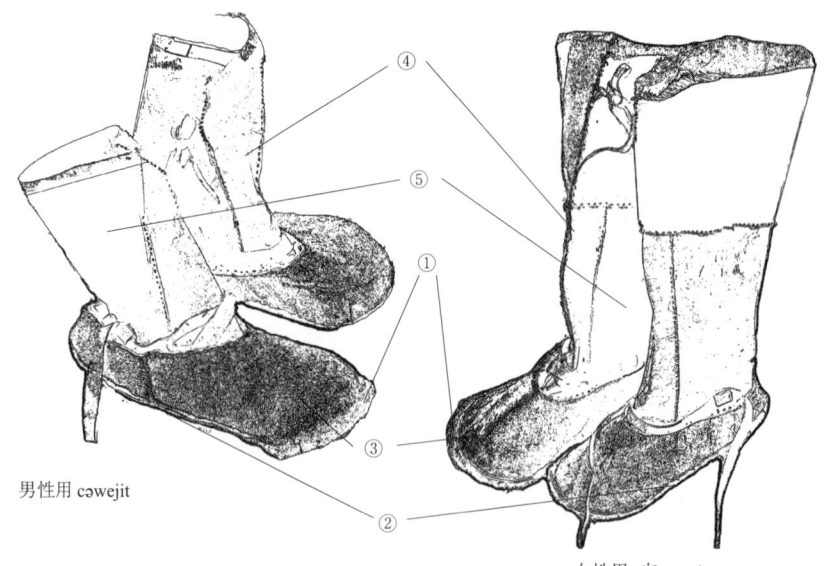

男性用 cəwejit

女性用 elʼʃacwajet

図13　夏のブーツ（cəwejit）の型紙ならびに部位名称（呉人惠 2007c:209）

写真106　cəwejit の各部位を裁断する

　とりわけ顕著なのは，春夏秋の伝統的な衣類の衰退である。春夏秋の衣類は，前述のようにユルトカバーやユルトの帳を素材とした燻煙の施されたものである。しかし，現在そのようなユルトで生活しているのは第13ブリガードの2世帯だけであり，それ以外の地域ではもはや夏用衣類の材料を入手することさえできなくなっているのが現状である。第13ブリガードにおいても，燻煙された毛皮の衣類のうち，男性はズボン，ブーツ，手袋，女性はブーツを着用するだけで，それ以外の主に上着や蚊よけ帽子などはすべて布製のものになっている。男女ともブーツがいまだ健在なのは，ツンドラでの生活では伝統的なブーツは防水性が高く軽量であるため，他の衣類が布製に代わっても他の履物には変えられない優れた履物だからである。また，男性は放牧にあたり屋外で過ごす時間が女性に比べ長いために，ブーツに加え，防水性の高いズボンがいまだに保存されているといえよう。

1.5 革紐の製法

以上見てきたように，女性がかかわる部分が大きいために，毛皮加工は女性だけの仕事だという印象を受けやすいが，Jochelson(1908:629)でも指摘されているように，実際には女性だけの仕事ではない。毛皮加工の中でも革紐(nalɣilŋən[nalɣ「皮」, ilŋən「紐」← ɲilŋən])の製作は主に男性の仕事である[182]。革紐には，トナカイの捕獲に使う投げ輪(cawat)や橇の部品をつなげて組み立てるための革紐(eqlevinŋən)，トナカイ橇の牽き具(jəʕiqə, ʕilŋən)，トナカイを縛っておくための革紐(qojavotelŋən)[183]，儀礼用のトナカイ処理の際にトナカイを捕まえておく革紐(qojanməɲilŋən)などがある。これらは女性がたずさわる毛皮加工と異なり，アザラシ毛皮を投げ輪に仕立てる際に，輪になる方の部分に錘(iccajaqaw)を入れて縫い込む以外には縫製をともなわない。革紐の製作にはトナカイ毛皮以外に，アザラシ，ムースなどの毛皮が利用される。それぞれの毛皮はそれぞれの材質に応じて製革加工が施される。

V. E. アヤトギーニン(Ajatginin)さんによれば，1950～1960年代まではこの地域のコリャークは投げ輪にも積荷用の革紐にも橇用のトナカイに仕立てる革紐にも，主にアザラシの毛皮を利用していたという。ちなみにアザラシ毛皮製の投げ輪がləɣecawat「本当の投げ輪」(ləɣe「本当の」, cawat「投げ輪」)と呼ばれていることに注目されたい。トナカイの毛皮が利用されていたのは唯一，橇の部品をつなげるための革紐だけだった。

その後，近接するオモロン地方のチュクチなどの影響により，トナカイの革紐を編んだ投げ輪(tʼalʼacawat[tʼalʼa「編む」])などを利用するようになった

---

[182] 主にというのは，女性でもこれらの製作に長けている人がかつてはいたからである。また，男性がまったく裁縫にたずさわらないわけではなく，上述のとおり，放牧中の衣類の繕いや投げ輪の錘を入れる部分の縫製など，部分的には男性がおこなうこともある。

[183] qojavotelŋən(qoja「トナカイ」, vot「つなげる」, elŋ「紐」)は，qojanewlavinŋən(qoja「トナカイ」, newlav「長くする」, inŋən「紐」)とも。いずれも橇用のトナカイを捕まえたり，橇用に調教するトナカイ(jəwenawjon)を捕まえて「木や潅木に縛りつけておくための革紐」の意味である。前者は短いものも長いものも表すのに対し，後者はトナカイを一晩中縛っておく際，草を食むことができるように長めに作られている。

ということである。編んだ革紐は talat という。

アザラシ毛皮からトナカイ毛皮への移行は，かつて海に近くアザラシを得やすいパレニ地方に住んでいたコリャークが，内陸のこの地域に移住してきて，近隣のチュクチなどのトナカイ遊牧民のトナカイ毛皮による投げ輪作りの技術を受容していった結果であると推測できるだろう。

とはいえ，最近では毛皮の入手が困難になるとともに，布や化学繊維製の紐が大量に用いられるようになってきている。ちなみに，革紐の調査にインフォーマントとして協力していただいた S. E. ヘッチャイ (Xechaj) さんは今でも優れた革紐製作技術を保持しているが，実際に使っている投げ輪を見せていただいたところ，トナカイ毛皮を編んだものとビニール樹脂を編んだものを接ぎ合わせたものだった。また，氏が作った橇の各部位もそのほとんどがビニール紐で結ばれており，革紐の需要の減少はここトナカイ遊牧ブリガードでも明らかである。

毛皮の利用の状況は表 25 に見るとおりである。○は現在利用されている素材，△はかつては利用されていたが，現在では利用されていない素材，×は過去においても現在においても利用されない素材を示す。

表 25 からもアザラシ毛皮の利用の減少は明らかである。とはいえ，儀礼用のトナカイ処理の際には依然，アザラシの革紐が用いられていることは重要である。また一方で，現在では布・ビニール製の紐が儀礼用トナカイ処理以外のすべての用途に利用されていることにも注目したい。野生動物である

表 25　加工される毛皮の種類と用途 (呉人惠 2007c:212)

	投げ輪	橇組み立て紐	橇の引き紐	積み荷用紐	トナカイ縛紐	トナカイ処理用革紐
トナカイ毛皮 (編)	○	×	×	○	○	×
トナカイ毛皮 (非編)	×	○	○	×	×	×
アザラシ毛皮	○	×	○	△	△	○
ムース毛皮	×	×	○	○	○	×
布・ビニール	○	○	○	○	○	×

ムースの毛皮は常に入手可能なわけではないし，トナカイの頭数の激減によりその毛皮の利用も制限されてきていることを考え合わせると，布やビニール製の紐の需要が今後ますます高まっていくであろうことは想像にかたくない。

ところで，新たな素材の導入により現在ではほぼ完全にすたれてしまった素材として，トナカイの足の腱（γətkaγət）や背中の腱（pəlγet）がある。足の腱はユルトカバーやユルトの木枠の固定ロープ（tenmilŋən），橇の積荷用のロープ（enomatelŋən），衣類の腰紐（jeləkəmγətelŋən）などに，背中の腱は毛皮の裁縫用の糸（jəccət）に利用されていた。足の腱は4本を裂かずにそのまま編んでロープにし，背中の腱は細く裂いて撚って糸にした。興味深いのは，腱加工は主に女性がおこなっていたということである。S. E. ヘッチャイ（Xechaj）さんによれば，彼のお母さんは通常，男性が製作するトナカイの編み込み革紐を巧みに作ったということだが，これはコリャークが伝統的にすでに腱を編む技術を有していたことが手伝っているかもしれない。

以下では，筆者が2004年8月に実際に見ることのできたトナカイ毛皮とムースの毛皮の革紐製作方法について記述する。

1.5.1 トナカイ毛皮による製革方法

トナカイ毛皮は，8月から12月に殺した虫の食っていない丈夫なものを選ぶ。筆者が見た革紐の材料となったのは，2004年8月6日に食糧用に処理した4歳の種オス（ləγiwinəkjəŋ）であった。トナカイ毛皮を革紐に加工する際には，アザラシやムースの毛皮とは異なり必ず除毛する。

1) 処理後，剥いだ毛皮を革紐用に加工するには，まず小腸の内容物（pittu）を塗って袋に入れ，密封状態で置いておく。こうすることによって除毛が容易になるといわれている。ムースの製革工程のところで後述するように，反対に毛が抜けないようにして皮を強化するためには塩をすり込む。革紐用にこのように準備された状態の毛皮をnalγilŋəlqəl「革紐用の素材」（nalγ「毛皮」，ilŋ「紐」，-lqəl「～の予定のもの」）という。

2) 4, 5日してから袋から取り出して，川原で除毛作業をおこなう。除毛

作業は手でおこなわれていたが，皮なめしに用いるなめし石を使ってもよいとのことである。全体の除毛が終わったら，川でよくすすいでから一晩屋外に干しておく。

3) 翌日，ユルトの中に運び入れ，生乾きの状態で皮を1cmくらいの幅に細く切っていく。かつてはこの作業には鉄製のナイフ(okolaten wala)が用いられたが，筆者が見たのはひげそり用の剃刀の刃を棒に巻きつけたものだった。皮の中央に切り目を入れて，そこからだんだんと外側に切っていく[184]。このように毛皮を切ることを n'al'ɣel'ŋəcvetkok (n'al'ɣ「毛皮」，el'ŋ「裁断板」[185]，cve「切る」，-tko 反復) という。またこの作業には，切りやすいようにもう一方の端から毛皮を引っ張っている介添えが必要となる。1枚の毛皮から約80～90mの革紐が取れるということである (ii ページ口絵写真下参照)。

4) 切る作業が終わったら，ユルトの梁に吊るし，ひと夏，燻煙を施して防水性を高める。

こうして，できあがったものは nalɣilŋən「革紐」と総称されるが，これを材料にしてさまざまな革紐が作られる。たとえば，橇の部品の接合に使う革紐 (eqlevinŋən) は，湿ったコケの下に必要なだけおいて 2，3 時間してから，適宜，20～30cm に切って使う。投げ輪などの編紐 (talat) にするものは，一晩水に浸して柔らかくしてから皮下組織を剥がして糸巻き (wajpu) に巻きつけ編む。通常 4 本の革紐を編んで作り，できあがったら木から木に渡して乾かないうちに均等に伸ばし，日のささない屋外で乾燥させる。

1.5.2 ムース毛皮による製革方法

ムース毛皮でも革紐が作られるが，トナカイ毛皮と異なり除毛する場合と

---

[184] この作業は通常，男性がおこなうが，女性の中にもこれに長けた人がいたという。ちなみに，この作業を見せていただいた S. E. ヘッチャイ (Xechaj) さんのお母さんは，今では見られなくなった女性用のナイフ (pekul) を使って巧みに皮切りをおこなったとのことである。

[185] el'ŋ は，「裁断板」を意味する elŋən からかと思われるが，なぜここで現れているのかは不明。

しない場合とがある。筆者が2004年8月に第13ブリガードで見たのは，2003年8月に狩ったムースを革紐用に加工したものをユルトの中に吊るして燻煙を施していたものであるが，これは除毛されていなかった。理由は，トナカイ橇のトナカイの体に縛りつける革紐（jəʕiqə）[186]を作るためのもので，毛つきの方が体に柔らかくすれないとのことであった。このような除毛しないムース毛皮の革紐を作る方法は次のとおりである。

1) 殺して剥いだムースの毛皮の肉側に塩をすり込む。これは毛が抜けないようにするためと，冬，容易に凍らないようにするためである。
2) 2，3日，塩漬けのまま置いてから，生乾きの状態でトナカイ毛皮を切る時と同様に剃刀の刃で切っていく。トナカイの体に縛りつける革紐用には，5～7cmの幅で切っていく。
3) 切り終わったら，肉側がしっかり燻されるように上に向け棒に巻きつけて，そのままユルトの梁に2ヶ月ほど吊るしておく。
4) 秋の宿営地に移動する際に，棒から外してイヌに食われないように屋外の木の高いところに置いておく。
5) 翌年，再び夏の宿営地に来た際に，下ろして，夏中もう一度さらに防水性を高めるために燻煙を施す。
6) 利用する時には，まず鉄鎚で叩いて柔らかくするとともに平らにして，必要な長さだけナイフで切って使う。

1.5.3 アザラシ毛皮による製革方法

内陸のこの地域ではアザラシが捕れないため，従来，アザラシは海岸定住民コリャークから手に入れていた。冬になると海岸定住民の住むウスティ・パレニからイヌ橇で運ばれてきた[187]。その製法は以下のとおりである。

---

[186] ただし，jəʕiqəは本来，アザラシの毛皮で作られていた。現在は非常に丈夫な布製のものも利用されている。ちなみに，jəʕiqəは絶対格単数形であるが，双数絶対格ではjəʕiqət, 複数絶対格ではjəʕiqawのように語幹末に /a/ が現れる。
[187] この他，夏用の衣類のためのアザラシ毛皮やアザラシの油脂，ナイフなどをウスティ・パレニの海岸定住民コリャークから入手していたことは，Gurvich(1980:114)でも言及されている。

1) 切り開いていない丸のままのアザラシの皮を革紐状に切る。
2) 切った革紐を伸展し，その後，脂肪分を除去する。
3) その後乾燥させ，余分な部分を切ればできあがりである。

2. 食

　この地域のトナカイ遊牧民コリャークは，その生業を反映して，主なたんぱく質はトナカイと魚から摂取し，その他，ムース，野生トナカイ，野生ヤギなどの野生大型動物やウサギやライチョウなどの小動物も食糧としている。近年はトナカイ頭数の減少により，魚や特にムースなどの野生動物が食生活に占める重要性が高まっている。
　調理方法には，干す，火で炙る，ルイベにする，燻製にする，醱酵させる，煮るなどがある。この他，ロシア人の影響で塩漬けにする，油で焼くなどの料理法も新たに導入されている（写真 107 〜 109）。
　表 26 では，魚と家畜トナカイとに分けて，それぞれの調理方法をコリャーク語でどのように表すかを，その形態的特徴により分類して示す。なお，魚やトナカイの部位を生食することもあるが，これは il'ənuk［他］~il'ewjik［自］[188]，すなわち，il'「生の」+ nu / ewji「食べる」の複合語として表されており，調理するものというより「食べる」ものとして捉えられていることがうかがえる。したがって，調理方法を示す表からは外す（ただし，どの部

---

[188] コリャーク語には自動詞・他動詞の区別を異根動詞によってするものがある（第 1 章 4.2.1 の (4)）。「食べる」もそのひとつで，他動詞 nu と自動詞 ewji の区別がある。自他の如何はその活用によって知られる。すなわち，他動詞の場合には主語は能格，目的語は絶対格で現れ，動詞は主語・目的語のいずれもの人称と数が標示される他動詞活用をする。一方，自動詞の場合には，主語は絶対格，目的語は通常，具格あるいは処格などの斜格で表され，動詞は主語の人称と数のみが標示される自動詞活用をする。「生食する」は，この nu と ewji に「生の」を表す形容詞語幹 il' が接頭したものである。次はその自他の活用の違いを示した例である。
　　γəmnan t-il'-ə-nu-n-Ø pontə「私は肝臓を生で食べた」(γəmnan「私」[能], t- 1 単主, il'「生の」, -ə- 挿入, nu「食べる」, -n 3 単目, -Ø 完了, pontə「肝臓」[絶単])
　　γəmmo t-il'-ewji-k-Ø ponta-ta.「私は肝臓を生で食べた」(γəmmo「私」[絶], t-...-k 1 単主, ewji「食べる」, -Ø 完了, ponta「肝臓」, -ta 具)

写真 107　干し肉作り

写真 108　袋角を炙る

写真 109　干し魚作り

表 26　魚とトナカイの調理方法（呉人惠 2007c:216）

調理法	語構成	魚	トナカイ
干す	一次語	pəʃak	
火で炙る		jejək（蹄・袋角・干し肉）	
ルイベにする	自動詞使役形	jətuqetək（串刺しの肉・魚）	
燻製にする		jəqitatək	
酸酵させる		jəmilɣuvək	
油で焼く		jəwicevək	
煮る	名詞＋接辞	mətqilək jəpɣəpɣevək	
塩漬けする		əpatək	kukejvək
			col'atək	

位を生食するかについては後述する)。

表26で見るように、形態的には、①派生が認められない一次語、②自動詞の使役形 j-...-e₁v~j-...-e₁t (他動詞活用)、③名詞にその名詞に関する行為をおこなう意味を表す接辞 -e₁t が付加された出名動詞形の3種類が認められる。このような形態的特徴は、いくつかの点で示唆的である。まず、①の一次語であげられている pəʃak「干す」や jejək「(蹄・袋角・干し肉を)炙る」は、二次的な派生語に比べればその成り立ちが古いと考えられるが、そのような語形の古さはこれらの調理方法の古さとも連動していると推測することができよう。興味深いのは、同じ「炙る」でも「(串刺しの魚や肉を)炙る」場合は、自動詞 tuqək の使役形 jətuqetək という別の二次的派生語が用いられていることである。

一方、自動詞使役形と出名動詞形の新旧を判断することはむずかしい。ただし、前者のうち、mətqilək jəpɣəpɣevək「油で焼く」(mətqil「骨髄の油」、-k 所、j-...-ev 使役、pɣəpɣ「沸く」)は分析的かつ説明的な表現である。実際にインフォーマントも他の動詞に比べ発語がスムーズにおこなわれないことから、あまり馴染みのある表現ではなく、油で焼く方法は、新たにロシア人から受容した可能性が考えられる。ちなみに、mətqil「骨髄の油」は伝統的には干し肉などにつけて食するものである。

ロシア人からの影響という点では、出名動詞形の col'atək も同様である。col'atək はロシア語の sol'「塩」からの借用語[189]に出名動詞形成接尾辞 -at が付加されたものである。

さらに、「煮る」には2つの語があることにも注目したい。すなわち、「スープ」を表す əpa に出名動詞形成接尾辞 -t[190]が付加された əpatək と、「鍋」を表す kukej に、やはり出名動詞形成接尾辞 -v が接尾された kukejvək である。一見、この2語は魚とトナカイに対応しているようにも思われるが、それは正確ではない。「スープ」から派生した əpatək は、「魚を煮る」(より個別的

---

[189] コリャーク語には /s/[s]がないため、/c/[ʧ]で代用。

[190] t の前の a は母音連続が許されないため脱落。

な名称としては「煮魚を煮る」ʕacʕapatək)以外にも，トナカイの血のスープ(kewləʔəpaŋa)や胃の内容物のスープ(jilqəʔəpaŋa)などの流動性の食材を煮るのにも用いられる。一方，kukejvək は，それ以外のトナカイの部位を煮るのを表すのに用いられるのである。

以下では，特に調理法が多様で，料理の種類も多い家畜トナカイを中心に，それぞれの調理法とそれによって作られる料理について具体的に見ていく。ただし，ロシア人から受容したと考えられる「油で焼く」「塩漬けする」は省略する。

2.1　生食する(il'ənuk [他]~il'ewjik [自])

生食されるのは，腎臓，肝臓，気管支，目，耳，脳みそ，鼻の軟骨，鼻先，口蓋，足の骨髄，アキレス腱，肺，目，蹄などである。処理・解体後，そのまま食べるが，鼻の軟骨，気管支，アキレス腱，耳などは細かく刻んで混ぜ合わせ塩で味つけする場合もある。これを el'əjon[191]「生で食べるもの」(el'「生の」，-jo 動作対象)という。

2.2　干す(pəʕak)

冬に春のトナカイが疲弊した時期に食べるために処理して保存するニャチガイマク(第 4 章 1.6.10 の(5)参照)は，6 月に開き，肉は細長く切って干し肉にする。これを pəʕatʃoʎ(pəʕa「干す」，-tʃoʎ「断片」)という。pəʕatʃoʎ は，通常，砕いて細かくしてから，骨髄の油につけて食べる。

2.3　炙る(jətuqetək~jejək)

「炙る」には上述のとおり，2 種類ある。すなわち，串刺しにした肉や魚を火のそばで炙って食べるもので，jətuqetək と呼ばれる。もうひとつは，蹄，袋角，干し肉などを炙るもので，jejək と呼ばれる。後者のうち，炙った蹄

---

[191] 通常，-jo は，他動詞語幹につくが，なぜここで「生の」に直接ついているのかは不明である。

は後述の醱酵させた血のサラダ(wilwil)に混ぜて食する。

2.4 ルイベにする(jəqitatək)

生肉は凍らせてからそのままルイベで食べる。ルイベにすることは jəqitatək, これを食することは qituk(qit「ルイベ」, -u「食べる」)という。ルイベは qitəqit という[192]。

2.5 燻製にする(jəmilɣuvək)

干し肉用に細長く切った肉(写真 107)をユルトの内部に吊るし, 焚き火で燻す。

2.6 醱酵させる(jəwicevək)

(1) wilwil「醱酵血」

心臓, 肝臓, 肺臓, 蹄, 唇などを煮て細かく刻み, 新鮮な血液といっしょに混ぜたものを 10 日ほど醱酵させる。qojawtən(タデ科ミチヤナギ属)という植物といっしょに食べると美味といわれている。また, 胃を洗って細かく刻んで混ぜてもよい。屋外に穴を掘り保存する。この wilwil を食べた後は, 通常, 干し肉を脂肪といっしょに食べる習慣がある。

(2) wilwilmulləmul~wilmulləmul

結腸(ʃomʃel)の中に新鮮な血液(mulləmul)を入れ, 口を縛って干し, 醱酵させた半生状態のものを食する。

2.7 煮る(əpatək~kukejvək)

肉の各部位は通常, 煮て食べる。あまり煮すぎない半生状態が美味と考えられている。単に煮る以外に次のような料理がある。

(1) cəcɣətʃul

柔らかく煮た肉をトナカイの骨髄から取った脂肪を細かく刻んだものと混

---

[192] 魚をルイベにしたものも同様に qitəqit という。

ぜてハンバーグ状にしたものを食べる。あるいは凍らせて冬の食料として保存する。

(2) kilikil

トナカイの肝臓をよく煮てそぼろ状にする。これにガンコウラン，ハスカップ，クロマメノキなどのベリーをつぶして混ぜて食べる。なお，魚でもカワヒメマスなどを煮て骨を外し細かくしてベリーと混ぜたものを同様に kilikil と呼ぶ。

(3) kewləʔəpaŋa

トナカイの血，内臓の脂肪，胃，jimŋo（スベリヒユ科クライトニア属）と呼ばれる野生の球根を用意する。胃はあらかじめ血に浸しておく。湯を沸かし，中に細かく刻んだ味つけ用の脂肪，第一胃，野生球根を細かく刻んで入れる。血に浸しておいた胃袋を一口大に切ってスープの中に入れる。鍋を火から離し，血を注いで分離しないように手早くかき混ぜる。スープがチョコレート色になるまでかき混ぜて，最後に好みによって塩，塩漬けの野生ねぎなどを加える。

ちなみに，このスープはきわめて栄養価が高く，旅に出る人は凍らせて持参する。また，このスープを飲んだ後は，普通，腹の中でスープが分離するといってお茶を飲まないようにする。このスープは日常飲まれるだけでなく，トナカイ処理の際に処理場所に設置された焚き火に注がれるなど，儀礼的な役割も担っているようである。

(4) jilqəʔəpaŋa

夏，トナカイが緑の草を食べる時，第一胃，第二胃，第三胃の内容物（jilqəjil）を葉っぱで汚れをさらい，絞って汁を取る。この汁を1～2時間煮て，最後に野生の球根（jimŋo）や n'əcɣew と呼ばれる植物の葉を加えてできあがり。好みに応じてキセーリや砂糖を加えることもある。胃の内容物はまた，煮てトナカイの皮をなめすためにも利用されることはすでに第4章4.3.1で見たとおりである。

ただし，秋以降は食用には付されず，処理の際に供犠のひとつとしてジルクトアトゥヌに捧げられる。

(5) mətqil

骨を細かく砕き，弱火でゆっくりと煮て油をとる。この油を上述のとおり mətqil という。常備し，干し肉や煮た肉につけて食べる。

ちなみに，トナカイの脂肪は何種類かに準備される。砕いた骨を煮出して抽出した mətqil，脂身を煮て干した pəʃaʃacʃən~jəpʃawʃacʃən, ʃeleɣi「回結腸間膜」から取った料理の味つけ用の脂肪である ajməq, あるいは供犠を捧げるために取った脂肪，ʃilŋən（小腸）の脂肪，jojat（大腸）に網状の脂肪を入れて保存したものである。

表27では，トナカイの部位と季節別の調理方法をあげる。

表27　トナカイの各部位の名称と季節別の調理法

部位	コリャーク語名称	調理法 夏季	調理法 冬季
肝臓	pontə	生食，炙る，煮る	生食，炙る，煮る，凍食
腎臓	kəcəm	生食	生食，炒める
心臓	liŋliŋ	煮る	煮る
肺臓	jəccaw	生食，煮る（イヌの餌）	煮る（イヌの餌）
食道	pilɣən	煮る	煮る*
気管支	kaɣəpɣəl	生食，炙る	生食，炙る
喉仏	pejejeŋ	？？	？？
第一胃	nanqən	生食	煮る
第二胃	kalenanqən	生食	煮る
第三胃	al'akəmkəm	生食	煮る
脾臓	n'əmʃejŋecʃən	？？	？？
空回腸	jiwjiw	煮る，炙る	煮る
回結腸間膜	ʃeleɣi	干す[*2]	冷凍
盲腸	al'an'oc	煮る	煮る
直腸	ʃilŋən	干す→炙る	干す→炙る，煮る
外腹斜筋	pall'ajucɣən	干す→生食，煮る	煮る

表27 続き

部位	コリャーク語名称	調理法 夏季	調理法 冬季
袋角	qəwaj	炙る	……
脳	awi	生食	生食，凍食
眼球	ləlalŋən	生食	生食
眼の脂肪	？？	煮る	煮る
耳	velolŋən	生食，煮る	生食，煮る
舌	jijəl	煮る	煮る
唇	waməlkalŋən	炙る→煮る	炙る
口蓋	qeŋijɑcʕən	生食	生食
骨髄(脛骨)	qəməl	生食	生食
骨髄(それ以外)	qəməl	煮る	煮る
血	kiwəl	醱酵	煮る
頸肉	ʕinn'ɔcəcɣetij	煮る	煮る
肩肉	pajŋəton	干す→煮る	煮る
足肉	pajak	煮る	煮る
胸肉	macvecəcɣetij	煮る	煮る
乳房	loloʕəlŋən	煮る	煮る[*3]
肋骨	ɣətolŋəcəcɣetij	干す→生食，炙る，煮る	煮る
背肉	vell'akal'ʕecəcɣetij	煮る	煮る
ヒレ肉	jajaw	干す→生食	干す→炙る
尻肉	ŋojŋən	煮る	煮る
尻尾	nalɣəŋojŋən	炙る	炙る
腿肉	əmmalŋən	干す→？？	煮る
蹄	jajpəlŋən	炙る→煮る	炙る→煮る

[*] 肉や脂肪などとともにソーセージにする。
[*2] 煮物の中に細かく刻んで入れる。
[*3] 冬は乳房が小さいので，切り取らず肉とともに煮る。

3. 住

トナカイ遊牧民コリャークは伝統的には年間を通して ləɣejan「本当のユルト」(ləɣe-「本当の」, ja「ユルト」) と呼ばれるトナカイ毛皮製のユルトに住んでいた(Jochelson 1908:447-452)。夏には，蚊や風を避けるために芝土でユルトカバーを固定したり，時には風通しをよくするためにユルトカバーを持ち上げたり，また，冬には寒気が屋内に入り込まないように雪でユルトの周囲を覆う[193]などして，それぞれの季節に合った工夫をしながら居住していた。

しかし，現在では，彼らは季節によって宿営地の住居を住み分けている。すなわち，6～8月中旬までは夏の宿営地でこの ləɣejan に住む。その後，秋のフィッシング・キャンプに8月下旬あるいは9月初めに移動して，10月中旬，そして再び5月には布製のテントである manewjajaŋa~manewjan~manewpolatkan(manew「布」, jaja「ユルト」, polatka ← palatka[ロシア語]「テント」)に住む。その後，10月中旬から3～4月まではトナカイ毛皮製のテントである juwpolatkan「トナカイ毛皮製テント」(juw「冬の厚いトナカイ毛皮」)に住むというように，3種類の住居を住み分けている。

このような住み分けはおそらく40～50年前に始まったと考えられるが，これにより，重いユルトを季節の移動のたびに運ぶ労が省けるようになった。とはいえ，ユルトの利用が現在まで続いているのは，燻煙と大いに関係があると思われる。すなわち，屋内で焚き火を焚くのはユルトだけであるが，本章第1節で見たように，焚き火による燻煙は，毛皮衣類にとっては防水性を高め，蚊を寄せつけないために，また，肉にとっては長期保存のために不可欠であるからである。

---

[193] これを jenməjil ʕəlmək「裾を雪で覆う」(jenməjil「裾」, ʕəl「積もった雪」)という。ただし，-m の意味は不明。

3.1　夏用トナカイ毛皮製ユルト (ləɣejan)
3.1.1　構造と部位名称

　トナカイ毛皮製ユルトの構造と各部位名称は図14で見るとおりである。ユルトの骨組みとなるさまざまな木の棒は，この地域ではグイマツで作られる。ユルトの骨組みについては，Jochelson (1908:449) でも詳細に示されているが，それは冬用のユルトで，ユルトから張り出した təllətəl と呼ばれる入口部分が設けられている。この入口部分は，外気を直接ユルト内に通さないための保温目的のものであり，したがって，夏のユルトにはない。筆者が第13ブリガードで見た夏用のユルトには，この入口がなく，その分，通気性が高まっているのが特徴である (写真110，図14)。

　①はユルトの煙出し口である。②はユルトの中心の柱になる部分である。通常，3本の木からなっており，それぞれの木の上部に開けた穴に革紐を通して結ばれている。この3本を合わせて tewi という。ユルトの天井をドーム状に丸くするために設置されるのが，弓なりに撓めた③ vulvəŋ とこれを支える④ jəvinaŋ である。⑤の jalqəl はユルトの上部の枠になる。夏のアノーエウェンの儀礼の際に，「脳みそのユルトの枠木」という意味のトナカイの頭蓋骨上部 (awjalqəl) がユルトの枠木を積んで移動するための積荷用橇 (jalqəlinaŋ [jalqəl「ユルトの枠木」, inaŋ「積荷用橇」]) に置かれることはすでに第4章1.6.10の(6)で見たとおりである。このことからこの枠木がなんらかの儀礼的意味・役割を担っていることが推測される。

　一方，ユルトの基部になるのが，⑥の wajewaj~wajen である。4本の木が先端でつながっており，3本は縦，残りの1本は横木にして，隣の wajewaj につなげていく。この横木の部分を別に ʕicʃən と呼ぶ。

　この他，図では示すことができなかったが，ユルトの中央部には，煮炊きする焚き火 (melɣəpjolɣən) が設置される。そこには，jaŋjaqlavol (jaŋja「孤立した」, qlavol「夫」) という2本の支柱を立て，横に渡した木 (kokajmejolɣən [koka「鍋」, jmejolɣ「吊るすもの」]) からチェーン (kukilŋən) を吊るして鍋ややかんをかける (写真116)。

　また，ʃəlmolʃew という細い木を何本も wajewaj の横木に縦にはさむことに

写真110　トナカイ毛皮製ユルト (ləɣejan)

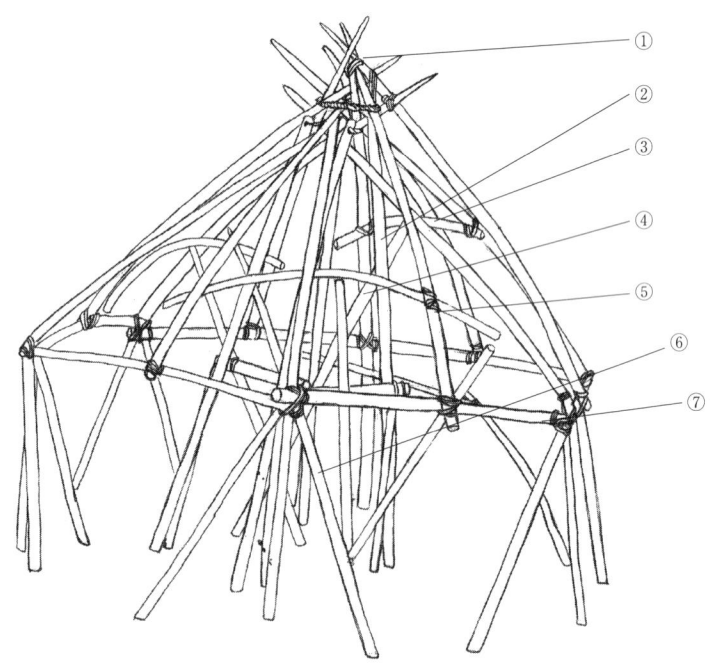

①：jənoɣiŋən、②：tewi、③：vulvəŋ、④：jəvinaŋ、⑤：jalqəl、
⑥：wajewaj~wajen、⑦：ʕicʕən
図14　トナカイ毛皮製ユルトの構造と部位名称

より，ユルトが丸くきれいに仕上がるとともに強化される(写真117)。

ユルトを建てることは tajaŋək (ta-...-ŋ「作る」，ja「ユルト」)と呼ばれ，男女の共同作業でおこなわれる。とはいえ，ユルトの管理に関しては男女の役割分担がある。すなわち，男性は骨組みの部分の木の管理をし，女性はトナカイ毛皮のカバー (jetem)の管理をする。骨組みの木が折れた場合には，通常，男性がその修繕，取り替えをし，jetem の修繕には女性があたる。

冬営地に移るとすぐに乾いた土地を選び，雪を掃き出す。通常，1時間もあればテントの設置は完了するといわれている。

トナカイ毛皮製ユルトの建て方と各部位，およびその動作を表す語は以下のとおりである。複合，出名動詞など表現の仕方がさまざまであることにも注目されたい。

1) 3本の支柱(tewi)を立てる。これを tawjentvelavək「支柱を持ち上げる」(tawje「支柱」[194]，jətvelav「持ち上げる」)という。これは「ユルトを建てる」ことの比喩表現ともなる。この他，tawjinpək (np「打ち込む」)ともいう。

2) wajewaj~wajen を立てる。wajewaj は，3本の縦棒と1本の横棒(ʕicʕən)がつながっているものだが，このうちの横棒を次の wajewaj の横棒とつなげて立てる。これを wajenpək「ワジェーワイを打ち込む」(waje「ワジェーワイ」，np「打ち込む」)という(写真111)。

3) jalqəl を立てる。これは，出名動詞 jalqəlatək (jalqəl「ユルトの枠木」，-at 出名動詞形成)で表される(写真112)。

4) ユルトカバー(jetem)でユルトの外側を覆う。出名動詞 jetemetək (jetem「ユルトカバー」，-et 出名動詞形成)によって表される(写真113)。

5) tenmilŋən と呼ばれるロープをユルト全体に結んで jetem を固定する。このロープは通常2本用いられるので，tenmilŋət jəkawjavatək「ロープを回す」(tenmilŋ「ユルトカバー固定用ロープ」，-t 絶双，jəkawjavat「回

---

[194] 絶対格単数形では，語幹末母音 e が脱落するとともに，j → i になることにより，tewi という表層形が実現される(上例では母音調和により強母音化していることにも注意)。

写真 111　wajewəj を立てる

写真 112　jalqəl を立てる

写真 113　jetem を被せる

写真 114　tenmilŋən でユルトを固定する

写真 115　jəvinaŋ と vulvəŋ を立てる

写真 116　jaŋjaqlavol を立てる

写真 117 ʕəlmolʕewʔ を差し込む

　　す」)と表現される(写真 114)。
6) jəvinaŋ と vulvəŋ を立てる。出名動詞 jəvinaŋatək または複合動詞 jəvinaŋənpatək で表される。upək「突く」[195] とも表現される(写真 115)。
7) ユルトの中央の焚き火を設置する両脇に上部が二股に分かれている棒 (jaŋjaqlavol) を 2 本立てる。jaŋjaqlavol jəpək と呼ばれる。ここでは分析的表現がなされるのは，合成される名詞がすでに複合名詞であることとも関係があるかもしれない(写真 116)。
8) ʕəlmolʕewʔ を立てる。出名動詞 ʕəlmolʕevatək で表される(写真 117)。
9) 焚き火の部分の準備をする。すなわち，jaŋjaqlavol に kokajmejolɣən を

---
[195] 反復相を表す -tku がついた upətkok は，テントの屋根に積もった雪をテント内部から木の棒(upinŋən)で突いて落とす場合などに用いられる。

渡し，焚き火のまわりに石(məl'val')を丸く並べる。焚き火を設置することを tamelɣəpjolɣəŋək (ta-...-ŋ「作る」)という。

一方，ユルトのたたみ方は次のとおりである。

1) ユルトの中にある衣類，帳，食器類などの家財道具一切を外に運び出す。
2) jetem を外す。
3) tenmilŋu を外す。
4) jalqəl を外す。
5) その他の骨組みとなる棒を外す。
6) tewi を外す。
7) melɣəpjolɣən に土を被せる。

ユルトが建っていた跡は jalqaŋən[196]と呼ばれ，翌年，これと同じ場所にユルトを建ててはいけないとされていることは第 4 章 1.3 で見たとおりである。

トナカイ毛皮製ユルトの材料の中でも特に重要なのは jetem と呼ばれる毛皮のカバーである。jetem には，秋のトナカイ毛皮 (ɣətɣanalɣən)，冬のトナカイ毛皮 (ləqlaŋnalɣən)，あるいは夏の丈夫な種トナカイ毛皮 (winəkjəŋnalɣən) などを利用する。普通サイズのユルトならば，60〜70 枚の毛皮を剥いで全体で 2 枚のカバーにする。さらに大きなユルトになると，3，4 枚のものもある。jetem は，手入れがよければ 20 年以上はもつといわれている。

jetem は適宜，燻煙の行き届いた部分が外されて，特に春から夏にかけての衣類用に再加工される。このように外された部分を milyutʂul (milyu「燻される」，-tʂul「断片」)という。これからさらに金属製の刃がついたなめし棒で毛を剥がしたものを jetemətʂul あるいは nacetʂol (nace「毛を剥ぐ」)〜nacenalɣən (nalɣ「毛皮」)と呼ぶ。ユルトの中で焚く焚き火で燻されたトナカイ毛皮は，蚊や虻から身体を保護する，風を通さない，速乾性がある，暑く

---

[196] jalqaŋən の jalq は jalqəl と関係があると考えられるが，その後の要素がわからないため，断定できない。

も寒くもないなどの点で優れている。jetemətʃul は，秋のフィッシングキャンプに移動するためにトナカイ毛皮製ユルトを解体する際に外して，トナカイ毛皮製袋(jikəkvən)に入れて次の年まで保存する。

翌年の5月終わりから6月初旬に，jetem の修理を始める。前年に外してなくなった部分を縫い足したり，穴のできた部分を塞いだりするためである。新しい jetemətʃul のための毛皮は，トナカイを処理して毛皮を剥いだ後，jetem 用に次の年までトナカイ毛皮製袋に入れて保存する。このうち冬の毛皮だけは毛足が長く厚いため，pajewal(paje「毛を刈る」, wal「ナイフ」)[197]と呼ばれる通常のナイフよりも細長いナイフを使って，毛を刈り込んでおく。

jetem に開いた穴(qipjun)，特に雨が漏れる上部に開いた穴は qipjuninŋən あるいは kacɣənenŋən と呼ばれる毛を剥いだ毛皮の切れ端を縫いつけて塞ぎ修繕する(jetemqipjuk[jetem「ユルトカバー」, qipjuk「穴を塞ぐ」])。

こうして jetem の修理が終わると，今度は前年から取っておいた jetemətʃul の衣類への再加工を始める(その詳細は第5章第1節で見たとおりである)。

3.1.2 家財道具

家財道具の置き場所には，その位置が厳密に決められているものと，そうでないものがある。たとえば，布製の帳(manewjojoŋa)を張る位置，食器棚(en'accel'ətkajol'ɣən~en'an'ɣəcɣol'aven'ŋən)や太鼓(jajaj)を置く場所などには，管見のかぎりでは特に決まった位置がない。

これに対して，置く場所が厳密に決まっているのは，骨や干し肉を砕いたり，蹄の爪を外したりするための平らな丸石(elŋəwwən)[198]，火や一家の主人(jajaʔetənvəlʃən)を守るものと考えられている石(peŋewwən)，命名占いの際に用いられる占い石(an'apel')，火切り板(ɣicɣij)などである。占い石や火切り板については Jochelson(1908:32-46)でも言及されているが，elŋəwwən

---

[197] pajewal は通常，もっぱらこのように毛を刈り込むのに用いられるが，シロザケをさばくのにも適しているといわれている。
[198] トナカイ毛皮の裁断をするための木製の板を，これとおそらく同じ語幹から派生したと考えられる elŋən ということにも注目されたい。ただし，その理由は明らかではない。

や peŋewwən についての記述はない。

　elŋəwwən は，必ず戸口の入ってすぐ右か左側に置く。これは家の守護をするものと考えられており，どこに移動する際にも持参する。また，次の宿営地に移動する時，ユルトやテントから家財道具を運び出してから，1日ユルトやテントのカバーの日干しをする習慣があるが，家族が次の宿営地に移動した後でも，elŋəwwən だけは翌日にテントを下ろしに行くまでその場所に残しておく。これは，家の番をするためであると考えられている。また，人が亡くなった際，家の中のその人の遺体が安置されていた場所に置いておく習慣もある。

　peŋewwən は，通常，入口から向かって焚き火の後方に置く。この石は火や一家の主人を守るものと考えられており，家族や親族の誰かがなにか異常な見つけ方をした石などが peŋewwən として保存される。管見のかぎりでは，サイズは大小さまざまだが卵形あるいは丸い形をしたものが多い。ただし，三角形をした石もある。

　ちなみに，第13ブリガードのヘッチャイ家には4個の peŋewwo (-o 絶複) が置かれているが，そのうちのひとつは奥さんのヴェーラさんの親戚が見つけたもので，卵形の上部が切れた珍しい形をしている。直径5 cm ほどの楕円形の石は，主人のヘッチャイさんが2000年，ケガリ川で釣りをしていたところ，釣り針にかかって釣り上がってきたものだという。さらに，直径2 cm ほどの小さなやはり楕円形の石は，1983年，ハバロフスクに滞在中に森の中で見つけたものである。そして，もうひとつ，三角形をした石は，ヘッチャイさんがグイマツの木の枝にのっかっていたのを見つけたものだそうである。

　一方，ヤーシャ家には5つの peŋewwo が保存されているが，これは，大小さまざまの卵形をしており，奥さんのヴィーカさんが川でつまづいて拾ってきたもの以外は，すでに故人となっている親族が見つけたもので，その由来は明らかではない。このように，peŋewwən は先祖からも受け継がれるが，一方では，当該家族の成員が自分の peŋewwən として見つけるという点が重視されていることも重要である。

以上の elŋəwwən と peŋewwən の2種類の石には，トナカイ処理の際に足の骨髄が供物として塗られる。これは，通常，供犠を目的とした処理の場合におこなわれるが，家を長期に留守にした場合などには，通常の食料補給のための処理に際しても骨髄が塗られることがあるといわれている。

占い石や火切り板を置く位置も決まっている。これらは，an'apell'aqjocɣən「占い石袋」(an'apell'aq「占い石」, -jocɣən「入れるもの」) あるいは ɣecɣejjocɣən「火切り板袋」に入れられ，常にユルトの入って左奥に立っているユルトの骨組み (tewi) の傍らに置かれている[199]。これは，tewi がユルトの最も基本的な骨組みであると考えられていることとなんらかの関連性があるかもしれない。

一方，太鼓は Jochelson (1908:36) によれば「寝室用の帳の主人」と考えられており，夫婦は必ず自分たちの太鼓をもっているといわれている。また，トナカイの群れは火切り板がなければ存在しえないように，家族は太鼓がなければ存在しえないと考えられている。とはいえ，その置き場所については厳格な決まりが認められない。ちなみに，筆者の見た2軒の家では，太鼓はユルトの入って左手前と左手奥にそれぞれかけられていた。

太鼓はかつてはシャーマニズムの重要な道具としての意味をもっていたが，すでにシャーマンのいないこの地域では，各人が新年や12月の処理儀礼 (ləɣulewtəqojanmətɣiŋən)，あるいは住民の誕生日を祝って集まる際に太鼓の演奏をするということである (iv ページ口絵写真参照)。

通常，太鼓は jajacocɣən と呼ばれる皮袋に入れられてユルトの枠木のひとつ wajewaj に掛けられている。この jajacocɣən には，太鼓以外に太鼓にかかわるものが入っている。たとえば，ヘッチャイ家の jajacocɣən には奥さんの太鼓以外に，バチ (jajajkoplenaŋ)，太鼓演奏用帽子 (jajajətkopaŋkan)，太鼓の

---

[199] 理由はわからないが，第13ブリガードのヤーシャ家でもヘッチャイ家でも，占い石と火切り板は，いずれも火切り板袋にいっしょにしまわれていた。また，ヤーシャ家では，その中にはその他，数日前に処理されたトナカイの左前足の上部の骨も入っていた。一家の主婦のヴィーカさんによれば，翌日，供物を捧げるためだということだった。特に，3週間後には長期に家を留守にしなければならないので，この供物はぜひそなえなければならないと説明された。

皮を伸ばす紐(jajajənwecenŋən)，奥さんの叔父さんが太鼓の演奏の時に常に吸っていたという木製キセル(ottəkanca)が入っている。

3.2　トナカイ毛皮製テント

10月中旬から3〜4月までの厳寒期は，トナカイ毛皮製のテントであるjuwpolatkan「トナカイ毛皮製テント」(juw「冬の厚いトナカイ毛皮」)に住む。ロシア語からの借用語 polatkan ← palatka を用いていることからもうかがえるように，ロシア製の布製テントを模倣して作られたもので，その利用は新しい。ちなみに，Jochelson(1908:447-452)では，テントについては毛皮製のものにも布製のものにも言及されていない。第13ブリガードの V. E. イティキエーヴァ(Itik'eva)さんによれば，彼女が生まれた1941年にはまだ1年中，トナカイ毛皮製ユルトに住んでいたとのことである。

彼女によれば，テントはまずカムチャツカで考案され，その後1960年代初めにこの地域でも採用されるようになった。毛皮製テントはユルトよりもサイズが小さく，厚い毛皮を使うこと，焚き火ではなくストーブを使うことなどから，ユルトよりも暖かい。また，骨組みとなる棒が少なくて済むことから，移動に便利であるともいわれている。

トナカイ毛皮製テントがjuwpolatkanと呼ばれるのは，冬の厚いトナカイの毛皮(juwnalɣən)をカバーに用いるためである。このカバーは5〜9月の間に準備されるが，暖を取るために，ユルトのカバー(jetem)のように毛を刈ることはせず，代わりに jəɣətɣeŋjenaŋ と呼ばれる，ムースの蹄の部分の細長い骨か熊の肋骨で作った梳き道具で毛を梳く[200]。毛を梳く際には，まずは，毛皮を伸ばすために煮た胃の反芻物を塗って湿らせておいてからおこなう。その後，干したりなめしたりしながら，柔らかくするために煮た糞を2回に分けて塗る。こうしておいてから，縫い合わせにとりかかる。

カバーは冬中，何度も雪を下ろすためにはたかれているうちに，毛が抜け

---

[200] 梳いて出た毛(ɣəcɣo)は，さらに枕(coccot)や敷布団(ajkol)の中綿にしたり，手袋の指先に詰めたり，毛皮製靴下(pamjat)の底に敷いたりして利用する。

て部分的に薄くなるので，その部分だけ取り外す。取り外された毛皮（polatkatʃol）は jetem に再利用されたり，皮を剥がしてから特に夏用の衣類に再加工される。この皮も燻されているので，ユルトカバーと同様の利用価値がある。

3.3　布製テント（manewjajaŋa~manewjan）

一方，3月初めから11月初めまでは manewjajaŋa~manewjan（manew「布」）と呼ばれる布製ユルトに住み，その後，冬営地に移動すると同時にトナカイ毛皮製のユルトに代え，2月末まで住む。

4.　移動手段

トナカイ遊牧民コリャークは，雪のない夏季も含め，年間を通じて橇を移動手段として利用している。この地域では，橇はもっぱらトナカイに牽引させるもので，イヌ橇の利用は見られない。橇は大きく，人間の移動に用いられる橇である ujetik と積荷用に用いられる ineŋ に分類される。前者には，競走用橇（ʃijeʔujetik~γekeŋujetik［ʃije「トナカイ橇競走をする」，ujetik「移動用橇」，γekeŋ「トナカイで移動する」］），男性の労働用橇（enaŋanvojatek），女性用橇（ŋevujetik［ŋev「女性」］）などがある。いずれの名称も ujetik に修飾成分が合成された形である。

一方，後者には，衣類運搬用橇（kimitʃəʔineŋ［kimitʃ「衣類」，ineŋ「積荷用橇」］），食器類運搬用橇（kukineŋ［kuk「鍋」］），寝具運搬用橇（ajkolenaŋ［ajkol「敷布団」，enaŋ「積荷用橇」］），食糧運搬用橇（picγenaŋ［picγ「食糧」］），ユルトカバー運搬用橇（jetemineŋ［jetem「ユルトカバー」］），ユルトの枠木運搬用橇（jalqəlinaŋ），お守り運搬用橇（milγineŋ［milγ「火」］）などがある。このうちお守り運搬用橇は milγineŋ，すなわち「火の橇」という意味であるが，必ず女性が運搬することが注目される。このことから，女性が火を管理していることがうかがわれる。これらの橇の名称もいずれも ineŋ に運ぶ対象となるものを表す名詞語幹が合成された形である（写真118）。

写真118 左から jalqəlinaŋ, ʕijeʔujetik, enaŋanvojatek, ŋevujetik, ləɣeʔineŋ

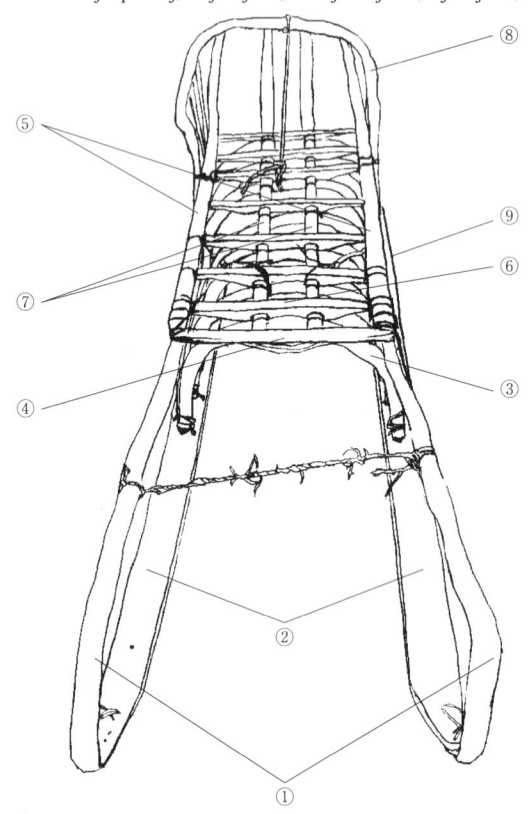

①：lewət, ②：paktəlŋən, ③：ŋənŋəlŋən, ④：ukkəjəŋ, ⑤：jevəlŋən, ⑥：ujak, ⑦：aŋŋəjevəlŋən, ⑧：alʼpətkalŋən, ⑨：ʕiŋpvət

図15 競走用橇(ʕijeʔujetik)の部位名称

移動の際には，まず先頭に 2 頭の橇牽引用トナカイを置き，その後ろに男性ならば労働用橇をつなぎこれに人が乗る。その後ろに積荷用橇をしつらえるが，軽いものから重いものへとつなぐことにより，安定性を保つようにする。たとえば，食器類運搬用橇，寝具類運搬用橇，食糧運搬用橇の順である。女性はこれとは別に女性用橇に乗り，お守り運搬用橇をすぐ後ろに，その後ろにユルトカバー運搬用橇，後尾に長いユルト枠木運搬用橇をつなげる（このうち，競走用橇の部位名称については図 15 を参照のこと）。

第6章　誕生と死の範疇化

　人の身の上に起きるできごとの中でも，誕生と死が最も重要なものであることはいうまでもない。ある集団における新しい成員の補充と欠落を意味するという点でいずれも社会的なできごとであるのみならず，コリャークにおいてはあの世とこの世の交信にもとづいた再生観念を顕現しているという点で超自然的なできごとでもある。本章ではこの誕生にかかわる命名儀礼の伝統，死にかかわる葬送儀礼の伝統について記述する。

　一方，この地域には，エヴェン，チュクチ，ロシア人など他民族も混住している。これら他民族との接触により，文化的側面におけるさまざまな伝統の変容が起きている。命名や葬送儀礼についてもこれは例外ではない。以下ではこれらの変容についても考察を加える。

1. 誕生：命名の伝統と変容

　この地域のコリャークは，他の地域同様，公的にはロシア式の姓・名・父称という命名方式を使っている。しかし，一方，コリャーク語による伝統的な命名もおこなわれている。コリャーク語による命名の根底に，死後における再生というコリャークの伝統的観念が流れていることは，新生児を祖先の誰かが再生したものと考え，その新生児にその故人の名前を授けるという命名の習慣からうかがえる。これはロシア式命名方法が普及し，an'apel' という占い石を使った伝統的な命名の技術的側面が忘れかけられている現在でも受け継がれている。

コリャークのこのような伝統的命名については，すでに Jochelson (1908: 100-101)，バチャーノヴァ (2000:179)，岸上 (1997:62-63) などでその概略が紹介されている[201]。ただし，これに関するより詳細な記述は管見のかぎりでは見られない。

1.1 コリャークの伝統的命名方法

コリャークがロシア式の姓・名・父称という名前と平行して，コリャーク語名をもっていることは，たとえば，筆者が当地を訪れた2001年9月現在，生後2ヶ月だった新生児についても例外ではない[202]。コリャークの人々は，ロシア式の名前をもち，通常は互いにロシア語の名前で呼び合っているにもかかわらず，新生児には必ずコリャーク語の名前を授ける。そうでないと，新生児は病気などの不幸に見舞われると考えている。このような考え方は老年層のみならず，コリャーク語をすでに母語として話さなくなってしまった若年層にいたるまで広く受け継がれている。これは，コリャーク式命名方法が，コリャークの再生観念と密接に結びついていることとも無関係ではない。

以下ではコリャーク式命名方法の概要を紹介する。筆者は2001年にクレスティキ・トナカイ遊牧基地の全18戸の家族成員(現在クレスティキ在住以外の成員，また故人となった人も含む)のコリャーク語による命名とその由来，ならびにロシア式命名についての聞き取り調査をおこなった。以下ではまず，調査により明らかになった占い石(an'apel')によるコリャーク式命名方法について記述する。

バチャーノヴァ (2000:179) はコリャークの命名方法について，次のように記述している。

「赤ん坊がこの世に生を受けたあとに必ず行う儀礼としては，祖先の

---

[201] この他，名づけの儀礼については Antropova (1976) の記述も確認されているが，これは主に Jochelson (1908) に基づいており，特に明記すべき新たな情報はない。
[202] 2001年7月21日生まれのその子供は，Ikavav Sergej Vladimirovich というロシア式の名前をもつ一方，母親の父方の叔父(故)にちなんだ ʔajvəlʃən というコリャーク語の名前ももっている。ちなみに ʔajvəlʃən とは「止め具をつけたトナカイ」(ʔajv「逃げ出さないための止め具」，-lʃ 分詞)の意味。

中のだれが再生したのか(……)，どういう名前でこの世へ現れたのかを特定する占いがある。赤ん坊が病気になるのは間違った名前が選択されたせいだと説明されることがしばしばあり，占いをし，古老たちと相談して，赤ん坊に新しい名前をつける」

このように，コリャークには，祖先の魂(ujijit)が死後，新生児として再生するという観念があり，占いをすることにより新生児がどの祖先にあたるかを特定して，その祖先の名前を命名するという習慣にこれは反映されている。このような再生観念が映し出されたと考えられる表現のひとつとして，子供が生まれたことを jet-i「来た」(jet「来る」，-i 完了)ということがあげられる。

この占いには an'apel'(an'a「祖母／おばあさん」，-pel' 指小)と呼ばれる特殊な石が用いられる(写真119)。クレスティキ・トナカイ遊牧基地には占いのできる人がすでにおらず，筆者は使われなくなったこの石を木に吊るして再現してもらったものを見ることができただけで(写真120)，実際に占いをしている場面に立ち会うことはできなかった。しかし，クレスティキの住民の中にはかつて実際に占いの場面を見た(あるいは占いの場面に立ち会った)ことのある人もおり，彼らの記憶によれば占い石による占いは次のようにおこなわれた。

コリャーク語で an'apel' により新生児の名前を占うことを an'atkok(an'a「祖母／おばあさん」，-tko「〜を用いて〜する」)という。Jochelson(1908:100)によると，この占いをおこなうのは新生児の父親であるという。ただし，筆者の調査ではもっぱら年長の女性が占うとの結果が得られた。このことは，占いの道具として使われる石が上述のとおり，「祖母／おばあさん」を意味する an'a から派生した an'apel' と名づけられていることとも無関係ではないであろう。しかし，an'apel' は，また，「おばあさん」だけでなく，「蜘蛛」の意味も表す。ビーズの房飾りをたくさん吊るした占い石の様子が，「蜘蛛」に喩えられているのかもしれない。上述の an'atkok「占いをする」の -tko の意味からしても，an'a を「蜘蛛」とし「蜘蛛(すなわち占い石)を使って占う」と解釈した方がより自然である。

写真 119　占い石（an'apel'）

写真 120　占いをする年配の女性

近隣の占いのできる年配の女性の中から選ばれた人は，命名の依頼を受けると好天の朝方を選び，静かな室内で an'apel' を，縛った 3 本の木の結び目から吊るして，すでに故人となっている親族の名前を次々に an'apel' に向かって呼びかけていく[203]。もし，その名前が新生児の中に再生した祖先のそれと一致しない場合には，an'apel' は揺れないが，もし一致した場合には大きく左右に揺れる。それにより，新生児の名前が特定される。特定された名前は，占いをおこなった女性により新生児の耳元でささやかれる。

1.1.1 祖先と新生児の身体的異変の符合による命名

新生児に現れたなんらかの身体的異変を祖先の誰かのそれと符合させて，名前を特定することもある。この場合には，命名は必ずしも年配の女性によっておこなわれなければならないわけではなく，男性（通常は，先祖のことをよく覚えている年配の男性）がその名前を特定することもある。前述の an'apel' による命名とこのような命名がどのように補完し合いながらおこなわれてきたのかは今のところ必ずしも明らかではない。ただし，これらの身体的異変は，生後すぐにというよりはある程度の期間を経て現れるものと考えた方が自然なので，あるいは，このような命名方法は an'apel' による占いで名前が合わなかった場合の補助的な命名方法と考えるのが妥当かもしれない。事例 1，事例 2 はその例である。

事例 1）Povstjanoj Aleksandr Aleksandrovich（1984. 5. 8 生まれ，男性）は，近隣の老婆に最初，ʕomjəŋa, Təŋewentən という 2 つの女性名を同時に占ってもらっていたが，生後 5 ヶ月の時，首にできものができて治らなかった。親戚の老人に聞くと，かつて先祖の中に首吊りして亡くなった ʕewjəŋa という男性がいた。首にできものができるのはきっとその人の再来に違いないので，その人の名前をつけたらどうかと助言され，その

---

[203] クレスティキ在住の S. V. アヤトギーニナ（Ajatginina）さんによれば，彼女の祖母が占いをしているのを聞いたことがあるが，普段，朝方は大声を出さない祖母がその日にかぎり大声で次から次へと人の名前をいっているのを聞いて，命名の占いが大きな声でなされるのだと知ったとのことである。ただし，特に大声を出すわけではなく，占いは普通の声でおこなわれたとする人もいる。

とおりにした。すると，たちまちできものが治ってしまった[204]。

事例2）Gejko Vladimir Vasil'evich（1999年生まれ，男性）は，母方の祖母のいとこの名前にちなんだ Lel'ulʃən をはじめとして，Təŋantoŋvaw，母方の曾祖母の名前 Jejtelŋewət にちなんだ Jejtel，母方の祖母の兄にちなんだ Cajvuryən と次々に名前を換えていったが，常に火傷をしたりイヌに噛まれて怪我をしたりした。そこで名前が合わないと判断して，母方の祖母が，姉が大火傷をしたがほとんど傷が残らずに治ったことを思い出して，その再来ではないかと考え，彼女の名前にちなんで Kewewŋewət と名づけた。すると，それ以来，怪我や火傷をすることはなくなった。

1.1.2 複数の命名

すでに上述の事例1，2でもうかがえるように，コリャーク語による命名は必ずしも一度だけおこなわれるのではない。子供に病気などによる身体的異変が現れた場合，それは名前が合っていないからだといって，再度，an'apel' による命名がおこなわれるか，あるいは，子供に現れたなんらかの身体的異変と先祖のそれとを符合させて命名がおこなわれる。命名は子供の病気などの身体的異変が改善するまで何度もおこなわれる。ただし，あまり何度も名前を換えるのは，その子供にとってよくないとされている。

次の事例3は，やはり3つのコリャーク語の名前をもつ女の子の例であるが，彼女の場合には，名前を換えたことが必ずしも彼女の身体的異変が唯一の原因であったと説明されているわけではない。名前を占ってくれるようにある老婆に依頼したところ，なかなかつけてくれなかったため，自分たちで何度も名前を換えたが，うまくいかなかった。結局，他の老婆に頼むことになり，ようやく現在の名前がつけられたのだと説明されている。

事例3）Povstjanaja Ljudmila Aleksandrovna（2000.8.8，クレスティキ生まれ，女性）は，クレスティキ・トナカイ遊牧基地で生まれたが，占いに

---

[204] 彼が最初になぜ2つの女性名をもっていたかは，彼の母親に尋ねたも不明とのことであった。ただし，筆者の調査では，コリャークにおいては後述のように，男性に女性名をつけたり女性に男性名をつけたりすることは必ずしも珍しくない。

長けた老婆がブリガードにいて離れていたために，両親は彼女に占いを頼むことができなかった。そこで，遠くヴェルフ・パレニ村の占いのできる老婆に命名を依頼したが，なかなか命名してもらえなかった。やむをえず，親戚の女性が占いはできなかったが，母方の祖母の妹の亡くなった息子にちなんだ Əll'aq という名前をつけてくれた。しかし，なかなか太らないので，母親が心配して第13ブリガードに住む老婆に尋ねたところ，それは母親の首吊り自殺して亡くなった又いとこの男性 Qeta（男性名）に違いないといって，これに対応する女性名 Kəll'u とつけてくれた。しかし，両親はそれでも安心せず，万が一の場合を考えて，ヴェルフ・パレニ村に住む別の老婆にもう一度依頼し，彼女の亡くなったお嫁さんの名前にちなんで，Ləqtəŋawət と命名してもらった。

1.1.3 動物にちなんだ命名

通常，命名は故人となった先祖の名前にちなんでおこなわれるが，筆者の調査では唯一，次の事例4のように，死んだトナカイにちなんで命名されたと説明された女の子が確認されている。

事例4）Ivkavav Irina Viktrovna（1994.6.7，第5ブリガード生まれ，女性）は，Qojaŋ というコリャーク語の名前をもっている。生後間もなく，目の下にできものができてなかなか治らなかった。祖母はこれを次のように説明した。彼女が生まれる前に1頭のトナカイの目に木が突き刺さり失明した。きっとこのトナカイの再来に違いないと，彼女はこの子にQojaŋ（qoja「トナカイ」，-ŋ 女性名につける接尾辞）という名前をつけた。その名前をつけるとすぐにその子の目の下のできものは治ってしまった。

1.1.4 命名における性転換

上述の事例1でも明らかなとおり，コリャークでは命名において性の転換がおこなわれ，男子に女性名，女子に男性名がつけられることがある。そもそも占いをする際に，子供の性別にかかわりなく an'apel' に向かって次々に男女の名前が呼びかけられていくといわれていることからしても，性別は名

づけにおいて必ずしも重要ではないことがうかがえる。ただし，次のように男性名と女性名が形態的に対応している例もいくつか認められており，占いによって特定された名前が新生児の性別と合わない場合には，対応する性の名前に変換されることもある。

男性形	女性形
Jettək	Jettəŋewət
Kavawtaɣən	Kavawŋa
ʕomjaviɣən	ʕomjəŋa
ʕewjava	ŋawjava
Jejtel	Jejtelŋewət
ʕejje	ʕewŋe
Ləqtəle	Ləqtəŋawət
ʕawjeɣiŋən	ʕewjin
Kajŋən	Kaŋŋəŋa

女性形の多くの語幹の前後につけられている ŋe / ŋa, ŋew / ŋaw は，「女性」を意味する ŋavəcŋən と語源的に関係があると考えられる。

男性形と女性形は常に例外なく変換されるわけではなく，変換されずに新生児の実際の性とは異なる形式がそのまま採用されることもある。その理由は不明であるが，T. N. アヤトギーニナ（Ajatginina）さんによれば，対応する性の形式への変換は一定の接辞を付加するなどして自動的におこなわれるわけではなく，どのような男性形がどのような女性形と対応するかについては，それなりの知識が必要であり，必ずしも誰もが簡単にできるわけではないことを指摘している。

1.1.5 チュクチ語による命名

この地域のコリャークにはチュクチとの混血も多く，そのために，コリャーク語の名前に混じってチュクチ語の名前も散見される。すなわち，占いの際に，コリャーク語の名前とともに故人となったチュクチの血を引く先祖のチュクチ語の名前も an'apel' に呼びかけられたと考えられる。筆者の調査で

は，Təŋatwal, Cajvuryən, ɣəryol'kavaw, Təŋantoŋvaw, Karyovjej などのチュクチ語の名前が確認されている。

一方，エヴェンとの混血もいるが，赤ん坊にエヴェン語による命名がなされた例を筆者は確認していない。本来，エヴェンにこのような命名方法がなかったことによるのか，あるいは，エヴェンがいち早くロシア式の命名を採用し，エヴェン語による命名がされなくなって久しいことによるのかは，今のところ明らかではない。

1.1.6　名前の語源的由来

コリャーク語の名前の語源的由来は，必ずしもそのすべてが明らかなわけではない。ただし，語源が特定できるいくつかの名前の中で興味深いものとして，「汚い」を語源にもつ L'əqve,「曲がった」に由来する Jotəyiŋən, kala「悪魔」に由来する Kal'ʕaŋ,「悪い」を意味する ʕatkeŋ~ʕetkiŋ, Al'amət「ハエ」など，いわばマイナス・イメージの名前が認められることである。

ちなみに，北東アジアには難産などの変わった生まれ方をした幼児に対し，災難を避けるためにマイナス・イメージの名前を授ける伝統が広く見られる。これがとりわけ顕著な例としてモンゴルがあげられる（たとえば，xünbiš「人でない」，muunoxoi「悪いイヌ」，nergüi「名なし」など）。コリャーク語に見られるこのようなマイナス・イメージの命名も，あるいは北東アジアの周辺他民族と連続性をなしていると考えられるかもしれない。

1.2　コリャーク式命名方法の変容と継承

以上が，筆者がクレスティキの住民から聞き取りをして得た資料を再構成したコリャーク式命名方法である。とはいえ，現実にはクレスティキおよびその周辺のブリガードには，an'apel' を使って命名の占いができる女性は1人もいなくなってしまった。ちなみに，クレスティキで an'apel' による占いができた最後の女性 Klju Evdokija Inilovna 氏（1921年生まれ）は1999年に亡くなっている[205]。そのため，それ以降に生まれた子供は，遠くヴェルフ・パレニ村に住む占いのできる数人の老婆に無線を使って命名を依頼すること

が多い。とはいえ、これも一時しのぎの応急策にすぎず、彼女たちがその技術を次の世代に継承していかないかぎり、いずれ完全に失われていくのは避けられない。

とはいえ、それにもかかわらず、コリャークの人々は新生児にコリャーク語の名前を授けるのは必須なことであると根強く考えている。ちなみに筆者は20代の未婚の若者たちからも、コリャークがコリャーク語の名前をもつのは当然のことであり、もし自分たちに子供ができたとしたら、必ず誰かに頼んでコリャーク語の名前をつけてもらうつもりであると聞いた。この世代になるとコリャーク語は聞けば多少理解できるが、ほとんど話さなくなってしまっている。それにもかかわらず、こと命名に関しては、コリャーク語の名前を授けることに強いこだわりをもっているのである。このことは伝統的な命名方式が失われてもなおなにか別の形で、コリャーク語による命名が少なくとも今後しばらくの間は受け継がれていくであろうことを予想させる。ひとつの可能性として住民の中から指摘されたのは、夢占い、あるいは自分の知っている故人となった親族の中に、符合する人を捜し当てて命名するという方法である。とはいえ、かつて占いができた老婆たちが記憶していた先祖に対する知識に比べれば、現在の人々のそれは乏しく、このような方法もいずれは先細りになっていくことは避けられないように思われる[206]。

---

[205] 彼女の息子の故 Elito Sergej Ikavavovich (1957. 1. 2 生まれ) さんは、彼女が亡くなる少し前に彼女が占いをしているのを見たそうである。それによると、自宅で儀用に準備した木あるいは鞭 (eloʔel) に anʼapelʼ を吊るし、それに向かって先祖の名前を1回ずつ唱えていたということである。ただし、正しい名前を言い当てた時に anʼapelʼ が動いたかどうかはその前に家から出ていってしまったのでわからないという。

[206] ちなみに、筆者は T. N. アヤトギーニナ (Ajatginina) さんから次のような興味深い話をうかがった。占いや病気治療などのコリャークの伝統的な技術に長けていた姑のEtynkovav-Ejtelneut Marija Kekketovna さんが亡くなる時、体がひどく腫れた。知り合いの老婆にそのわけを尋ねると、体が腫れたのは、自分の占いや病気治療の技術を次の世代に伝えることができなかったためだと説明した。ちなみに、姑自身、嫁の T. N. アヤトギーニナさんに自分の知識を、望んでいた末の孫娘に伝えることができなかったと言い残して亡くなったそうだ。興味深いのは、この女性が縫い物、皮なめし、料理などの日常の家事に関する技術は自分の家族の女性だけではなく、近隣の若い女性にも惜しみなく伝授したのに対し、このような非日常的な技術については、一種の秘儀として特定の人間だけにしか伝授しようとしなかったことである。

ちなみに，エヴェンスク村のセヴェロ・エヴェンスク地区民族寄宿学校のコリャーク語の教師，T. J. イエルモリンスカヤ（Ermorinskaja）さんの話では，低学年の子供たちの多くはすでに自分のコリャーク語名を知らず，ロシア語の名前だけが自分の「真の」名前だと信じている。彼女はそのような子供たちにコリャーク語の名前を考えてやるのだということである。

1.3　ロシア式命名方法の変遷

　一方，コリャークの人々が戸籍登録のために新たに採用したロシア式命名方法も，必ずしも常に一定の方式によっておこなわれてきたわけではない。以下は，筆者の調査で認められたコリャーク男性のロシア式命名方法の4つのヴァリアントである。女性の場合には，正式な結婚をした際に姓が夫のそれに代わり，命名の変遷がたどれなくなるためにここでは取り上げない。

　　　〈姓〉　　　　　　　　〈名前〉　　　　　　　〈父称〉
　1）自分のコリャーク語名　自分のロシア語名　　　父のコリャーク語名
　2）父のコリャーク語名　　自分のロシア語名　　　父のロシア語名
　3）父のコリャーク語名　　自分のロシア語名　　　父のコリャーク語名
　4）父のコリャーク語名　　自分のコリャーク語名　父のロシア語名

　まず1）のケースは，筆者の調査では1934年生まれの男性1人（Tynav'i Ivan Kavavinovichさん），ならびに1945年生まれの男性2人（Ajatginin Vladimir Etynkovavovichさん, Kavavtagin Sergej Jav'ekovichさん），さらに1957年生まれの男性1人（Elito Sergej Ikavavovichさん）に認められる。つまり，この4人のコリャーク男性は自分のコリャーク名であるTynav'i, Ajatginin, Kavavtagin, Elitoを姓に，父親のコリャーク名を父称として採用している。たとえば，Ajatginin Vladimir Etynkovavovichさんは，コリャーク語の名前をAjatgininといい，それを自身の姓にしている。それは，彼の父親がEtynkovawというコリャーク語の名前しかもっておらず，小学校に入学して登録のためにロシア式命名方式を採用した際に，つけるべき姓が他になかったためである。ちなみに，父親のEtynkovawというコリャーク名は，彼の父称Etynkovavovichとして採用されている。彼もまた小学校に入学するまでは

Ajatginin というコリャーク名しかもっていなかった。したがって，ロシア語の命名方法は小学校に入学した際に採用されたもので，Vladimir というロシア語名はその当時の先生につけてもらったものだという。

次の 2) も父親のコリャーク名を姓に，父親のロシア名を父称に採用した例で，年長では 1959 年生まれの Tynav'i Ivan Ivanovich さんをはじめ，それ以降，現在にいたるまでの命名は例外なくこの方式でおこなわれており，最も新しい（あるいは定着した）命名方法であると考えられる。この世代になると，誕生の際にすでにロシア語名も命名される。

次の 3) は珍しいケースである。1950 年生まれの男性 1 人 (Ikavav Viktor Ikavavovich さん) は父の名前を姓と父称の両方に採用している。当初，彼は自分のコリャーク名を姓に，父親のロシア名を父称に採用した Ivkavav Viktor Nikolaevich というロシア式の名称をもっていたが，これでは父親のコリャーク語名が残らないと思い，父のコリャーク語名を姓に，ロシア語名を父称に採用した。このようなケースは珍しく，少なくともクレスティキでは他に見られない。

4) も珍しいケースである。ここでは，父親のコリャーク名を姓に，自分のコリャーク名を名前にし，父のロシア語名を父称に採用した例で，筆者の調査ではだた 1 人 (Ikumnav Ivchajvin Ivanovich さん) だけが認められている。ちなみにこの命名は，氏の説明によれば役所で勝手におこなったものであり，氏自身は Ivan という自分のロシア語の名前を登録しようとしたが結局認められず，やむなくこのような命名になったとのことである。

以上，筆者の調査では 4 つのロシア式命名のヴァリアントが認められる。これらが，時代の変遷と対応するか否かは必ずしも明らかではないが，少なくとも，父親にコリャーク語の名前しかなかった古い時代には姓と父称が重複しないように 1) のように自分のコリャーク名を姓にせざるをえなかったであろう。一方，父親にもこのようなロシア式命名方法が定着した後には，2) のように父親のコリャーク名を姓として採用することもできたであろう。ただし，例外的な命名方法である 3) と 4) についてはこれを時代的な変遷と対応させて考えることはむずかしい。

2. 葬送儀礼の伝統と変容

　以上のように，コリャークの新生児の誕生における伝統的な命名は，あの世(死者の世界)とこの世(生者の世界)を再生サイクルによりつなぐ観念と密接に結びついている。言い換えるならば，コリャークにおいて誕生は観念的に死と連動しているともいえる。このことは，命名に見られる再生観念が，一方で死にかかわる儀礼においても如実に反映されていることからもうかがうことができる。

　2001年8月15日，筆者は，マガダン州セヴェロ・エヴェンスク地区エヴェンスク村においてL. N. ハホフスカヤ(Xaxovskaja)氏(ロシア科学アカデミー極東支部北東総合研究所研究員)と共同で，コリャークの葬送儀礼を参与観察し，言語民族学的分析を交えつつ記述する機会を得た。その成果は呉人惠・ハホフスカヤ(2003:1-14)として発表されている。ただし，この葬送儀礼はトナカイ遊牧の現場からは遠く離れた村でおこなわれたもので，コリャークの伝統的な葬送儀礼の精神の骨格は残しながらも，多くの変容を蒙ったものであった。したがって，記述では，葬送儀礼をめぐる語彙を収集分析し，そこに見られる特徴を言語人類学的視点から明らかにするとともに，葬送儀礼における変容を観察し，またその変容の要因を定めることに重点をおいた。

　とはいえ，変容について論じるためには，まずは，できるだけ伝統的な葬送儀礼について記述しておかなければならない。そこで筆者は新たにトナカイ遊牧地を訪ねる機会を得た際に，葬送儀礼について詳細な聞き取り調査をおこなった。以下では，2001年のエヴェンスク村での参与観察と，トナカイ遊牧地での葬送儀礼に関する情報を総合し，伝統的な葬送儀礼の再構成を試みる。

　なお，コリャークの葬送儀礼については，これまでE. Purgin, G. & I. Popovy, I. V. Ioxel'son, V. G. Bogoraz, E. P. Orlova, A. V. Beljaeva, I. S. Gurvich, A. I. Jajletkan, V. V. Lebedev, Yu. B. Simchenko, V. V. Gorbacheva, T. M. Mastjuginaなどによる記録が残されている。以下では，必要に応じて，

さまざまな時代に記録されてきたこれらの資料との比較対照もおこなっていく。

2.1 「客に行く」ことに喩えられる死

コリャーク語で,「死ぬ」を直裁的に意味する動詞は viʕək, 死者は viʕəlʕeŋ である。しかし, この語は人の死に対しては通常, タブー語として回避される。代わりに用いられるのは, maklatək「遠くに客に行く」[207], maklalʕən「遠くに客に行く人」という語である。死により一時的にあの世, すなわち先祖のところを訪ねるが, その後, 再び, 新生児として生まれ変わって戻ってくるのだという再生観念がこのような言語表現にも反映しているということができる。このような観念は, 本章第 1 節で見たように, 亡くなった祖先の名前を占いによって新生児につけるコリャークの伝統的命名方法に反映されている再生観念とも連動している。子供が誕生した際に発する「来た (jetti)」という語からも, 客に行った故人が, 新生児として戻ってくるのだという再生観念が背後にあることがうかがえる。

2.2 葬儀用の衣類と橇の準備

コリャークにおいて, 葬送儀礼の準備は人が誕生するとともに始まっているといってもよい。子供が生まれてしばらくたつと, その子供の葬儀用の衣類や橇が準備される。この習慣は, 生前, できるだけ早いうちに準備することにより, より長い生命が保証されるためだと説明される。

葬儀用の衣類は maklatkemetʕaw (maklat「遠くに客に行く」, kemetʕa「衣類」, -w 絶複), 葬儀用の衣類は縫うことは tamaklatkemetʕaŋək (ta-...-ŋ「作る」) という。これには, maklatecʕən「葬儀用上着」, maklatpəlakət「葬儀用ブーツ」, maklatlelet「葬儀用手袋」, また, 故人が死出の旅に出る時に食糧などを入れてたずさえるための袋 en'ojocɣo (en'o「食糧」, -jocɣ「入れ物」, -o 絶複) などが含まれる。上着は, 男性ならば仔トナカイ毛皮 (qajujunalɣən) か成畜の

---

[207] 近隣の宿営地などに客に行くことは, jamkicik といわれ区別される。

夏のトナカイ毛皮(pijqajn'acɣən)で，女性は染色した毛皮(jomjanalɣən)で作る。必ず故人か近親者の所有するトナカイの毛皮で作らなければならないとされる。もし，そうでない場合には，火葬の際に破裂し，死者はあの世に裸で行かなくてはならなくなると考えられている(Lebedev 1977:55)。あるいは，他人のトナカイ毛皮で作った衣装を着ると，そのトナカイの所有者があの世に衣装を取り返しにくるのだともいわれている。なお，背中の腱で糸を撚る時には，通常のようにつなげて長く撚ることをせず，短いままにしておく。また，玉結びもしない。大きく粗い縫い目で縫うのもしきたりによる。

衣類の準備は，主にまだツンドラの草木が芽生えていない初夏と，草木がすでに落葉した秋におこなわれる。早朝，家人が寝ている間に縫い，終わるとすぐに見られないようにしまう。初夏に縫い始め，夏の間は一端中断して，秋に再開する。縫い終わると，特別の皮袋に入れ，人目につかないように保存する。

一方，葬儀用の橇やトナカイを橇につなぐ革紐類も生前から準備するが，これも完全には組み立てないでおく。葬儀用の橇は maklatojatek(ojatek「移動用橇」)と呼ばれる。第5章第4節で見たように，橇には移動用の橇(ujetik)と積荷用の橇(ineŋ)があるが，ここでは前者の ujetik が使われていることにより，この橇が単に死者を運搬するためのものではなく，死者があの世に旅立つための手段であることが了解される。

2.3 死者の安置

死者は，ユルトの入口から向かって一番奥に，頭部を入口に向けて安置される。トナカイ毛皮の毛の部分を地面に向け，裏を上に向けて敷き，死者を横たえる。死者は全裸にして染色部分を内側に向けた染色毛皮で包む。死者が着ていた衣服は，それを脱がせた人が「乾かすのだ」といって身につけた後，脱いで表に出す。

先行研究によると，コリャークは故人を，葬送儀礼をとりおこなうまでの2日間，自宅に安置する。その間，親族は，葬儀用の衣装や橇を作り，故人と別れを告げる(Gurvich and Jajletkan 1971:46; Lebedev 1977:55; Gorbacheva and Mastjugina 1980:216 など)。一方，筆者の聞き取り調査では，死者は火葬に付されるまでの間，冬ならば3日ほど，夏ならばもっと短い間ユルトに安置されるといわれる。

　死者の頭部のすぐ前にテーブルを置き，赤い布か染色毛皮の切れ端を結びつけたコップを置き，水かお茶を少量つぐ。故人が喫煙者であったなら，タバコやマッチなども置く。

　安置されている間，故人は家族の一員として認められ，たとえばイヌの鳴き声や隣の建物から聞こえてくる喧嘩の大声などの否定的なできごとから守られなければならない。そのために，顔の上で小さな十字架を揺らす。さまざまな悪の力から守るともいわれる十字形の由来については説明をしてもらえなかったが，正教会の十字架をまねているとも考えられる。この説を裏づけるのにチャウンスクのチュクチの例をあげると，彼らにも類似の習慣があり，テントの帳内部に持ち込まれた保護印も十字形だったが，キリスト教の影響も否定できない。ちなみに，Lebedev and Simchenko(1983:72)によれば，カムチャツカのコリャークも同様の十字形の棒を故人の上に置いていた。ただし，その理由も説明されていない。

　故人の体の上に置かれるこの十字架は，コリャーク語で jajol'n'econaŋ (jajol'「キツネ」, n'eco ??, -naŋ「道具」)といわれる。n'eco という形態素の意味が特定できないため，名称の語源が不明であるが，18世紀に G. & I. Popov によって記録されたキツネの尻尾，皮の切れ端，アザラシの赤い毛皮で飾られた棒を故人の上に揺らしたという古い習慣にある，「キツネの尻尾」はこの名称の由来とあるいはなんらかの関連があるかもしれない(Kosven 1962:290)。現在ではこの道具に関するコリャークの認識ははっきりしていない。

　コリャークは葬送儀礼がおこなわれるまでは，故人の魂はその人のそばにあると信じているため，これまでも文献によく記録されてきた「故人の気晴らし」という伝統は十分に保存されている(Lebedev 1977:56; Krushshanova (ed.) 1993:130 など)。隣人や親族は2人ずつテーブルの両側に代わる代わるすわり，お茶を飲んだり，話をしたりして，できるだけ日常生活と変わらない様子で過ごすように努める。ただし，1人での外出は禁じられている。また，

交替で寝ずの番をする。時には家人が集まって故人を枕にして仮眠を取ることもあったといわれている。また，遺体の上に置かれた太鼓を台にしてトランプをすることもある。インフォーマントによっては，かつてはトランプをすることはなかったと信じており，現在，トランプがおこなわれているのを退廃と非難しているのは興味深い。彼らの情報によれば，その場合に適切なのは ummicγu というゲームだけであるという。ummicγətkuk「ウミチグをする」というのは，放り上げた小さい棒を手の甲に乗せて遊ぶものである。カムチャツカのコリャークはこのようにして故人の傍らで時間を過ごしていたことが知られている (Lebedev 1977:56; Lebedev and Simchenko 1983:64)。しかし，民族学的資料によれば，故人の傍らでのトランプ遊びは昔からコリャークの間に広く普及していた (Jochelson 1908:110; Lebedev 1977:56; Krushshanova (ed.) 1993:130)。インフォーマントの T. N. アヤトギーニナ (Ajatginina) さんによれば，人々はできるだけ泣かないように努め，時には冗談をいって笑い合うことも許されているという。死を再生サイクルに組み込んだ死生観をもつコリャークにとって，死は単に悲しむべきものではないということが，このような態度からもうかがうことができよう。そしてこのような態度は，後述するように，火葬の際に焚き木の燃え差しの煤を塗り合って遊ぶ儀礼の中により明確に反映されている。

　この 3 日の間に近隣への葬儀の知らせ，葬儀用衣類や橇の準備などがおこなわれる。近隣への葬儀の知らせには，必ず 2 人で出かけ，投げ輪の手にもつ方の先を 1 m ほど橇からたらしていくことが，喪の知らせになる。葬儀用衣類や橇の準備は故人の死の翌朝から始められる。準備は昼間までで，もし間に合わなければ翌朝に再びおこなわれる。こうして準備した衣類は，故人の足元に，橇はユルトの入口とは反対側に先を上にして立てかけておく。

2.4　葬送儀礼の当日
2.4.1　準　備
　葬儀の日は，早朝，イネ科の草 vəʕajo (第 4 章 4.2.2 の (28)) で 3 本の三つ編みを作る。これは故人の葬儀をとりおこなう介添え人である wellə「ワタ

リガラス」の腕に結ばれる。「ワタリガラス」は通常 2 人で（双数形は welvət）、そのうちの主たるカラスには両腕に，副には片腕に結ぶため，3 本が必要となる。また別の情報によると，この 2 人の女性のことを ʃəməkʃət とも呼んでいる。

この他，砂と meɣu（第 4 章 4.2.1 の (27)）と呼ばれる黒いコケ，松脂（wanaw）（第 4 章 4.1.1 の (3) の (16a)）などを準備する。砂は故人を送った後，故人が安置されていた場所に小さな焚き火を焚くためである。コケは故人の顔を拭うのに用いられる。松脂は，あの世に着くまで，子供がガムを噛みながら楽しむためだと見送る人々は考えている。また，別の説によれば，地上からあの世へ新しく来たものにあの世の住民が地上についての質問をする際，すべての質問に答えないようにするためガムを入れるのだという。また文献には，自分の親族を見分けるために松脂を使うのだというより古いと考えられる説もある（Lebedev and Simchenko 1983:66）。

葬儀の日に，女性たちが故人に葬儀用の衣類を着せる。まず，故人の頭を持ち上げて上着を着せた後，男性ならばズボン，女性ならばつなぎズボンをはかせる。故人の頭には毛皮帽子とフードを被せ，男女の別なく耳にビーズのイヤリングを通し，水で濡らした meɣu で故人の顔を拭ってから北極ギツネの毛皮で隠して，その上からフードの紐で縛る。足にはブーツを履かせ，つなぎのズボンはブーツの外側に出しておく。つなぎにはベルト（ujijit）[208]をつける。この際，結び目は必ずひとつである。その後，通常，子供が故人を家から運び出す直前に手袋をはめさせるが，その際，右と左の手袋を逆にする。故人にはすべてが「逆に」なるべきであると考えられていることによる。

なぜフードで故人の顔を隠すのかは Lebedev and Simchenko（1983:65）によれば，これもあの世ではすべてが逆であるという認識にもとづいており，故人の顔は後頭部にあると考えられている。故人の顔を隠すのは，カムチャツ

---

[208] 本章 1.1 で見たように，コリャーク語では祖先の魂のことも ujijit という。これが単なる同音異義語なのか，両者になんらかの関係があるのかは現在のところ判断できない。

カのコリャークにも特徴的である(Lebedev and Simchenko 1983:65; Orlova 1974:350)。

衣類を着せている間中、女性たちは meɣu を口にくわえ、「クック、クック」を繰り返す。着せ終わると、手や顔をすすぐ。また、葬儀の準備に使った毛皮などの切れ端はすべて故人とともに火葬に付されるために vecəntejolɣən と呼ばれる袋に入れられる。

2.4.2　別れの儀式

ユルトでの故人との別れの儀式は 2 回おこなわれる。

故人の枕元の小机の上に、参列者のためのお茶と肉が並べられる。ちなみに、筆者が参与観察した別れの儀式には、亡くなった男の子に別れを告げるために、彼が通っていた保育所のロシア人の先生も含め、さまざまな民族の人々が来ていた。葬儀に参列した筆者も含め全員はユルトの入口から入って左回りに入り、故人の枕元にすわり、小机の肉をつかんで食べ、故人に最後のことばを語りかけた後、外に出る。

次に、「故人またぎ」という別れの儀式に参加する。「故人またぎ」の儀式をすることは weqetək と呼ばれている。そばには、腰と手首のまわりに草の縄を縛り、口にコケをくわえた 2 人の女性がすわっている。悪霊を追い払うために、コリャーク語で vəʃajkəltən といわれる草の縄と vitʃu というコケの束が用いられ、故人といっしょに燃やされる。説明によれば、コケはいくつかの種類に分けられる。興味深いのは、コリャークはこの vitʃu というコケを儀式、手拭き、子供のおむつなどに使うことである。トナカイが食べる jaŋjaŋ というトナカイゴケは葬儀の時には使わない。

故人が安置されているユルトには、自分の役割を果たす運命になっている仔イヌが連れて来られる。女性の「ワタリガラス」は、またぐ人の足を故人の手で叩く。これは近くにある悪霊を追い払うためであるといわれている。故人自体も危ない時がある。「ワタリガラス」はいつも「クック、クック、クック」という呪文を繰り返している。最後に、2 人の「ワタリガラス」は故人をまたいだ後、毛皮のミトンをはめさせる。葬儀のこの部分は誰がスムーズ

にミトンをはめさせることができるかという点で重視されている。

故人の足元には，刈り取った草の束，ナイフと鞘，男性ならば槍，赤布で巻いた長い杖，コップ，葬儀用の衣装を縫った後に残った毛皮の切れ端の入った袋，橇に敷く毛皮などが置かれている。ものによって理由は異なるが，これらすべてが故人とともに火葬に付される。たとえば，草の束は故人のところに集まる悪霊から故人を守り，その悪影響を食い止めるものであるといわれている。毛皮の切れ端は危険なものであり，これを通して故人が生きている人間を連れて行くことができると考えられている。それ以外のものは，あの世で使うためである。なお，20世紀初頭，カムチャツカのコリャークは毛皮の切れ端の入った袋は燃やさず，土の中に埋めていたことも指摘されている (Ioxel'son 1990:40)

参列者はこれらをまずは橇の敷物の切れ端をはじめとして，次々に外の橇に積み込む。

故人を運び出す前に，故人の顔を開いて，近親者だけが唇に接吻をして別れを告げ，再び顔を覆ってフードの紐を結ぶ。遺体はユルトの入口から向かって時計回りに運び出される。

遺体が置かれていた場所に，守護の目的で鳴き声を出すために仔イヌが残される。仔イヌに痛い思いをさせて鳴き声を出させることによって，悪霊を追い払うことができると考えられている。故人を運び出してから，仔イヌは遺体があった場所の匂いを嗅がなければならない。鳴くイヌは，供儀に付すイヌの代わりに使われている。供儀に付す際には，イヌの死体は故人が置かれていた場所に置かれたという (Kosven 1962:290)。その場所に砂を置き焚き火を焚いてから，その傍らに故人が男性ならば小便つぼ (ʕəccal'o) を，女性ならば elŋəwən と呼ばれる石を置く。数日間，その場所で眠れるのは老人だけであるといわれている。

2.4.3 火葬

運び出され，あらかじめ用意されていた橇に乗せられた遺体は，ユルトの枠木である jalqəl と jəvinaŋ を1本ずつ敷いた上に置かれる。その後，橇牽

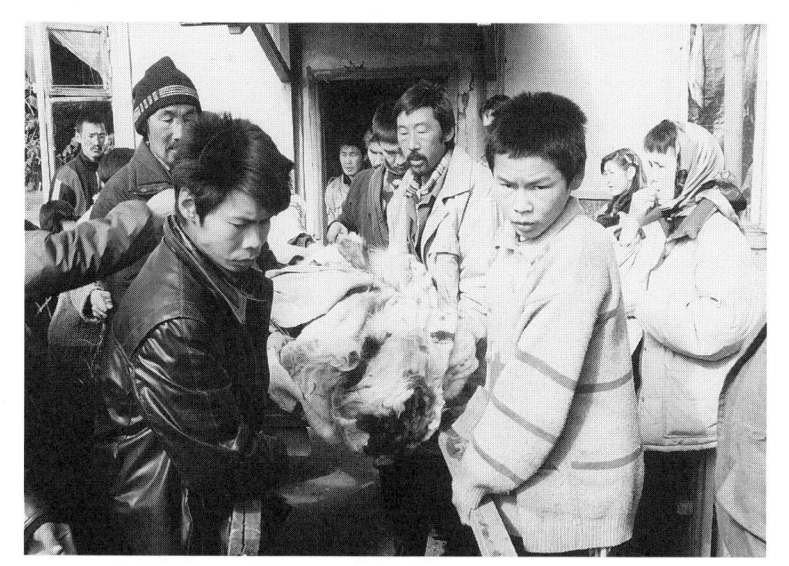

写真 121　遺体を家から運び出す

写真 122　遺体の上に置かれた死出のさまざまな持ち物

引用のトナカイが連れて来られ，男がこの枠木を引っ張る。もしすぐに橇が動き出すようならば，このトナカイが故人を乗せた橇を牽引するトナカイとして選ばれる。もし動かなければ，次々にトナカイを連れて来て何度も同じことが繰り返し試される。

参列者がすべて屋外に出て，火葬場所への出発が整いつつある一方，ユルトの中には1人の女性が残り，染色毛皮の切れ端に，故人の生きている家族やトナカイとすでに亡くなっている先祖の数だけ結び目を作る。外から出発の合図があると，女性はこの切れ端をもって外に出，橇のところで生きている家族とトナカイの結び目を亡くなった祖先のそれから切り離し，再び，ユルトの中に持ち帰り，自分の髪の毛とともに，ユルトの枠木に吊るす。

火葬場所（melɣənvən~melɣənə）[209]は，あらかじめ焚き木のある乾燥した場所で，なおかつ川を渡らなくてもよい場所を選ぶ。火葬当日は火葬場所を選んだ人が先頭に立ち，先ほど橇の下に置いておいたユルトの枠木を背負っていく。カラスは常に故人の傍らを行く。火葬場所に向かっている間，決して後ろを振り返ってはいけない。また，着いたらすぐに，自分の橇を帰りの方角に向ける。これらはすべて，故人の道連れにならないためだと説明されている。

故人の横には穴があいたアルミのスプーンを置く。スプーンの柄には赤布が巻きつけてある。故人の横にはさらに inuʔin という死出の旅路のための食糧が置かれ，体の上にはタバコ，マッチ，トランプ，パンの切れ端数片と小さな石が置かれる。ここで特徴的なのは，参列者が平気でこのタバコやマッチを使ったりもとに戻したりというように，故人に対してなれなれしい態度を取ることである。

ummilqən という土台が，幅3mのほどのピラミッド型に作り上げられる。火葬用の焚き火を作ることを tummilqəŋək という。焚き火の上にはハンノキの枝を敷き，その上に故人を橇とともに乗せる（写真123）。そこにはまた，家にあった諸々の道具が置かれ，頭と足の方には毛皮の切断が入った柔らか

---

[209] 火葬することはコリャーク語で inekenɣevək「燃やす」という単語で表される。

第 6 章 誕生と死の範疇化 319

写真 123 男たちが火葬の準備をする

写真 124 ummilqən の上に乗った 2 人のワタリガラス

い袋が置かれる。

　焚き火には2人の「ワタリガラス」が上って草の縄を外し，故人の上に置く（写真124）。1人が飛び降り，もう1人が葬儀用のナイフ（veʕəwala）で遺体の開腹をすると同時に火がつけられる。ワタリガラスはナイフを横に置いてから，すでに燃え始めている焚き火から下りる。腹を切るのは，遺体が火で破裂しないためである（Lebedev 1977:60; Gorbacheva and Mastjugina 1980:218）。おそらくかつては遺体の開腹だけでなく，死亡原因を判定するために内臓を見るより複雑な儀式だったと考えられる。ちなみに，つい最近までワエグスクのチュクチの葬儀ではそのような儀式がおこなわれていたことが報告されている（Beljaeva 1965:33）。

　焚き火が赤々と燃えている間は火と煙を見てはいけないといわれている。この時，魂が肉体を離れて上昇していると考えられている。燃えている焚き火の傍らで，橇を引いてきたトナカイが処理される。トナカイが動かなくなったら，故人が死出の旅に出発したと解釈される。参列者たちには煮た肉，スープ，お茶のご馳走がふるまわれ，火葬が完全に終わるのを待つ。

　葬儀の参列者に水がかけられ，顔に焚き木の燃えさしの煤を塗る儀式がおこなわれる。このように墨を塗る儀式をおこなうことをコリャーク語でvəl'qukalik（vəl'qu「墨」，kali「書く」）という。この独特のゲームには笑いと冗談がともなっている（写真125）。

　葬儀の参列者はこのいたずらを，娯楽や故人を楽しませるためのものと説明している。しかし，チュクチとコリャークの間では煤塗りは重要な儀式的意味をもち，同族の人の顔に保護的な目的で塗られていた。したがって，つい最近まで煤塗りは保護を目的とした儀式であると考えられていたが，今では遊びに変容してしまったのである。これは自然なことである。子供の遊びのあるものは大人の儀式行動を反映したものと考えて間違いない（Xaxovskaja 1999）。儀式の祭式的機能が完全に失われた時，その儀式は遊びに変容し，娯楽的特質を帯び，陽気な気分と笑いがともなうようになると考えられる。Veletskaja（1978:77）は，スラヴの儀式において同様の相互関係を解明し，儀式が民族の風俗習慣からなくなる際，その最後の段階として子供の遊びに変

第 6 章　誕生と死の範疇化　321

写真 125　煤塗りに興じる参列者

容するという結論を導き出している。

　コリャークにおいても儀式生活がより開放的になったことによって，儀式のもっていた保護機能も失われた。かつては顔に血や火葬用焚き火の煤を塗るのは同族の人間に厳しくかぎられており，よそものにまでその儀式を広げることは固く禁じられていた。しかし，このような厳しいしきたりは，現実には他の民族集団の代表者の強制的な儀式参列と矛盾することになる。そのため，儀式的行動をニュートラルな遊びに変形させることで打開策としたのである。

　追悼の時，「ワタリガラス」は人間でなく鳥であるという理由で，他の参列者からは離れてすわっている。彼女たちは葬儀が終わった 3 日後からようやく再び人間として社会生活に戻ることが許される。

　次第に衰えてゆく焚き火は，ミヤマハンノキの若枝で囲まれる（写真 126；第 4 章 4.5 の (22a)）。ハンノキには清めの意味が含まれている。インフォーマントの説明によれば，ハンノキで作られたこの円周は，故人の移動式ユル

写真126　ハンノキの若枝で囲んだ火葬の跡

トを象徴している。この中に入ってはいけない、すなわち、円を越えることは禁じられている。Gorbacheva and Mastjugina (1980:219) も同様の情報をあげている。Lebedev and Simchenko (1983:67) の資料によると、集まった悪霊を出さないために焚き火を枝で囲むということである。確かに、葬儀の終わった後の行動のほぼすべてには、参列者を超自然的な力から守るための保護的意味が含まれている。そのため、その儀式の象徴性は悪霊と悪霊の1人になる可能性がある故人という2方向に向けられている。

　火葬の場所からは、ハンノキの若枝で作った門をくぐって帰る。その時、「ワタリガラス」は燻っている木片でくぐっている人々を燻す。誰も振り向かず、列をなしてくぐって行く。最後に「ワタリガラス」は地面に置いた枝を合わせて、門を「閉めて」出る。そのことを jənmatək という。火葬の場所から戻り、追悼が続いている家に入る前に、参列者は手を洗いうがいをする。「ワタリガラス」は家に入る人をハンノキの枝であおいで清める。

　筆者の参与観察では、昔からの葬送儀礼をより自覚的に遵守している人のほとんどは、老年層である。若年層は火葬には積極的に参列してはいるが、

おそらく心理的な抵抗感も感じていると考えられる。ちなみに，コリャークの若い女性は「ワタリガラス」の役割を果たすのをしばしば辞退するため，いつも中年女性がこの役をしなければならなくなるとの話であった。

　葬儀の2，3日後，人々は火葬の場所に戻り，「門」を開けて残った灰と遺骨を集める。遺骨を集めることをʕəmnomakavək(ʕəm「骨」，nomakav「集める」)という。近くの丘で遺骨を山形に積み上げる。別の資料によれば，遺骨を袋に入れる。これに対し，Orlova(1974:352)は，カムチャツカのコリャークは火葬後，残った骨を土に埋めると指摘している。このことと毛皮の断片が埋められることは，伝統的葬儀と正教会の葬儀が独特に絡み合った結果であると考えられる。

　遺骨の上には，3本の棒で作った三脚を立てる。三脚には二股の枝(uttəkəl'ŋil'ʕən)を何本かつける。三脚は故人の家でもある移動式テントの主たる棒を象徴している。二股の枝に対する認識はインフォーマントにより食い違っており，家の中にいる故人を見守っているものと考えるものも，生贄にされたトナカイと考えるものもいる。これに関連して，コリャークのいくつかの集団にはその二股の枝を「若いメストナカイ」と見立てて，故人のベルトにつけていっしょに火葬に付す習慣がある。枝は，故人があの世に行くために乗るトナカイを象徴している(Krushshanova(ed.) 1993:133)。インフォーマントからの情報では，かつてトナカイ遊牧民たちは，幼児の遺体をトナカイに乗せて，両側から支えながら火葬の場所までもっていたそうである。子供は橇には乗せなかった。また，途中で「遊びに夢中になる」からという理由から徒歩で運んでいくことも許されなかった。気をそらさないようにという同様の目的で杖をもたせた。これは，長い杖を使ってトナカイに乗るエヴェンとの接触によってもたらされた葬送儀礼の地域的特徴とも考えられる。

　儀式用の三脚を立てた後，親族や参列者はお茶を飲む。その後，葬儀の時と同様に家に帰って追悼する。インフォーマントによると，9日，40日，1年後にも追悼を行う。追悼の日には，火葬の場所にみやげを置き，友人や親族にご馳走をふるまう。1年中，そこを訪ねてもよいとされている。

2.4.4 葬送儀礼におけるトナカイ処理

葬送儀礼においてもトナカイ処理がおこなわれる。死者に対してはすべてが「逆」であるべきであるという観念は，たとえば死装束に特に鮮明に反映されているが，トナカイ処理にもその反映を見ることができる。葬送儀礼におけるトナカイ処理は，通常の処理とはさまざまな点で異なる。

葬送儀礼では，大きく次の3種類の異なる目的の処理がおこなわれる。

①故人所有のトナカイ1頭を死出の旅への食料用に処理する。

②故人が死出の旅に連れて行くトナカイの群れを作る(teŋelvəlʕəŋək [(te-...-ŋ「作る」, ŋelvəlʕ「群れ」])[210]ために，故人所有のトナカイのうち，仔トナカイ，メストナカイ，2歳オストナカイ，種トナカイを1頭ずつ処理する。

③故人があの世に乗っていくための橇牽引用のトナカイ，すなわち，橇の前部につけるトナカイ2頭(javalʕət~javaqojat[java「使う」, -lʕ 分詞, -t 絶双, qoja「家畜トナカイ」])と，橇の後部につけるトナカイ2頭(jeletqojat)を処理する。

まず，通常と異なるのは，処理に用いる道具である。儀礼的処理においては，しばしばトナカイ処理用の綱(qojanməŋelŋən)や刺殺用に槍(pojɣən)が用いられるが，葬送儀礼における処理ではこれらが用いられることはない。男性が常にベルトに吊るして携帯している ləɣewal「本当のナイフ」と呼ばれるナイフで刺殺する。

次に，胃の内容物などの処理のしかたである。上述の①②の場合には，胃の内容物を通常の処理同様，大地に注ぐが，肝臓のかけらや血凝り，あるいは ojkaw の枝(tən'ojpenŋən)を置いたりすることはない。また，awjalqəl「脳みそのユルトの枠木」もここには置かずに，喉仏や喉といっしょに外す。ただし，鼻や唇の部分は残して，ユルトやテントの正面奥，故人が横たえられている傍らの枠木の上に置いておく。また，尻尾部分も切り取り，皮を剥い

---

[210] teŋelvəlʕəŋək は葬儀用のトナカイの群れを作る時にのみ使う表現で，日常のトナカイ飼育においては使われない。

でから角のところに刺しておく。

　一方，③は，故人を火葬に付す場所でおこなわれるが，この際，胃の内容物は大地に注がずに，胃袋の中に入れたまま軽い切り込みを入れて火葬場所に置く。頭部も解体せずにそのままそこに置く。また，血も取っておかずにすべて大地に注ぐ。

　刺殺の方法も異なる。通常の処理ではトナカイを立たせたまま，その左胸，すなわち心臓を一突きして絶命させるが，葬送儀礼においては，死者があの世に乗っていくと考えられている橇牽引用トナカイは，必ず動かないように横倒しにしておいてから，まずは右胸にナイフを突き刺し，トナカイがばたばたしている間に左胸の心臓部分を刺して絶命させる。ただし，①②のトナカイも動かないように横倒しにするが，ナイフは通常の刺殺同様，左胸に突き刺す。

　守護神の扱いも，葬送儀礼においては通常の処理の場合とは異なる。まず，火切り板や占い石は人が亡くなるとすぐにすべて家の外に運び出し，橇の上に袋にしまったまま置いておく。故人が家から搬出され，葬送儀礼が終わった後に初めてこれらは家の中に再び運び入れられる。戸口に置かれている石（elŋəwwən）は，故人が家の中に安置されている間はそのままに置かれているが，遺体が搬出された後，小便つぼとともに故人が安置されていた場所に置かれ，傍らに小さな焚き火が焚かれる。

　また，焚き火に血を注ぐこともしない。血のスープ（kewləʔəpaŋa）を煮て参列者にふるまう。

　解体した部位のうち，lewət「頭」，taval'ŋəkəkal'ʕi「第一頸椎」，vel'akal'ʕi「胸骨」，janotγətolqəl「第一肋骨」，ikməγətolqəlpil'「最短の肋骨」，kaŋitkən「胸肉の先端」，vevelŋən「臀部（腸骨と坐骨を合わせた部分）」，ŋojŋən「尻尾」，janotajməlqəl「左側の前脚」，javalajməlqəl「左側の後ろ脚」は別に取っておき，死者を運び出す日の朝，これらをすべて煮る。煮た肉は細かく切って盥に入れ，死者に死装束を着せる時に死者の枕元のテーブルに置き，葬儀の参列者にふるまう。外した骨と角は死者とともに火葬の場所に運んでいき，焚き火の横に置く。ただし，これは火葬には付さずにそのまま残す。上述の部位以

外の肉は随時，必要に応じて調理し葬儀の参列者にふるまう。

2.4.5 変容と伝統

以上，筆者が参与観察する機会を得たエヴェンスク村のコリャークの葬送儀礼と，聞き取り調査で得られたツンドラのトナカイ遊牧地での情報を総合しながら，コリャークの伝統的な葬送儀礼の記述を試みた。トナカイ遊牧から離れ，複数の民族が混在する村に居住するエヴェンスク村のコリャークの葬送儀礼には，伝統的な葬送儀礼から逸脱する変容が随所に見られる。そこで，そのような変容のうち，特に注目すべきものについて，実際に筆者が観察した葬送儀礼のプロセスを振り返りながら，あげておく。

①民族的違いを超えてさまざまな民族が葬儀に参列することにより，儀式が開放的な性質を帯びるようになった。この現象はおそらく昔からのものではないと考えられる。ちなみに，ヨヘルソンによれば，20世紀初頭には火葬の参列者の構成はかぎられていた(Ioxel'son 1990:40)。

②正教会の影響により棺桶を燃やしたり，十字架で故人に働きかけるといった要素がコリャークの伝統的儀礼の基盤に加えられた。

③伝統的な縫い方からは逸脱した葬儀用の衣装作り，自動車による出棺など伝統を保持する条件が整わない部分は変容を蒙っている。

④煤を塗るという保護的意味をもった儀式が子供の遊びに移行したという例に見るように，ある儀式に関する認識と本来の意味が忘れられたことにより，その行動の動機づけが変容を蒙っている。

以上の点は相互に関連しあっている。なぜなら，それらはすべて民族的伝統を支え供給していた古くからの環境を喪失したことによりもたらされた結果だからである。

しかし，その一方で，儀式の要素の多くは変わらないまま保持されているといえる。例えば，故人を，頭を出口に向け，床に敷いたトナカイの毛皮の上に寝かせること，遺体を包むこと，故人を「楽しませたり」「養ったり」することなどである。あの世ではすべてがこの世とは逆であるという認識がほぼ残っていることを反映して，右と左のミトンを逆にはめさせたり，顔を隠

したり，スプーンや毛皮ブーツの底に穴を開けたりするなどの風習も継承されている。故人を同族とも潜在的悪霊ともみなす矛盾した態度も保持されている。このような故人の悪い影響から自分たちを守ることは，葬儀用衣装の切れ端を燃やしたり，足で遺体を押しのけたり，頭を前にして出棺したりといった保護的な儀式に現れている。すなわち，コリャークの葬送儀礼のすべての要素は，故人の魂がこの世に戻れないよう，あの世に落ち着かせることに向けられているといえよう。

　セヴェロ・エヴェンスク地区のコリャークにおいて，伝統的な風俗習慣は急速かつ確実に侵食されていくであろう。また，ある儀式の行動形態とその儀式を生んだ認識の間の関連性も弱められていくであろう。しかし，それにもかかわらず，葬送儀礼の根幹部は依然，形を変え継承されていくと予測される。

参考文献

Ager, T. A. and L. P. Ager. 1980. Ethnobotany of the Eskimos of Nelson Island, Alaska. *Arctic Anthropology*, 17(1):27–48. Wisconsin, The University of Wisconsin Press.
Ajatginina, T. N. and M. Kurebito. 2006. Korjaki-kochevniki: ix obychai, obrjady i skazki. Sapporo, Otdelenie filologicheskix issledovanij pri aspiranture universiteta Xokkajdo.
Antropova, V. V. 1971. Kul'tura i byt korjakov. Leningrad, Nauka.
Antropova, V. V. 1976. Predstavlenija korjakov o rozhdenii, bolezni i smerti. *In*: Priroda i chelovek v religionyx predstavlenijax narodov Siviri i Severa (vtoraja polovina XIX–nachalo XXV). pp. 254–257. Leningrad, Nauka.
Aoki, H. 1966. Nez Perce Vowel Harmony and Proto-Sahaptian Vowels. *Language*, 42(4):759–767. Linguistic Society of America.
Aoki, H. 1968. Toward a Typology of Vowel Harmony. *International Journal of American Linguistics*, 34(2):142–145. Chicago, The University of Chicago Press.
青木晴夫．1998．『滅びゆくことばを追って インディアン文化への挽歌』(同時代ライブラリー 331)．岩波書店．
バチャーノヴァ，E. P. 2000．「コリャーク人のライフヒストリー――1995年のカムチャツカにおけるフィールドワーク資料をもとに」(斎藤君子訳)．『口承文藝研究』，23:173–183．日本口承文芸学会．
Baker, M. C. 1988. Incorporation—a Theory of Grammatical Function Changing. Chicago, The University of Chicago Press.
Bauerman, K. 1934. Sledy totemicheskogo rodovogo ustroistva u parenskix korjakov. *Sovetskij Sever*, 2:70–79. Komitet soveta pri preziditsie VTsK.
Beljaeva, A. V. 1965. Etnograficheskaja poezdka v Anadyrskij rajon. *Kravedcheskie zapiski*, Vyp. 5:27–38. Kn. Izdatel'stvo.
Bogoras, W. 1904–1909. The Chukchee. The Jesup North Pacific Expedition 7, Leiden/New York, Memoirs of the American Museum of Natural History (Reprinted 1975, New York, AMS Press).
Bogoras, W. 1917. Koryak Texts. *Publications of the American Ethnological Society*. Vol. V. Boas, F. (ed.). Leiden, E. J. Brill.
Bogoras, W. 1922. Chukchee. *In*: Handbook of American Indian Languages. Part 2, Bureau of American Ethnology, Bulletin 40. Boas, F. (ed.). pp. 631–903. Washington, D. C., Smithsonian Institution.
Bogoraz, V. G. 1939. Chukchi, Religija. Ch. 2. Moskva, Izdatel'stvo Glavsevmorpiti.
知里真志保．1976．『知里真志保著作集 別巻・分類アイヌ語辞典植物編・動物編』．平凡社．
Comrie, B. 1981a. Paleosiberian and Other Languages. *In*: The language of the Soviet Union. pp. 238–278. Cambridge, Cambridge University Press.
Comrie, B. 1981b. Language Universals and Linguistic Typology. Chicago, The University of Chicago Press.
Crownhart-Vaughn, E. A. P. trans. 1972. Explorations of Kamchatka: North Pacific Scimitar. Portland, Oregon Historical Society Press.
Crystal, D. 1997. A Dictionary of Linguistics and Phonetics. 4th edition. Oxford, Blackwell Pub-

lishers Ltd.

Doefer, G. and M. Weiers (eds.) 1978. Beiträge zur nordasiatischen Kulturgeschichte, Tungusica 1. Wiesbaden, Otto Harrassowitz.

遠藤史．2005．『コリマ・ユカギール語の輪郭——フィールドから見る構造と類型』．三恵社．

Fitzhugh, W. W. and A. Crowell. 1988. Crossroads of Continents, Cultures of Siberia and Alaska. Washington, D. C., Smithsonian Institution Press.

Forsyth, J. 1992. A History of the Peoples of Siberia, Russia's North Asian Colony 1581-1990. Cambridge, Cambridge University Press.

Fortescue, M. 2005. Comparative Chukotko-Kamchatkan Dictionary: Trends in Linguistics (Documentation 23). Berlin/New York, Mouton de Gruyter.

藤原滉一郎・菊間満・V. ハーベルゲル編．1999．『露・英・和 森林辞典(Russko-anglo-japonskij lesnoj slovar')』．日本林業調査会．

Gerdts, D. B. 1997. Incorporation. In: The Handbook of Morphology. Spencer, A. et al. (eds.). pp. 84-100. Oxford, Blackwell Publishers Ltd.

Gorbacheva, V. V. and T. M. Mastjugina. 1980. Poxoronnaja obrjadnost'. In: Korjaki, Poxoronnaja obrjadnost' narodov Sibiri. pp. 216-221. Moskva, Nauka.

Gurvich, I. S. 1957. Etnograficheskaja poezdka v korjakskij natsional'nyj okrug. Sovetskaja etnografija, 6:43-58.

Gurvich, I. S. 1980. Korjaki severoevenskogo r-na magadanskoj obl. In: Polevye issledovanija institute etnografii 1978. pp. 111-120. Moskva, Nauka.

Gurvich, I. S. 1983. Problema etnogeneza olennyx grupp chukchej i korjakov v svete etnograficheskix dannyx. In: Na styke Chukotki i Aljaski. pp. 96-119. Moskva, Nauka.

Gurvich, I. S. 1989. Etnograficheskie issledovanija na Kamchatke. In: Novoe v etnografii (Polevie issledovanija) 1. pp. 38-44. Moskva, Nauka.

Gurvich, I. S. and A. I. Jajletkan. 1971. Achajvajamskaja gruppa korjakov-olenevodov. In: Kraeved. zap. pp. 32-50. Petropavlovsk-Kamchatskij, Dal'nevost. Kn. Izdatel'stvo.

Gurvich, I. S. and K. G. Kuzakov. 1960. Korjakskij natsional'nyj okrug, Ocherki geografii, istorii, etnografii, ekonomiki. Moskva.

堀田満ほか(世界有用植物事典編集委員会)．1989．『世界有用植物事典』．平凡社．

一ノ瀬(呉人)惠．1994．「豊かなる極北の言語世界——マガダンにコリャーク語を求めて」．『大学出版』，20:1-4．大学出版部協会．

一ノ瀬(呉人)惠．1995．「カムチャツカ半島(言語ジャーナル12)」．『月刊言語』，24(13):104-105．大修館書店．

一ノ瀬(呉人)惠．1996．「コリャークのことばと自然観」．『Arctic Circle』，19:15-17．北海道立北方民族博物館友の会．

池上二良．1989．「ツングース諸語」．『言語学大辞典 2』(亀井孝・河野六郎・千野栄一編著)．pp. 1058-1083．三省堂．

池上二良監修・津曲敏郎作図．1983．「東北アジア少数民族言語分布図」．『月刊言語』，12 (11)．大修館書店．

Ioxel'son, V. I. 1990. Korjaki. Severnye Prostory, 3:38-41.

煎本孝．2007．『トナカイ遊牧民，循環のフィロソフィー——極北ロシア・カムチャツカ探検記』．明石書店．

伊藤浩司・日野間彰．1985．『環境調査・アセスメントのための北海道高等植物目録I』．

たくぎん総合研究所.
伊藤浩司・日野間彰. 1987. 『環境調査・アセスメントのための北海道高等植物目録Ⅳ』. たくぎん総合研究所.
伊藤浩司・日野間彰・中井秀樹. 1990. 『環境調査・アセスメントのための北海道高等植物目録Ⅱ』. たくぎん総合研究所.
伊藤浩司・日野間彰・中井秀樹. 1994. 『環境調査・アセスメントのための北海道高等植物目録Ⅲ』. たくぎん総合研究所.
Jochelson, W. 1908. The Koryak. Publications of The Jesup North Pacific Expedition Ⅵ. American Museum of Natural History, New York. Memoir, Vol. X, Parts 1–2. Leiden, E. J. Brill; New York, G. E. Stechert&Co.（Reprinted 1975, New York, AMS Press）.
Kari, P. R. 1991. Tanaina Plantlore: An Ethnobotany of the Dena'ina Indians of Southcentral Alaska （1977 1st Edition）. Fairbanks, Alaska Native Language Center, University of Alaska Fairbanks.
Kenstowicz, M. 1976. Some Rules of Koryak Phonology. *Studies in the Linguistic Sciences*, 6(1): 22–37. Illinois, Department of Linguistics, University of Illinois.
Kibrik, A. E., S. V. Kodzasov and I. A. Muravjova. 2000. Jazyki fol'klor aljutortsev. Moskva, IMLI RAN, Nasledie.
Kibrik, A. E., S. V. Kodzasov and I. A. Muravyova. 2004. Language and Folklore of the Alutor People. ELPR Publication Series A2-04. Kurebito, M.（ed.）. Suita, Faculty of Informatics, Osaka Gakuin University.
岸上伸啓. 1997. 「ロシア極東カムチャツカ半島のコリヤークとエヴェン：1996年エッソ調査報告」. 『人文論究』, 64:47–87. 函館人文学会.
岸上伸啓. 1999. 「北方諸民族の命名と人名について：エヴェン, コリヤーク, ユッピック, イヌイットの比較」. 『環オホーツク1998』, 6:51–60. 紋別市郷土博物館.
小長谷有紀. 1991. 「モンゴルの家畜屠殺をめぐる儀礼」. 『北東アジアの歴史と社会』（畑中幸子編）. pp. 303–333. 名古屋大学出版会.
小長谷有紀. 1994. 「狩猟と遊牧をつなぐ動物資源観」. 『地球に生きる(3)資源への文化適応』（大塚柳太郎編）. pp. 69–92. 雄山閣.
小長谷有紀. 1996. 『モンゴル草原の生活世界』（朝日選書）. 朝日新聞出版社.
Koptjevskaja-Tamm, M. 1995. Possessive and Relational Forms in Chukchi. *In*: Double Case. Plank, F.（ed.）. pp. 301–321. New York, Oxford University Press.
Koptjevskaja-Tamm, M. and I. A. Muravyova. 1993. Alutor Causatives, Noun Incorporation, and the Mirror Principle. *In*: Causative and Transitivity, Studies in Language Comparison Series 23. Comrie, B. and M. S. Polinsky（eds.）. pp. 287–313. Amsterdam/Philadelphia, John Benjamins.
Kosven, M. O. 1962. Iz istorii etnografii korjakov v XVIII v. *Sivirskij etnograficheskij sbornik*, Vyp. 4:276–291. Moskva, Izd-vo AN SSSR.
Kozinsky, I. Sh., V. P. Nedjalkov and M. S. Polinskaja. 1988. Antipassive in Chukchee: Oblique Object, Object Incorporation, Zero Object. *In*: Passive and Voice. Shibatani, M.（ed.）. pp. 651–706. Amsterdam, John Benjamins.
Krauss, M. E. 1997. The Indigenous Languages of the North: a Report on their Present State（lead article）. *In*: Northern minority Languages. Senri Ethnological Studies 44. Shoji, H. and J. Janhunen（eds.）. pp. 1–34. Senri, National Museum of Ethnology.
Krauss, M. E. 2003. The Languages of the North Pacific Rim, 1897–1997, and the Jesup Expedi-

tion. *In*: Constructing Cultures Then and Now: Celebrating Franz Boas and the Jesup North Pacific Expedition. Kedall, L. and I. Krupnik (eds.). pp. 211–221. Washington D. C., Arctic Studies Center, National Museum of Natural History, Smithsonian Institution.

クレイノヴィチ，E. A. 1993．『サハリン・アムール民族誌 ニヴフ族の生活と世界観』(枡本哲訳)．法政大学出版局．

クルーブニック，I. 2006．「シベリア諸民族の移動様式―伝統的な様式と近代の変容」(中田篤訳)．『環北太平洋の環境と文化』(北海道立北方民族博物館編)．pp. 88–104．北海道立北方民族博物館．

Krushshanova, A. I. (ed.) 1993. Istorija i kul'tyra korjakov. Sankt Peterburg, Nauka.

呉人惠．1996．「コリャーク語テキスト」．『富山大学人文学部紀要』，25:21–53．富山大学人文学部．

呉人惠．1997．「コリャーク語の名詞の合成形と分析形」．『北海道立北方民族博物館紀要』，6:9–30．北海道立北方民族博物館．

呉人惠．1998．「トナカイ遊牧民コリャークのことばを調査して」．『図書』，3:12–17．岩波書店．

呉人惠．1999a．「チュクチ・カムチャツカ語族の母音調和に関する一考察」．『富山大学人文学部紀要』，30:49–64．富山大学人文学部．

呉人惠．1999b．「モンゴルの人と家畜をめぐる認識体系の言語人類学的研究」．『地球環境研究』(第7回地球環境財団研究奨励金研究成果報告書2)，45:29–38．地球環境財団．

Kurebito, M. 2000. Argument-Modifying Type of Diminutive/Augmentative Suffixes in Koryak. *In*: Languages of the North Pacific Rim 5. Miyaoka, O. (ed.). pp. 139–157. Suita, Faculty of Informatics, Osaka Gakuin University.

呉人惠．2001a．「シベリアを歩く 1–6」．『月刊言語』，30(8–13)．大修館書店．

呉人惠．2001b．「コリャーク語の出名動詞と名詞抱合」．『環北太平洋の言語』(津曲敏郎編)，7:101–124．大阪学院大学情報学部．

呉人惠．2001c．「コリャーク語の名詞句階層と格・数標示」．『アジア・アフリカ言語文化研究』，62:107–125．東京外国語大学アジア・アフリカ言語文化研究所．

Kurebito, M. 2001a. Noun Incorporation in Koryak. *In*: Languages of the North Pacific Rim 6, ELPR A2-001. Miyaoka, O. and F. Endo (eds.). pp. 29–58. Suita, Faculty of Informatics, Osaka Gakuin University.

Kurebito, M. 2001b. The Taboo on Eating the Body Parts of Sheep with Names Suffixed by -qai / -kei—A Linguisitc Anthropological Study on the Mongolian View of Livestock as a Food Resource. *In*: The Changing Paradigm of Mongolian Studies—Between Documents and the Field, Mongolian Culture Studies II. Konagaya, Y. (ed.). pp. 7–16. Koln, International Society for the Study of the Culture and Economy of the Ordos Mongols, OMS e. V.

Kurebito, M. 2001c. Koryak Folktale: Kəcaw to Al'peal' (The Grayling and the Flatfish), ELPR Publication Series A2-004. Suita, Faculty of Informatics, Osaka Gakuin University.

Kurebito, M. (ed.) 2001. Comparative Basic Vocabulary of the Chukchee-Kamchatkan Language Family: 1. ELPR Publication Series A2-011. Suita, Faculty of Informatics, Osaka Gakuin University.

呉人惠．2002a．「語りにみるコリャーク語の変容――ロシア語の影響という側面から」．『東北アジア諸民族の文化動態』(煎本孝編著)．pp. 253–282．北海道大学図書刊行会．

呉人惠．2002b．「ムチギン・ジャジェチアン(私たちの家族)ができるまで」．『危機に瀕した言語について：講演集(3)』．*In*: ELPR Publication Series C-003. pp. 79–86．大阪学院

大学情報学部.

呉人恵. 2002c.「モンゴルにおける羊の摂食タブーに見る動物資源観：-qai / -kei 終わりの身体部位名称の分析を中心に」.『北アジアにおける人と動物のあいだ』(小長谷有紀編). pp. 31-42. 東方書店.

Kurebito, M. 2002. Incorporation as a Linguistic Identity in Koryak.『東北アジア諸民族の文化変化とアイデンティティの形成に関する文化人類学的研究』(煎本孝編，平成11年度～平成13年度科学研究費補助金基盤研究[B][2]研究成果報告書). pp. 53-67. 北海道大学文学研究科.

Kurebito, M. (ed.) 2002. Koryak Folktale: Wellə (The Raven), ELPR Publication Series A2-018. Suita, Faculty of Informatics, Osaka Gakuin University.

呉人恵. 2003a.『危機言語を救え！ ツンドラで滅びゆく言語と向き合う』. 大修館書店.

呉人恵. 2003b.「フィールドから得るもの，返すもの——コリャーク」.『北のことば フィールド・ノート 18 の言語と文化』(津曲敏郎編). pp. 91-104. 北海道大学図書刊行会.

呉人恵. 2004.「コリャークにおける家畜トナカイ名称とその変容」.『環北太平洋の言語』(津曲敏郎編), 11:35-44. 北海道大学大学院文学研究科.

Kurebito, M. 2004a. Possessive and Relational in Koryak viewed from the Animacy Hierarchy. *In*: Languages of the North Pacific Rim 9, ELPR Publication Series A2-043. Miyaoka, O. and F. Endo (eds.). pp. 35-46. Suita, Faculty of Informatics, Osaka Gakuin University.

Kurebito, M. 2004b. A Report on Koryak Phonology. *In*: Languages of the North Pacific Rim 9, ELPR Publication Series A2-043. Miyaoka, O. and F. Endo (eds.). pp. 117-144. Suita, Faculty of Informatics, Osaka Gakuin University.

呉人恵. 2005a.「タイゴノス半島のコリャーク語の方言的位置づけについて」.『環北太平洋の言語』(津曲敏郎編), 12:35-54. 北海道大学大学院文学研究科.

呉人恵. 2005b.「トナカイ遊牧民コリャークの植物利用」.『第20回特別展 アイヌと北の植物民族学〜たべる・のむ・うむ』. pp. 48-49. 北海道立北方民族博物館.

呉人恵. 2006a.「コリャークの家畜トナカイ分類システムの言語人類学的分析」.『文化の十字路——北太平洋沿岸の文化』(第20回北方民族文化シンポジウム報告20). pp. 43-54. 北方文化振興協会.

呉人恵. 2006b.「トナカイ遊牧民コリャークの伝統と現代」.『コリャーク ツンドラの開拓者たち』. pp. 36-41. 北海道立北方民族博物館.

呉人恵. 2007a.「コリャーク語」(私のフィールドノートから——発見とときめきのフィールド言語学).『月刊言語』, 36(1):84-89. 大修館書店.

呉人恵. 2007b.「資料収集がつなげる博物館と言語学者——なぜ私たちは共にコリャーク・コレクションに取り組んだか？」.『北太平洋の文化 北方地域の博物館と民族文化』(第21回北方民族文化シンポジウム報告21). pp. 43-48. 北方文化振興協会.

呉人恵. 2007c.『コリャーク言語民族誌——ことばに刻まれたトナカイ遊牧民の文化』(平成18年度科学研究費補助金基盤研究C一般「コリャーク語における自然認識の言語民族学的研究」(16520233. 平成16-18年度)). 富山大学人文学部.

Kurebito, M. 2007. Paleosiberian. *In*: The Vanishing Languages of the Pacific Rim. Miyaoka, O., O. Sakiyama and M. E. Krauss (eds.). pp. 393-396. New York, Oxford University Press.

呉人恵. 2008a.「分詞および関係詞によるコリャーク語関係節の相補的形成」.『北方人文研究』, 1:19-41. 北海道大学大学院北方研究教育センター.

呉人恵. 2008b.「コリャーク語の分詞による関係節と格標示」.『日本言語学会第136回大会予稿集』(「危機言語」小委員会企画ワークショップ「関係節の類型論：フィールド

から見えてくる言語の多様性 Part 3』). pp. 20-25. 日本言語学会.
Kurebito, M. 2008. Participial Relative Clauses in Koryak and their Typological Characterization. *In*: Linguistic Typology of the North1. pp. 29-42. Tokyo, Research Institute for Languages and Cultures of Asia and Africa, Tokyo University of Foreign Studies.
呉人惠・齋藤玲子. 2005.「トナカイ遊牧民コリャークの植物利用に関するレポート」.『北海道立北方民族博物館研究紀要』, 14:63-92. 北海道立北方民族博物館.
呉人惠・L. N. ハホフスカヤ. 2003.「コリャーク葬送儀礼の伝統と変容に関する分析の試み」.『北海道立北方民族博物館研究紀要』, 12:1-14. 北海道立北方民族博物館.
Kurebito, M. and R. Saito. 2006. Ispol'zovanie rastenij korjakami—kochevnikami olenivodami. *In*: Chetvertye Dikovskie chtenija: materialy nauchno-prakticheskoj konferentsii, posvjashshennoj 250-letiju nauchnoi akademicheskoj monografii S. P. Krasheninnikova Opisanie zemli Kamchatki, SVKNII DVO RAN. pp. 134-136. Magadan, Rossijskaja akademija nauk, dal'nevostochnoe otdelenie.
呉人徳司. 1997.「チュクチ語の出名動詞を派生する接辞について—対応する自立動詞との比較をつうじて」.『日本言語学会第115回大会予稿集』. pp. 163-168. 日本言語学会.
Kurebito, T. 1998. A Report on Noun Incorporation in Chukchi. *In*: The Languages of the North Pacific Rim 4. Miyaoka, O. and M. Oshima (eds.). pp. 97-113. Kyoto, Graduate School of Letters, Kyoto University.
Kurebito, T. 2003. Reindeer Slaughter by Chukchi: Terms for the Body Parts. *In*: Chukchi Studies 1. pp. 57-68. Tokyo, Chukotka Studies Committee.
Lebedev, V. V. 1977. Poxoronnyj obrjad achajvayamskoj gruppy korjakov-olenevodov. *In*: Polevye issledovanija Instituta etnografii. pp. 54-62. Moskva, Nauka.
Lebedev, V. V. and Ju. B. Simchenko. 1983. Achajvajamskaja vesna. Moskva, Mysl'.
町田貞ほか(編). 1981.『地形学辞典』. 二宮書店.
Maljukovich, V. N. 1974. Korjakskie narodnye prazniki. *In*: Kraevedcheskie zapiski. pp. 68-85. Petropavlovsk-kamchatskij.
Marles, R. J., C. Clavelle, L. Monteleone, N. Tays and D. Burns (eds.). 2000. Aboriginal Plant Use in Canada's Northwest Boreal Fores. British Columbia, UBC Press.
Maslova, E. 2003. A Grammar of Kolyma Yukaghir. Mouton Grammar Library 27. Berlin/New York, Mouton de Gruyter.
松井健. 1989.『琉球のニュー・エスノロジー』. 人文書院.
松井健. 1991.『認識人類学論攷』. 昭和堂.
松村一登. 1988.「ウラル語族」.『言語学大辞典 1』(亀井孝・河野六郎・千野栄一編著). pp. 845-854. 三省堂.
三上次男. 1966.『古代東北アジア史研究』. 吉川弘文館.
Mithun, M. 1984. The Evolution of Noun Incorporation. *Language*, 60 (4):847-894. Linguistic Society of America.
宮岡伯人. 1988.「古アジア諸語」.『言語学大辞典 1』(亀井孝・河野六郎・千野栄一編著). pp. 1654-1661. 三省堂.
宮岡伯人. 1992.「環北太平洋の言語」.『北の言語:類型と歴史』(宮岡伯人編). pp. 3-65. 三省堂.
宮岡伯人(編). 1992.『北の言語:類型と歴史』. 三省堂.
宮岡伯人. 1996.「第1章 文化のしくみと言語のはたらき」.『言語人類学を学ぶ人のために』(宮岡伯人編). pp. 3-41. 世界思想社.

Moll, T. A. 1960. Korjaksko-russkij slovar. Leningrad, Gosudarstvennoe uchebno-pedagogicheskoe izdatel'stvo.
Moll, T. A. and P. I. Inenlikej. 1957. Chukotsko-russkij slovar. Leningrad, Gosudarstvennoe uchebno-pedagogicheskoe izdatel'stvo.
Nagayama, Y. 2003. Ocherk grammatiki aljutorskogo jazyka. ELPR Publication Series A2-038. Suita, Faculty of Informatics, Osaka Gakuin University.
Nelson, R. K. 1983. Make Players to the Raven: A Koyukon View of the Northern Forest. Chicago, The University of Chicago Press.
沖津進. 2002. 『北方植生の生態学』. 古今書院.
小野智香子. 2003. 「ロシア北東部における先住少数民族の言語使用」.『ことばと社会』, 7: 63-87. 三元社.
Orlova, E. P. 1974. Obrjad pogrebenija i pogrebal'naja odezhda korjakov Kamchatskoj oblasti. In: Bronzovyj i zheleznyj vek Sibiri. pp. 350-359. Novosibirsk, Nauka.
Rosen, S. T. 1989. Two Types of Noun Incorporation: A Lexical Analysis. Language, 65(2):294-317. Linguistic Society of America.
齋藤玲子. 1992.「北方地域における植物性染料, 特にハンノキの利用と信仰について」.『北海道立北方民族博物館研究紀要』, 1:133-148. 北海道立北方民族博物館.
齋藤玲子. 1995.「北太平洋沿岸地域における植物性繊維製品についての考察——編物を中心とする物質文化研究」.『北海道立北方民族博物館研究紀要』, 4:113-134. 北海道立北方民族博物館.
齋藤玲子. 1996「環オホーツク海地域の民族における植物利用の特徴」.『環オホーツク海文化のつどい報告書3』. pp. 39-53. 北の文化シンポジウム実行委員会.
齋藤玲子. 1998.「極北地域における毛皮革の利用と技術」.『北海道立北方民族博物館研究紀要』, 7:69-92. 北海道立北方民族博物館.
斎藤晨二. 1985.『ツンドラとタイガの世界——シベリアの自然と原始文化』. 地人書房.
崎山理. 1988.「クェステン語」.『言語学大辞典 1』(亀井孝・河野六郎・千野栄一編著). pp. 1437-1439. 三省堂.
Sapir, E. 1911. Problem of Noun Incorporation in American Languages. The American Anthropologist, 13(2):250-282.
Sapir, E. 1916. Time Perspective in Aboriginal American Culture-A Study in Method. In: Canada Department of Mines, Geological Survey, Memoir (Anthropological Series), 90(13). Ottawa, Government Printing Bureau.
更科源蔵・更科光. 1976.『コタン生物記1 樹木・雑草編』. 法政大学出版局.
佐々木史郎. 1985.「トナカイ飼育の歴史」.『民博通信』, 30:85-94. 国立民族学博物館.
佐々木史郎. 1992a.「シベリアの生態系と文化」.『北の人類学』(岡田宏明・岡田淳子編). pp. 133-160. アカデミア出版会.
佐々木史郎. 1992b.「北海道, サハリン, アムール川下流域における毛皮及び皮革利用について」.『狩りと漁撈——日本民族文化の源流を探る』(小山修三編). pp. 122-151. 雄山閣.
佐々木史郎. 1995.「シベリアの人びと」.『モンゴロイドの地球4 極北の旅人』(米倉伸之編). pp. 1-46. 東京大学出版会.
佐々木史郎. 2005.「ツンドラ地帯におけるトナカイ多頭飼育の成立過程」.『ユーラシア草原からのメッセージ』(松原正毅・小長谷有紀・楊海英編). pp. 339-370. 平凡社.
佐藤知己. 1992.「『抱合』からみた北方の諸言語」.『北の言語:類型と歴史』(宮岡伯人編).

pp. 191-201. 三省堂.
庄垣内正弘. 1989.「チュルク諸語」.『言語学大辞典 2』(亀井孝・河野六郎・千野栄一編著).
pp. 937-950. 三省堂.
Sidorova, T. V. 1994. Korjakskij jazyk. *In*: Krasnaja kniga jazykov narodov Rossii. pp. 32-33. Moskva, Akademia.
Skorik, P. Ja. 1941. Russko-chukotskogo slovar. Leningrad, Gosudarstvennoe uchebno-pedagogicheskoe izdatel'stvo.
Skorik, P. Ja. 1948. Ocherki po sintaksisu chukotskogo jazyka, Inkorporatsija. Leningrad, Akademija nauk sojuza SSSR.
Skorik, P. Ja. 1961. Grammatika chukotskogo jazyka I. Moskva/Leningrad, Izdatel'stvo AN SSSR.
Skorik, P. Ja. 1979. Chukotsko-kamchatskie jazyki. *In*: Jazyki Azii i Afriki III. pp. 230-263. Moskva, Nauka.
Spencer, A. 1995. Incorporation in Chukchi. *Language*, 71(2):439-489. Linguistic Society of America.
Stebnitskij, S. N. 1934. Nymylanskij (Korjakskij) jazyk. *In*: Jazyki i Pis'mennost' Narodov Severa 3. pp. 47-84. Moskva/Leningrad, Gosudarstvennoe uchebno-pedagogicheskoe izdatel'stvo.
Stebnitskij, S. N. 1937. Osnovnye foneticheskie razlichija dialektov nymylanskogo (korjakskogo) jazyka. *In*: Pamjati B. G. Bogoraza (1865-1936). pp. 285-306. Moskva/Leningrad, Izdatel' stvo AN SSSR.
田端英雄. 2000.「日本の植生区分はまちがっている. 日本の針葉樹林帯は亜寒帯か」.『科学』, 70:421-430. 岩波書店.
高倉浩樹. 2000.『社会主義の民族誌——シベリア・トナカイ飼育の風景』. 東京都立大学出版会.
高柴修一. 1995.「極北地帯のエスノボタニー——イヌイット, ユッピック社会における植物利用」.『ツンドラ地域の人と文化』(第9回北方民族文化シンポジウム報告9). pp. 95-109. 北方文化振興協会.
手塚薫・水島未記. 1997.「ロシア・ハバロフスク地方におけるエヴェンキ, ネギダール, オロチの植物利用」.『北海道開拓記念館研究紀要』, 25:97-119. 北海道開拓記念館.
Tochenov, V. V. et al. 1983. Atlas SSSR. Moskva, Glavnoe upravlenie geodezii i kartografii pri Sovete ministrov SSSR.
トゥゴルコフ, B. A. 1981.『トナカイに乗った狩人たち 北方ツングース民族誌』(斎藤晨二訳, 刀水歴史全書 7). 刀水書房.
トゥゴルコフ, B. A. 1995.『オーロラの民 ユカギール民族誌』(斎藤晨二訳, 刀水歴史全書 38). 刀水書房.
Turaeva, V. A. et al. (eds.) 1997. Istorija i kul'tura evenov, Istoriko-etnograficheskie ocherki. Sankt-Peterburg, Nauka.
Turner, N. J. 1995. Food Plants of Coastal First Peoples (Royal British Columbia Museum Handbook). Vancouver, UBC Press.
Turner, N. J. 1997. Food Plants of Interior First Peoples (Royal British Columbia Museum Handbook). Vancouver, UBC Press.
Turner, N. J. 1998. Plant Technology of First Peoples in British Columbia (Royal British Columbia Museum Handbook). Vancouver, UBC Press.
Turner, N. J. 2004. Plants of Haida Gwaii. Winlaw, Sono Nis Press.
Vago, R. M. 1980. Introduction. *In*: Issues in Vowel Harmony. Studies in Language Companion Se-

ries 6. Vago, R. M. (ed.). pp. XI-XX. Amsterdam, John Benjamins Publishing Co.
Vdovin, I. S. 1973. Ocherki etnicheskoj istorii korjakov. Leningrad, Nauka.
Veletskaja, N. N. 1978. Jazycheskaja simvolika arxaicheskix ritualov. Moskva.
渡部みち子. 1992.「ギリヤーク語他動詞文の特徴」.『北の言語：類型と歴史』(宮岡伯人編). pp. 179-190. 三省堂.
渡辺己. 1992.「新旧両大陸の要：チュクチ・カムチャツカ語族」.『北の言語：類型と歴史』(宮岡伯人編). pp. 147-163. 三省堂.
渡部裕. 1998.「コリヤーク民族誌と今後のコリヤーク文化研究：クラシェンニンニコフ, ヨヘルソンとの比較と今後の展望」.『北海道立北方民族博物館研究紀要』, 7:51-67. 北海道立北方民族博物館.
Xaxovskaja, L. N. 1999. Evenskie detskie igry i igrushki. In: Istorija, arxeologija ii etnografija Severo-Vostoka Rosii. pp. 99-112. Magadan, Rossijskaja akademija nauk, dal'nevostochnoe otdelenie.
Xaxovskaja, L. N. 2007. Magadanskoe olenevodstvo v uslovijax rynochnoj ekonomiki. Vestnik DVO RAN, 3: 77-86. Magadan, Rossijskaja akademija nauk, dal'nevostochnoe otdelenie.
ハホーフスカヤ, L. N. 2008.「市場経済におけるマガダン州のトナカイ飼育」(ボンダレンコ, O. V. 訳, 呉人惠監修).『北海道立北方民族博物館研究紀要』, 17:23-36. 北海道立北方民族博物館.
八尋洲東(編). 1997.『朝日百科 植物の世界』(全15巻). 朝日新聞社.
山田孝子. 1977.「鳩間島における民族植物学的研究」.『人類の自然誌』(伊谷純一郎・原子令三編). pp. 241-300. 雄山閣.
吉田睦. 2003.『トナカイ牧畜民の食の文化・社会誌――西シベリア・ツンドラ・ネネツの生業と食の比較文化』. 彩流社.
Zhukova, A.N. 1965a. K Typologicheskoj xarakteristike chukotsko-kamchatskix jazykov. In: Lingvisticheskaja tipologija i vostochnye jazyki. pp. 156-158. Leningrad, Nauka.
Zhukova, A. N. 1965b. Aggljutinatsija i singarmonism v jazykax chukotsko-kamchatskoj gruppy. In: Morfologicheskaja tipologija i problema klassifikatsii jazykov. pp. 238-245. Moskva/Leningrad.
Zhukova, A. N. 1967. Russko-korjakskij slovar'. Moskva, Sovetskaja entsiklopedija.
Zhukova, A. N. 1968. Korjakskij jazyk. In: Jazyki narodov SSSR V. pp. 271-293. Leningrad, Nauka.
Zhukova, A. N. 1972. Grammatika korjakskogo jazyka. Leningrad, Nauka.
Zhukova, A. N. 1980. Jazyk palanskix korjakov. Leningrad, Nauka.
Zhukova, A. N. 1997. Korjakskij jazyk. In: Jazyki mira, Paleoaziatskie jazyki. Moskva, INDRIK.
Zhukova, A. N. and T. Kurebito (eds.). 2003. A basic Thematic Dictionary of the Koryak-Chukchi Languages. Tokyo, Research Institute for Languages and Cultures of Asia and Africa, Tokyo University of Foreign Studies.

あとがき

　本書は，筆者が1994年からこれまでコリャーク語のフィールド調査をとおしておこなってきた言語人類学的研究のひとつのささやかな成果である。このたび，独立行政法人日本学術振興会平成20年度科学研究費補助金（研究成果公開促進費[学術図書]，課題番号205041）の交付を受けて出版の運びとなった。

　まずはなによりも，コリャークという辺境の民の失われゆく言語を記述・保存するという，地味な上にも地味な仕事を評価してくださり，本書の出版を可能にしてくださった日本学術振興会に心から感謝の意を表したい。

　本書は，直接的には文部科学省研究費補助金，平成16-18年度基盤研究(C)「コリャークにおける自然認識の言語民族学的研究」の研究助成によりおこなったフィールド調査の成果（呉人2007c）に依拠している。とはいえ，本書の着想にいたるまでには，以下の研究助成の研究分担者としてコリャーク語の記述的基礎研究と一次資料を多少なりとも蓄積することができたという下地がある。これらの研究の代表者の方々が筆者の研究遂行のためにはかってくださったさまざまな便宜とご支援に対し，心から感謝の意を表したい。

(a) 平成11-12年度文部省科学研究費補助金基盤研究(B)(2)「東北アジア諸民族の文化変化とアイデンティティの形成に関する文化人類学的研究」（研究代表者：北海道大学 煎本孝）

(b) 平成13年度文部科学省科学研究費補助金特定領域研究「環北太平洋の『消滅に瀕した言語』にかんする緊急調査研究」（研究代表者：元大阪学院大学 宮岡伯人），計画研究「東シベリアの古アジア諸語にかんする緊急調査」（研究代表者：和歌山大学 遠藤史）

(c) 平成15-16年度文部科学省科学研究費補助金基盤研究(B)(1)「北方諸言語の類型的比較研究」（研究代表者：北海道大学 津曲敏郎）

(d) 平成16-18年度文部科学省科学研究費補助金基盤研究(B)(2)「複統合

性をめぐる北東シベリア・北アメリカ先住民言語の比較研究」(研究代表者：東京外国語大学アジア・アフリカ言語文化研究所 呉人徳司)
中でも，5ヶ月間にわたるツンドラでの調査が可能となった(b)の研究は，本書執筆の基礎となっている。

なお，これら数回にわたる現地調査では，エヴェンスク村，タポロフカ村，クレスティキ・トナカイ遊牧基地，第13ブリガードのコリャークの方々にさまざまな形で協力していただいた。以下では特にコリャーク語の貴重な知識を提供してくださった主な方々のお名前を姓のアルファベット順にあげ，記して感謝の意を表したい。中にはすでに故人となられた方もおられるが，生前の惜しみないご教示とご好意に感謝するとともに，謹んでその冥福をお祈りしたい。

　　Ajatginina Svetlana Vladimirovna (1971年エヴェンスク生まれ，女性)
　　Ajatginina Tat'jana Nikolaevna (1955年第5ブリガード生まれ，女性)
　　Ajvalan Viktorija Ivanovna (1960年マニラ生まれ，女性)
　　Algitagina Ljubov' Nikolaevna (1956年第11ブリガード生まれ，女性)
　　故 Elito Sergej Ikavavovich (1957年ヴェルフ・パレニ生まれ，男性)
　　Ermolinskaja Tat'jana Jur'evna (1959年ヴェルフ・パレニ生まれ，女性)
　　Ikavav Anatorij Viktorovich (1979年チャイブハ生まれ，男性)
　　Ikavav Ekaterina Nikolaevna (1958年クレスティキ周辺生まれ，女性)
　　Ikavav Viktor Ikavavovich (1950年ヴェルフ・パレニ生まれ，男性)
　　Ikumnaw Ivchajvin Ivanovich (1953年アヴェコヴァ生まれ，男性)
　　Itik'eva Vera Ev'javovna (1941年ヴェルフ・パレニ生まれ，女性)
　　Jav'ek Jakov Andreevich (1955年ヴェルフ・パレニ生まれ，男性)
　　故 Kavavtagin Sergej Jav''ekovich (1946年ヴェルフ・パレニ生まれ，男性)
　　Kechgelxut Vladimir Kavavovich (1932年ヴェルフ・パレニ生まれ，男性)
　　Kechgelxut Irina Gergol'tagovna (1936年レスナヤ生まれ，女性)
　　故 Martinova Zoja Innokent'evna (1960年ヴェルフ・パレニ生まれ，女性)
　　故 Notankovav Galina Vasil'evna (1943年ヴェルフ・パレニ生まれ，女性)
　　故 Notankovav Nikolaj Etynkovavovich (1938年カムチャツカ生まれ，男性)

Nymkovav Lidija Nikolaevna（1952 年アハウェーム生まれ，女性）
Nymkovav Evgenij Borisovich（1960 年タポロフカ村生まれ，男性）
Pavstjanaja Ekaterina Ivanovna（1961 年ヴェルフ・パレニ生まれ，女性）
Sleptsova Akulina Konstantinovna（1935 年ヴァニューシキ生まれ，女性）
故 Tynav'i Ivan Ivanovich（1959 年ケガリ生まれ，男性）
Tynav'i Viktor Ev'javavich（1947 年ヴェルフ・パレニ生まれ，男性）
Xechaj Sergej Elijakovich（1950 年第 6 ブリガード生まれ，男性）

　筆者が調査をしてきた過去数年間に，この地域とそこに暮らす人々を取り巻く状況は大きな変化を蒙った。第 5 ブリガードの解体，セヴェロ・エヴェンスク地区に残っていた 3 つのソフホーズの統合，それにともなう第 13 ブリガードの移住，遠隔のツンドラに住むコリャークの村への移住政策にともなうクレスティキの過疎化，さらには，予算不足による移住政策の破綻と，移住のための補助金を受けられなかった住民のツンドラ帰りなど，そのどれもが彼らがこれまで営んできた伝統的なトナカイ遊牧という生業の急激な衰退と行政側のコリャークの生業パタンに対する配慮に欠ける施政がその背景にある。そしてそのすべてを筆者は思いがけなく目の当たりにすることになった。

　クレスティキでの筆者のインフォーマントの 1 人であった V. I. イカヴァヴ（Ikavav）さんは，移住政策にともない，家族を残してクレスティキを離れ，そこから約 370 km 離れたオムスクチャン地区オムスクチャン村に移り，新たな住居探しを始めた。すでに年金生活に入っているが，補助金が下りるまで，村での生活の足しにと乳牛の放牧のアルバイトを始めたという。かつては第 5 ブリガードのブリガード長としてトナカイ橇競走をさせてもトナカイの投げ輪による捕獲をさせても彼の右に出るものはなかったといわれていたその人が，今ではロシア人が大半を占める村で牛の後を追っている。そのいいようもなく物悲しいできごとひとつとっても，この地域のコリャークのおかれている先のない運命は否定しようがない（結局，補助金は支払われないまま，彼は再びクレスティキに戻らざるをえなくなり，さらには長年住み慣れたクレスティキも後にせざるをえなくなったのだが……）。

筆者がこれまでの言語人類学的研究の成果を1冊にまとめる作業を始めたのは，2005年夏，新しい第13ブリガードの移住地，大アウランジャ川のほとりでのことだったが，そこで草を食んでいたトナカイの群れは，前年の夏に比べてまたひとまわり小さくなっていた。あの群れがいつか消えていくこともまた，否定しようのない現実であることが痛感され，だからこそ，まだトナカイが残っている今のうちに，ツンドラのコリャークの生活を記録に残しておかなければならないと決意を新たにしたものだった。

　本書の誕生は，北海道大学助手時代の主任教授であられた宮岡伯人先生（北海道大学・京都大学名誉教授）のご教示なくしてはありえなかったことを述べておきたい。筆者のコリャーク語に対する関心は，これまで常に2つの方向性をもっていた。すなわち，コリャーク語とはどのような構造をもった言語なのかという関心と，コリャークの世界観がコリャーク語にどのような形で映し出されているのかという関心である。一般に言語学者といえば，このうち前者をストイックに探求する人というイメージがあり，筆者自身，話者が生きる言語外現実を無視できない自分をもてあますところがなかったわけではない。コリャーク語を始めた当初は，この2つの方向性をどのように結実させていくべきか，正直いってよくわからなかった。その暗中模索の道のりを照らしてくれたのが，宮岡先生の「言語生態系」のアイディアに他ならない。人は言語により環境を認識し，これへの適応戦略をはかっていく。その意味では，言語こそが文化の根底をなすというお考えをご講義の中でうかがった時のときめきを，今でも忘れることができない。目から鱗が落ちるとはこのことかと思ったものだった。

　宮岡先生の「言語生態系」のアイディアに出会うことがなければ，本書の誕生はなかったであろうし，また，今ほど晴れ晴れとした思いで，文法研究に立ち返ることもできなかったであろう。

　北海道立北方民族博物館が筆者のこれまでの言語人類学的研究に示してくださったご支援とご協力にも，深い感謝の思いがある。博物館のサポートのおかげで，コリャークの衣食住にわたる民族資料の体系的な収集が可能になったばかりでなく，分野を越えた共同研究や研究成果の公刊が可能になっ

たことは，筆者にとってはかけがえのない経験であった。

　本書はまた，国内の研究者や研究機関，コリャーク語話者の方々以外にも，さまざまな方々の協力によってできあがっている。

　筆者の数回にわたるフィールドワークには，ロシア科学アカデミー極東支部北東総合科学研究所からの多大な研究協力が得られたことに，まずは謝意を表したい。とりわけ，同研究所研究員の民族学者 L. N. ハホフスカヤ (Xaxovskaja) 氏とは，コリャークの葬送儀礼をエヴェンスク村で共同調査する機会が与えられたばかりではなく，本書の執筆にあたっても多くの有益な助言や資料の提供をしていただき，また調査行のための諸々の公的手続きでも大変お世話になった。これらのご好意に対しても感謝の意を表したい。

　さらに，アクセスが困難なばかりでなく，気候条件のきわめて厳しいこの地域でフィールドワークをおこなうための交通手段の確保，食糧の調達・運送，現地での折衝など，厄介で根気のいる仕事を持ち前の厳密さと用意周到さで引き受けてくださった V. P. ヴェコフツェフ (Vekovtsev) 氏をはじめとする現地の方々の協力がなければ，これらの調査行は決して実現しえなかった。

　もうひとつ忘れてはならないのは，米露合弁オモロン金鉱会社である。ツンドラでフィールド調査をおこなった数年間，マガダン市からフィールドにアクセスするには，まず飛行機でこの会社の金鉱のあるクバクに向かい，そこからトナカイ橇，モーターボート，トラクター，スノーモービルなどさまざまな交通手段を使ってブリガードにたどり着かなければならなかった。私はその金鉱で働く労働者を運ぶための飛行機に毎回便乗させていただいたばかりでなく，行き帰りとも金鉱の宿舎に泊めていただくことができた。長期にわたるツンドラでの調査から体調を崩して戻ってきた時，医務室で手厚い治療を受け深い安堵を感じたことも，感謝とともに忘れることのできない思い出である。

　本書の編集にあたっては，富山大学人文学部言語学コースの学生のみなさんにもさまざまな形で協力していただいた。特に，志野創也さん (2006 年度卒業) には，その高い PC 操作能力で形式の統一や作図など，本書全体にわたる編集作業に協力していただいた。また，トナカイの頭の絵は同じく辻瑛

里子さん（2005年度卒業），トナカイの蹄や角などの描写は呉羽歩実さん（2006年度卒業），トナカイ橇やユルトの描写は佐藤啓さん（2006年度卒業）が担当してくださった。この他，笹倉いる美氏（北海道立北方民族博物館学芸員）からも画像編集ソフトによる衣類の作図などの協力をいただくことができた。記してお礼を申し上げたい。

最後になるが，本書が刊行されたことにより，北海道大学出版会の成田和男氏との長年の約束が多少なりとも果たせたことも記しておきたい。かれこれ15年ほど前，北海道大学文学部言語学教室の助手であった筆者は，成田氏から，北方民族のフィールドワークに関する本を作らないかとの過分なお誘いをいただいていた。しかし，怠慢のなせるわざ，ご希望に添えなかったという後悔を残したまま，札幌を去ることになってしまった。その思いもあり，今回の研究成果公開促進費の申請にあたっては，ぜひ北海道大学出版会に出版をお願いし，長年の不義理を償いたいと願っていた。したがって，今回，その願いを快くかなえてくださった北海道大学出版会には，語りつくせぬ感謝の思いがある。北海道大学は，筆者のコリャーク語研究のスタート地点である。その地に，足掛け15年になる筆者のコリャーク語研究のひとつのささやかな跡をしるすことができたことは，なにごとにも代えがたい喜びである。

なお，本書に掲載された写真は，筆者が写っているviページ口絵写真下（J. A. ヤヴィエクさん撮影）以外はすべて，筆者自身が現地で撮影したものである。撮影地は明記してあるもの以外は，7, 8月に撮影された場合は，第13ブリガードの夏営地，10月に撮影された場合は，同じく第13ブリガードの秋営地である。写真には通し番号がふられており，本文中で言及する際には，その通し番号を記すことにより写真と照合できるようになっている。ただし，カバー・扉・扉裏・口絵の写真については通し番号がふられていない。したがって，本文中でこれらの写真に言及する際には，「○○ページ口絵写真参照」のようにページ番号を明記した。

2008年11月22日

呉人　惠

コリャーク語語彙索引

【A】

Acʕakwajam 68
Al'amət 305
Al'atajŋatənə 187
Apakəl'ʕeja 131
Atkuwjiwajam 69
acacɣatək 54
acʕu 40
ajaʕojpojɣən 190
ajaʕonaŋŋilŋən 190
ajaʕonaŋwannəlŋən 192
ajaʕonə 187
ajɣətqəŋqal 90
ajɣəvacəŋqal 90
ajɣəve 75, 76, 90
ajɣəven'ŋa 73, 74
ajɣəven'ŋo 74
ajɣəven'ŋən 74~76, 90
ajɣəven'ŋən'aqot 74
ajɣəven'ŋət 74
ajkol 292
ajkolenaŋ 293
ajmakək 162
ajməq 153, 278
ajotqən 85
ajpatɣiŋən 188
ajpatək 189
ajpək 189
ajpənə 187
ajpəʔaj 194
ajqəlŋən 179, 180
ajətɣij 84
akkəwi 40

aknal'on 264
aknal'oplakət 263
alajəʕilɣən 78
alak 27, 28
alanalɣən 248
alaʔal 78, 80
al'acawat 148
al'acʕatənə 80, 106, 187
al'acʕənə 80, 106, 187
al'akəmkəm 278
al'an'oc 278
al'aqojalʕatənə 107
al'peʔal' 48, 56
al'pən'ŋən 264
al'pətkalŋən 294
al'qəl'atqajuju 116, 117
amcakinalɣən 231
anojoʕək 93
anojəʕilɣən 78
anonalɣən 248
anotvalʕən 105, 106
anotvanə 108, 109
anoʔan 48, 78, 80
anoʔewen 159, 183
anoʔeweneɣiŋən 159, 183
anoʔewenqojanmatɣiŋən 150, 152
an'a 299
an'apell'aqjocɣən 291
an'apel' 153, 157, 289, 297~304, 306
an'atkok 299
an'ocʕatənə 80, 106
an'ocʕənə 80, 106
an'oqojalʕatənə 107

aŋŋəjevəlŋən 294
aŋqan 53
appapil' 41
aqojaka 10
awi 279
awjaclavək 176
awjacʕavək 172
awjakali 123
awjalqəl 154, 168, 176, 179, 180, 281, 324
awjatʕəm 180
awwawyətkalŋən 126
awwawjəkəlvat 126, 127
awət 229, 253, 255, 256

【C】
Cəventatɣiŋən 131
cacak 207
cacakat 207
cacakaw 207
cajcaj 83
catpətkən 84
cawat 148, 266
cawatətkuk 148
cawcəvan 4, 101, 104, 105, 199
cecokoltalŋən 176
cecow 176, 178
cejpəjəʕilɣən 78, 79
cekl'atkojon 146
cekl'atkok 146
cemǝl'qǝn 85
ceqen 122
cin'ətkən 179
coccot 292
coccəcməntə 116
coccəcməntəcəmŋa 116, 120
coccəcməntəwinəkjəŋ 116, 120
coccəməntə 118
coccəməntəcəmŋa 118
coccəməntəwinəkjəŋ 118

coccəwaŋqatqoj 116, 121
cojecoqajuju 182
cojetoqajuju 116, 117
col'atək 273, 274
col'col' 30, 83
cəcɣətʕul 276
cəmŋa 116, 118, 119, 138
cəmŋacɣən 116, 119, 145
cəmŋawinəkjəŋ 116, 118, 119
cəqqetək 95
cəqqəjuʕək 97
cəqqəmiməl 95
cəwejit 263~265

【E】
Eɣəlɣəki 69
Elutin 68
En'ənnəki 130
ecɣatək 76
ecɣi 76, 77
ejeʕuk 189
ejeʕuneŋ 190
ekmitək 146~148
elɣaj 60, 122, 162
elɣatɣiŋəŋqal 90
elɣəcɣəlʕən 122
elŋən 269, 289
elŋəwwən 289~291, 325
elŋəwən 157, 163, 316
eloʔel 306
el'ɣaj 181
el'ɣəceqen 123
el'əjon 275
el'ʕa 257
el'ʕacwajet 264
el'ʕajajaŋa 137
el'ʕakal'ʕe 174
el'ʕakal'ʕin 156
el'ʕalet 262

el'ʕanak 56
el'ʕapeŋken 258
el'ʕaplakət 263
el'ʕata 56
emcejocɣan 223
emkukeŋe 44
emʕəlwenqoj 122
enajejək 51, 160
enajkelek 168
enanɣəjolʕavəlʕən 135
enantvatənə 195
enanvapcovək 194
enanvatək 229
enanvenaŋ 229
enaŋanvojatek 293, 294
enat 195
enawaŋevək 146
enejpək 137
enməʔen 84
enolqəlqojanmatɣiŋən 150
enomatelŋən 268
en'accel'ətkajol'ɣən 289
en'acəmŋavenaŋ 138
en'acəmŋaven'ŋən 138
en'acəmŋavək 137
en'acəmŋawkaral' 137
en'an'ɣəcɣol'aven'ŋən 289
en'ojocɣo 310
en'pic 50
en'ənn'əki 185, 186
eqlevinŋən 266, 269
ewcəcaŋ 10, 85
ewjik 13, 48
ewjilʕən 10
ewləɣiŋən 192
ewtal'məjavecoɣiŋo 127
ewtəlaŋqal 91
ewwew 126
ewwewvicuɣiŋu 126, 127

ewwewvicutku 126
ewwivicuɣiŋu 127, 128

【ɣ】
ɣətɣəwajam 68, 69, 87
ɣacŋəcve 126~128
ɣacŋəmənɣəlŋən 125
ɣajajɣən 91, 94
ɣajajtəlen 43
ɣajajəjuʕək 93
ɣakaŋqoj 126
ɣaktalen 137
ɣalaj 94
ɣalak 93, 94
ɣal'ŋəl'vecotko 127
ɣanvetɣawlen 146
ɣapetallin 43
ɣat'ɣacʕatənə 80
ɣavetɣalen 146
ɣawlalen 43
ɣecɣejjocɣən 291
ɣecɣejqojanmatɣiŋən 150, 152
ɣeɣuvəlwən 88
ɣeɣuw 144, 190, 219
ɣejnekɣelenə 195
ɣekeŋujetik 293
ɣekmillin 56
ɣelajaʕoɣiŋən 188
ɣelajaʕojpojɣən 190, 191
ɣelajaʕok 189, 190
ɣeləɣeŋəntvatəɣiŋən 188
ɣeləɣeŋəntvatək 189
ɣeŋənqewlin 137
ɣeŋəntvatək 189, 190, 192
ɣeŋəntvatənə 187
ɣeŋətkonə 186
ɣeŋəwwən 194
ɣepək 187
ɣicɣij 153, 157, 289

γijnikγilik 194
γijt'apəcʕən 106
γileŋəlwən 88
γilγil 48, 53, 92, 93
γilleŋ 144, 219, 242, 243
γilleŋti 242
γilleŋu 242
γiŋəntvatəγiŋən 188
γiŋətkoγiŋən 188
γiŋətkok 189, 190
γiŋətkuk 192
γitek 48, 54
γunewcavəŋ 238
γunewcavəŋat 238
γunewcavəŋaw 238
γutənup 82
γəcci 49, 56
γəcγo 292
γəcγocaŋ 85
γəcγol' 126
γəcγol'vicuγiŋu 126
γəjolʕatək 137
γəjolʕatənə 108
γəjolʕənə 108
γəjoʕama 135
γəjoʕatək 134
γəjoʕək 134, 137
γəjoʕənə 182
γəjənʕo 207, 213
γəjənʕəcaj 213
γəjənʕən 213
γəjənʕət 213
γəjənʕəvənʕo 207~209
γəjənʕəvənʕən 208
γəjənʕəvənʕət 208
γəletək 95
γəl'ok 98
γəmmo 46, 271
γəmnan 46, 50, 271

γənan 49
γətγa 78, 79, 80
γətγacʕatənə 80
γətγajəʕilγən 78, 79
γətγanalγən 248, 249, 288
γətγapann'en 262
γətγən 85
γətkaγət 268
γətkajtan 176
γətolŋəcəcγetij 279
γətolqəl 174
γət'γacʕatənə 107
γət'γacʕənə 80, 107

[I]
iccajaqaw 192, 266
icvətənup 82
icʕən 98
iγetək 95
iγevək 97
iγəjuʕək 97
ikməγətolqəlpil' 325
iletək 95
ilγetək 76
ilγəlʕo 123
ilγəpl'el'a 123
iləjuʕək 97
ilʕaq 185
ilʕaqo 41
ilʕaqti 41
il'ewjik 271, 275
il'γəl'qən 87, 108
il'əl'qən 87
il'ənuk 271, 275
imjəqcuk 194
iml'əʕilγən 78, 79
imətajnən 85
inakjanpatək 172
inecvineŋ 44

コリャーク語語彙索引   349

inekenɣevək   318
inelvet   154
ineŋ   55, 293, 311
ineŋtək   137
inewinevək   143, 144
inewinewŋilŋən   145
iniji   163
inulqən   84
inuʔin   137, 318
in'acnaŋ   142
in'ecvineŋ   141
in'el'ecʕən   106
ipiʔip   48, 53
ittəʔit   92, 93
iwtel'   126
iwtel'vicuɣiŋu   126
iwtun   194
iwwicik   48

【J】

Jajnawajam   69
Jalqəlinaŋ   130
Jaŋjolɣən   130
Jaqjaqwajam   69
Jejtel   302, 304
Jejtelŋewət   302, 304
Jettək   304
Jettəŋewət   304
Jewət   28
Jotəɣiŋən   305
JəJaJŋən   29
JəʕuJqəJ   29
jacuʕəvənʕu   208, 210
jacuʕəvənʕən   210, 244
jacuʕəvənʕət   210
jajacocɣən   291
jajajkoplenaŋ   291
jajajkəl'vəcajocɣən   208
jajajənwecenŋən   292

jajajətkopaŋkan   291
jajak   96
jajaŋa   25, 29, 53, 96, 223
jajapel'   44
jajatək   137
jajavet   78
jajavew   78
jajaw   78, 279
jajaʔetənvəlʕən   289
jajocaʔənnəʔən   185
jajoJ   29
jajol   25, 26, 29, 53, 194
jajolenantvatənə   195
jajolte   53
jajol'n'econaŋ   312
jajpəlŋən   279
jaktaŋək   137
jalqaŋən   109, 111, 288
jalqəl   190, 281~284, 288, 316
jalqəlajaʕoɣiŋən   188
jalqəlajaʕok   189, 190
jalqəlatək   283
jalqəlinaŋ   166, 281, 293, 294
jal'kockojtəŋ   43
jamkicik   310
jamkən   27, 28
janot   74
janotajməlqəl   325
janotɣət   182
janotɣətolqəl   325
jaŋjameməl   85
jaŋjaŋ   108, 315
jaŋjaŋaj   82
jaŋjaqlavol   281, 283, 286, 287
jaŋjatənup   82
jaŋjeməl   85
jaŋəl'qən   88
japelalʕən   104, 105, 108
japelanə   108

jaqal'qən 83, 84
jaqəl'ɣən 122, 123
jatamnalɣəʕijləmɣən 259, 260
javac 73, 74
javal 74
javalajməlqəl 325
javalənqal 74
javalʕət 324
javaŋallə 135
javaqojaŋajətɣəl 99
javaqojat 324
jawelenə 195
jawen'ato 195
jawevənə 106
jawkali 123
jawqəməc 176, 178
jawəl'ʕeŋ 194
jejək 273~275
jekej 193
jeletqojat 324
jelɣəlilit 261
jelqivi 46
jeləkəmɣətelŋən 268
jemiw 78, 79, 91, 93
jemiwjəʕilɣən 78, 79
jenməjil 280
jetem 283, 285, 287~289, 292, 293
jetemetək 283
jetemineŋ 293
jetemkəmʕukpeŋken 258
jetemqipjuk 289
jetemətʕol 251
jetemətʕul 288, 289
jeti 299
jetək 26
jevəlŋən 294
jewjew 194
jiɣənkawjaw 174
jijkəl'avaccon 146

jijəl 279
jikəkvən 289
jilqəjil 204, 277
jilqətʕatək 154
jilqətʕatənə 153, 155
jilqəʔəpaŋa 153, 172, 204, 275, 277
jimŋo 277
jin'ɣəqajuju 118
jiŋləqajuju 117
jiqəvəl'unŋən 178
jittu 208, 210
jittəjit 210
jittət 210
jivaj 92~94
jiwjicʕu 215
jiwjicʕən 215
jiwjicʕət 215
jiwjiw 278
jojat 278
jojoʕəŋqal 91
jolʕəjon'acɣajmak 163
jomjanalɣən 235, 251, 311
jomjatək 233, 235
joʕəjon 159
jukkə 13, 48, 51
juleq 85
jul'pəl'ʕəl'ʕən 85
juwlet 262
juwnalɣən 248, 249, 292
juwpalatkan 224
juwpolatkan 280, 292
jəccaw 278
jəccəcɣəlʕən 122
jəccət 112, 268
jəccətpajɣiŋən 112
jəcɣəlqən 88
jəcəmŋavək 137, 138
jəcəmŋawkijməntə 116
jəcəmŋawpanwal 116

jəcəmŋawpenwel 119, 138
jəɣannalɣən 248, 249
jəɣute 138
jəɣək 51
jəɣətɣeŋjenaŋ 292
jəjeɣeletək 140
jəjitaʕavək 229
jəjitaʕawnalɣən 251
jəjulʕən 105, 106, 135
jəkalvatəlʕən 126
jəkawjavatək 287
jəkmenŋawjon 145
jəkminŋevək 146
jəlɣəlet 261, 262
jəlŋəvəʕaj 227
jəlŋəvəʕajo 227, 229
jəlŋəvəʕajti 227
jəlqalinaŋ 241
jəmajtəjajak 76
jəmajtəqoleʕəlo 76, 77
jəmajtətɣevek 77
jəmilɣuvək 273, 276
jəmŋo 153, 202, 204, 205
jəmŋəjəm 204
jəmŋət 204
jənmatək 322
jənnu 154
jənnəlŋən 179, 180
jənn'ənɣiŋən 183
jənoɣiŋən 282
jəŋajəŋ 91, 94
jəŋatvak 94
jəŋatək 93
jəŋocʕən 178
jəpeŋe 163
jəpetək 172
jəpɣəpɣevək 273, 274
jəpək 283
jəpʕawʕacʕən 278

jəqitatək 273, 276
jəqmitivəŋqal 74
jəqmitiw 73, 75, 76
jəqpəl'ʕəl'ʕən 85
jəqujɣən 142
jətuqetək 273, 274, 275
jətək 148
jəvinaŋ 281, 282, 286, 287, 316
jəvinaŋatək 287
jəvinaŋənpatək 287
jəwaŋewjon 146
jəwenawjon 143, 145, 147, 266
jəwicevək 273, 276
jəwilwən 88
jəʕat 230
jəʕatak 149
jəʕilɣən 77, 260, 261
jəʕiqat 270
jəʕiqaw 270
jəʕiqə 266, 270

【K】
Kajŋən 304
Kakotajŋatənə 187
Kal'ʕaŋ 305
Kamliltajŋatənə 187
Kaŋŋəŋa 304
Karalwajam 68, 69, 87
Kavawŋa 304
Kavawtaɣən 304
Kewewŋewət 302
Kreti 60
Kəcɣonpən 131
Kəjall'oŋ 57, 69, 87
Kəll'u 303
Kəmlilivijicʕən 130
kacɣənenŋən 289
kacʕatəŋ 159
kaɣiŋən 85

kaɣəpɣəl 278
kajŋəɣelenə 195
kajŋən 194
kajŋət 42
kakvel' 126
kakvel'vicuɣiŋu 126
kala 305
kalalwən 172
kalaʕəloloʕo 239
kalaʕəloloʕəlŋən 212, 239
kalaʕəloloʕət 239
kalelʕən 162
kalenanqən 278
kalilʕən 123
kalitʕul 40
kaŋatək 192
kaŋatənɣeŋ 193
kaŋatənə 186
kaŋitkən 325
kaŋkaciɣən 91
kaŋkal 142
kavatənup 82
kavəl'qən 88
kavəl'qətənup 82
kawjajɣən 91
keɣətqən 262
kelecvewal 163
kemetʕajpəŋ 47
kemetʕəlqəlqojanmatɣiŋən 150
keŋjuk 231
kevelwən 88
kevel'qən 88
kewləʔəpaŋa 153, 204, 275, 277, 325
kicʕəl 92
kijməntə 115, 116, 118
kijməntəcəmŋa 116, 118
kijməntəjəcəmŋa 138
kijməntəwinəkjəŋ 116, 118
kilikil 208~210, 277

kilqajuju 116, 117
kimitʕəlqəla 48
kimitʕəʔineŋ 293
kiməntəwinəkjəŋ 166
kiwəl 279
kojaktaŋnen 137
kokajmejolɣən 281, 287
kokəcmavəŋ 98
kokətvəŋ 137
koltalŋən 264
komajŋəqejalɣatəŋ 96
komatəŋ 96
komelomatəŋ 96
komowwolaŋ 47
koqajomatəŋ 96
koqapl'etkulaŋ 41
kotaɣajmənəŋ 137
kotvaŋ 76
kotvaɲe 56
koʕətʕəmowwolaŋ 47
kuɣiteŋən 49
kujemiɣetəŋ 78
kukejvək 273~276
kukeɲe 53
kukilŋən 262, 281
kukineŋ 293
kultalŋən 223
kul'l'apəŋ 49
kumejŋətɣəletəŋ 96
kunuŋnin 55
kuqajətɣəletəŋ 96
kutejkəŋnin 55
kuwilpiŋatəŋ 80
kəcaw 11, 56, 185
kəcawcətɣiŋən 183
kəcɣeplakət 263
kəcɣepət 263
kəcɣetək 95
kəcɣəl'qən 88

kəcmavək 97
kəcvolwən 88
kəcwəju 39
kəcəm 278
kəɣəjuʕək 97
kəjolɣən 137
kəjol'ɣəkcemaw 137
kəjəmqoj 115, 116, 121
kəlokawto 212
kəlokawtən 212
kəlokawtət 212
kəlokawtəʕəvənʕo 208
kəlokawtəʕəvənʕən 208
kəlokawtəʕəvənʕət 208
kəltək 94
kəltətvak 94
kəl'vəɣiŋ 84
kəl'vəɣiŋən 84
kəmiŋatviʕək 137
kəmiŋatək 137
kəmiŋən 50
kəml'ecɣəlʕən 123
kəmʕukpaŋkan 258
kəmʕuktənup 82
kəniŋləlʕən 136
kəntaɣiŋən 181
kənʕuk 148
kənʕute 148
kən'ʕockoɣiŋən 183
kətaɣət 137
kətajtən 137
kətak 137
kəteɣəlqevək 93
kətep 43, 194
kətepaw 43
kətepɣelenə 195
kəteptənup 82
kətew 91
kətɣəm 194

kətɣəmenantvatənə 195
kətvək 137
kətvəlʕən 136
kətvəŋtok 136
kətvəveʕək 137
kətʕem 192
kət'ajəcʕən 137

【 L 】
Lel'ulʕən 302
Ləqtəle 304
Ləqtəŋawət 303, 304
L'əqve 305
laɣoplakət 263
laɣot 263
lalolŋən 39
lejvək xiii
lewtu 53
lewtənewenŋetək 172, 176
lewtət 53
lewət xiii, 27, 28, 53, 294, 325
lilit 261, 262
liŋliŋ xiii, 48, 53, 278
liŋlu 208, 209
liŋlət 209
liŋəl 209
loloʕəlŋən 279
lovejon 147
loʕəl 140
loʕəlpitatək 140
loʕəlpitək 140
luləplakət 263
lulət 263
luqin 113, 122
luqinet 123
luqiʔəlwəlu 194
ləɣecawat 148, 266
ləɣecəmŋa 116, 118, 120
ləɣejajaŋa 242

ləɣejan 242, 280~282
ləɣewal 164, 324
ləɣeʔineŋ 294
ləɣililit 261
ləɣiɲilŋən 223
ləɣipeŋken 257, 258
ləɣiwinəkjəŋ 116, 118, 120, 268
ləɣolawtəqojanmatɣiŋən 150, 152
ləɣolawtəqojanmatn'acɣajmak 161
ləɣolawtəʕejaɣiŋən 181
ləɣulewtəjəʕilɣən 78
ləɣulewtəqojanmətɣiŋən 291
ləɣulewət 78, 181
ləlalŋən xiii, 29, 112, 192, 279
ləlawwi 40
ləmɣələm 260
ləqlaɲcawat 148
ləqlaŋnalɣən 248, 288
ləqlaŋpəlakət 263
ləqleŋ 78, 80
ləqleŋpeŋken 258
ləqleŋəjəʕilɣən 78
ləʕulqəl 29
l'awcojpen'ŋən 181
l'awcətkən 84
l'oqel'ɣaj 123
l'oʕijkecek 136
l'uqej 140
l'əl'apəcʕəjuʕək 93
l'əl'apək 48
l'əql'aŋqojalʕatənə 107
l'əql'aŋəcʕatənə 80, 106
l'əql'aŋəcʕənə 80
l'əql'eŋəcʕəlʕən 105, 106
l'əql'eŋəcʕənvək 187
l'əql'eŋəcʕənə 108, 187

【M】
Mel'ŋət'anŋəwajam 69

Milqəwajam 68, 69, 87
macvecəcɣetij 279
majŋəcejpəjəʕilɣən 79
majŋəmacvelʕən 145
majolɣəlwən 88
majolɣən 83, 84
majqajkel'ʕe 174
maklalʕən 310
maklatecʕən 310
maklatkemetʕaw 310
maklatlelet 310
maklatojatek 311
maklatpəlakət 310
maklatək 310
mallikməqin 44
malətʕəmqoj 145
malətʕəməlʕən 145
malətʕəmʕojamtəwilʕən 145
manewjajaŋa 280, 293
manewjan 280, 293
manewjojoŋa 289
manewpolatkan 280
maniwlilit 262
man'aŋəɣəlʕən 123
meɣu 226, 314, 315
meɣən 226
meɣət 226
mejŋəkicwetəlʕən 145
mejŋəlewtəlʕən 145
meki 49
meknajtəŋ 49
meletək 94
melɣənvən 318
melɣənə 318
melɣəpjolɣən 109, 281, 288
mel'l'il'əqin 163
meml'əckojtəŋ 39
metʕaʔel'ʕa 56
mewiccuʕək 76

miɣəmiw 226
mijmij 202
mijmijo 202~204, 206
mijmijte 202
mijmijət 202
milɣineŋ 293
milɣukəmʕukpeŋken 258, 259
milɣunalɣəʕijləmɣən 259, 260
milɣupeŋken 257, 258
milɣuplakət 263
milɣutʕul 251, 288
milɣəl'ʕetəcʕən 105, 106
milɣən 153
milqəmil 162
mil'ut 53, 194
mil'utenantvatənə 195
mimlu 39
miməl 39
mitiw 75, 77
mocɣənan 55
moqaɣalaj 94
moqaʕəc 92
muccajpinŋən 174
muju 10
mulləmul 276
mull'ajpinŋən 174
mull'e 168
mull'əniŋcətkuk 168
muqejuʕək 93
muqelqivək 93
muqemuq 91, 94
muqetək 92, 93
məcanalɣən 231, 251
məccajtalaŋən 55
məcek 231
məjacve 126
məjaɣətkalŋən 126
məjajəŋŋətat 127, 128
məjamənɣəlŋən 125

məjankəlvat 127, 128
məjavecoɣeŋo 127
məjavectko 127
məjetəʕət 234
məlləŋenqavəlʕən 120
məlɔvejetatək 137
məl'ecʕo 224
məl'val' 243, 244, 288
mənɣo 39
məqaməq 185
mətkoɣətʕallaŋ 10
mətkotvalaŋ 10
mətqil 197, 274, 278
mətqilək 273, 274
mətqəmət 204

【N】
nacenalɣən 288
nacetʕol 288
nalɣilŋəlqəl 268
nalɣilŋən 266, 269
nalɣək 162
nalɣən 53, 248, 251, 252
nalɣəŋojŋən 279
nalŋilŋəcawat 148
nanqən 278
nanqəŋtok 172
nekuʕejŋewwi 56
newlawkaral' 134
newlawnalɣən 248, 249
newl'avəcʕatənə 107
newl'avəcʕənə 80, 107
niɣəqin 95
nilɣəqin 113
nil'əqin 95
niwlew 78, 79
niwlewjəʕilɣən 78, 79
niwləqin 47
nomqen xiii, 95, 96

nutenut 30, 48, 58, 81
nəcəqqin 95
nəjuleqqin 85
nəkijuʕək 93
nəkinək 48, 74, 75
nəkit 74
nəkita 73, 74
nəkiw 74
nəkəcɣəqin 95
nəkəcməqen 97, 98
nəmejəŋqin xiii
nəmelqin 113
nəmuqeqin 45
nəməlʕən 4, 198
nəpijkəlqin 97
nəqaniqin 95
nəqejalɣəqen 95
nəqopjək 172
nətɣəlqen 95
nətujqin 42
nəwinəqin 121
n'acɣajmak 150, 161, 162
n'acɣajmakək 162
n'acɣajmakəlqəl 162
n'alɣətvak 172
n'al'ɣel'ŋəcvetkok 269
n'an'qəjəcʕən 137
n'an'qəl'ʕən 137
n'encewəlwən 88
n'ocal'qəʔajkol 159, 183
n'ucal'qəʔaŋaŋ 159
n'ucel'qən 159
n'ut'el'qən 30, 43
n'əcɣew 277
n'əmʕejŋecʕən 278
n'əncevu 222
n'əncevət 222
n'əncew 219, 222
n'əql'awto 92

【ŋ】
ŋajnolŋən 131
ŋawjava 304
ŋajcacame 218
ŋajcacamjo 218
ŋajcacamjət 218
ŋajl'əwən 83
ŋajnolŋən 84
ŋajŋaj 80
ŋajŋajnalɣən 248
ŋajŋajqojalʕatənə 107
ŋajŋajəcʕatənə 80, 107
ŋajŋajəcʕənə 80, 107
ŋajŋajətvalʕən 105, 106
ŋajŋajətvanə 108
ŋajəmkən 82, 83
ŋajəncəmŋa 138
ŋajəncəmŋavək 138
ŋajəncəmŋaw 142
ŋanko 55
ŋanŋatenantvatənə 195
ŋanəno 76
ŋavakəkapil' 41
ŋavəcŋən 304
ŋawpenik 137
ŋecaq 213
ŋecaqat 213
ŋecaqaw 213, 214
ŋejɣiŋkə 82
ŋejŋej 26, 78, 80, 82~84
ŋejŋejjəʕilɣən 78
ŋejŋejək 83
ŋejək 83
ŋellə 140
ŋelvəlʕəlʕən 104~106
ŋenŋet 194
ŋevujetik 293, 294
ŋevətqetu 56
ŋojŋən 279, 325

コリャーク語語彙索引　357

ŋujl'əʕəqajuju　117
ŋəccaq　74
ŋəcvo　221
ŋəcvəŋəc　219, 221
ŋəcvət　221
ŋəjaqavəlʕən　120
ŋəjaqməlləŋenqavəlʕən　120
ŋəjeqevəlʕən　120
ŋəjoqavəlʕən　120
ŋəjoqməlləŋenqavəlʕən　120
ŋəlvəlʕəjamkən　106
ŋənŋəlŋən　294
ŋətɣiŋən　85
ŋətoɣiŋən　85

【O】
ocəmŋən　245
ojkavo　240
ojkaw　154, 174, 240~243, 324
ojkawte　240
ojpojŋən　264
ojpəckocʕo　202, 213, 214
ojpəckocʕəcaj　213
ojpəckocʕən　213
ojpəckocʕət　213
okolaten　269
oll'olɣəʔawwaw　146
oll'olɣən　145
omakaŋ　56
omatək　95
omavək　97
omjoʕək　97
omʔom　95
ottəkanca　292
ottəqojaŋa　183

【P】
Pamjalŋən　130
Poklacaɣiŋən　130

Pəkjucɣən　130
Pəkjucɣəʔawwaw　130
Pənn'alkən　131, 132, 134
Pəʕon　131
pajak　279
pajewal　289
pajɣiŋən　112
pajl'əŋən　112, 113
pajŋəton　279
paktəlŋən　109, 220, 294
pall'ajucɣən　278
pal'qəcəmŋa　116
pal'qəcəmŋacɣən　116
pal'qəwenqoj　116
pal'qəwenqojacɣən　116
pal'əqəwenqoj　121
pamjat　292
pancapajl'əlʕən　145
pann'anwanvatək　168
pecɣəlqəlqojanmatɣiŋən　150
pejejeŋ　278
pekul　269
pelɣənolŋən　174
pel'qəwinəkjəŋ　116
penwel　116, 119, 138
peŋawjal'cəko　92
peŋewwo　290
peŋewwən　289~291
peŋkecujmən　260, 261
peŋkecujəm　260, 261
peŋken　257, 258, 260
peŋketqən　260
peŋkilŋən　260
peŋəwən　157
pepeqvəʕajocɣən　239
peqənə　195
pewəl　208
peʔəcwaq　134, 137
peʔəcwaqŋallə　135

peʔəcwaqŋalvəlʕəlʕən 135
peʔəcwaqəlʕən 135
picɣenaŋ 162, 293
pijkəletək 97
pijn'aq 236, 260, 261
pijqajn'acɣən 248, 249, 311
pijtəʕel 154
pilɣəlʕu 222
pilɣəlʕən 219, 222
pilɣəlʕət 222
pilɣən 53, 278
piŋapiŋ 92, 94
piŋatək 93
pipipətkuk 186
pitatək 140
pittu 268
pittəpit 154
pitək 140
plaku 40
pojɣən 324
polatkan 292
polatkatʕol 293
pontata 271
pontə 271, 278
pəccojəm 262
pəciqata 56
pəɣəlʕən 193
pəjek 51
pəjentetək 51
pəkavək 137
pəlakət 263
pəlɣet 268
pəlwəntəʔawət 229
pələk 48, 51
pəŋotkən 85
pəqətʕəm 176
pətqəjəcʕət 122, 136
pəʕak 273~275
pəʕalalŋən 203

pəʕatʕol 163, 275
pəʕaʕacʕən 278
pəʕon 55, 211
pəʕonat 212
pəʕonaw 212

【Q】
Qajsuslik 129, 130
Qeta 303
Qojaŋ 303
Qəcvomkən 131
qajcejpəjəʕilɣən 79
qajilij 41
qajkokaŋa 41
qajkokawi 41
qajmil'ut 117
qajtənup 41
qajuju 26, 40, 116, 117
qajujujəʕilɣən 78, 79
qajujunalɣən 248, 310
qajujuŋajətɣəl 99
qajujuʔaŋaŋ 159, 182, 240
qajumkəʔum 41, 43
qajwajam 38, 117
qajəkmiŋən 41
qajəlqutək 44
qakmellaɣətke 123
qalŋeɣiŋən 179, 180
qaniɣiŋən 96
qanijoʕək 97
qanitək 95
qaŋjaw 84
qapajenantvatənə 195
qapla 46
qaptiwi 40
qecɣəlqotnak 55
qejalɣatək 95
qejalɣəjoʕək 97
qejalɣən 92, 93, 95

コリャーク語語彙索引　359

qejal'ɣəjajavocʕən　78, 79
qejal'ɣəjajavojəʕilɣən　78
qejevetək　93
qejevətvek　94
qejew　92, 94
qejewjuʕək　93
qelŋiqel　179, 180
qemil'qən　260
qeŋijəcʕən　176, 279
qepej　25, 26, 29, 194
qepjoŋqo　47
qetaqet　186
qetəqetaqet　203
qipjun　289
qipjuninŋən　289
qituk　276
qitəqit　276
qocap　107
qojacetɣiŋən　104
qojacɣal'cəmŋa　119, 182
qojacwatək　160
qojaɣijkek　146, 147
qojaɣənn'etɣiŋən　104
qojaɣənn'etəlʕən　104~106
qojalʕatənə　106, 107
qojanewlavinŋən　266
qojanmatɣiŋən　149
qojanmatək　149
qojanməŋelŋən　162, 324
qojanməŋilŋən　266
qojanməpojɣən　162
qojaŋa　xiii, 9, 10, 48, 53
qojaŋtalʕən　105, 106
qojat　146
qojata　55
qojatomɣən　125
qojavotelŋən　145, 266
qojaw　46
qojawto　206

qojawtən　276
qojawtət　206
qojawwe　53
qojawət　206
qojaʕal　154
qojmucitək　137
qolen'ajŋon　77
qoleʕəlo　76, 77
qujəʕujəʕilɣən　78
qulɣən　192
qulinɣivik　77
qutək　43
qəcalŋən　180
qəcɣəlʕən　123
qəcvoqəj　219
qəjeqij　142
qəjilŋəlʕetək　149
qəlik　117
qəlikin　116, 117
qəlikqajuju　116, 117
qəlpalŋən　179, 180
qəmjajpən　92, 94
qəmjajpətvak　94
qəməl　279
qəttap　187
qəwaj　139, 279
qəwajcəvek　139
qəwajl'əŋən　139

【Š】
šubamelɣopaŋkan　257, 258
šubapaŋkan　257, 258

【T】
Təŋantoŋvaw　302
Təŋewenten　301
taɣajmənək　137
tajaŋək　44, 283
tajkəjon　159

tajŋatɣiŋən 185
tajŋatənə 186
takjəpək 187
takmiŋəŋkə 137
talat 267, 269
tamaklatkemetʕaŋək 310
tamelɣəpjolɣəŋək 288
tannəŋənə 186
tapeʔəcwaqŋək 134
taval'ŋəkəkal'ʕi 325
tavaq 216
tawjentvelavək 283
tawjinpək 283
tejkenenenvəŋqal 90
tejkək 51, 54, 162
tejŋetək 185, 186
tekjətək 187
tenmilŋu 288
tenmilŋən 268, 285, 287
tenmilŋət 287
tennom 179, 180
teŋelvəlʕəŋək 324
tepektəŋək 109
tepektəŋəlʕən 109
tettəŋtak 50
tewi 242, 281~283, 288, 291
tijkəjalqewjanvəŋqal 90
tijkəjelqivi 46
tijkəlŋən 138
tijkəŋtota 138
tijkətij 46, 138
til'ewjik 271
til'ənun 271
titiɲe 30
tititʕəm 176, 192
tiwluttəmlek 47
to 56
tomtom 230
topək 94

topətvak 94
tujketuj 185
tujnalɣən 251
tujpenwel 116
tujəkjəməntə 115, 116
tummilqəŋək 318
tuqək 274
təɣəl 95
təjajpəlqən 88
təjkəlelʕetən 10
təkaɲitkuk 47
təkcavok 12
təkcavənmatək 11
təkcavətʕuluk 12
təkemetʕəlqəlqojanmatək xiv, 47
təkewjiŋ 48
təkimitʕakaɲitkuk 47
təkiwwiciŋ 48
təkulpəŋən 49
təkunuŋən 48
təkupijkəletəŋ 98
təleʕun 10
təlitvən 50
təllək 46
təlləŋwenqoj 142
təlləŋəlʕən 142
təllətəl 281
təlwetʕuluk 11
təlwuk 11
təlʕulqən 88
təmɣetək 94
təmimləlpetək 43
təmjolqəl 146, 159, 160
təmjon 159
təmkəlqən 88
təmlatɣiŋən 85
təmlen 47
təml'ecɣəlʕən 123
təmpətəm 142

təmək 51	t'ət'al'acetək 46
tənajəjən 52	t'ət'əll'ət'al'acetək 46
tənməɣəʕən 9, 10, 11	
tənmən 48	【U】
tənopetəŋ 46	uceqen 123
tənumekewnew 46	ujak 294
tənup xiv, 81~84	ujetik 55, 293, 311
tənupvətɣij 84	ujijit 299, 314
tənupəlwən 88	ukkəjəŋ 294
tən'ojpenŋən 154, 324	ulvavək 187
təqojaɣijken xiii, 50	umkəlwən 88
təqojanmatək 9	umkəvətɣij 84
təqojanomakavək 46	ummicɣu 313
təqəl 219, 244	ummicɣətkuk 313
təqəlelwən 88	ummilqən 318, 319
təqəlti 244	upinŋən 287
təqəlu 244	uptək 109
təqən 47	uptəlʕən 109
tətanat 74	upək 287
tətekvən 264	upətkok 287
tətel'ʕapaŋkaŋək 51	upʕəl'awət 142
tətnuptəpɣetək 46	utkucʕən 195
tətəpɣək 46	uttəkəl'ŋil'ʕən 323
təvecen'ŋən 195	uttətənup 82
təwapaqɣelek 52	uttəʔut 47
t'alaccawat 148	uttəvətɣij 84
t'al'acawat 266	uvik 264
t'an'acɣajmakŋək 162	
t'it'ipil' 30, 43	【V】
t'ujicivetək 46	Vicuɣiŋu 130
t'əcajpatək 43	vaɣalək 43
t'əkiɣəl'ʕatəŋ 99	vaɣəlŋən 176, 178
t'əkoməl'ʕatəŋ 99	vaɣətʕəm 178
t'əktepnalɣət'icʕəŋək 51	vakkə xiii
t'əll'apək 47	valival 204
t'əll'əŋqajuju 142	valiwwi 40
t'ənəcvecetək 141	valʕən 55
t'əqapl'ujicivatək 46	vawkali 123
t'əqipjull'apək 47	vecəntejolɣən 315

vell'acɣəlʕən 123
vell'akal'ʕecəcɣetij 279
velolŋən 39, 260, 261, 279
veloptəɣiŋən 124
veləvel 142
vel'akal'ʕi 325
vetɣovekelʕən 145
vetɣəqoj 146
vevelŋən 325
veʕəwala 320
veʕəʔetək 137
vilulʕu 236
vilulʕən 236
vilulʕət 236
vil'upju 126, 127
vitʕu 224~226, 315
vitʕəl'qən 88
vitʕən 224
vitʕət 224
vitʕəvit 224
viʕək 310
viʕəlʕən 310
votqəjuʕək 76
vulvəŋ 178, 281, 282, 286
vulvətʕəm 178
vulvəʔuttənə 287
vəlqəvəl 236
vəlʕajo 207
vəl'ɣəcɣənalɣən 248
vəl'ɣəlet 262
vəl'qukalik 320
vəl'ʕaj 210, 216
vəl'ʕajo 208, 210, 211, 216
vəl'ʕajte 210, 216
vətɣij 84
vəʕaj 112, 227
vəʕajkəltən 315
vəʕajl'əŋən 227
vəʕajl'əqən 88

vəʕajo 227, 240, 313
vəʕajok 10
vəʕajpajɣiŋən 112
vəʕajpajo 112
vəʕajte 227

【W】
Wekətɣən 130
wajampil' 41
wajamtajnən 85
wajen 281, 282, 283
wajenpək 283
wajewaj 281~284, 291
wajewi 242
wajpu 269
wajpəwaj 191
wala 269
walatkok 186
walɣil 219, 221
walɣilit 221
walɣiliw 221
walqəl 176
walʕən 85
wal'apel' 163, 164
waməlkalŋən 112, 279
wamel'kakali 123
wanaw 216, 217, 314
wanjojpen'ŋən 197
wan'avatək 45
waŋqac 121, 161, 166
waŋqatqoj 116, 121, 161
wapaq 52, 211
wareŋʕocʕən 185
wejem 27, 28, 38
wejemti 38
wejemvətɣij 84, 85
weletok 137
wellə 313
welujoʕək 137

welvət 314
weləktepjəʕilyən 78, 79
wel'əkt'epl'o 78, 79
wenqoj 116, 121, 137
wenqojaŋajətɣəl 99
wenqojaŋellə 108, 135
wen'vaŋawtəŋək 137
weŋqen'u 121
wepqa 194
wepqaɣelenə 195
weqetək 315
wewewatək 187
wewewto 206, 215
wewewtən 206, 215
wewewtət 206, 215
wicwij 233
wijimletək 234
wilkiwəl 205
willelŋən 203
wilmulləmul 276
wilŋajqəjuʕe 80
wilwil 153, 176, 205, 276
wilwilmulləmul 276
winiqawŋən'ək 145
winqajuju 118
winə 195
winəkjəŋ 116, 118, 119
winəkjəŋajətɣəl 99
winəkjəŋete 137
winəkjəŋnalɣən 288
wiŋelək 234
witajək 234
wiwij 229, 256
woccolɣən 145
wocen'ajŋon 77
wunewun 48
wutinɣivik 77
wəcwij 193
wəjal 91

wətwət 48
wəwwəlqən 88

【ə】
əll'aq 303
əcwaqəlla 121
əcweq 116, 117
əjajij 190
əjavak 55
əjikiw 205
əlwaɣelenə 195
əlweɣilik 194, 195
əlwekjəŋ 142
əlwetʕul 11
əlwewinəkjəŋ 142
əlweʔəl 9, 10
əlwunə 195
əl'waqajuju 118, 142
əmjolɣən 85
əmmalŋən 279
ənat 203
ənatet 203
ənatew 202~204
ənnanməlləŋenqavəlʕən 120
ənnəŋəjtək 186, 189
ənnətʕul 48
ənnətʕule 48
ənpəcəmŋa 116
ənpəwenqoj 116, 121
ənpəwenqojacɣən 116
ənpəwinəkjəŋ 116
əpatək 273, 274, 276
əpl'el'a 122
əqemimle 48
əqemiməl 49

【ʕ】
ʕacʕapatək 275
ʕajl'əŋən 262

ʔajŋepenwel 116, 119
ʔajvəlʕən 298
ʔakancəmŋaw 138
ʔakatkecʕo 216, 217, 237
ʔakatkecʕən 216, 237
ʔakatkecʕət 216, 237
ʔal'amət 30
ʔapl'əpʕəkəlʕən 163
ʔaptək 233
ʔapəkvən 130, 132, 133
ʔaqacγəlʕən 123
ʔatkeŋ 113, 305
ʔavəl'olŋən 178
ʔawjeγiŋən 304
ʔaʕal 130
ʔeγəlŋən 47
ʔejanmək 183
ʔejanməlʕən 183
ʔejje 304
ʔejjək 168
ʔejŋejəʕilγən 78
ʔejŋelʕetək 137
ʔejŋək 137, 142
ʔejŋəlʕetək 142
ʔekaloʕəwenqoj 162
ʔeleγi 278
ʔelqoj 181
ʔel'ŋo 130
ʔenmacvəkvən 264
ʔenval'kal'ʕe 130
ʔeŋətkən 84, 131
ʔetkiŋ 305
ʔevəktəjəʕilγən 78, 79
ʔewennik 74
ʔewjava 304
ʔewjin 304
ʔewjəŋa 301
ʔewŋe 304
ʔicʕən 282

ʔiγenantvatənə 195
ʔiγəlŋən 194
ʔijeʔujetik 293, 294
ʔijləmγən 260
ʔijənə 85
ʔilŋən 266, 278
ʔinnəlqən 131
ʔinnəʕin 130
ʔinn'əcəcγetij 279
ʔinn'əl'qən 84
ʔinn'əvətγij 84
ʔinvəl'kal'e 123
ʔiŋγiŋəlŋən 179, 180
ʔiŋilŋən 131
ʔiŋpvət 294
ʔiŋətqeŋu 123, 130, 132, 133
ʔiŋətʕəm 264
ʔiwkavavən 123
ʔojacek 104, 105
ʔomγiŋən 192
ʔomjaviγən 304
ʔomjəŋa 301, 304
ʔomʕel 276
ʔujemtəwilʕən 76
ʔəccal'o 316
ʔəlatək 93
ʔəlmolʕevatək 287
ʔəlmolʕew 281, 287
ʔəlmək 280
ʔəlo 73, 74
ʔəlqəwenqoj 122
ʔəlwəj 74
ʔəlʕəl 92
ʔəl'ecʕu 208
ʔəl'ecʕən 208
ʔəl'ecʕət 208
ʔəmnomakavək 323
ʔəməkʕət 314
ʔəpʕəlit 262

ʕəqqeməl 85	ʕətʕən 47
ʕətqako 122	ʕəvənʕo 208
ʕətqakowenqoj 122	ʕəvənʕəl'qən 88

言語名索引

【あ行】

アイヌ語　45
アプカ方言　24, 25, 27
アリュートル語　3, 5, 21, 22, 31, 32, 42, 198
アリュートル方言　24〜27
アルタイ諸語　1, 38
イテリメン語　3, 21〜24, 31, 32, 42
イテリメン語北部方言　32
イトカン方言　24, 25, 27
ウラル語族　1, 38, 58
エヴェン語　57, 59, 67, 69, 86, 87, 117, 120, 122, 179, 256, 305
エスキモー・アリュート語族　1

【か行】

海岸定住民チュクチ方言　24
カメン方言　24, 25, 27
カラガ方言　5, 25, 27
ギリヤーク語　1, 45
クェステン語　77
ケット語　1
ケレク語　3, 21, 22, 31, 42
古アジア諸語　1
コリャーク語　3〜7, 9, 13, 16, 17, 21, 22, 24, 27, 30, 31, 33, 36, 38, 40, 42, 43, 45, 49, 56, 57, 69, 73〜76, 83, 87, 92, 94, 95, 99, 104, 112, 117, 118, 132, 136, 189, 198, 199, 203, 208, 256, 271, 297, 298, 302〜304, 306, 307, 310, 312, 314, 315, 318, 320

【さ行】

サハプティン語族　42

【た行】

西部方言　24
タイガノス下位方言　5, 28, 29, 30
チャヴチュヴァン方言　4〜7, 24〜30, 36, 186
チュクチ・カムチャツカ語族　1, 3, 21〜24, 27, 28, 30, 38, 42
チュクチ語　3, 21, 22, 24, 27, 31, 39〜42, 45, 51, 176, 179, 256, 304
チュクチ・コリャーク・グループ　23
チュクチ・コリャーク語　23
ツングース系　35, 57
ツングース語族　59, 67
東部方言　24
トナカイ遊牧民チュクチ方言　24

【な行】

ニヴフ語　1
ネズパース語　42, 77

【は行】

パプア諸語　77
パラナ方言　5, 24〜27
パレニ方言　24〜27
フィン・ウゴール語派　58
北部下位方言　5, 28〜30, 36, 186
北米インディアン諸言語　42, 77

【や行】

ヤクート語　117, 118, 122, 179
ユカギール語　1, 85

言語名索引

【ら行】
ロシア語　33~35, 83, 86, 129, 132, 185, 186, 199, 219, 220, 257, 280, 292, 298, 307

【A】
Alutor　3

【C】
Chukchi　3

【E】
Even　67

【G】
Gilyak　1

【I】
Itelmen　3

【K】
Kerek　3

Ket　1
Koryak　3
Kwesten　77

【N】
Nez Perce　77
Nivkh　1

【P】
Paleoasiatic　1

【T】
the Chukchi-Kamchatkan family　1
the Eskimo-Aleut family　1

【Y】
Yukaghir　1

民族名索引

【あ行】

アイヌ　1, 210, 239
アサバスカ・インディアン　204, 209, 210
アサバスカン　210
アプカ・コリャーク　6
アリュートル・コリャーク　6
イヌイト　204, 210, 215
ヴェルフ・パレニ・コリャーク　5, 57, 58
ウラル系民族　256
エヴェン　4, 8, 33~35, 58, 62~65, 67, 69, 85, 129, 132, 140, 143, 224, 252, 253, 256, 297, 305, 323
エヴェンキ　79, 209
エスキモー　4, 252
オホーツク海北東岸コリャーク　6
オロチ　209

【か行】

海岸定住民コリャーク　5, 6, 181, 198, 223, 224, 270
カムチャダール　8
カラガ・コリャーク　6
極北民族　1
古アジア諸民族　1, 58, 252, 256
古シベリア諸民族　1
コリャーク　3, 4, 6~14, 16, 21, 32~35, 57, 60~66, 69, 73, 79, 81, 84, 85, 87, 88, 90, 101, 104, 129, 131, 132, 139, 140, 143, 147, 149, 150, 153~157, 178, 185, 186, 194, 198, 205, 206, 212, 216, 219, 224, 233, 239, 242, 244, 250, 252, 253, 256, 266~268, 298, 299, 303, 306, 307, 309~313, 315, 316, 320, 321, 323, 326, 327

【さ行】

シベリアのアメリカノイド　1
スレーヴ　204, 213
セカニ　204

【た行】

タイガノス・コリャーク　5
タナイナ　204, 209
チャヴチュヴァン　4, 104
チュクチ　4, 33, 34, 58, 62, 63, 233, 252, 253, 266, 267, 297, 304, 312, 320
ツングース系　79, 85, 132, 140, 147, 224, 253, 256
ツングース系民族　104, 147, 252
ツングース諸族　252
ツンドラ・ネネツ　9
デナイナ　204
トナカイ遊牧民コリャーク　4~7, 10, 14, 16, 52, 57, 81, 88, 115, 149, 159, 181, 199, 201, 223, 233, 247, 250, 271, 280, 293

【な行】

内陸セイリッシュ　204
ニヴフ　210
ヌムルウン　4
ネギダール　209

【は行】

パラナ・コリャーク　6
ペンジナ湾岸定住民コリャーク　6

北西海岸インディアン　211

【ま行】
モンゴル　136, 151, 152, 155, 157, 164, 305

【や行】
ヤクート　4, 129
ユカギール　5, 58, 85, 252

【ら行】
ロシア人　4, 8, 16, 33, 34, 58, 62, 63, 67, 86, 211, 274, 275, 297, 315

【H】
Hyperborean　1

【P】
Paleosiberian　1

地名索引

【あ行】

アウランジャ川　86
アチャク川　68, 71
イルビチャン川　86
ヴェルフ・パレニ　68, 87, 179, 186, 223
ヴェルフ・パレニ地方　57, 203
ヴェルフ・パレニ村　7, 64, 85, 303, 305
ウスティ・パレニ　270
ウンモウン川　68, 71, 72, 87
エヴェンスク　63
エヴェンスク村　7, 34, 58, 62, 69, 125, 307, 309, 326
エグルグキ　69
エリガクチャン川　86
エルティン川　68, 70
オホーツク海　6, 58, 198
オムスクチャン　63
オモロン　35, 62, 86
オモロン川　57, 58, 60~62, 66, 68, 87
オモロン地方　69, 266

【か行】

カムチャツカ　32, 57, 64, 85, 292, 312, 314, 316, 323
カムチャツカ州　3, 181
カムチャツカ半島　1, 5, 7, 21, 59, 85
カラル川　68, 70, 71, 87
環北太平洋域　198
ギジガ　6
ギジガ湾　6, 58
北アジア　1, 151
北アメリカ　59
グトゥグ川　68, 71, 72, 87

クバク　33
クレスティキ　7, 14, 18, 28, 33, 35, 57, 58, 60, 62~66, 68, 101, 104, 299, 302, 305, 308
クレスティキ川　60, 61
クレスティキ・トナカイ遊牧基地　7, 58, 60, 61, 85, 298, 299, 302
ケガリ　66
ケガリ川　57, 58, 68~72, 87, 109, 185, 290
コリマ川　61, 86
コリャーク自治管区　3, 181

【さ行】

ザハレンコ　67
シベリア　52, 147
シベリア中央部　59
シベリア北東端　1
セヴェロ・エヴェンスク地区　3, 4, 5, 7, 14, 21, 28, 31, 33, 34, 58~60, 62, 64, 197, 237, 307, 309, 327

【た行】

第5ブリガード　18, 34, 35, 57, 65~68, 87, 101, 303, 305
第6ブリガード　57
第13トナカイ遊牧ブリガード　7
第13ブリガード　7, 18, 33~35, 57, 58, 65, 68, 69, 72, 87, 104, 109, 112, 113, 119, 126, 128, 129, 132, 138, 139, 141, 164, 188, 197, 203, 207, 211, 223, 224, 237, 265, 270, 281, 290, 303, 305
大アウランジャ川　35, 58, 65

地名索引 371

タイガノス半島　　5, 6, 28, 237
太平洋沿岸　　198
タポロフカ村　　7, 65, 237
チャイバ川　　188
チャイブハ村　　7
チャウンスク　　312
チュクチ自治管区　　33, 35, 62
チュコトカ半島　　1

【な行】
西シベリア　　9
ネクチャン　　67
ネクチャン川　　86
ノヴォシビリスク　　59

【は行】
バタガイアリタ　　129
バベカン　　67
バベカン川　　86
パレニ川　　187
パレニ地方　　57, 187, 227, 267
左ブルガリ　　67
ブユンダ川　　86
ブルガリ川　　86
ベルカチャン　　33
ベルカチャン川　　86
ペンジナ湾　　6
北東アジア　　45
北極海　　61, 86

【ま行】
マガダン市　　33
マガダン州　　3, 4, 7, 14, 21, 28, 31, 58~60,
　　63, 143, 197, 220, 309
右ブルガリ　　67
宮古諸島来間島　　91
ミルク川　　68, 71, 72, 87
ムスムチャン川　　68, 72, 87

【や行】
ヤクーチア　　143
ユーラシア　　59

【ら行】
ロシア極東　　14, 21
ロシア連邦　　3, 14, 309

【わ行】
ワエグスク　　320

【A】
Avlandja　　58, 86

【B】
Babekan　　86
Berkacan　　86
Burgali　　86
Buyunda　　86

【C】
Chajbuxa　　7

【E】
El'gekcan　　86
Evensk　　7

【I】
Irbican　　86

【K】
Krestiki　　7

【M】
Musumcan　　68

【N】
Nekucan　　86

【O】
Omolon   58

【T】
Topolovka   7

【V】
Verx. Paren'   7

【ə】
Əmmoʔon   68, 87

事項索引

【あ行】

亜寒帯森林ツンドラ　59
亜極北帯　61
アスペクト接尾辞　93, 97
アノーエウェン　150, 152, 159, 160, 163, 183, 240, 281
アマン・フジューの儀礼　151
網漁　192
アルタイ諸語的母音調和　38
異形態　39
移行帯　59
異根動詞　13, 48, 271
衣食住　18
一次語　81, 82, 187, 189, 274
位置変異音　29, 30
糸の肩甲骨占い　112
イーミック　75
意味役割　45
イルビチャン・ソフホーズ　65, 66
筌　194
馬飼育技術　104, 147
占い石　157, 289, 291, 297~299, 325
永久凍土　197
エスノサイエンス　15
沿格　53
大型獣　194
音韻　36
音韻的特徴　36
音韻表記　36
音韻論　21, 38
音節構造　23
音素目録　36

【か行】

海獣猟　4, 5, 198
外来食材　10
格　53
格標示　54
数　53
火葬　316, 318, 320, 322, 323, 325
家畜資源観　152
家畜トナカイ　5, 8
カラス　227
皮なめし　229, 230
寒温帯タイガ　59
感覚的寒暖表現形式　94, 97, 98
関係形容詞　53
完全なタブー　152, 156
寒帯ツンドラ　59
寒暖表現　94
寄宿学校　34
規則的音韻対応　23
基底形　74
キノコ類　211
逆受動化　46
逆行化の標識　56
逆行同化　30, 43
強形態素　39, 41
共通言語　34
強母音　38, 39, 41
強母音化　283
極東諸民族歴史考古学民族学研究所　7
去勢　137
漁労　18, 62, 81, 101, 185, 198
近代動物分類学　8
草占い　112, 113

草の肩甲骨占い　112
屈折接辞　53
燻煙済　250, 251
形式主語　96
形態　36
形態音韻規則　30, 36, 38
形態音韻の現象　43
形態素　18, 38
形態素境界　42, 43
形態的手法　43
形態的透明度　81
形態統語的特徴　52
形態論　21
系統　21
系統的位置づけ　22
毛皮獣　194
原因格　53
肩甲骨占い　112, 113
言語人類学　7
言語保持状況　21, 30, 36
言語保持度　30, 31
言語民族学的記述　16
言語民族学的分析　309
語彙的接辞　12, 45, 49, 50, 51
語彙的接尾辞　11, 13, 147
行為者名詞　104
口蓋化　30, 43
口蓋化音　30, 36
口蓋化/非口蓋化の対立　30
硬口蓋音　36
合成法　43
構造主義言語学　15
構造上の諸特徴　21
構造的特徴　36
公トナカイ　125, 129
後部歯茎音　36
語幹合成　23, 45
語幹修飾タイプ　44
語形成　43, 44

語順　56
故人の気晴らし　312
故人またぎ　315
個体識別名称　115, 128
個体名　34, 35, 128
故地　24
コード・スウィッチング　33
仔トナカイの祭り　159, 160, 182
コリャーク語正書法　5
コリャーク式命名方法　298, 305
語類変換タイプ　44, 45
根茎類　202

【さ行】
再生観念　297~299, 310
再生サイクル　13, 309, 313
サケ・マス漁　4
刺し網漁　187, 188, 192
参与観察　309, 315, 326
死　18
子音音素　36
子音結合　23
使役形　274
ジェサップ北太平洋探検隊　6
識別名称　115
時空間　18
歯茎音　30, 36, 43
歯茎閉鎖音　36
指小辞　119
指小性　39, 41, 117
死生観　313
自然環境　3, 16, 18, 19, 73
自然環境への適応戦略　62
指大辞　119
自動詞化　9
自動詞活用　46
私トナカイ　125
シベリア開発　16
社会環境　19, 73

事項索引　375

弱形態素　39~41
弱母音　38, 39, 41
受益者　50
宿営地　67, 69~72, 108, 166, 182, 183, 187
出名動詞　11, 49~52, 283, 287
出名動詞形　274
出名動詞形成　12
主要部　126, 251
狩猟　18, 52, 62, 64, 81, 101, 194
狩猟採集民時代　13
狩猟動物　194
シュワ　42
漿果類　207, 233
状態的寒暖表現形式　94, 95
植物採集　18, 52, 62, 64, 101
植物利用　18, 197, 199
除毛済　251, 252
所有形容詞　53
処理儀礼　151
ジルクトアトゥヌ　153, 154, 196, 277
身体的異変　301
森林ツンドラ　59, 60
森林ツンドラ地帯　81
森林とツンドラの移行帯的性格　59
随格　53
水平的範疇化　87
数　53
煤塗り　320
ステップ地帯　104, 147
ストランディング　50
スラウトノエ・トナカイ遊牧ソフホーズ　57
製革技術　252
正教会　323, 326
生業活動　3, 16~18, 52
性質形容詞　53, 95, 96, 113
生態人類学　18
生態的適応　8, 15

声門閉鎖音　42, 48
接辞　23, 44
接辞法　43
接周辞　41, 44
接触格　53
摂食タブー　152, 156
絶対格　50, 53, 74
絶対格単数　83
絶対格単数形　4, 41, 43, 48, 74, 81, 82, 95, 201, 270, 283
絶対格名詞　9
接頭辞　39, 44, 54
接尾辞　41, 44, 54
全体重複　48
「相称的」母音調和　38
双数　39, 41, 53, 202
双数絶対格　270
葬送儀礼　18, 227, 297, 309, 322, 324~327
相対化　76
草本類　223
祖先の魂　299
ソフホーズ「イルビチャン」　65
橇牽引　34
橇牽引用トナカイ　115, 120, 128, 129, 132, 143, 144, 163
存在形容詞　53

【た行】
第一胃の内容物　153, 154
第一頸椎の儀礼　151
大地の敷布団　159, 160, 183
大地の祭り　159, 160
大陸性の気候　58
奪格　53
他動詞活用　50
タブー視　12
誕生　18
単数　53, 202

中性母音化　27
中舌摩擦音　29
チュクチ・カムチャツカ語族的母音調和　38
超自然環境　19, 73
重複　48, 83
重複法　43
釣竿漁　187, 188, 190
ツンドラ　8, 16, 58, 59
ツンドラ地帯　4, 101, 197
適応戦略　3, 8, 151, 152
適応対処　3, 12, 16, 19, 21, 73
できごと史　34, 131
伝統的葬儀　323
伝統的な遊牧生活　35
伝統的命名　298
伝統の変容　297
同音異義語　82, 83
同化　38
道具格　53, 54, 74, 75
同系性　22
統語　36
統語構造　21
統語的機能　45
統語的な語　45
統語論　21
動作対象　159
同族語　41
動物資源観　13, 153, 157
トナカイ　34
トナカイ毛皮製テント　292
トナカイ毛皮製ユルト　242, 281, 283, 288, 289
トナカイ飼育技術　104, 147
トナカイの搾乳　140
トナカイの友　125
トナカイ遊牧　4, 17, 18, 62, 81, 101, 104, 132, 185, 194, 198, 247, 309
トナカイ遊牧基地　33

トナカイ遊牧地　8, 106, 326
トナカイ遊牧の起源　147
トナカイ遊牧民　5, 101, 256, 267
トナカイ遊牧ルート　187
トムポンスキー・ソフホーズ　143

【な行】
内容分析　15
夏用トナカイ毛皮製ユルト　281
夏用ユルト　247
名前占い石　153
なめし石　229
なめし鉄　229
なめし棒　229
二次的派生語　8, 83, 84, 274
二重標示型　56
ニャチガイマク　150, 161~163, 181, 275
認識人類学　15~17, 19
認識体系　15, 17
人称　53
人称代名詞　23
能格　54
能格型　54
能格構造　23
能格構文　54
能格専用の標識　54
能格標示　54

【は行】
破擦音　36
場所格　53, 54, 74
派生語　189
パレンスキー・ソフホーズ　57, 64~66
範疇化　3, 8, 18, 19, 73, 75, 81, 87, 247, 297
反転　56
反復相　287
引き網漁　186, 188, 192
火切り板　150, 152, 153, 157, 160, 181,

289, 291, 325
非口蓋化音　36
被修飾部　126
「非相称的」母音調和　38
非相称的母音調和　38, 42, 77
氷下網漁　188
氷上穴漁　188, 190
表層形　36
フィッシング　52, 64
不規則　28
複合語　92, 112, 189, 190, 251
複合的な生業　62
複合名詞　107
複数　41, 53, 202
複数形　201
複数絶対格　270
複統合性　45
物質文化　6
不定形　4, 95
プトレーニナ・ソフホーズ　64
部分重複　48
部分的なタブー　152, 156
冬用テント　247
不連続永久凍土帯　58
文化の文法　15
分析的表現　9, 11, 12, 46
文法記述　8, 14
文法調査　14, 15
文法的特徴　43
分類原理　250
分類システム　19
閉鎖音　36
ペレストロイカ　10, 16, 104, 149
弁別素性　15
母音音素　6, 36
母音調和　23, 27, 28, 38~40, 42, 283
母音調和の「崩れ」　27
母音調和の類型化　38
方位表現　90

方言的位置づけ　28
方言分岐　24
方言分類　21
方言分類基準　28
抱合　23, 45
方向格　39, 53
抱合的言語　45
抱合的表現　9, 11, 12
補充法　43, 48
北方先住民族　3
北方の狩猟民　152

【ま行】
摩擦音　36
未燻煙　250
未除毛　251, 252
耳印　115, 124~127, 129
民族語　31, 32
民俗語彙　3, 14~18, 21
民族誌　3, 6, 17
民族誌的記述　16
民族植物学　198
民族地理学的知識　81
民族的アイデンティティ　17
民俗分類　15, 17
民俗分類構造　15
民俗分類体系　15, 16
無声音　36
群れの多頭化　104, 147
名詞句階層　53, 54
名詞絶対格単数形成　39
名詞の範疇　53
名詞抱合　9, 43, 45, 51, 94
命名儀礼　297
木本類　218

【や行】
野生トナカイ　8, 10, 11, 104, 142, 143, 147, 195~197

簗漁　　187, 188, 194
有声硬口蓋接近音　　25, 29, 36
有声硬口蓋摩擦音　　25
有生性　　53, 54
有声中舌摩擦音　　25
遊牧サイクル　　134
遊牧地　　67, 68, 70, 71, 106, 108, 112, 113, 115, 166, 182
遊牧ルート　　227
ユルト　　183
葉茎類　　205
様態格　　53
与格　　50, 53

【ら行】
ラススヴェタ・セヴェラ・ソフホーズ　　64, 65
リサイクル・システム　　247, 250, 252
漁場　　186
猟場　　195
類感呪術　　156
ルグーレウェット　　150, 152, 159~161, 163, 181
連続的永久凍土　　58
ロシア語への同化　　33
ロシア式命名方法　　297, 307
ロシア北方先住民協会　　3, 32

【わ行】
別れの儀式　　315
ワタリガラス　　313, 315, 320~323
輪索　　195
輪索猟　　195
罠猟　　101, 194

【数字】
2子音連続　　42
2母音連続　　43
3子音連続　　42, 87

【A】
a方言　　24, 26
asymmetric　　38

【D】
denomitative verb　　11
dominant / recessive タイプ　　38

【E】
e方言　　24, 26
e~a方言　　26

【F】
folk taxonomy　　3

【H】
habitive adjectives　　53

【I】
incorporation　　45

【J】
j方言　　24, 25
Jesup North Pacific Expedition　　6

【L】
lexical suffix　　11

【N】
Noun Incorporation　　9, 45

【P】
possessive adjectives　　53

【Q】
qualitative adjectives　　53

【R】
r方言　　24

RAIPO   3, 32
relative adjectives   53
Russian Association of Indigenous Peoples of the North   3

【S】
stranding   50
symmetric   38

【T】
t~r 方言   25
tundra   58

【V】
vowel harmony   38

呉人　惠（くれびと　めぐみ）

　1957年に山梨県甲府市に生まれる
　東京外国語大学大学院外国語学研究科アジア第一言語専攻（修士課程）修了，北海道大学文学部助手，富山大学人文学部助教授をへて，現在，富山大学人文学部教授
　主　著
　『危機言語を救え—ツンドラで滅びゆく言語と向き合う』(2003，大修館書店)
　『モンゴルに暮らす』(1991，岩波新書)
　『怒れる神との出会い　情熱の言語学者ハリントンの肖像』(訳，キャロベス・レアード著，1992，三省堂)
　主論文
　コリャーク語の形容詞—その動詞的および名詞的性格と類型論的位置づけ．アジア・アフリカ言語文化研究 77．2009
　Participial Relative Clauses in Koryak and their Typological Characterization. *Linguistic Typology of the North* 1. 2008.
　分詞および関係詞によるコリャーク語関係節の相補的形成．北方人文研究 1．2008．
　A Report on Koryak Phonology. *Languages of the North Pacific Rim* 9. 2004.
　Argument-Modifying Type of Diminutive/Augmentative Suffixes in Koryak. *Languages of the North Pacific Rim* 5. 2000.

コリャーク言語民族誌
2009年2月28日　第1刷発行

　　　　　　　著　者　呉　人　　惠

　　　　　　　発行者　吉　田　克　己

　　　　　　発行所　北海道大学出版会
　　　　札幌市北区北9条西8丁目　北海道大学構内（〒060-0809）
　　　　Tel.011(747)2308・Fax.011(736)8605・http://www.hup.gr.jp

㈱アイワード／石田製本㈱　　　　　　　　©2009　呉人　惠

ISBN978-4-8329-6707-6

ウイルタ語辞典	池上二良編	A5・320頁 価格9700円
東北アジア諸民族の文化動態	煎本孝編著	A5・580頁 価格9500円
ツングース・満洲諸語資料訳解	池上二良編	B5・532頁 価格13000円
西フリジア語文法 —現代北海ゲルマン語の体系的構造記述—	清水誠著	A5・830頁 価格19000円
環北太平洋の環境と文化	北海道立北方民族博物館編	A5・328頁 価格5700円
ビキン川のほとりで —沿海州ウデヘ人の少年時代—	A.カンチュガ著 津曲敏郎訳	四六・248頁 価格1800円
北のことばフィールド・ノート —18の言語と文化—	津曲敏郎編著	四六・276頁 価格1800円
ことばについて考える	北海道大学放送教育専門委員会編	A5・168頁 価格1600円
イタㇰカシカムイ〈言葉の霊〉 —アイヌ語の世界—	山本多助著	菊判変・186頁 価格2600円
どんぐりの雨 —ウスリータイガの自然を守る—	M.ディメノーク著 橋本ゆう子・菊間満訳	四六・246頁 価格1800円
アメリカ・インディアン史[第3版]	W.T.ヘーガン著 西村・野田・島川訳	四六・338頁 価格2600円
アイヌ絵を聴く —変容の民族音楽誌—	谷本一之著	B5・394頁 価格16000円
日本北辺の探検と地図の歴史	秋月俊幸著	B5・470頁 価格8300円
Circumpolar Animism and Shamanism	山田孝子 煎本孝編著	B5変・348頁 価格18000円

北海道大学出版会

価格は税別